外汇短线交易的24堂精品课

面向高级交易者（下册）

魏强斌 Martin Taylor 王浩 / 著

经济管理出版社
ECONOMY & MANAGEMENT PUBLISHING HOUSE

图书在版编目（CIP）数据

外汇短线交易的 24 堂精品课：面向高级交易者/魏强斌等著. —2 版. —北京：经济管理出版社，2016.8
(2021.3重印)
ISBN 978-7-5096-4058-6

Ⅰ. ①外… Ⅱ. ①魏… Ⅲ. ①外汇交易—基本知识 Ⅳ. ①F830.92

中国版本图书馆 CIP 数据核字（2015）第 268282 号

策划编辑：勇 生
责任编辑：勇 生 王 聪
责任印制：黄章平
责任校对：张 青

出版发行：经济管理出版社
（北京市海淀区北蜂窝 8 号中雅大厦 A 座 11 层 100038）
网 址：www. E-mp. com. cn
电 话：(010) 51915602
印 刷：唐山昊达印刷有限公司
经 销：新华书店
开 本：787mm×1092mm/16
印 张：39.75
字 数：774 千字
版 次：2016 年 9 月第 2 版 2021 年 3 月第 4 次印刷
书 号：ISBN 978-7-5096-4058-6
定 价：128.00 元（上、下册）

目 录

上 册

点。没有停损设置，则交易决策不能被证伪，也就是说不能证明为错误，这样的交易决策自然也不是科学的，因此也无法作出有效的评价和改进。

◇ 索罗斯不是技术交易者，但是却仍旧属于“准短线交易”的阵列，他对于外汇交易的最大贡献在于其将可证伪性引入到交易实践中，虽然他从来没有提到过技术交易者如何运用可证伪性，但是伟大的技术交易者，比如理查德·丹尼斯和杰西·利弗摩尔都以停损设置来实现技术交易的可证伪性。

◇ 通过结构性和非结构性因素的驱动分析和心理分析（博弈主体分析）假定市场是单边还是震荡，再经由大时间结构和市场间分析确认市场性质，最后借助良好风险报酬比的行为分析系统跟踪和管理交易，也就是“大处着眼预测，小处着手跟随”。

◇ 趋势是技术交易的对象，趋势是持续的，同时也是稀缺的，趋势源于强劲的驱动因素和心理因素，只有把握这两者才能把握稀缺的趋势。加码是应对趋势稀缺性的一种次优方法和手段。通过行为分析进行仓位管理，通过驱动和心理分析进行趋势甄别，是缔造持续交易奇迹的关键！只有市场中最本质和恒久的结构才能作为仓位管理的基础，这就是N字结构（分形）。

◇ 趋势是你的朋友，第一层意思强调了趋势对于交易的重要性，第二层意思则表明我们应该顺应趋势进行交易，不过这里还有第三层意思，就是说你往往不拿趋势当朋友，为什么会这样呢？这就是我们在第八课讲的倾向性效应，也就是人类的天性让你不拿趋势当朋友。为了顺应趋势，我们需要跟潜意识沟通，这就是前面提到的交易心理平衡法和自如法，同时还要利用意志力去重复正确的行为。

◇ 我们要明白“应该去做正确的行为，而不是舒服的行为”，“重要的是你的行为，而不是你的感觉”，那么什么是正确的行为呢？“截短亏损，让利润奔腾”，具体如何行动呢？为每笔交易设定合理的止损，然后采取跟进止损为主的出场策略，按照帝娜仓位管理模型来进行总体操作。

下 册

◇ 寻找盲点，套取超额利润，这是本书的核心观点之一，没有这种观念、态度、思维以及行动，外汇市场即日交易者永远不可能超越大众，没有遵循盲利公式的指引，凯利公式和复利公式的神奇只是“无米之炊”而已！

◇ 盲利公式要求我们想大众未想，试大众未试，盲点之所以称为盲点必然是与交易相关性大，而又没有被大众关注和重视的领域和内容，要找到盲点就要多观察和多提问，“异想天开”和“逆向思维”都很有价值！

◇ 风险偏好是不少外汇交易者在汇讯中听得较多的一个词，这确实也是导致外汇行情变动和波动率起伏的关键因素之一。地缘政治和经济增长是影响风险偏好的两个关键因素，而地缘政治和经济增长又是对汇率影响最大的两个驱动因素，所以风险偏好是外汇交易者应该随时关注的首要驱动因素，毕竟这是两个最重要的外汇驱动因素的合力。

◇ 风险偏好的状态可以作为交易者甄别市场趋势特征和波动率特征的指标。当风险厌恶情绪上升时，市场的波动率更大，当风险偏好比较稳定时，市场的单边走势特别明显。外汇市场要么是倾向于套息交易主导，要么倾向于避险交易主导。

◇ 我们遇到的绝大多数外汇交易者，比较忽视美元指数、CRB 指数、主要的股指、相关货币对的运动状况，他们认为高手就是什么都不看，只看交易对象变化的“专注者”，“价格包含和吸收了一切”是他们的信条，他们占了交易者中的绝大多数，而绝大多数往往是输家，所以如果你信奉被绝大多数交易者信奉的关于技术分析的三个前提，则你会因此得到与绝大多数

第十七课

寻找盲点套利策略：以 1 分钟交易策略为例

三利公式，威力无穷，名曰“帝娜三宝”！

——魏强斌

攻其无备，出其不意。

——孙武子

选择一条期待性最小的路线，你要站在敌人的位置上加以考虑，想出哪一条路线是他们最不注意的。

——Liddell Hart

复利被爱因斯坦誉为宇宙的最大奇迹，巴菲特称其为“滚雪球”：找到最湿的雪和最长的坡分别代表了最高的复利率和最长的持有期限。复利公式的核心就是这两者。交易最高复利率源于以最恰当的仓位进行单笔交易，这源于凯利公式主导下的仓位管理。最恰当的仓位只有通过洞悉单笔交易的风险报酬结构和胜算率才能实现，而那些具有最优风险报酬结构和胜算率的交易机会基本处于大众盲点之外，盲点才能产生超额利润，这就是盲利公式。寻找盲点，套取超额利润，这是本书的核心观点之一，没有这种观念、态度、思维以及行动，外汇市场即日交易者永远不可能超越大众，**没有遵循盲利公式的指引，凯利公式和复利公式的神奇只为“无米之炊”而已！**

利用对手的非理性下注，这就是盲利公式叠加凯利公式，重复这一过程就是复利公式。

本书要让读者重视的是三大公式：盲利公式、凯利公式

讲则天下无敌，打则无能为力。这不是博弈的本质，生而为赢才是实质。

和复利公式，大家最好把这三个公式标记在你经常看到的地方，琢磨其精妙之处和如何在交易中具体地运用，无需多少年，几个月之后你的见地就可以超越这个市场中那些自命为"高手"的人了，当然你的手法要超越大众还需要至少一年以上的实际操作，交易不是知识，是技能，就像武术一样，**你的功夫哲学高，未必等于你的功夫本身高！**在三大公式当中，最需要见地的一个公式是盲利公式，这个需要"削尖脑袋"去琢磨和运用，有了它你才能真正在操作中出类拔萃，要知道这个市场除了出类拔萃的极少数人，其他都是交易的"受害者"！**捡来的交易策略不能赚钱**，原因是多方面的，其中一条是捡来的交易策略通常就是巴菲特说的"烟头"，你已经是"N代传人"了。当然，捡来的策略可以为你带来一些启发和进步，要知道交易不可能完全靠自己悟出来，已有的东西可以作为"启、悟、证"的基础，启发你找到正确的道路，哪怕这个启发点本身是无效的！绝大部分交易者都寄希望于"捡到"一个好的系统，同时都在努力去"找"，这就使得一个被大家同时找到的系统的效率下降了，只有去创造极少数人知道的系统才能绕过盲点的制约，才能真正成功，回想早年我们从事外汇交易的时候，对于流传甚广的交易系统也是"敬若神明，期望甚高"，结果都令人失望。其实，这些系统本身没有对错和好坏，关键是我们对待它的态度和方式出错了，应该学习和汲取其背后的交易思想和某些具体的手法，而不是照搬过来。

盲利公式要求我们想大众未想，试大众未试，盲点之所以称为盲点必然是与交易相关性大而又没有被大众关注和重视的领域和内容，要找盲点就要多观察和多提问，"异想天开"和"逆向思维"都很有价值！

如果你的账户资金比较小，则你可以尝试利用本课传授的方法，1分钟交易策略基本不为交易者所关注，他们一般认为此种方法不太可能实现，这也是一种盲点，由于1分钟图只为极少数交易者所关注，所以图中必然存在许多可以带来丰厚利润的机会。每个交易者都需要形成自己的交易方法，自己的方法才能获利，而大众都采用的方法肯定不能够获利，这就是利用策略的盲点进行套利。这里介绍的 1 分钟交易策略实际上就是在利用大众的盲点进行套利。1 分钟交易策略基于欧元兑美元 1 分钟走势图，同时交易者还需要叠加下列指标，并设定相应的参数：

叠加布林带，并将其参数值设定为 18 期；

叠加指数移动平均线（Exponential Ma），参数为 3，以收盘价作为计算对象；

叠加 MACD 到第一副图窗口（主要利用 MACD 柱线，而不是信号线，所以可以将信号线设定为无色），默认 MT4 上的参数不变；

叠加 RSI 到第二副图窗口，参数设定为 14 期，其他不变。

设定好的分析界面与图 17-1 基本一致。

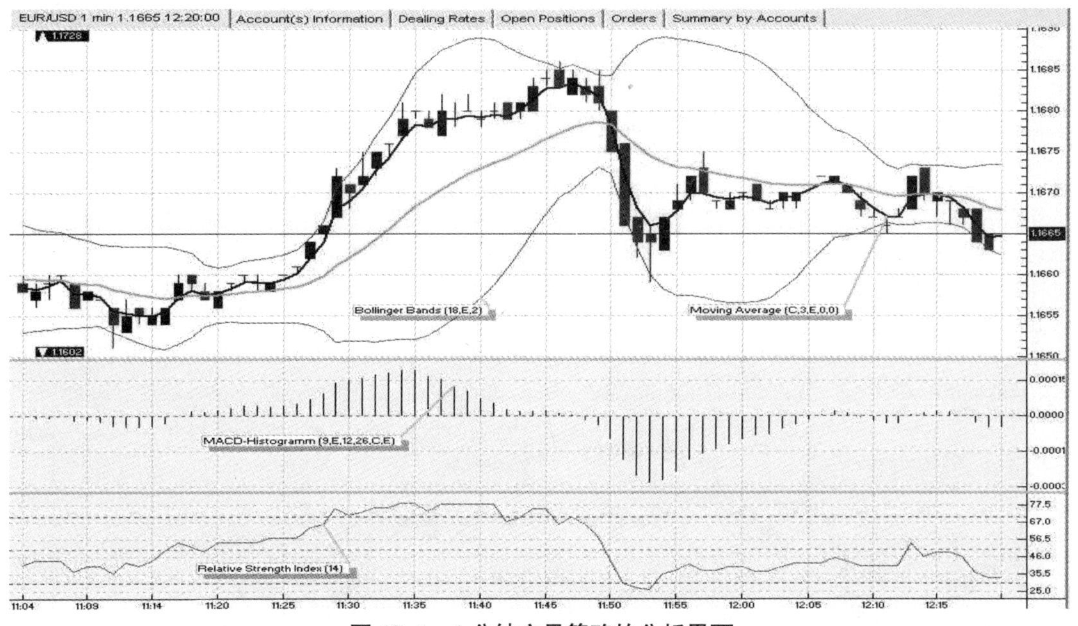

图 17-1　1 分钟交易策略的分析界面

当 3 期指数移动平均线向上穿越 18 期布林带的中轨，而 MACD 柱线位于 0 轴之上，且 RSI 信号线位于 50 轴以上，则进场做多；当 3 期移动平均线向下穿越 18 期布林带中轨，而 MACD 柱线位于 0 轴之下，且 RSI 位于 50 轴之下，则进场做空。

下面我们来看一些具体的交易实例。第一个实例如图 17-2 所示，这个实例发生在美国东部时间星期一澳洲/亚洲交易时段，一个较好的进场做多信号发生在 3 期移动平均线上穿布林带中轨的时候，与此同时 MACD 柱线位于 0 轴之上，而 RSI 信号线位于 50 轴之上。

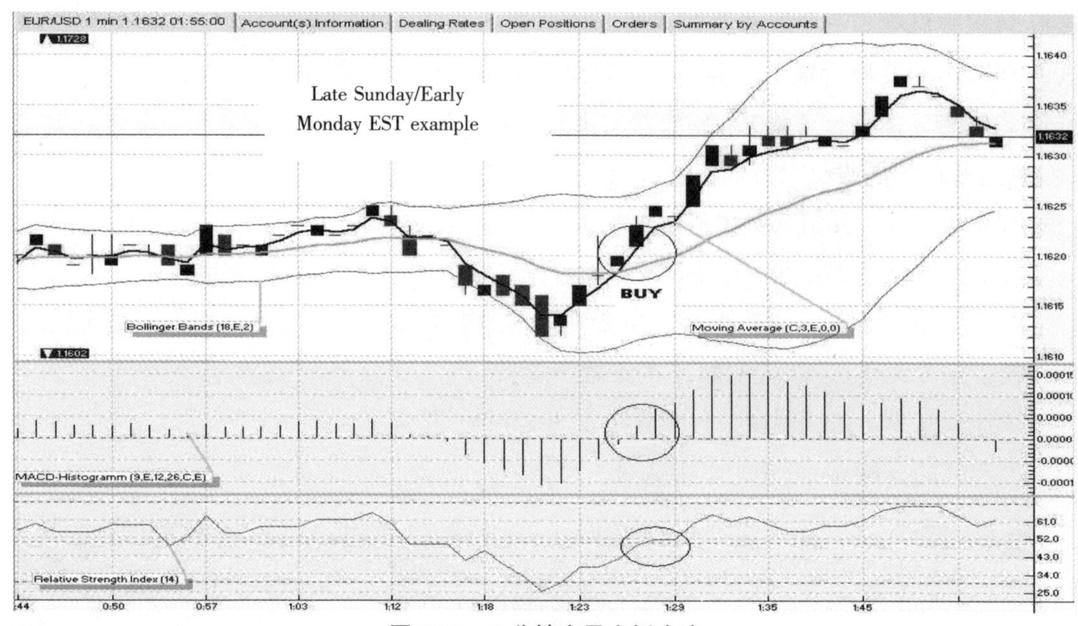

图 17-2　1 分钟交易实例（1）

请看图 17-3，这里涉及两笔交易，第一笔交易仍旧是做多交易，第二笔交易则是做空交易，此时 3 期指数移动平均线下穿布林带中轨，同时，MACD 柱线位于 0 轴之下，而 RSI 信号线也位于 50 轴之下。

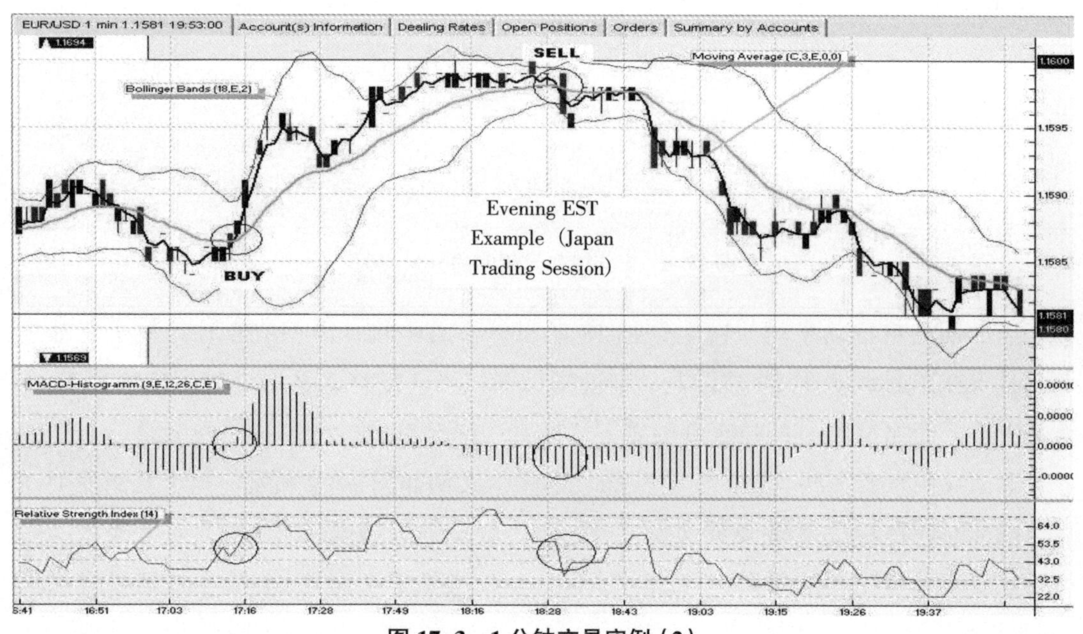

图 17-3　1 分钟交易实例（2）

我们再来看图 17–4，这里面也涉及两笔交易，这两笔交易发生在美国东部时间的下午。我们之前都讲的是进场法则，也涉及反向平仓并开仓的问题，但是实际交易中需要交易者采用初始止损加上跟进止损来保护本金和利润。初始止损的设定可以参照我们在本教程中传授的方法，在本策略中做多时初始止损放置在布林带下轨之下一点，做空时初始止损放置在布林带上轨之上一点，跟进止损则需要根据经验来掌控了。

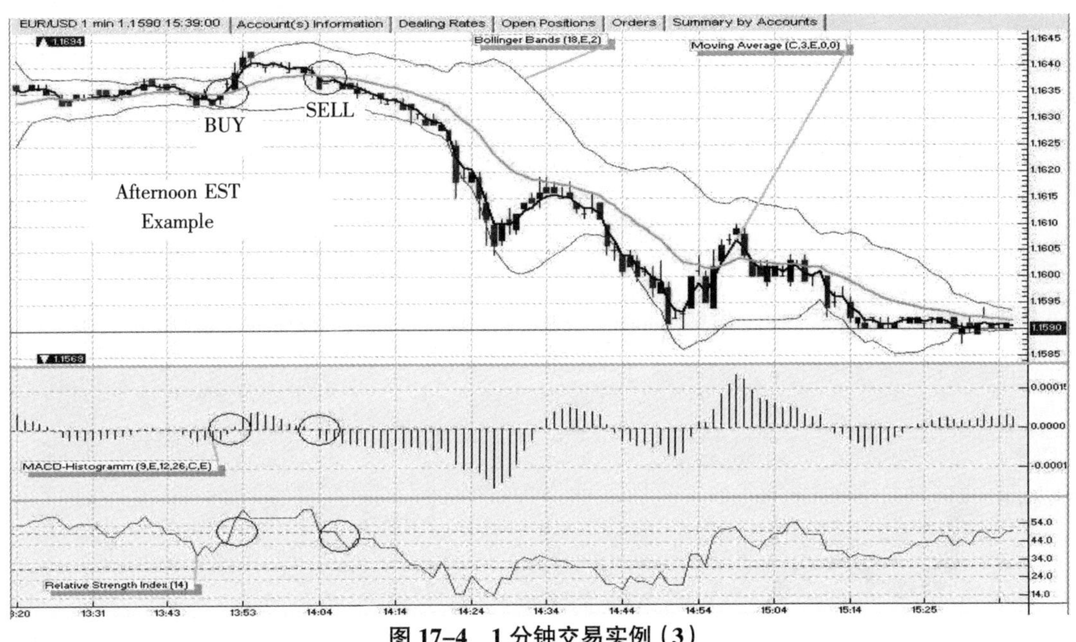

图 17–4　1 分钟交易实例（3）

除了对技术走势行情进行交易，1 分钟交易法还能够对数据行情进行操作，其进场策略一样，出场策略则需要根据“数据价值”来调整，下面是两个交易实例，数据在美国东部时间 8：30 公布，请看图 17–5 和图 17–6。

我们在本课中传授了 1 分钟进场为主的策略，也在本教程其他部分传授了 1 分钟出场为主的策略（主要是依据成交量来出场），你可以把这两个策略组合起来，这样就可以得到一个更为完整的 1 分钟出场策略，**在 1 分钟图上交易本来就是极少数人才敢想的事情，这无疑为策略的盲点套利提供了良好的外部条件。**

经纪商的点差对于短线策略影响很大，这点是要重点考虑的。

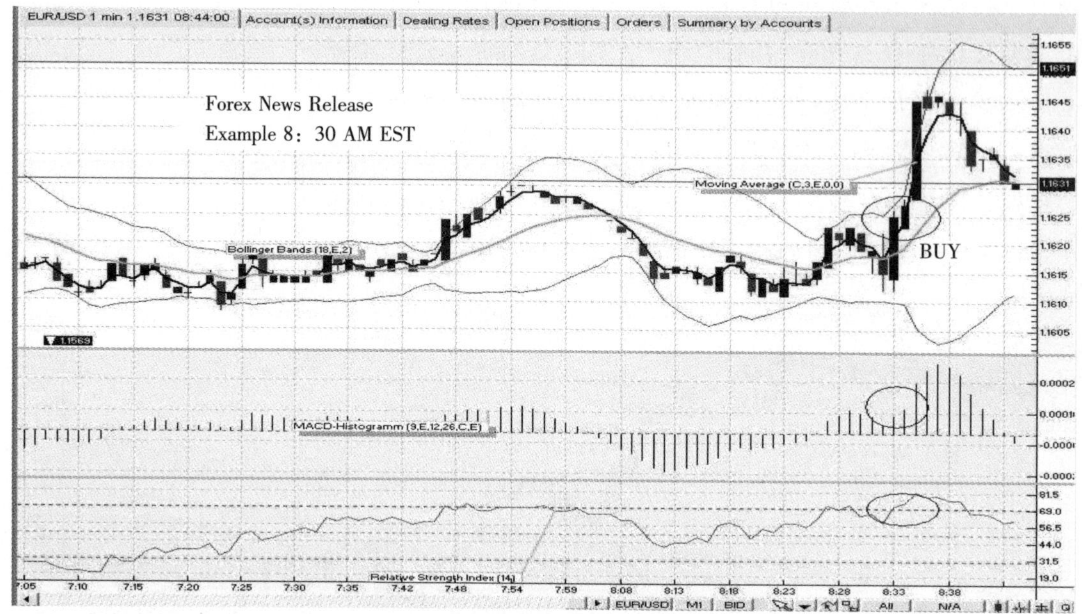

图 17-5　利用 1 分钟交易法交易数据行情（1）

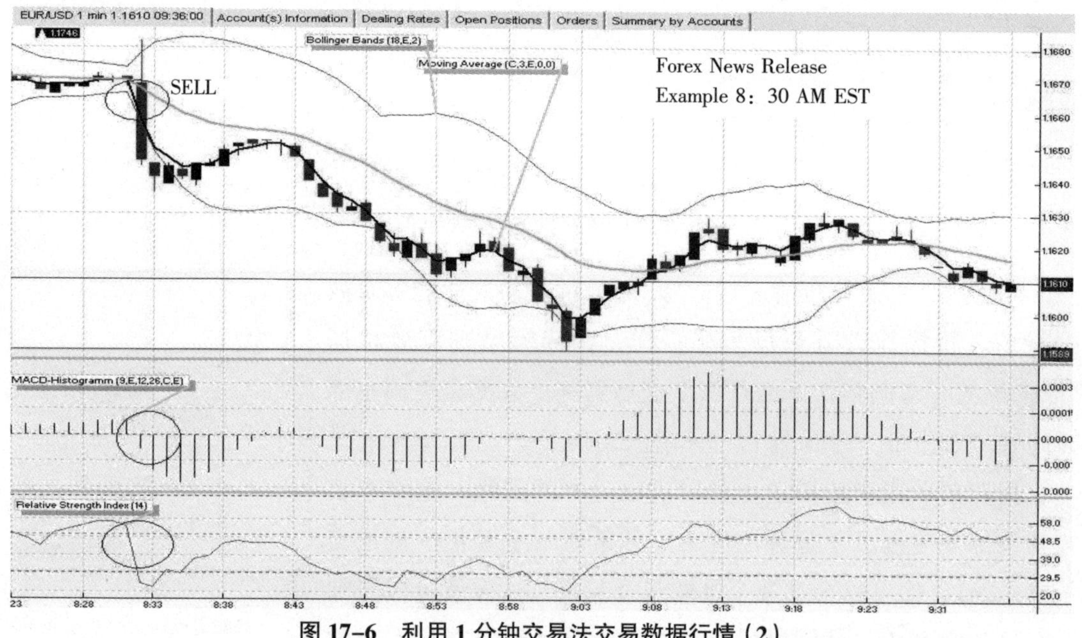

图 17-6　利用 1 分钟交易法交易数据行情（2）

洞悉风险偏好的变化：短线交易者必须注意的首要驱动因素

短期外汇走势受到风险偏好的影响很大，但是却只有极少的交易者关心它。

——王浩

在外汇交易者关注的影响因素中，相对利率和相对通货膨胀预期是最为重要的两个因素。利率是经济基本面对汇率产生影响的首要渠道——除了利差因素被风险厌恶所压倒时。

——B.Rockefeller

当我们的情绪高昂时，我称之为"充满希望的幻想"，当我们情绪低落时，我称之为"充满恐惧的幻想"。

——Peter Atwater

风险偏好是不少外汇交易者在汇讯中听得较多的一个词，这确实也是导致外汇行情变动和波动率起伏的关键因素之一。**地缘政治和经济增长是影响风险偏好的两个关键因素，而地缘政治和经济增长也是对汇率影响最大的两个驱动因素**（外汇驱动的逻辑层次图很好地呈现了这一点，如图 18-1 所示），**所以风险偏好是外汇交易者应该随时关注的首要驱动因素，毕竟这是两个最重要的外汇驱动因素的合并。**

套息交易和避险交易是主流资金的两种常态交易策略，其他交易策略往往以伴随形态出现，比如索罗斯的"落井下石策略"往往是利用主流避险资金制造的趋势。风险偏好和

本书首次出版6年后，风险偏好和 RISK-ON/OFF 之类的概念已经风靡整个金融界。在此之前，对于市场情绪的重视并不够。现在的情况表明心理分析逐渐成为一种时尚和主流。

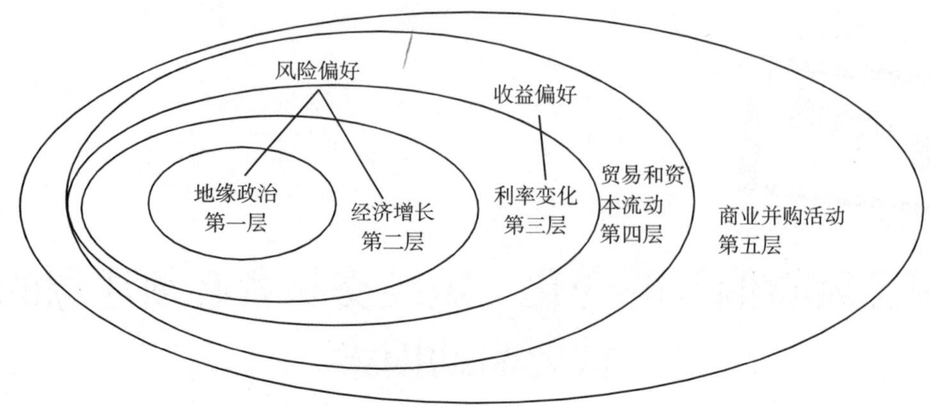

图 18-1　外汇驱动逻辑层次中的风险偏好与收益偏好

收益偏好的关系表述起来较为复杂，大家可以查看表 18-1。地缘政治和经济增长（稳定）决定了风险偏好，当政治和经济紊乱时，风险厌恶情绪上升；当政治和经济稳定时，风险喜好情绪上升。利率水平，特别是收益差会反映到收益偏好上。当风险厌恶情绪高涨时，比如美国次贷危机全面爆发之后，主流资金追逐低息货币，以避免交易策略为主，风险厌恶程度的增加通常对低息的货币有利。当风险厌恶情绪高涨时，交易者不太愿意冒险，资本从偿付风险更高的高息货币流出，流入到相对安全的低息货币，这样就使得低息货币相对高息货币升值。因此，风险厌恶情绪可以通过收益差较大的货币对观察出来，请看图 18-2，高利率的主要货币是澳元、新西兰元（又称纽元）和欧元，而低利率的主要货币是日元等，另外也可以通过观察不同信用等级的债券的收益差来了解风险厌恶程度的高低，收益差越大，则风险厌恶程度越高，后面我们会详细介绍关于风险偏好的分析方法。当风险喜好情绪高涨时，交易者愿意承担更大的风险，资金从低息货币中流出，流入到更高利率的货币中，低息货币则往往成为融资货币，比如 21 世纪初期的日元，这个时候套息交易成为主导，高息货币相对于低息货币升值，部分交易者会利用主流资金套息交易造成的趋势获利。

表 18-1　风险偏好和收益偏好的关系

地缘政治	经济增长	利率水平	主导交易策略
风险偏好		收益偏好	
政治和经济紊乱	风险厌恶	追逐低息货币	避险交易主导
政治和经济稳定	风险喜好	追逐高息货币	套息交易主导

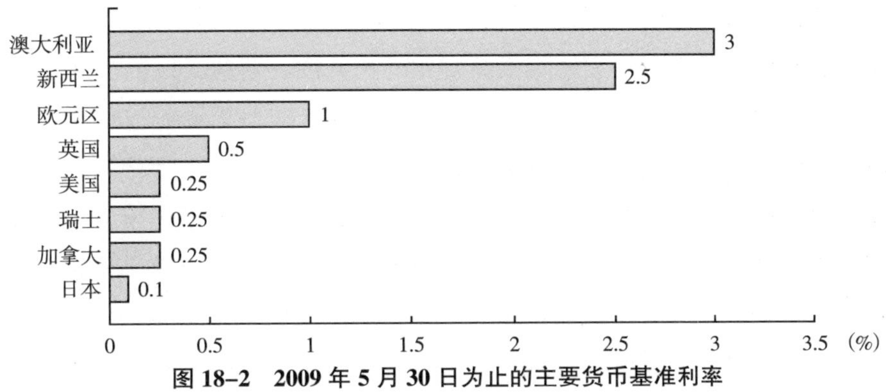

图 18-2 2009 年 5 月 30 日为止的主要货币基准利率

风险偏好的状态可以作为交易者甄别市场趋势特征和波动率特征的指标。当风险厌恶情绪上升时，市场的波动率更大，当风险偏好比较稳定时，市场的单边走势特别明显，要么倾向于套息交易主导，**要么倾向于避险交易主导**。欧元和澳元属于相对高息货币，而日元属于相对低息货币，这使得欧元兑日元与澳元兑日元具有高度相关性，请看图 18-3。

什么是避险资产？这是一个没有固定答案的问题，但却是可以提前找出答案的问题。

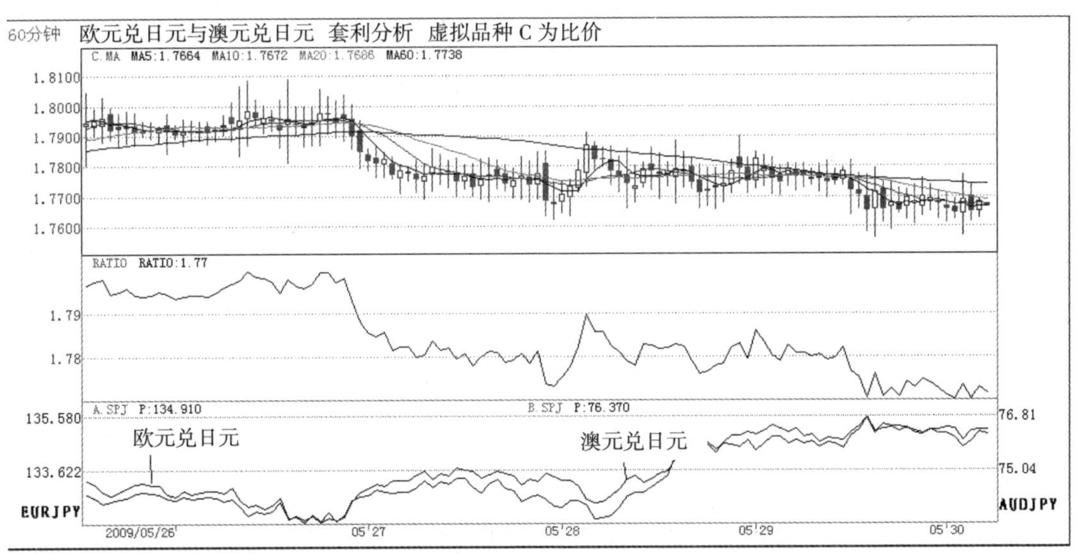

图 18-3 风险偏好使得欧元兑日元与澳元兑日元具有高度相关性

数据分析的核心是寻找相关性，在外汇日内交易中，风险偏好具有如此大的实战价值，这使得我们不得不从数据分析的角度去寻找某些指标来更好地显示市场风险偏好的变化。

套息交易是主流资金受到风险偏好情绪的影响而进行的战略资产动作，作为日内投机客我们需要把握套息交易和风险偏好变化的相关性。套息交易包括日元套息交易、美元套息交易、瑞郎套息交易等。如果说全球信贷泡沫崩溃导致了 2007 年以来的各类资产价格大滑坡，那么又是什么导致了信贷泡沫本身的崩溃呢？投资者从 1995 年到现在都能够非常容易地利用廉价的融资货币，比如 1995 年到现在的廉价日元，2001 年到现在的廉价美元和瑞郎等。如果全球分为两大货币阵营——美元阵营和欧元阵营，则日元兑欧元也至少与日元兑美元一样重要。虽然两个货币对被证实与相对的利率预期有较大的关系，但是日元兑欧元表现出更多的风险偏好特征，这个货币对是一个非常好的全球风险偏好指标，你可以通过观察这一货币对的走势变化来间接察觉和验证全球交易者的风险偏好变化，进而更好地把握外汇日内交易的方向性。

当日元兑欧元升值，则全球的风险厌恶情绪上升，如果日元兑欧元贬值，则全球的风险喜好情绪上升。2008 年 9 月到 10 月，日元兑欧元就在升值，此时的全球风险厌恶情绪在上升（见图 18-4）。

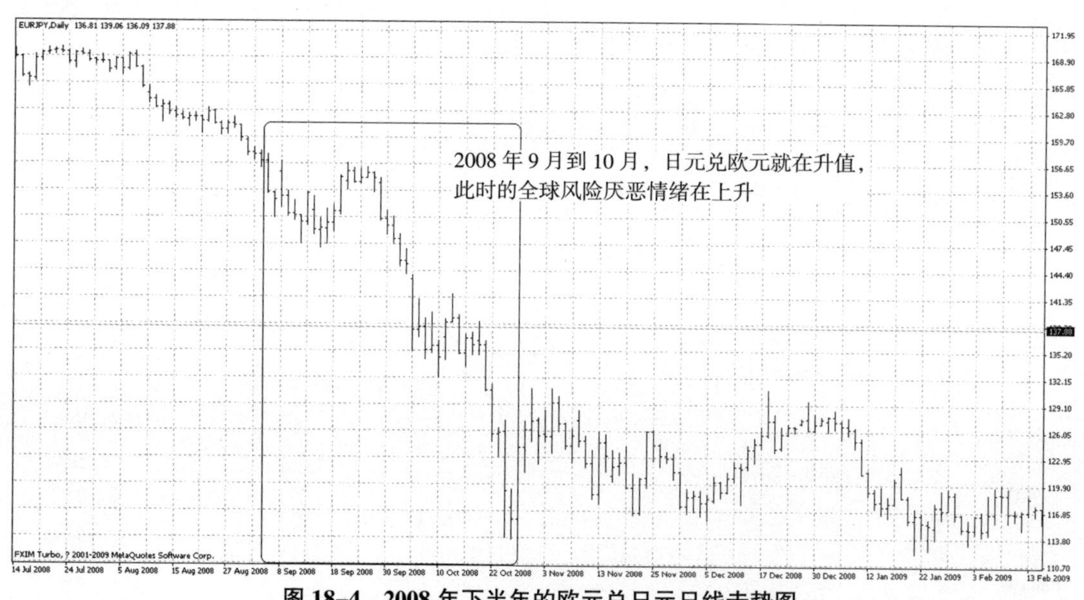

图 18-4　2008 年下半年的欧元兑日元日线走势图

欧元兑日元的波动特征突变的关键日期是 2008 年 7 月 15 日，这天 Fannie Mae（房利美）和 Freddie Mac（房地美）被美国政府国家化，在图 18-5 可以看到一根垂直线标注了这一天，这天的重要度在欧元兑日元的 HLC（最高价—最低价—收盘价）波动率上得到反映。这项指标度量了日内的波动幅度和日间的变化，当欧元兑日元贬值，则表明欧元兑日元的不确定性在增加，请看图 18-5。如果这个货币对是全球风险情绪

的风向标，则波动率的提高表明风险厌恶情绪的再度上升。

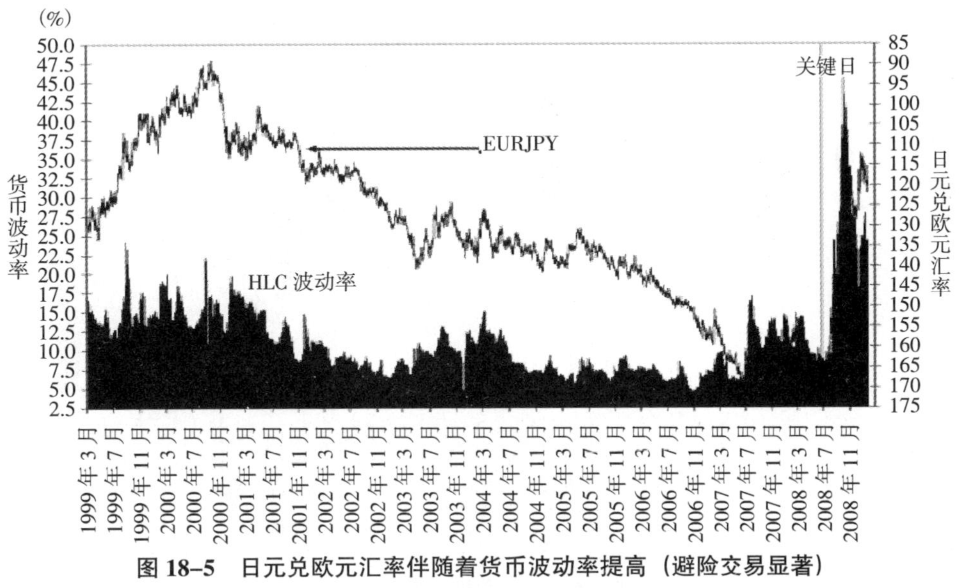

图 18-5 日元兑欧元汇率伴随着货币波动率提高（避险交易显著）

通过图 18-5 的统计分析，我们可以看到欧元兑日元在 2008 年这段时间内呈现出避险交易的特征，因为波动率和汇率变化密切相关，**波动率的大幅跃升，往往预示着风险厌恶水平的显著上升。**欧元兑日元可以作为风险情绪的度量指标，有一个前提就是欧元和日元的息差比较显著。

VIX 这个美国股市波动率指标可以预示美国为主的全球风险情绪，除此之外香港股市和外汇市场也有波动率指标。

在利用风险情绪和相关指标进行日内货币交易的时候，我们需要弄明白风险事件、风险情绪和汇率变化的关系，将当天最重要的风险事件标注在对应的日线上，每天重复这一工作，并保存好这些图，则可以极大提高交易者对市场风险情绪的把握，从而及时跟随主流资金在套息交易和避险交易之间的变换。“风险事件—风险情绪—汇率变化”分别对应着“驱动因素—心理因素—行为因素”，下面给出三个风险事件和对应的汇率走势，大家自己分析一下其中的“驱动因素—心理因素—行为因素”，如图 18-6、图 18-7 和图 18-8 所示。

要想很好地利用风险情绪来指导日内交易，就必须关注驱动因素的政经层面，关注汇评中夹带的风险情绪，**关注那些与风险情绪变化密切相关的货币对的变化**（比如 2008 年的

www.forexfactory.com 网站提供了新闻与汇价走势的对应图，这对于理解事件、情绪、汇率三者的关系很有用。

欧元兑日元）。

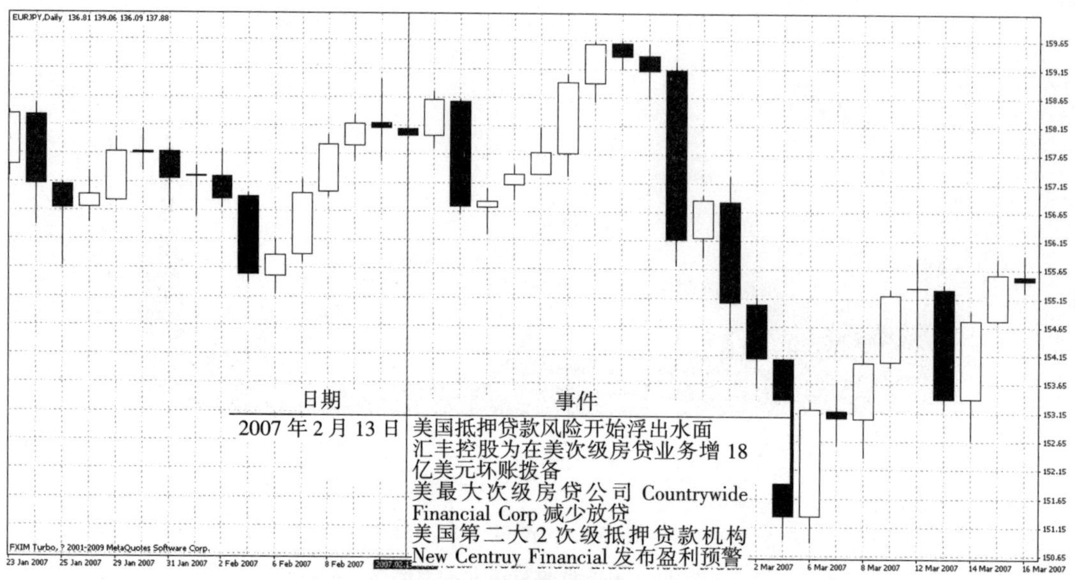

图 18-6　风险情绪图解（1）

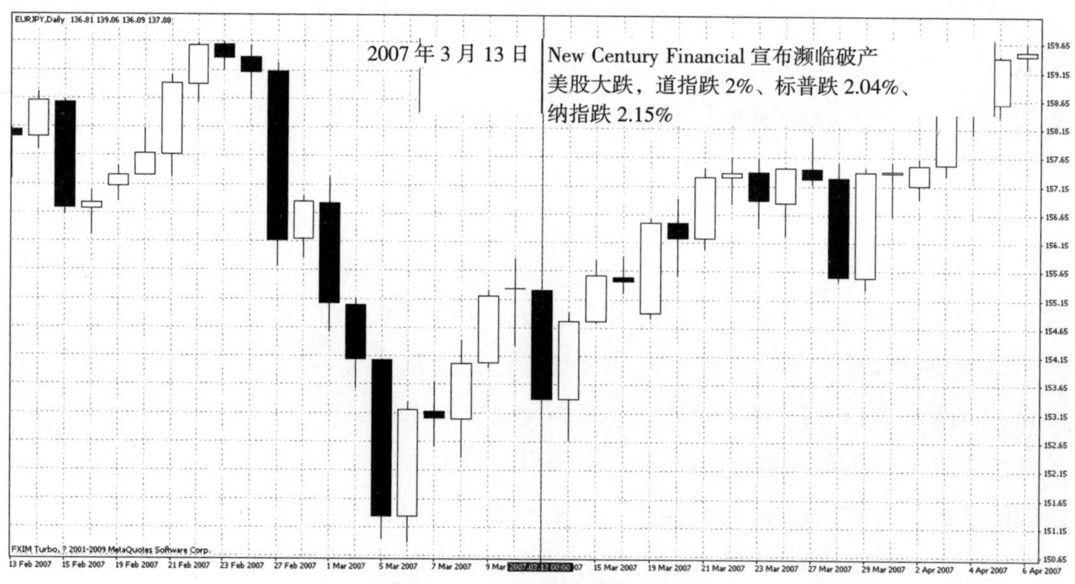

图 18-7　风险情绪图解（2）

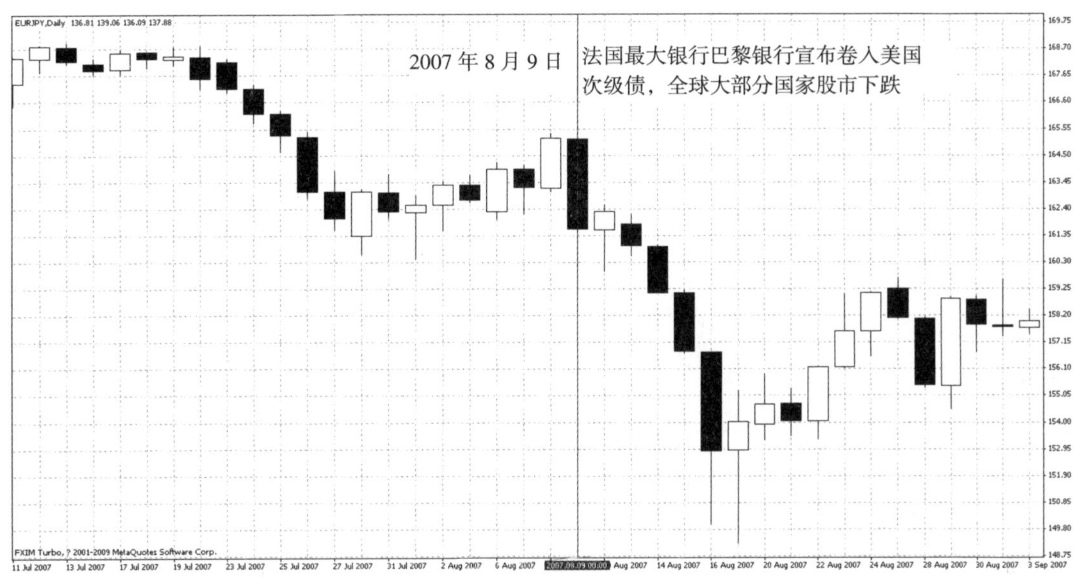

图 18-8　风险情绪图解（3）

一些特定货币对可以表征风险情绪的变化，但是要想预测和更加深入地把握风险情绪的变化就必须关注驱动因素这个源头，特别是全球地缘政治和经济的大线条。下面给出一篇我们在 2007 年 10 月 13 日撰写的内部交易报告（《未来的全球经济和金融走势以及投资机会》），大家可以从中获得未来 5 年的全球地缘政治和经济的大脉络，这篇报告可以为你的外汇和黄金交易，以及其他资产交易带来真正的指导，同时如果你能够掌握其中的分析思路，则可以很好地把握全球地缘政治以及经济的结构性变化，这对于你的生活和外汇即日交易而言都是非常有用的。

其实这个题目所谈的问题的根源在于信用本位制从思想层面到制度层面，乃至器物层面的全面解体，这两年有三本书先后荣登国内外的畅销书榜：《美元危机》、《美元的坠落》和《货币战争》，而且**奥地利学派的再次崛起也与此密切相关。**金融资本家的逐利本性、民主政客的投机性、经济学家的货币思维错乱、“群氓”的刷卡主义使得世界逐渐积累起巨大的泡沫。对于这个课题，我大致顺着自己的流水思路进行阐述，至于定量的论证我想短时间内也无法完成，所以大致就用讲

对金融危机的预测力方面，奥地利学派确实略胜一筹。

故事的方式来完成吧。

1

日本经济危机与东南亚的经济危机先后爆发，但是需要注意的是日本是“内坍塌”型的金融危机，而东南亚危机主要是“骤爆炸”型，前者是中医讲的虚证，内在阴阳不平衡引起的慢性病，而后者则是中医讲的实证，外在邪瘴引起了阴阳不平衡，就是“外感风寒”这一类的。当然，如果“正气存内”，那么也是“邪不可干”的，这是《黄帝内经》上的经典名句，同样也是经济体本身危机的辩证基础。所以。两者都有自身内在的特定因素才引发了危机。

东南亚的危机主要是微观经济的边际收益率下降，导致坏账形成，这个是克鲁格曼提出的，但是同时也要注意的是东南亚经济与日本经济都存在股市和地产市场的飙升状况，而且都在经济高涨时骤然转向。对于此次经济危机的解读和处理，无论是凯恩斯学派还是其当代变种，以及货币主义学派都无法胜任。对这次经济危机的成功解读有赖于对危机经济投资效率的理解，比如企业盈利状况、银行坏账等，但是这些却与现代的宏观经济学扯不上太多关系，虽然有人一直想出各种方法来打通宏观经济和微观经济领域，但是都比较牵强附会。对于经济危机预测比较权威的一位外国专家写过一本书，这本书的思想不是从什么宏观层面，比如总供给和总需求、货币量等来解读，而是从微观经济体的经营效率来解读。按照这种思路解读的话对于危机的预测将更加准确和合适。这种从微观经济层面解读经济周期或者危机的做法与奥地利学派的经济周期观点不谋而合。他们的大致观点是经济中的信贷过度导致实体过度投资，进而引起收益率下降，从而引发银行坏账，引起更大规模相关反应。

美国次级房贷危机和东南亚经济危机都是这种信贷过度的后果，这与以凯恩斯主义为代表的泡沫经济学泛滥密切相关。但是需要注意的是，在东南经济危机当中，全球“水龙头”——美国没有受到多大影响，但是此次美国次级贷款危机却是在美国本土发生的，并且通过房贷证券传导到欧洲，引发英国北岩银行挤兑危机，英镑下挫。垂直的国际资本体系中，美国是中心，东南亚是边缘，东南亚盯住美元的“美元本位制”产生“货币错配效应”，这使得美国的纸币本位制度覆盖到东南亚，从而将泡沫经济学的制度实践在东南亚强化。作为这个制度的核心——美国，它的兴衰直接表明这个纸币本位制度的兴衰，同时也是这个制度是否走到末路的路标，而东南亚只是这个资本体系的边缘，它的兴衰只是局部和暂时的问题。水龙头和池中的水谁更具备全局意义？美国是泡沫的罪魁，是全局变量，东南亚怎么可以相提并论。作为最后贷款人，美国可以挽救任何其他经济体，美国可以用“伟哥”持续透支“阳痿国家”的体力，

他是一个短视的医生。但是最后贷款人不能做自己的最后的贷款人，当经济体因为大量泡沫而过度透支时，再用泡沫是无法挽救自己的。日本在经济危机后屡次施行货币和财政刺激政策都无效，就是因为前期的过度投资已经使得经济中的投资机会不多了，所以**每次刺激政策都使得资金流出本土到国外寻求机会，这也是货币主义和凯恩斯主义药方在日本失败的原因，**同时也是今天日元套息交易（carry trade）的直接原因。美国金融和经济崩溃可能更像是日本，无论多少强心针都救不活了，无论多少伟哥都刺激不了。这一段要说的就是作为资本体系的核心，美国危机的影响是削弱其最后贷款人的角色，进而通过世界央行——美联储的危机触发全球经济动荡，而东南亚只是一个“持币的企业”，其危机并不足以撼动全球根基。

由于城镇化过程结束和新科技领域的失声，日本缺乏投资机会。由于老龄化，日本消费乏力。唯一能够依靠的就是出口，而这需要日元贬值来实现。

上面从资本体系的角度论证了美国次贷危机比东南亚经济危机更为严重，影响更为深远。这段我从虚拟经济对全球需求冲击的角度来论证美国次贷危机比东南亚经济危机严重。我们知道，东亚和东南亚依靠“美元重商主义”主导下的出口来拉动经济，中东地区也要依靠美国的美元来购买石油，一个“重商美元”，一个“石油美元”，都靠美元来“盘活”经济。而欧洲的主要投资和出口也是到美国。美国婴儿潮一代创造了巨大的消费意愿，完全纸币本位的美联储制度提供了巨大的消费能力，所以美国充当了全球终极消费需求来源。美国的消费需求作为美国经济的现行指标非常有效，Ellis 作为华尔街顶级经济预测家用统计数据论证了这一点，所以消费是美国经济的引擎。与此同时，国际贸易结构使得美国消费也是世界经济的引擎，东亚的许多国内投资远大于国内消费，就是因为很多投资是为了出口，为了满足美国的消费。次贷危机表明房价支撑的脆弱开始显现，进而会削减美国人支出中的财富效应，房价的不稳定，甚至下滑将导致美国人财富缩水，进而引发支出骤减，这就导致了东亚和世界其他对美出口经济体的经济活跃度下降，世界贸易链条中断，紧

缩的外部需求会使得世界范围内出现“以邻为壑”的汇率贬值政策，进而引发全球贸易战，甚至引发全球社会动荡，出现经济和政治的全面危机。当然这是最坏的情况，能否避免美国次贷危机后的全球需求紧缩，取决于能否找到新的全球需求来源。如果仅仅再次依靠信贷泡沫的货币政策，那么危如累卵的金融泡沫将变得更大，延迟痛苦将带来更大的痛苦。

2

关于房地产作为现代纸币本位的锚。我谈谈自己的观点，其实美元一直能够在强大贸易逆差下保持坚挺，最为关键的原因有两个：第一，有战略实物资源作为隐形的信用支柱；第二，有大量的非美元、甚至非市场化实体经济可以为美元货币化。

我们首先来谈谈战略实物资源作为美元发行的隐形信用支持的问题。石油是用美元结算的，而且美国大量军力和国际软协调力量活动于中东。石油同时也是现代经济运行的基石，现代工业经济其实是石油经济。通过这种绑定模式，石油其实充当了美元价值的担保物，虽然这种担保是不完善的，但是这表明美元不是毫无担保物的银行券。然而这个问题为很多经济学家和政策人士所忽略，认为美元完全没有实物担保，完全是纸币本位制下的产物。尽管石油部分担保了美元的价值，但是石油并不能算作美元发行的锚，也不是美国经济稳定运行的锚，它的作用在于保证美元具有“一定价值”的购买力，它并不保证这种购买力的多少。尽管如此，石油对美元的坚挺功不可没，据《一个经济杀手的自白》坦言，基辛格曾经为此出力不少。

另外，货币化进场导致通胀的关键在于是否还存有可供货币化的资产，也就是说在不征收“通胀税”的前提下是否还可以征收“铸币税”，在保证没有通胀的前提下还能靠发行纸币赚取收益的方法，必须是在有大量资产还没有处于货币化的前提下才能发挥作用。由于现在世界上还有少部分美元的绝缘区，比如朝鲜和一些市场化和货币化程度非常低的地区，所以美元还可以继续找与之结合的实物，从而暂时避免了过度的通胀，但是现在这种资产越来越少了。所以，为了避免乱发货币导致的全球通胀和流动性过剩，里根这位经济学毕业的总统采用了构筑衍生品市场来蓄洪的机制，大量的金融工程和产品出现，美国房地产也是很重要的蓄洪工具，通过将房地产贷款债务证券化打包，成功创造了新的金融产品，这些产品为那些手握重金的基金所购买，从而以虚拟资产的形式持有了泛滥的美元。

通过房地产金融衍生品收集作乱的资金，这个妙招确实暂时缓解了流动性过剩带来的实体经济问题，起到了稳定经济的“锚”的作用。但是，由于衍生品的相关资产出现履约风险，这使得衍生品的持有人的利益开始受到影响，进而会触发衍生品市场

的萎缩，导致大量流动性从衍生品市场流出寻求避险。

归纳起来是这样的，流动性流到两个领域：实物领域和虚拟领域。流到实物领域的资金引发房地产投资热潮；流到虚拟资产领域的资金提供了需求热潮的基础。但是由于过度透支未来收入，使得实物领域的需求萎缩以及履约出现问题，这就危及了虚拟领域的资产安全，进而引发虚拟产品的出逃浪潮，减少了需求的来源。同时，这些原本为虚拟产品所容纳的流动性开始在其他地方泛滥，东奔西突，比如到中国大陆，到黄金市场等，这也使得其他稍显安全的“流动性不剩”地区变得“流动性过剩”，从而制造新的一轮狂热和危机。流动性就像瘟疫一样在规避风险中保存自身，进而引发不停的崩塌，好比寄生虫吸干了宿主后再找新的宿主。

3

全球化可以使得美元不断找到可以结合的资产，从而暂时避免了滥发美元导致的贬值，通过征收铸币税，而不是通胀税，美元不断得救。同时，全球化也使得美元滥发的事实被掩盖了，由于美元可以在全球进行资产配置，所以对冲基金可以将洪水蓄积起来在局部释放其破坏性，并且凭借这种破坏性盈利。

由于美元大量出现，势必引发很多“奢侈需求”和“衍生需求”，这些需求对于人类的福利和智能并无作用，现在的营销学提倡“创造和引导出的消费需求”，就是这类需求，这些需求的大量涌现使得无数新产品以及伴随的新式市场出现。这就是发达经济，特别是美国不断出现各种古怪消费需求和市场的原因。当资金丰富时，人们总是追逐那些远离底层需求的东西。人类的历史就是随着可利用资源的不断增加，而逐渐脱离了根本的生存需要，进而有了艺术、思想和奢侈品的需要，这本无可厚非。但是，现在美国出现的很多消费怪现象和新市场完全是在透支未来收入的情况下，通过纸币本位来实现的。美元过剩引发了市场的过剩。

同时在上面一个小节中我们也谈论了美元滥发与衍生品和衍生品市场大量出现的原因，大量的资金必然更加激烈地竞争，如果仅仅提供实业领域的投资机会，这么多资金很快就会让这些机会干涸，并且造成长久难以愈合的顽疾，就像日本。所以，为了避免资金的泛滥，创造了衍生品市场来满足这些过剩资金“利比多”的发泄，为它们提供赚钱的“虚拟”机会。很多国家都在用或者尝试用衍生品市场平息泛滥的流动性。现在中国也打算走这条治理之路。所以衍生品市场在全球化的浪潮中，伴随着汹涌澎湃的流动性轰轰烈烈地在全球，特别是美国登场了。

全球化使得美国可以通过国外的生产能力满足国内的消费需求，前提是国外的美元本位制建立。东亚建立了美元本位制度，同时缺乏劳工制度的原始资本主义形态经

济使得东亚的诸多发展中国家出现了西欧资本主义早期的“廉价劳工”。低估所有要素之后，美国的资本在国外为美国的消费提供了便宜的而且是几乎免费的“午餐”。说几乎免费是因为，美元纸币本位制下可以无担保地发银行券支付逆差。这种国别的银行债因此泛滥。同时，美元以国债作为抵押发行货币的程序，使得美元滥发导致国债大量积累。这种透支之风从美联储蔓延到商业银行、企业，大量的债券透支着未来的美好希望到社会上圈取资源。这样，债市的过剩在美国积累起来。

由于大量美元来到以亚洲为主的地区，这使得储备过剩成为中国等国家的头痛之事。同时美元带动的日元过剩，使得国际汇市呈满城风雨之势。外汇储备经由全球贸易而过剩，外汇市场经由全球金融而过剩。每天两万亿美元的成交量，是我作为一个外汇交易者感到震惊的事实。

全球化的美元和美元的全球化使得产品服务市场，金融原生和衍生品市场，债券市场以及外汇市场集体膨胀。

4

十年一遇的经济危机为什么会爆发在美国。这个问题我觉得根据前面的分析不证自明。但为了保持完整性，似乎我还是需要简要分析一下。

历史上的经济危机主要还是由奥地利学派说的过度投资引发的，无论是早期资本主义的野蛮劳工制度使得投资过度背离消费，还是20世纪20年代的信贷松弛下繁荣过后的大危机，乃至于最近20年的日本衰退、东南亚经济危机都验证了奥地利学派在预测和分析上的优势。由于过度投资，竞争加剧，收益下降，最初的通胀为过后的通缩埋下伏笔。

全世界通胀的总根子现在在美国，美国人通过抵押国债发行美元透支了未来，然后通过美元向全世界输出通胀，并且引发世界范围内的经济热潮，这种热潮是建立在低估要素价格或者透支未来收入的基础上的。同时，近几十年来爆发的世界局部经济危机次数是布雷顿森林体系解体前一百年经济危机次数的数倍。为了挽救诸如东南亚经济危机、长期资本公司危机，美国充当最后贷款人注入了不少流动性，另外在本国的IT泡沫，“9·11事件”中也注入了不少流动性。全球都垒在美国金融体系之上，所以美国注入的这些流动性最后又有很大一部分流回美国，这好比一个回旋飞镖，最后又回来“造次”。

历史上每次世界性经济危机的爆发都是以资本主义体系核心为导火索的。从20世纪20年代开始，也就是“一战”过后，美国就取代英国成为世界经济和金融的中枢。美国在1929年的危机中无法作为最后贷款者拯救世界是因为它本身都已经出现问题，

全球化中的国别属性也注定它不会担当这一角色，从而引发世界性的通缩。现在，美国仍然是世界经济和金融体系的中心，同时也是泡沫化最为严重的地区。美联储要同时照顾到充分就业和物价稳定两个货币政策目标，不像ECB那样遵循德国央行的反通胀传统只履行物价稳定一个任务，所以美联储不可避免地为了短期利益和政治需要而履行促进就业的任务，这就与维持货币稳定的目标起了冲突。欧洲在ECB的治理下，泡沫化程度没有美国那么严重，同时亚洲自身的金融化程度还不够高，实体经济比重大，泡沫化程度不高。而且中国政府可以用全国土地所有权作为最后的贷款抵押品，从而成为整个东亚的稳定之锚。所以，美国最容易成为危机的引爆点。而且根据人口统计学的推断，亚洲国家中的中国和印度还有十年到二十年的人口红利，而美国在2009年左右将进入抚养比较高的人口结构，“世代风暴”将导致美国出现更大的养老金缺口和产出能力下降，以未来做抵押的债券履约风险提高。所以，高度金融化，人口结构变化的负面影响，顾及就业的央行目标，大量透支未来的金融工具，巨大的国际债务，巨大的跨代债务使得美国难逃虎口。美国经济何处寻找稳定之锚？现在它通过全球化“绑架”了其他国家，进而利用中国的廉价劳动力、东亚的美元本位、中东的石油美元、房产证券的欧洲化，用整个世界作为抵押品充当自己的最后贷款人。整个世界都成了贪婪的美国人的筹码和赌注。

5

当美国产生衰退，甚至大的危机时，我觉得按照一般的危机爆发顺序，美国会这样倒下：

美国的经济危机出现绝对是内部引发的，而不是像其他地区一样由于外在原因而触发。由于美国的货币政策可以自主，而且强大的军力控制下的战略性资源充当了美元发行的准抵押品，所以美国不可能在外部的影响下出现危机。国外的投资者不会从美国市场主动大规模撤退从而引发经济危机，因为全世界最坚实的货币支柱存在于美国，**由于它强大的军**

美国因为强大而民主，而非因为民主而强大。

队控制着全球经济的战略资源。而且有效经济危机理论也告诉我们经济危机来源于微观经济层面。所以美国经济危机将出现在企业利润率下滑上，而且是实体经济企业的利润率普遍大幅度下滑。这使得信贷泡沫催生下的繁荣出现转折，过度的投资破坏了持续繁荣的根源。企业利润率的下调将威胁到实际个人购买力的预期，从而影响到个人债务，乃至扩展到国家债务的履约能力，这就会导致债券和股票类原生金融品的风险调整后的收益率大幅度下降，银行等枢纽性金融机构受到牵连，坏账形成，信贷被迫收紧，进而加剧了危机的来临。此时美联储再次注入流动性已经没有用了，因为再多的流动性也无法创造出足够的投资机会和客观的利润率，美国进入日本式的内坍塌衰退，流动性陷阱出现。财政支出短时间可以刺激内需，但是由于缺乏持续效益的基础建设项目和商业投资项目，财政刺激势必形成新的赤字。大量投资流出美国，美元兑黄金急剧升值。黄金价格飙升，国家开始对黄金实行管制，禁止流出黄金，并且强制收购民间黄金。

美联储这个时候无计可施，利率降到零，财政政策也只能起到水泡的作用。世界资本体系核心和世界总需要来源的美国陷入了经济危机，世界其他地区忙于应付突然的出口减少，开始像20世纪初那样，竞相贬值，贸易壁垒高筑。全球化也像那时一样戛然而止。美国开始动用其军事力量彰显战略资源的存在，由此引发新的局部战争，通过战争美国试图避免衰落，但是美元的疯狂贬值使得形势很难扭转，国际上个别国家开始抛售美元，东亚国家和欧元区国家出面托市，但是很快“羊群效应”出现，国家间失去合作意愿，美元抛售加剧。

失去美元为锚的各国货币也面临由此而来的信用质疑，加上出口锐减下的经济滑坡，国民开始质疑本国的纸币本位，贵金属交易盛行，政府开始捍卫纸币本位，国内经济危机上升到政治冲突。国内强势利益集团开始想要稳定局面，强人政治抬头，迎合了国内大众的需要也是强势利益集团的忠实代表。国内混乱开始向国际上延伸。联合国和国际货币基金组织、世界贸易组织力图重新确立秩序，但是流动性过剩的疾病像病毒一样在全世界每个角落爆发……

6

日本经济危机导致日本长达十年的衰退，日本经济实力的衰退以及日元的升值提供了机会让中国经济势力扩展到东南亚区域，同时也使得中国在对美出口中的份额极大上升。同时，日本为了抑制经济衰退恶化释放了大量的流动性，这些流动性促进了中国当时的市场化和金融化进程，为中国吸引外资提供了资金。**中国取代日本成为亚洲区域的经济引擎，削弱了日本的区域话语权。**

日本看似属于儒家文化圈，其实缺乏了一个“仁”字，这就是日本文化与中国文化的本质区别。

东南亚经济危机使得中国得以树立良好的国际信用，更为重要的是为人民币的国际化埋下了伏笔。东南亚经济危机同时也使中国积累了管理经济危机的经验，促使中国释放内需，从依靠出口转向两条腿走路。国内的企业也借此进行了革新和重组。同时，东南亚危机使得大量资本流出这些国家流向中国，中国在危机中的独善其身成为卖点。

此次美国次贷风暴对于盎格鲁—撒克逊经济的影响比较深远，美国、英国都受到影响，欧洲其他国家也受到影响，但是由于中国经济的一片向好，所以大量资金借机到中国避险和增值。并且，中国政府以全国土地和矿产资源所有权作为抵押品完全可以确保人民币的稳定，这是其他国家无法享有的最后贷款人资源。而且，中国社会管制相对严格，不容易出现松散政治制度和民主下的投资势力，所以政治大乱的可能性很小。在美国经济出现大问题拖垮世界经济的时候，中国经济当然也会受到很大的影响，但是由于中国政府手中庞大的土地所有权以及坚实的社会政治制度，这使得中国可以在小乱的压力下做出经济创新，从而在危机中获得转机，进而成为发展的大好机会。通过强有力的中央政府维持政治稳定，通过全国土地矿产所有权担保下的人民币维持金融稳定，在此基础上发展内部经济，进而为地区提供经济和政治的“锚”的功能，层层辐射进而形成新的亚洲乃至世界格局。

7

在美国企业的利润率没有出现普遍大幅下降前，美国经济会维持目前状态。现在美联储在加息进程结束后不久就开始被迫为次贷风暴解燃眉之急。这使得美国的信贷持续放大，在短时间收紧后又迅速开闸放水，国内的投资和消费势必进一步活跃，投资进一步过度将形成利润率进一步下降，而消费过度将进一步贴现未来，紧接而来的养老缺口会恶化这一情况。最后伴随美国企业利润率大幅度下滑，一切开始逆转。有报告称 2001 年以来美国企业利润率是下降的，但是这个资料我并没有找到。不过如果你知道 2001 年后美国企业的会计

页岩气革命对于美国企业整体利润率的贡献是正面的，这就是科技进步的积极影响。

丑闻层出不穷的话就可以推断美国企业竞争是非常激烈的，利润率下降使得不少企业玩起各种会计手法，其中有合法的也有非法的，另外，通过参与金融市场来提振企业收益率也成为很多企业提高每股盈余的方法。像 GE 这类企业也在杰克·韦尔奇的带领下大搞资本魔方。全球化达到一个质变阶段的时候，也就是企业利用全球化提供和巩固其利润率达到极限时，美国企业的利润率也就开始出现明显的普遍下降。想想看可供继续全球化的角落还有多少，今天你在中国可以看到到处都有可口可乐的标识和垃圾。一叶而知秋，还是有其道理的。

所以，**次贷只是一个插曲，危机真正开始的信号将是美国企业出现利润率下降、**破产重组合并、会计丑闻，这些合起来集中总爆发时就表明“它真的来了！”

因为次贷是个插曲，是艾滋病人身上的小溃疡，所以下一次金融或者其他资产市场的危机可能出现在任何一个领域。既然人类的天性和优势在于预测，那么我不妨不自量力一点，看看击鼓传花的游戏会在哪里停下。

首先，外汇市场上不大可能出现真正的“危机”，因为美元的根基没有动摇，这就是美国控制战略资源的能力，以及美国微观经济的利润持平。但是，不排除美元兑主要货币，特别是兑黄金将出现有序的贬值。

其次，美国股票市场也不太可能出现“危机”，因为美国企业还是一片向好，即使有不和之音，也可以被很好地掩盖。

再次，其他金融市场，比如期货、衍生品市场等目前都不太可能出现危机风潮。

最后，我需要特别强调的一点是：黄金历来是世界危机的风向标，在 2001 年“9·11 事件”之前，黄金开始发动纸币本位制下的最大涨势。次贷危机前黄金调整了一段时间，目前再次创出新高。这意味着什么呢，也许危机已经开始，只是我们还没有意识到而已。政治和经济危机都会触发黄金价格的飙升，而日常的工业需要和装饰需要对黄金价格影响不会很大。而且黄金是世界局势的一个领先指标，而不是同步指标。黄金的周线图如图 18–9 所示。

我的全部赌注也放在黄金市场的飙升上了，所以作为个人，也许在 2009 年前囤积足够的金条是非常明智的选择，持有期限应该在 5 年以上。

所以，黄金中长线空头不断平仓也许是我最为有把握的预测。

夜也深，现在已经是凌晨 4 点 35 分。我花了接近 4 个小时一气呵成此文。遗憾的是没有时间做好定量分析，如果时间比较充裕，可以从下面角度做定量分析：

◇ 收集各次经济危机的微观经济统计序列资料，分析其中各数据序列发生的先后顺序，进而推出先行指标，同步指标和滞后指标，为全球和美国即将面临的危机制定

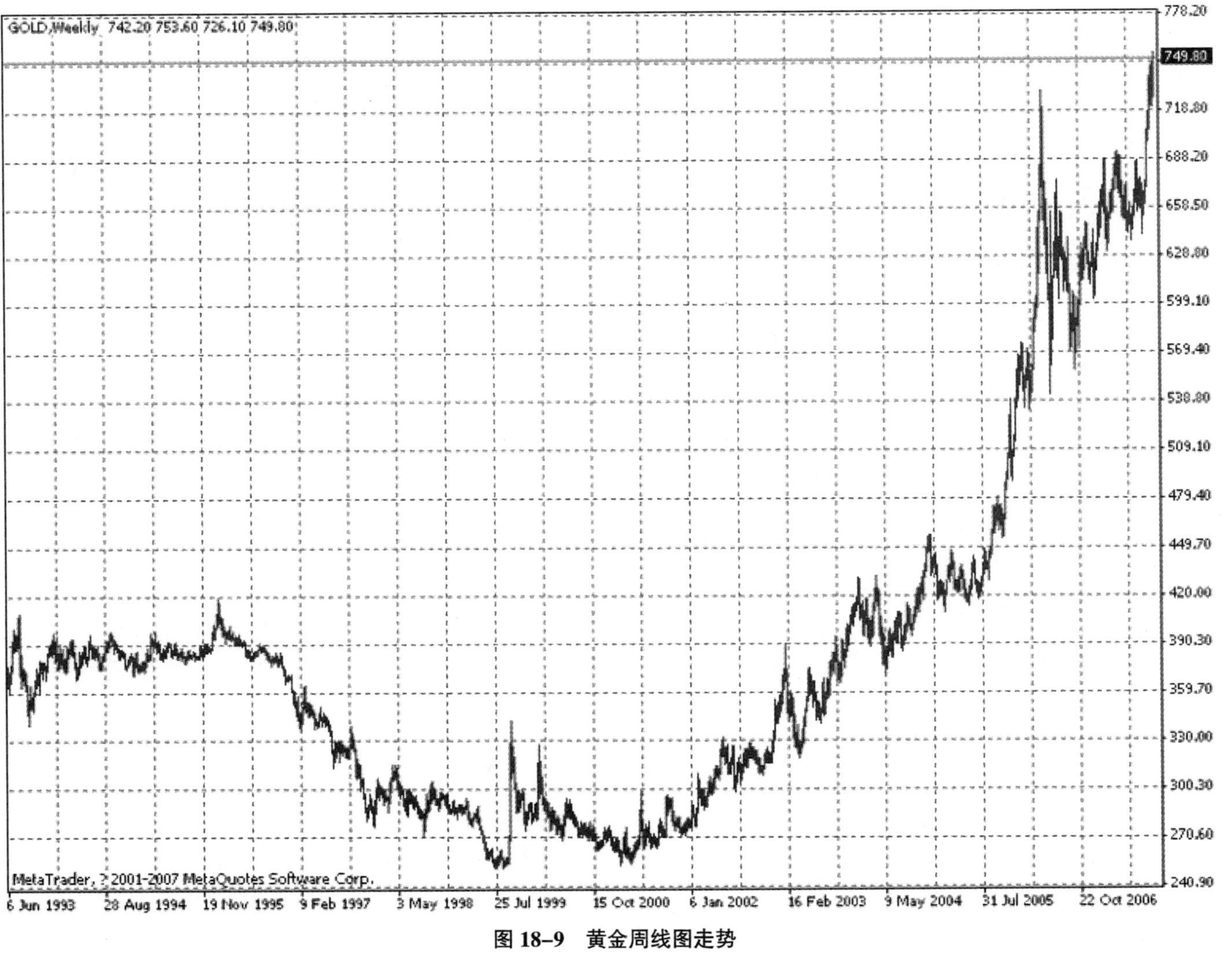

图 18-9　黄金周线图走势

观察和预警机制。

◇ 收集 19 世纪到现在为止的黄金价格数据，分析其与世界性经济危机和政治危机的联动关系。

◇ 收集欧洲和中国货币史料中关于稀释货币抵押品和担保物价值引发经济危机的资料，论证纸币本位的天生不稳定性。

危机中蕴含国家和个人新的机会，资源的重新分配势必是有识之士的良机，机遇偏好有准备的人。另外，美联储现任主席——伯南克在经济学上最为出色的领域是通胀目标制和对大萧条的研究。我想美国主脑让他做格林斯潘继任是否预示着什么呢？是对格林斯潘通胀经济学的亡羊补牢，还是对大危机的准备？我们只能拭目以待。

2010 年到 2015 年我们处于二次探底的过程中。

在上述报告形成一年多之后，**我们在 2009 年 5 月初作了如下的补充，补充的观点非常简单**，请看图 18-10，这幅图表明了全球经济见底的条件，同时也表明了外汇市场风险厌恶情绪将继续主导最近几年的外汇市场（风险喜好情绪只是其中的插曲而已）。

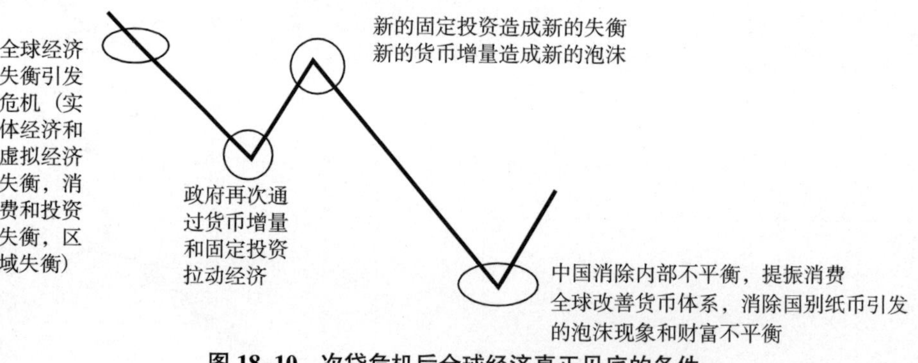

图 18-10 次贷危机后全球经济真正见底的条件

在泡沫化的这次反弹中，由于流动性增加，风险偏好会再次上涨，但是最终会引起全球政治和经济的更大动荡，所以风险厌恶情绪会高涨，低息货币相对高息货币更受欢迎！

市场联动中寻找机会：以“澳元和黄金关系套利”为例

客观性的宏观套利交易是宏观对冲基金的新大陆。

——Gabriel Burstein

全部金融市场是紧密联系在一起的，更为重要的是，如何利用这些信息来改进我们的预测过程……过去的几年中，不同金融市场之间的关系变得越发紧密。因此，如果你不了解其他市场的情况，你哪个市场也分析不明白。

——约翰·墨菲

美元汇率是全球最重要的宏观变量，其对外围国家的贸易、货币供应和资产价格、通货膨胀、全球大宗商品价格都有主要影响。

——王成

跨市场分析（intermarket analysis）是由约翰·墨菲正式提出的一个分析策略，而宏观对冲基金则早就从事着宏观套利交易的实践。在《外汇交易圣经》一书中，我们提到过涉及外汇交易的跨市场分析策略，不过并未深入和全面地介绍。当代西方交易界中，对宏观套利和跨市场分析有独特建树的大家应该是 Gabriel Burstein，他撰写了《Macro Trading and Investment Strategies：macroeconomic arbitrage in global markets》一书，该书全面深入地剖析一些跨市场的变动情况，如果能够结合约翰·墨菲的《跨市场分析》（又名《市场间分析》）一书进行阅读，则可以大大增强外汇交易者（包括即日交易者）对市场整体的把握能力，从而更好地分配资金，过滤震荡走势。

金融市场之间的关系是金融交易界常常淡忘的古老话题，这个话题与金融市场本身一样历久弥新。对于市场间的联动，只有少数的日内交易者会去密切关注，他们会

关注联动关系的最新动态，并且利用这种相对恒定的关系谋求超额利润。外汇市场与其他市场也有很多联动，外汇市场内部各个品种之间也是如此，比如黄金和澳元就存在比较恒定的联动，这在很大程度上是因为澳大利亚是重要的黄金出产国。**黄金和澳元之间的联动关系不仅稳定，而且能够为外汇交易者所把握。**我们就以澳元和黄金的关系作为例子来说明市场间分析的具体流程和意义，你可以将我们介绍的策略迁移到其他市场联动关系上，这就要求我们不断提高自己的市场间分析能力。市场间联动分析不仅为外汇交易者带来超额利润，A 股交易者也能够受惠于此，我们就遇到一个 A 股炒家（《黄金交易进阶》一书的第二作者陈杰）通过跟踪国际油价和金价，**以及美元指数的走势来炒卖黄金板块和原油板块，获利甚丰。**

稳定的关系背后有稳定的因素，不稳定的关系背后有不稳定的因素。

商品期货交易者要随时关注美元、原油和黄金三个品种的走势。Dollar-Oil-Gold 被戏称为 DOG 或者 GOD。

美元和原油的联动关系存在是因为一个很简单的原因：国际大宗商品的价格是以美元标价的。但是不能以同样的理由来解释澳元和黄金之间的联系。黄金和澳元的关系源于生产领域。2008 年度，澳大利亚是全球第四大产金国，紧随中国、南非和美国之后，即使澳大利亚不是最大的产金国，其产量也足以引起黄金市场关注，其年均产金量在 225 吨左右。这使得澳元自然而然地跟随着澳元主要的产品——黄金运动。随着黄金产量和价格的变动，汇率也会随着变动。

根据 2005 年的官方报告，澳大利亚在当年的产金量仅次于南非，其产量占据了 10.4%的市场，不过，可以非常确定的是从那以后澳大利亚的黄金产量在逐年下降，其他主要产金国也有相同的情况，加上金融市场的动荡和地缘政治结构的变化，金价不断上涨，这间接地推高了对澳元的需求，澳元因而与金价出现了同步上扬，一直持续到 2008 年年中。一个交易者如果能够很好地利用这一联动关系，那么他就能在澳元上多赚取 30%的利润。

如何利用这种联动关系为自己创造切实的收益呢？虽然澳元和黄金的套利策略并不是随时有效，但是中期来看这一

策略还是比较有效的，可以从中期分析，然后从短期入手操作。任何中长期的联动关系，必然通过日内波动来反映，即使日内走势有不少噪声，也不能抵消主要方向上的趋势。以驱动面为导向的交易者可能倾向于交易其中一者，黄金或者是澳元，也可能同时交易两者。当交易者想要利用两者的联动关系进行交易时，需要注意下面的驱动因素变化，特别是结构性变化（关于黄金的关键驱动因素分析可以进一步阅读《黄金高胜算交易》，关于外汇的驱动分析可以参照《外汇交易的三部曲》）：

◇ 驱动因素一：避险交易；

◇ 驱动因素二：澳大利亚经济发展情况；

◇ 驱动因素三：利率水平；

◇ 驱动因素四：COT 黄金期货持仓报告（具体分析可以参看《黄金交易进阶》和《反向意见》）；

◇ 驱动因素五：商品库存报告。

当你对这些驱动要素进行了全面分析之后，你就会对长期、中期、甚至短期的黄金走势有一个具体的观点，而这个观点可以作为分析澳元走势的基础。你可以通过关注黄金的趋势来预测澳元的走势，然后利用技术手段去把握它，这就是“大处着眼预测，小处着手跟随”的交易要义。

下面我们来介绍一个更短期的联动分析，首先我们需要分析黄金走势的整体，如图 19-1 所示，当时（2008 年 9 月到 10 月）由于世界各国出台了一系列让投资者情绪稳定的救市措施，所以风险偏好高涨，对于黄金等避险资产的需求下降，导致黄金遭到抛售，同时由于大宗商品受到经济衰退的影响集体出现下滑，黄金也受到拖累，不过黄金急速下跌之后受到次贷危机新进展的影响而企稳，并大幅上扬。请看图 19-2，这时候我们注意到全球投资者开始重新审视救市措施，同时风险厌恶情绪高涨，于是黄金价格大幅度上扬，在 2008 年末形成上升信道，于是我们关注随之而来的澳元上涨，并注意到澳元也随之形成上升走势，请看图 19-3。两个品种的相互验证可以帮助交易者利用日内交易技术更好地把握波段行情。

但是澳元和黄金的联动分析还不足以拓宽读者们的分析思维，我们下面会对外汇日内交易会用到的联动性进行全面和定量化的呈现，这样读者在实际交易的时候，就可以凭借从本课获得的直观印象来指导自己的联动分析和宏观套利。下面的联动性介绍包括三个部分：第一个部分是黄金、原油与主要货币对的联动关系；第二个部分是货币对和主要股指之间的联动关系；第三个部分是货币对之间的联动关系，这些货币对包括了直盘货币对，也包括了交叉盘货币对。在《外汇交易圣经》一书当中，你或许

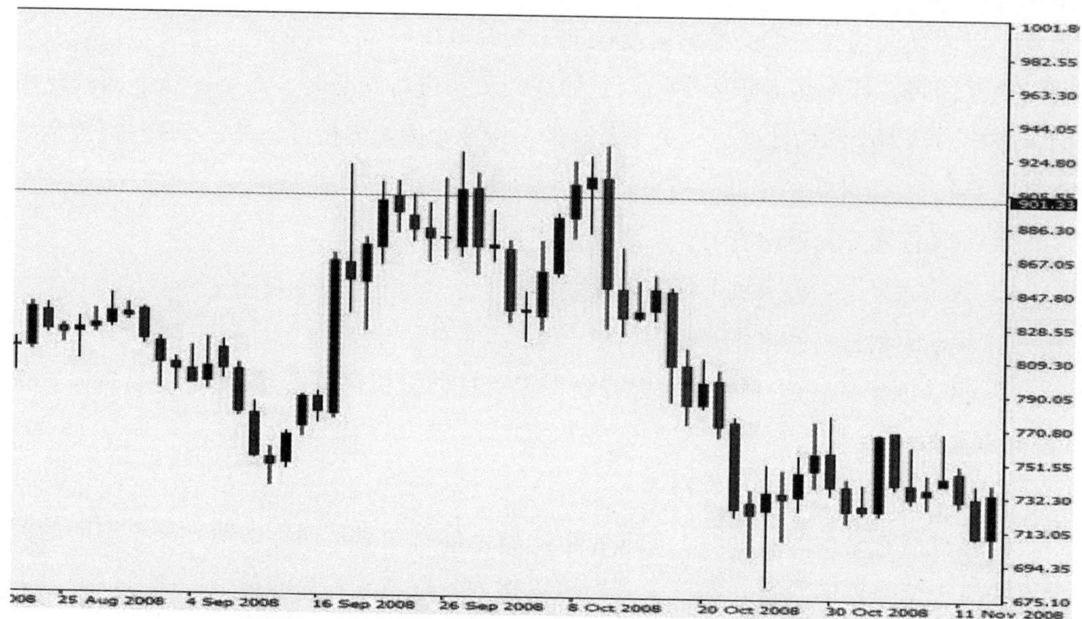

图 19-1　2008 年 8 月到 2008 年 11 月的国际金价走势

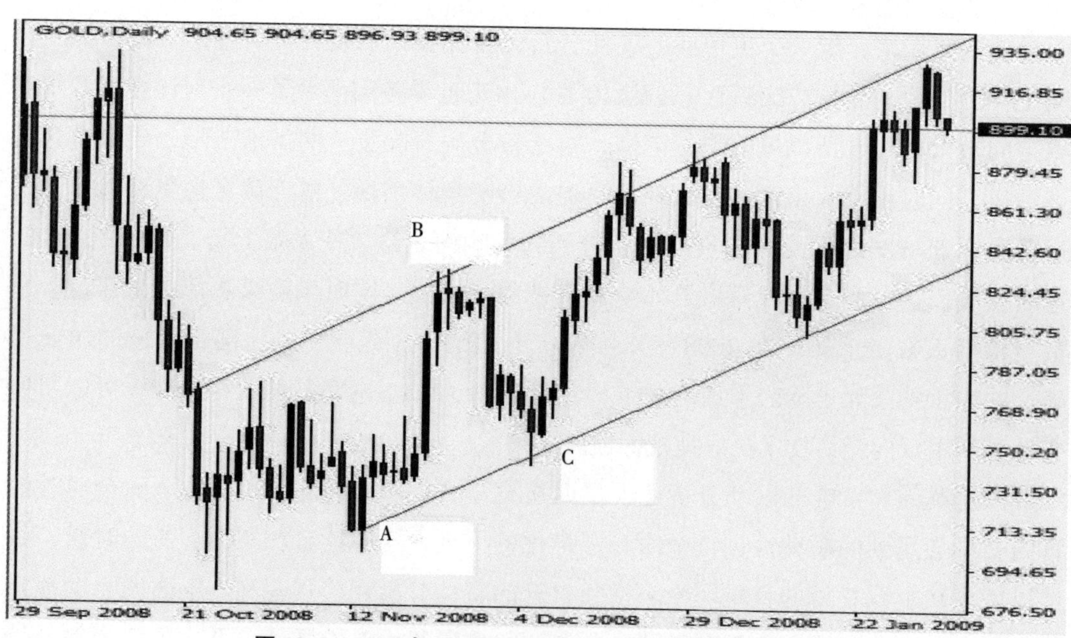

图 19-2　2008 年 10 月到 2009 年 1 月的国际金价走势

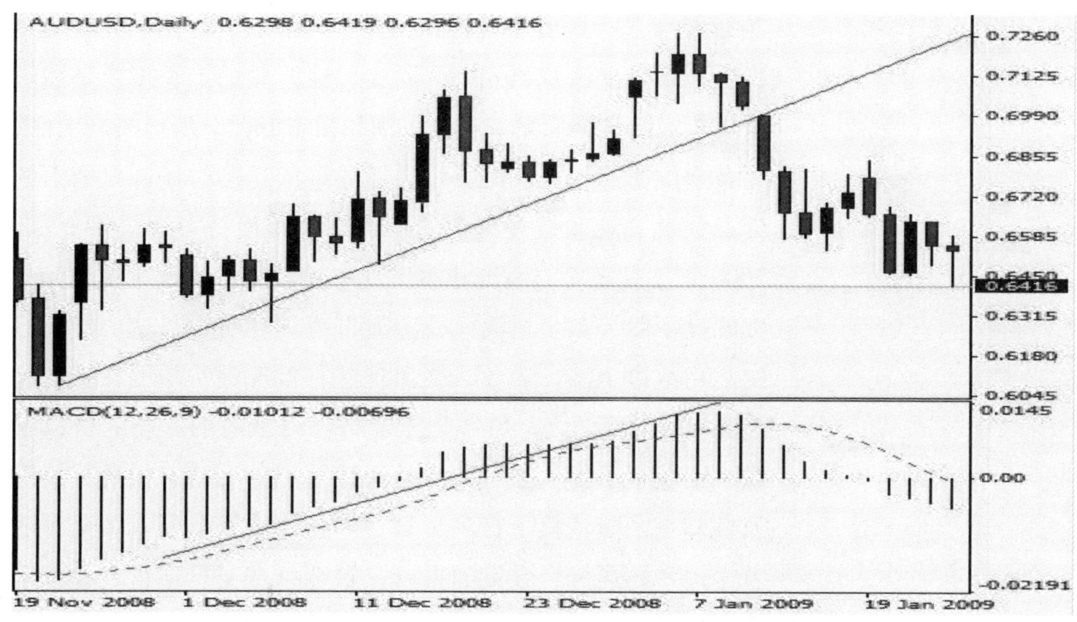

图 19-3　2008 年 11 月到 2009 年 1 月的澳元兑美元走势

对货币对联动有简单的了解，下面将对此有最全面的呈现，请你务必用笔画出那些与你交易最密切相关的货币对的高联动性品种。

请看图 19-4，这是伦敦黄金和澳元兑美元汇率的相关性日线分析图。伦敦黄金是现货黄金走势的龙头，黄金保证金交易基本以此作为标的。澳大利亚属于英联邦，伦敦作为世界黄金的主产国，其黄金销售大部分在英国主导的现货黄金体制下销售。从图 19-4 可以看到，2005 年 1 月到 2006 年 1 月，澳元兑美元的走势与伦敦黄金的走势是背离的，也就是相反的，之所以会出现这样的走势，主要是因为澳大利亚作为“商品货币”主要受到全球宏观经济走势的影响，在经济繁荣的中期和末期，商品货币倾向于上涨（股市则倾向于在经济繁荣的早期和中期上涨，股市的上涨一般早于经济复苏，而大宗商品价格的上涨则迟滞于经济复苏，当经济开始紧缩的时候，商品价格还会惯性上冲很大一段，2008 年上半年的油价就是明证）。在 2005 年到 2006 年 1 月，全球经济开始进入繁荣前期，此时大宗商品价格还没有发力，所以“商品货币”澳元也处于弱势时期。而黄金从 2001 年开始的结构性上涨一直随着世界地缘政治的动荡和格林斯潘“再通胀”货币政策的推行而加速，这主要是由于黄金的货币属性和投资属性，与黄金的商品属性关系不大，所以黄金在 2005 年 1 月到 2006 年 1 月一直处于上涨状态，而澳元兑美元却处于下跌状态，此段时期两者基本是负相关的。2006 年 1 月到

相关性不是因果性。

2008年1月，**两者呈现正相关性**，具体表现为两者比较关系稳定，黄金上涨和澳元上涨同步，这时候的上涨主要是因为全球宏观经济全面繁荣，大宗商品需求旺盛，所以澳元上涨，而黄金的上涨则不仅是货币属性导致的，同时经济繁荣下的商品属性和流动性过剩下的投资属性都使得黄金价格上涨。2008年1月之后，金价开始出现中期盘整，而澳元兑美元却大幅度下跌，黄金对澳元兑美元汇率的比价在长达两年的稳定之后继续上涨。为什么会出现这种情况呢？原因在于澳元作为“商品货币”，受到全球宏观经济衰退的影响，所以下跌，而黄金虽然失去了“商品属性”利好支持，但是其货币属性却在次贷危机下得到彰显，大量避险资金涌入黄金，随着全球“再通胀”政策的推行，黄金维持坚挺横盘走势，等待全球经济稳定程度的进一步引领。就我们的分析而言，如果不根本改变国际货币体制和消除国际消费力的不平等分布，则危机的深化是必然的结局，目前全球各国政府采取的“再通胀”政策无疑是抱薪救火，为未来进一步的危机埋下伏笔，在这种情况下黄金的涨幅将远远超过经济繁荣时期的涨幅。**同时，随着全球经济的进一步疲弱，“商品货币”澳元的表现将大大逊色于“债券货币”美元，甚至比“股票货币”日元**

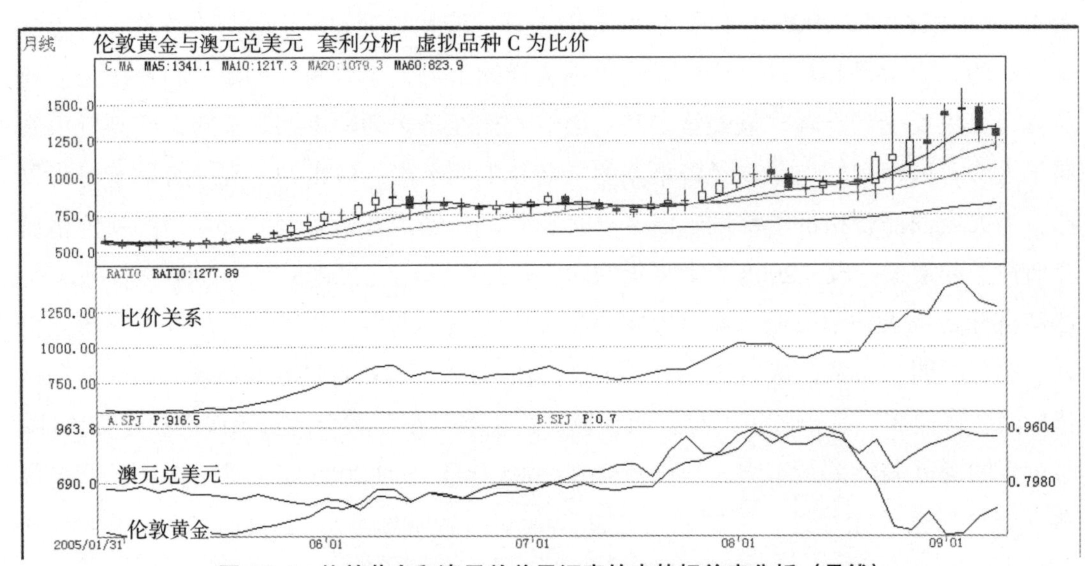

图19-4 伦敦黄金和澳元兑美元汇率的走势相关度分析（月线）

和欧元表现还差。在这种情况下，你会发现本课开头提到的黄金和澳元的正相关性显著下降。

通过对黄金和澳元汇率长达 3 年的中期分析，我们向本书读者提供了用以提高自己驱动分析和联动分析能力的范例。下面我们接着对黄金和澳元兑美元在日线、小时线和分钟线上的相关性进行分析，大家可以从这些分析中找到自己的思路，然后以“市场间联动的思维”去看待市场，这样你就比普通的外汇交易者具有更高的胜算率和报酬率。请看图 19-5，这是伦敦黄金和澳元兑美元汇率在日线上的相关性分析，时间跨度是从 2008 年 11 月到 2009 年 4 月。如果你仔细去观察的话会发现，黄金的走势变化先于澳元兑美元走势的变化，只不过黄金的波动更加剧烈，由于在几个月之内两者的关系比较稳定，所以当你在近期走势中发现了这种情况时就应该利用黄金走势来指引自己的澳元兑美元交易。

图 19-5 伦敦黄金和澳元兑美元汇率的走势相关度分析（日线）

接下来我们看看黄金和澳元兑美元汇率在 1 小时走势上的相关度，请看图 19-6，这幅图涵盖了 2009 年 4 月 21 日到 2009 年 4 月 26 日的小时图走势，这段时间内的黄金走势和澳元汇率走势基本是相反的，这表明澳元作为“商品货币”反映了宏观经济的不稳定状况，而黄金作为“风险指标”受益于宏观经济的不稳定状况。通常，我们在进行相关性分析的时候，需要从驱动因素，也就是基本面入手，进行前瞻分析，然后结合价格走势，来验证此前得到的分析结论，两者不一致的时候，你需要回过头去检视整个分析过程和证据。通过这样的工作，你的日内外汇交易也会受益颇多，“外汇

交易的功夫在外汇交易之外"，如果你能够明白这点，同时与我们提出的"盲点即利润公式"结合起来理解，则你的外汇交易功夫将更上一层楼。

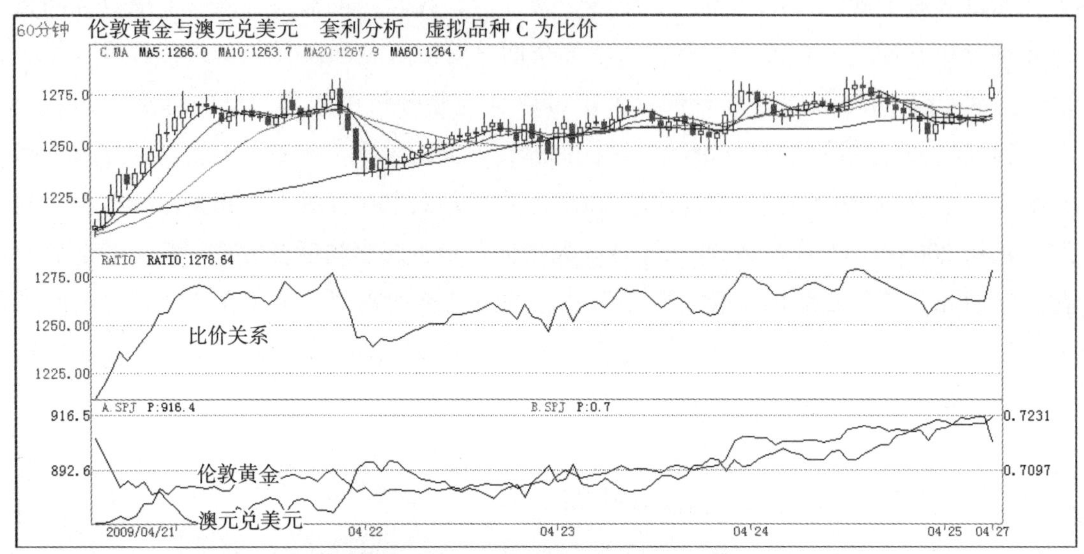

图 19-6 伦敦黄金和澳元兑美元汇率的走势相关度分析（1 小时）

我们再来看看黄金和澳元兑美元在 1 分钟走势图上的相关性，请看图 19-7。对于外汇交易者而言，分钟图是短线交易的极限框架，再没有比 1 分钟交易者更让人胆寒和神往的角色了。图 19-7 中的这段 1 分钟走势是 2009 年 4 月 27 日当天的日内走势。你可以发现什么秘密吗？对于日内交易者来讲，他们的最大梦想就是能够提前哪怕一

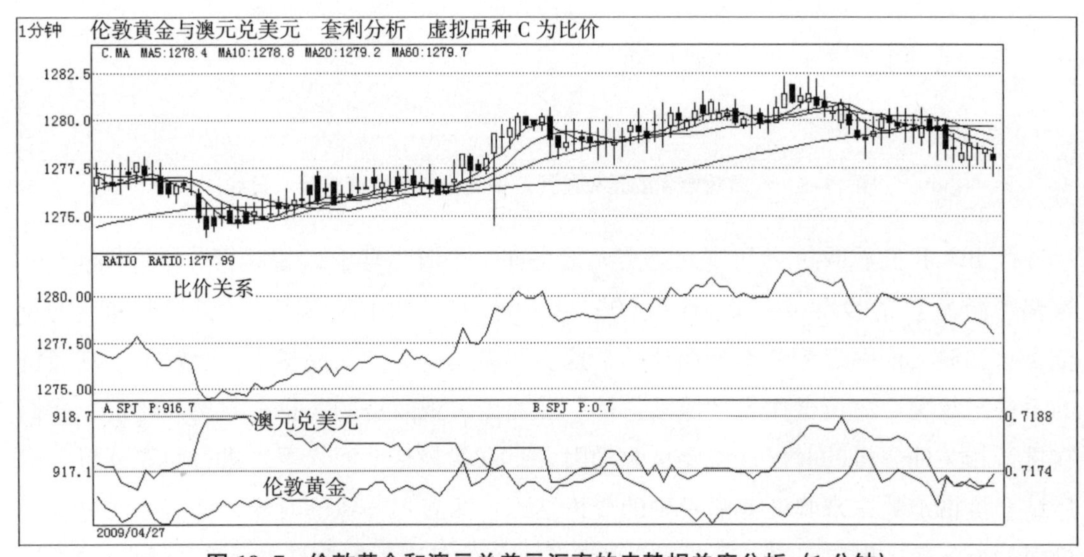

图 19-7 伦敦黄金和澳元兑美元汇率的走势相关度分析（1 分钟）

分钟知道价格接下来的走势。你从图 19-7 中可以找到这个梦想的部分实现手段，光是这个秘密的经济收益就足够你买至少几百本《外汇短线交易的 24 堂精品课》了。黄金的走势一直领先于澳元兑美元的走势，是不是让你为之一振，如果你能结合本书的 1 分钟成交量出场法来利用此处的联动分析，则你的日内超短线分析和交易技能的提高将不可限量。当然，这种关系并不是永远不变，你需要去把握相对性，而这就是日内交易的功夫所在。

黄金走势与其他主要货币对的联动关系怎么样？是不是像你通常在大众口中听到的那样？这些问题对于我们找到“盲点”非常重要，如果黄金与主要货币对的联动关系与大众头脑中的存在很大差异，则我们可以从这种“盲点”中获取超额利润。下面我们就对黄金与其他主要货币对的联动关系进行直观的定量呈现。首先请看黄金和美元兑日元汇率的联动关系，请看图 19-8，这是两者的日线水平分析，涵盖了 2008 年末到 2009 年 4 月的走势。这段时期黄金相对于美元在上涨，更为重要的是美元相对于其他货币也在上涨，为什么会这样呢？主要是因为这段时期全球经济进一步动荡，美国三大汽车巨头和金融业的经营状况都进一步恶化，所以全球避险情绪高涨，美元作为“准零息”货币，同时美国的军事力量和综合国力也居世界第一，**所以大量避险资金从高息货币和不稳定经济体撤出，涌入美元和黄金，两者出现了同步上涨**。从图 19-8，你可以看到黄金和美元兑日元汇率走势基本同步，有时候黄金走势还稍稍领先于美元兑日元汇率走势。

追逐风险还是厌恶风险，这是主导全球金融市场的重要因素。

下面我们来看黄金和欧元走势的相关性，请看图 19-9，这是黄金和欧元兑美元日线走势的相关性分析。在这段时期中，除了 2009 年 2 月到 3 月这段走势之外，两者基本上都是正相关的，那为什么中间这段时间两者是负相关的呢？主要还是由于市场上风险厌恶情绪升高，导致资金涌向美元和黄金。这又提醒我们做日内交易的时候，要注意辨识几个关键要素：第一是利率走势是处于上升通道，还是下降通道；第二是市场处于风险厌恶情绪，还是风险喜好情绪，前者导致资金流向低息货币（比如图中这段时期的美元和黄金），后者导致资金流向高息货币（比如图中这段时期的欧元）。进行联动性分析的时候一定要搞清楚联动存在的驱动因素，这是联动的前提，如果你抓住这个前提，那么你就知道什么是相关的，什么是不相关的，什么时候是正相关的，什么时候是负相关的。

图 19-8　伦敦黄金和美元兑日元汇率的走势相关度分析

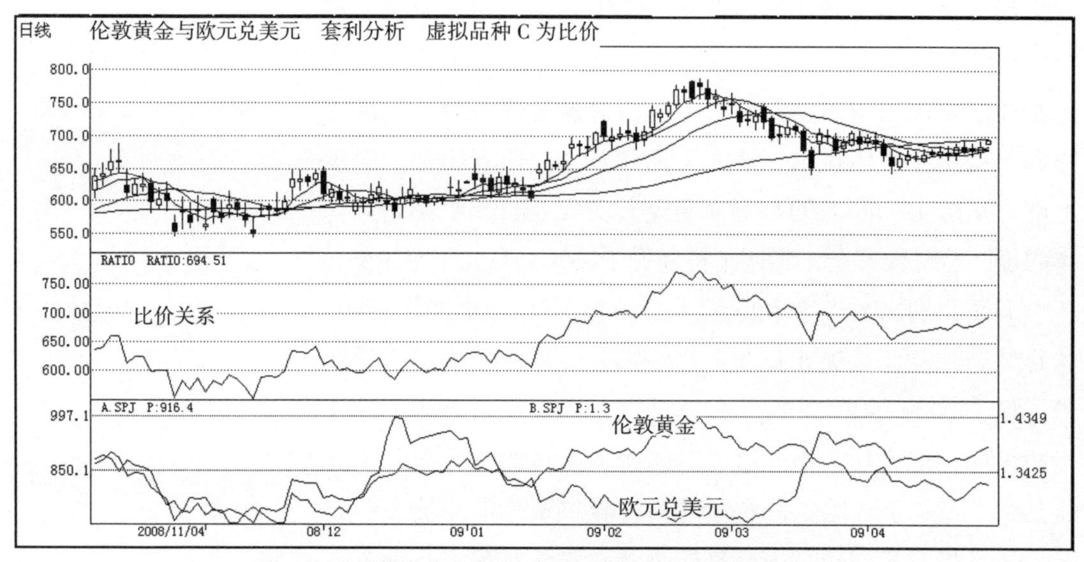

图 19-9　伦敦黄金和欧元兑美元汇率的走势相关度分析

瑞郎是避险货币，这是以前的常识；美元是避险货币，这是现在的常识；黄金是避险货币，这是未来的常识。当次贷危机开始的时候，都认为美元要败给欧系货币，特别是欧元，避险资金将涌入瑞郎，结果却让不少学者和分析师大跌眼镜，危机越大，资金越是涌入美元，美元反而比欧元更避险。瑞郎是避险货币，前提是欧陆，乃至英伦是安全和稳定的，如果搞不清楚这个前提，则往往会张冠李戴所谓的“避险货币”。次贷中英伦三岛，乃至欧陆几个大国问题比美国还严重，所以美国反倒更安全些。当美国对于投资而言都不再安全的时候，黄金就成了最后的避风港。黄金和瑞郎汇率的变化被曲解了，这使得大众形成了盲点，仿佛瑞郎和黄金的走势是正相关的。从图 19-10，你会发现这种观念将让外汇交易者处于“盲点”，当越来越多的交易者接受这样的观念时，大众就处于“盲区”，而这就给了少数独立思考交易者以超额利润。从图 19-10 中，你可以看到美元兑瑞郎的走势与黄金走势部分一致，也就是说瑞郎走势部分与黄金走势相反，这就使得我们对于两者关系的分析具有阶段性，这种阶段性识别有赖于我们对驱动因素和市场情绪的透彻掌握。

什么是避险货币？这个问题没有固定的答案。

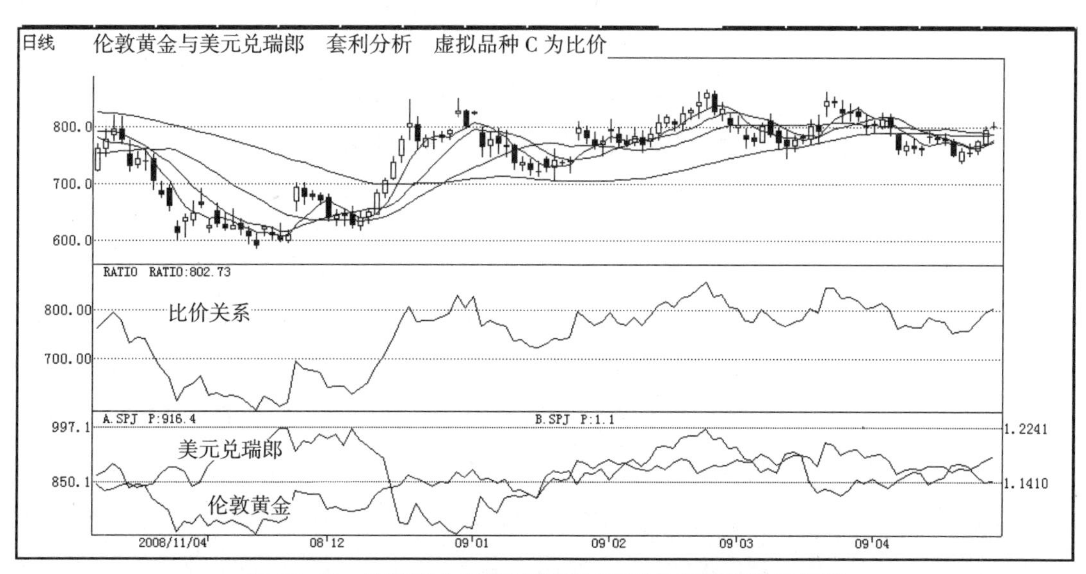

图 19-10 伦敦黄金和美元兑瑞郎汇率的走势相关度分析

黄金与英镑汇率的联动关系在次贷危机进一步深化过程中的表现也让我们的直觉受到了冲击。请看图 19-11，就波动方向来讲，黄金和英镑兑美元的走势基本一致，只是黄金的走势从 2008 年 11 月逐步走高，然后从 2009 年 3 月逐步回落，而英镑兑美元的走势从 2008 年 11 月逐步走低，然后从 2009 年 3 月逐步回升。从这里可以发现，总体上风险厌恶情绪主导着两者的走势，同时英镑和黄金同为“非美货币”，所以局部波动方向又有同步性。这就使得两者的整体趋势相反，而局部方向一致，在进行日内交易时，两者可以相互验证。

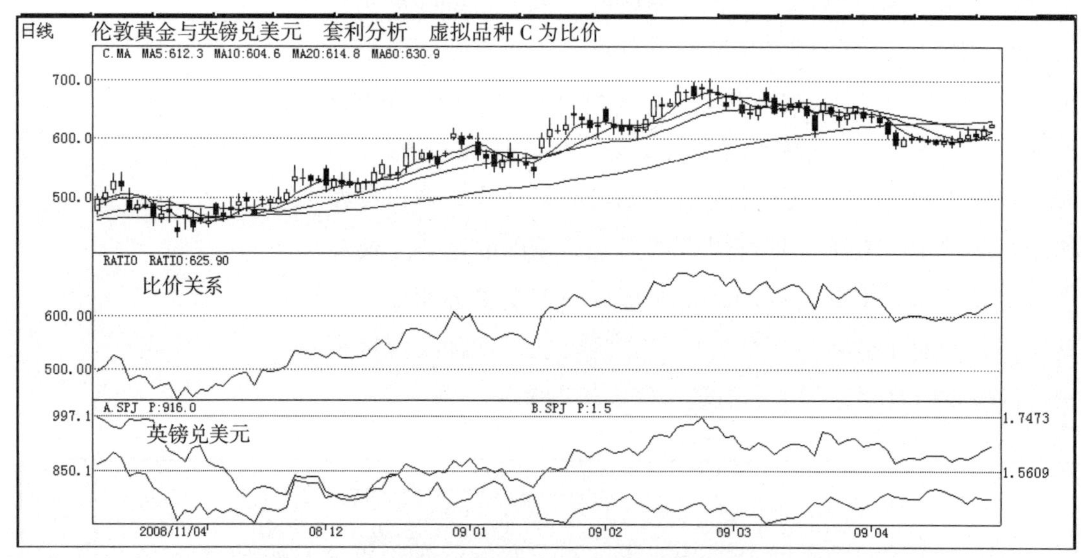

图 19-11 伦敦黄金和英镑兑美元汇率的走势相关度分析

加元属于商品货币和美系货币，加拿大也是十大产金国，美国也是十大产金国，产金量排名还比加拿大靠前，只是产金业在美国 GDP 中的贡献比起其在加拿大 GDP 中的贡献小多了，所以理论上讲黄金价格变化对加元的影响大于对美元的影响。那么，实际情况又是怎么样的呢？请看图 19-12，这是黄金和美元兑加元汇率走势的相关性分析。黄金走势基本领先于美元兑加元的走势，也就是说是黄金和加元在这段时期呈现负相关性，原因为何？其实，也是因为加元的“商品属性”，加元受到全球经济衰退的拖累，**避险情绪涌入美元和黄**

事物是多重属性的综合体，在某一阶段某一属性占据主导，这就是主要矛盾或者说矛盾的主要方面。

金，加拿大经济因为主要工业国对原材料需求的下降而步入下降通道。

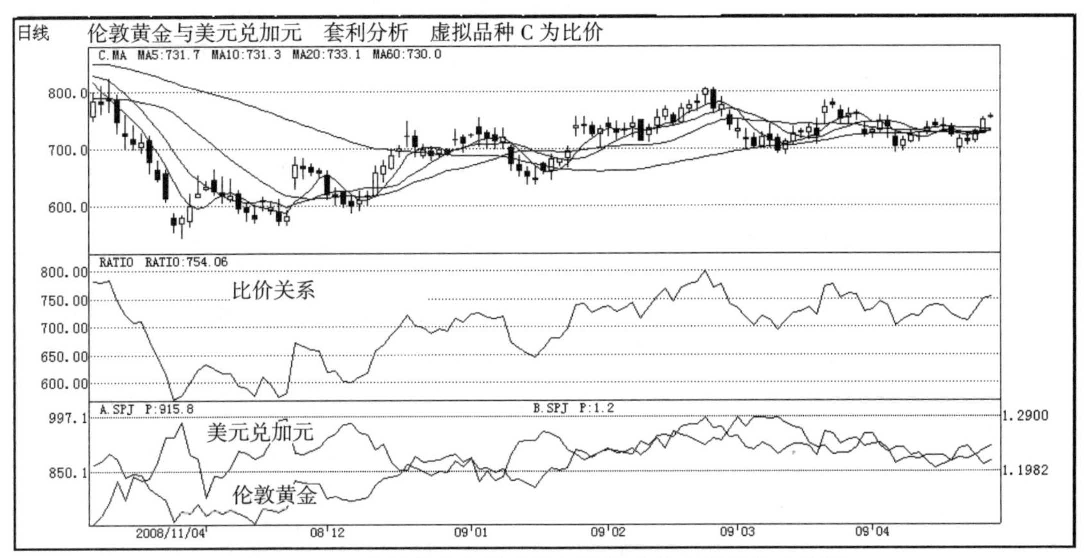

图 19-12　伦敦黄金和美元兑加元汇率的走势相关度分析

黄金是世界稳定的风向标和世界经济的锚，而原油则是世界发展的动力，外汇市场的分析同样离不开对原油价格与汇率相关性的分析。下面我们就展开本课的第二部分——对原油和主要汇率相关性的分析。首先，我们来看原油走势与美元兑日元汇率的联动关系。美国直接间接控制的原油比日本多，日本一方面油气资源极度稀缺，另一方面军力不如美国，所以相比美元而言，日元在原油走势上处于弱势地位。请看图 19-13，

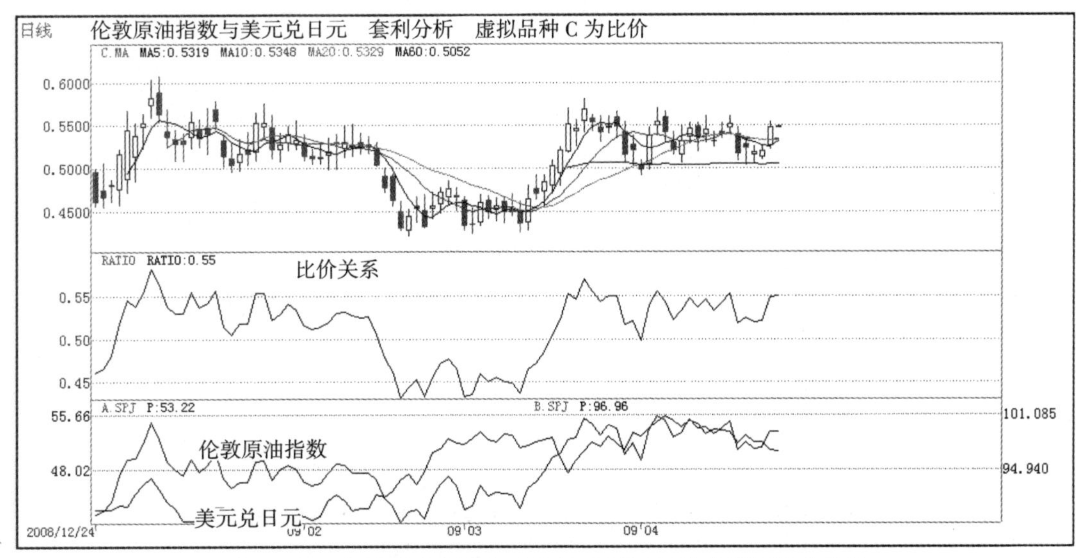

图 19-13　伦敦原油指数和美元兑日元汇率的走势相关度分析

这是伦敦原油指数和美元兑日元汇率的日线相关性分析图，从中可以看到原油价格走势与美元兑日元汇率走势基本同步，也就是说原油价格与日元呈负相关性，这个结论与大家从公开传播材料中主张的观念一致，这个观点为绝大多数外汇交易员和分析师所认可，所以原油价格与日元汇率的联动非常紧密，呈现出同步的特点，这表明“信息市场化”的过程很快，驱动面的因素会很快被吸收和消化，这对于我们抓消息市后段的反转非常有利。

在整个西欧地区，除了英国之外，所有的经济大国都严重依赖于国外能源的供给，虽然法国大力发展核能，但是还是无法从根本上解决自身的能源问题。油价上涨对于欧元区的影响是负面的，但是我们不要忘了更为重要的一个方面，那就是油价在中期更多是受到需求的影响（在长期是否主要受到供给的影响现在我们还无法确定，一般而言工业类大宗商品主要受到需求的影响，而农产品主要受到供给的影响），所以欧元区经济的发展往往对于油价产生影响，而油价反过来影响欧元区经济，这是不对称的因果关系。请看图19-14，这是伦敦原油指数和欧元兑美元的相关性分析图，可以发现欧元兑美元走势变化明显领先于原油价格的变化，这表明与其说是原油价格令欧元汇率变化，还不如说是欧元区经济变化导致欧元汇率变化和油价变化，而欧元汇率的变化往往提前于油价变化，记得我们在前面曾经提到欧元是“股票货币”吗？股票在经济周期中领先于商品期货的走势，现在你再去看这幅图就有一种豁然开朗的感觉了，你甚至可以把在这里学到的知识用于原油期货的交易，联动性分析让你站得更高，看得更宽、更远。

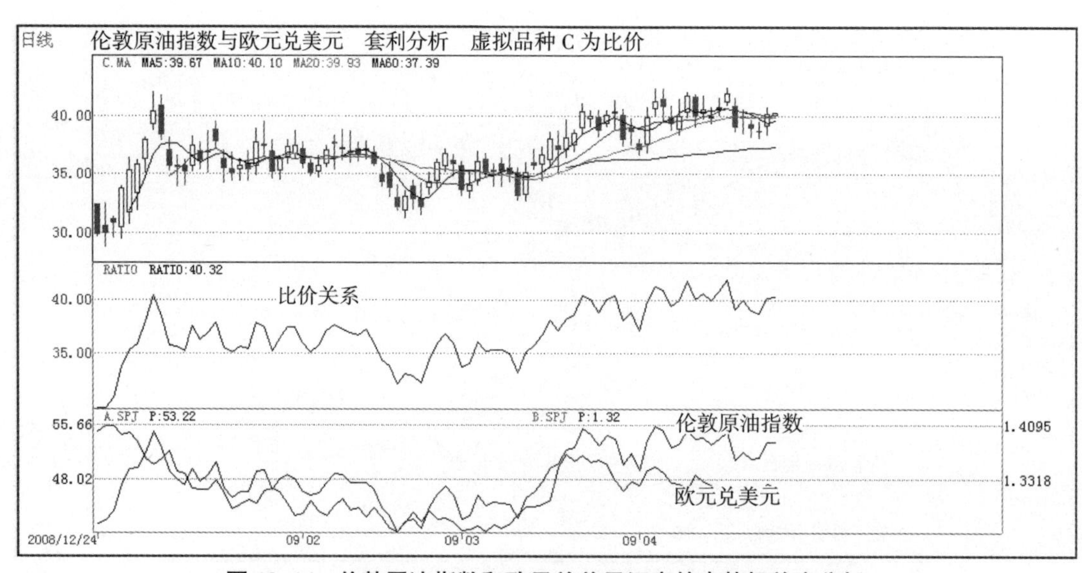

图19-14 伦敦原油指数和欧元兑美元汇率的走势相关度分析

加元是商品货币的代表，而原油也是加拿大的重要出口商品，**美国虽然是产油大国，但是对原油的依赖性远远超过加拿大**，油价高涨对加拿大的经济的变化呈现正面影响，对美国经济的影响则是负面的。不过，在世界经济周期中，这种影响的序列往往是这样的：美国经济向好，刺激原油价格上涨，原油价格上涨，推动加拿大的出口收入和 GDP 增长，一段时间之后原油价格上涨反过来制约经济进一步增长，连同其他更为重要的宏观因素促使美国经济下落，进而使得原油价格受到影响下降，进而导致加拿大经济步入下降通道。所以，美元、原油和加元之间的关系中，美元变化位于这个序列的前端，而加元位于这个序列的后端。当然，由于加拿大与美国日常往来紧密，**显然工业和消费倾向于与美国同步。**下面我们来看原油价格变动与美元兑加元汇率变化的关系，请看图 19-15，可以看到美元兑加元走势领先于原油价格走势，以至于两者看起来好像是对立的，这表明商品期货往往是货币走势的滞后指标，而货币却往往是商品期货走势的领先指标。

随着页岩油革命的持续推进，美国原油的产量持续上升，这极大地改变了全球的能源格局。

某些情况下，加拿大的经济数据先于美国经济数据公布，这样我们可以将加拿大经济数据看成是美国经济数据的某种先行指标。

图 19-15　伦敦原油指数和美元兑加元汇率的走势相关度分析

那么，原油与美元兑瑞郎汇率之间的联动关系怎样呢？瑞郎以金融业和中立性作为核心支柱，其受到地缘政治和银行管制的影响较大。所以，原油价格的变化和瑞郎汇率的变化的联动主要还是通过中东地缘政治动荡来生效。请看图19-16，这是伦敦原油指数和美元兑瑞郎汇率变化的相关性分析图。可以看到两者的关系基本是同步的，偶尔也会交替领先对方的走势。这表明美元兑瑞郎汇率的变化主要受到美国经济的影响，偶尔也会受到欧洲和美洲地缘政治变化的影响。

图 19-16 伦敦原油指数和美元兑瑞郎汇率的走势相关度分析

中国经济数据的公布对澳元影响很大，所以做澳元一定要看中国经济。

澳元是典型的商品货币，它引导着新西兰元的走势，那么澳元会不会受到原油价格指数的影响呢？请看图19-17，这是伦敦原油指数和澳元兑美元走势的关系图。可以发现伦敦原油指数的走势与澳元兑美元走势基本同步，两者可以相互参验来过滤掉一些噪声波动，帮助外汇交易者更好地把握趋势。

图19-18是我们发现最经典的联动关系图，这是原油和英镑汇率变化的绝妙呈现，请注意伦敦原油指数一般都领先于英镑兑美元汇率的变化，这对于英镑日内交易者而言无疑是强大的工具。你把这幅图看仔细了，我们相信绝大多数外

汇日内交易高手都以英镑兑美元作为主要交易对象，这是一个活性很强的货币对，如果你能很好地运用我们给出这幅图带来的知识，则你几乎可以抓到英镑兑美元日间趋势的重大转折。

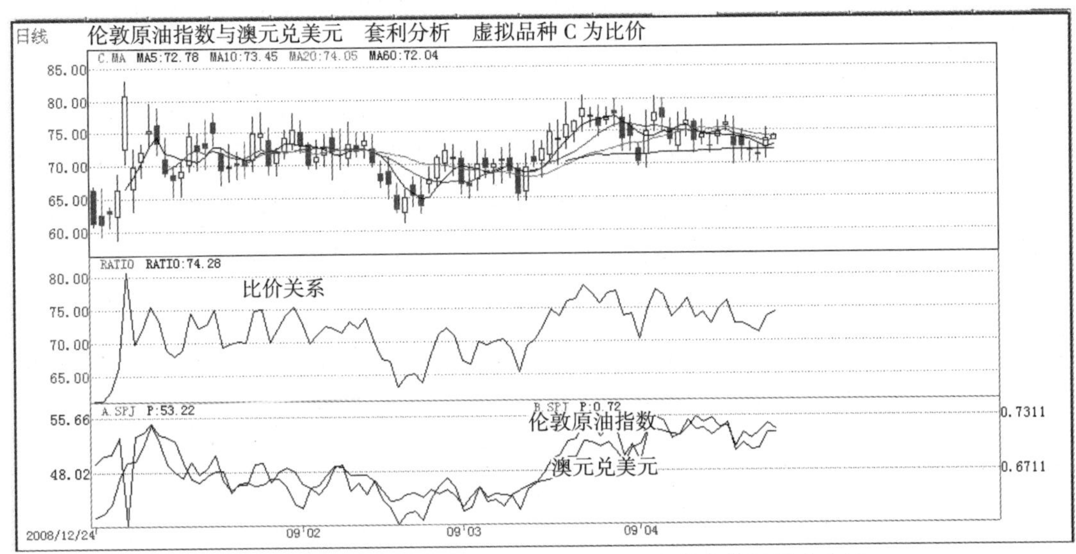

图 19-17　伦敦原油指数和澳元兑美元汇率的走势相关度分析

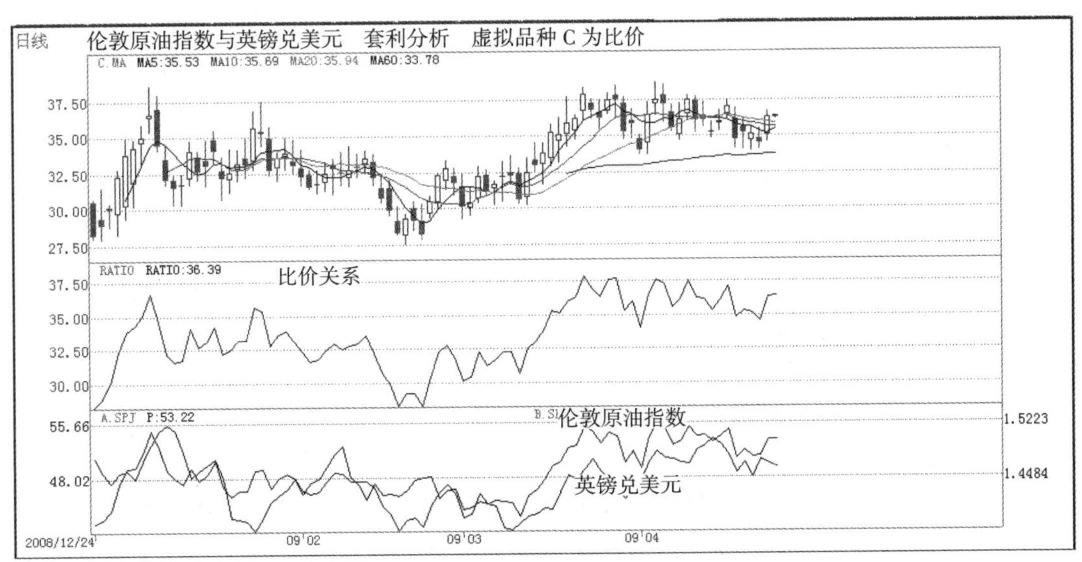

图 19-18　伦敦原油指数和英镑兑美元汇率的走势相关度分析

下面我们来看主要股指和主要货币的联动情况，主要股指波动情况可以从不少期货行情软件中看到，股市的变化可以反映地缘政治、经济增长、利率和流动性，以及资本项目和经常项目的变化，而这些恰恰也是驱动外汇市场变化的关键因素，我们下

安倍经济学能够起到一定提振经济的作用，原因之一就是大幅贬值日元汇率。

面就从直观和定量的角度来掌握股指和汇率的变动。请看图19-19，这是日经225指数和美元兑日元走势的联动分析图。看出什么苗头没有？美元兑日元汇率经常领先于日经225指数，为什么会这样？**因为日本倾向于低估日元兑美元来促进出口**，日本股市上的公司基本是以出口为主的，所以美元兑日元升值的时候，公司的盈利是增加的，自然股价也是上涨的。那么2009年3月前后这段时间，为什么又会出现两者的背离呢？也就是说美元升值，而日本股市还是走低。这主要是因为这段时间，全球经济继续走软，股市当然不好，风险厌恶情绪高涨，使得大量资金涌入美元避险，美元相对日元看涨。其实，作为低息货币，日元也受到避险资金涌入而上涨，但是相对于美元而言，势头要弱些。

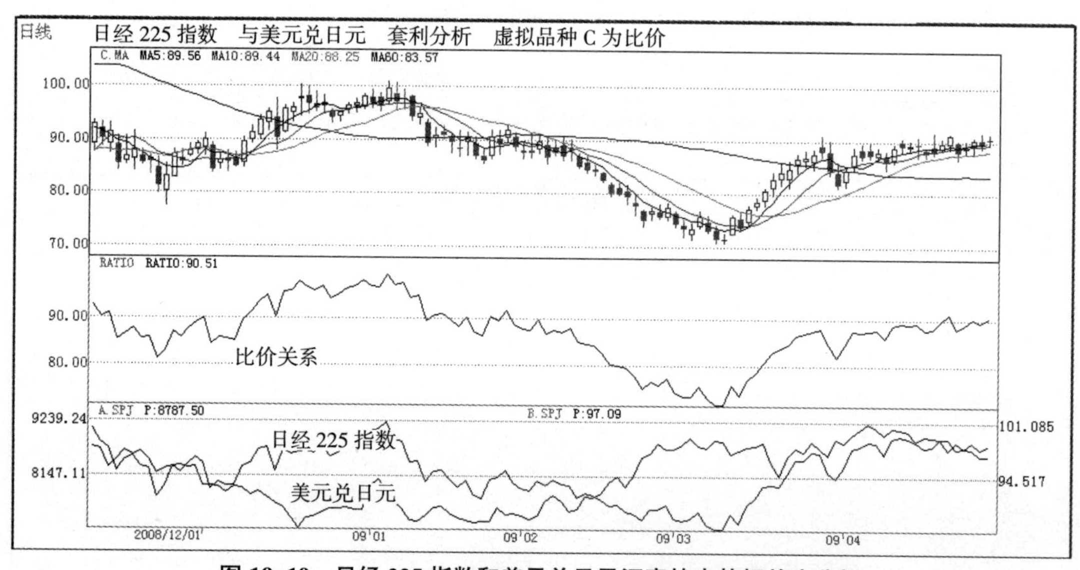

图19-19　日经225指数和美元兑日元汇率的走势相关度分析

澳洲综合指数代表了澳大利亚股市的整体走势情况，我们来分析一下它与澳元汇率走势的联动关系，请看图19-20，澳大利亚以大宗商品出口作为主要的经济增长点，因此澳元汇率的高点对于其GDP增长有明显的影响，图19-20中的澳洲综合指数变化稍微滞后于澳元兑美元的走势。两者之间的关系与日经225指数与美元兑日元汇率关系类似，这对于股

票交易者有很大的用处，对于外汇交易者而言只能作为确认手段。

整体股市绝大多数情况下是在风险偏好为正的情况下上涨的。除非指数成份股被国家所干预以维稳股市，这个时候倒是可能在风险厌恶的情况下上涨。

德国是欧元区的火车头，法兰克福指数表征了德国的股市走势，那么**德国股市和欧元汇率有没有什么联动关系呢**？两者之间相互有指引迹象，有时候又是同步的，做欧元兑美元的交易者，可以从中得到相关参验的信息（见图 19-21）。

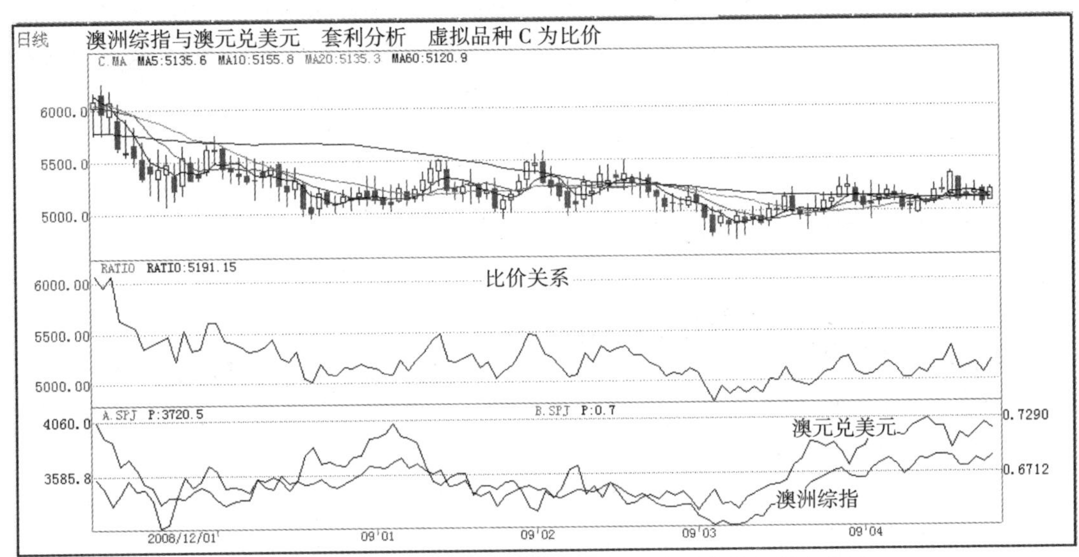

图 19-20 澳洲综合指数和澳元兑美元汇率的走势相关度分析

图 19-21 法兰克福指数和欧元兑美元汇率的走势相关度分析

英国的金融业和原油业是其国民经济的两大支柱，这可能会让部分读者感到惊奇，如果你对此有什么疑问的话，可以自己动手去网上检索一下相关数据。正因为金融业和石油工业对英国经济十分重要，所以我们关注英国资本项目和国际油价的变化。作为不少国际金融交易标的的中心，英国的股市也是这些资金的目的地，所以通过观察英国股市的变化，可以对英国经济增长和国际资本流动做出一定的判断，而这对于英镑交易者而言无疑是福音。请看图 19-22，这是金融时报指数和英镑兑美元走势的联动分析，金融时报指数在重大转折点一般领先于英镑兑美元汇率。

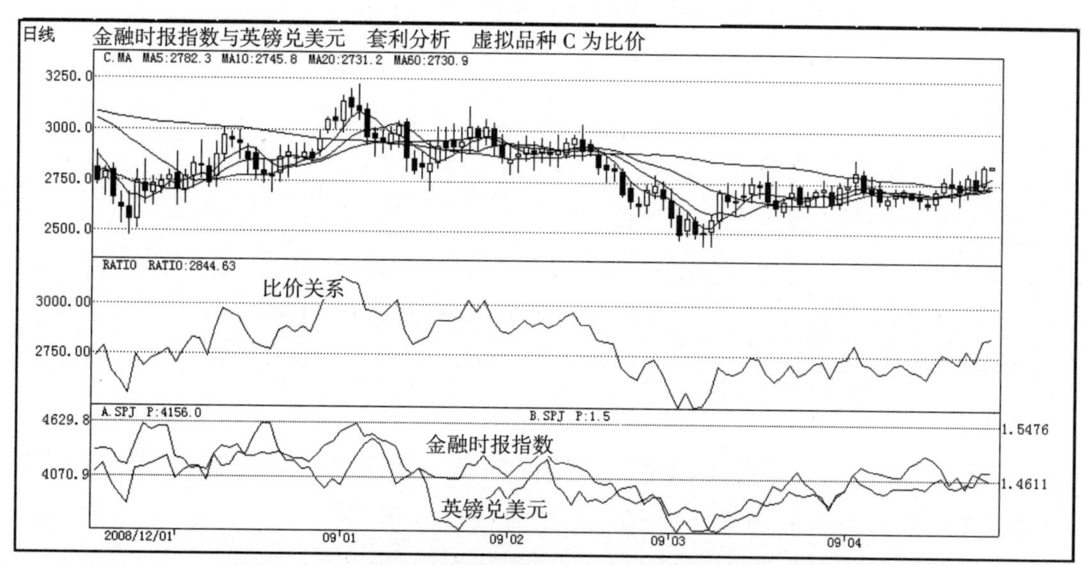

图 19-22 金融时报指数和英镑兑美元汇率的走势相关度分析

美国股市、美国国债和美元指数会出现各种涨跌组合。美国股市和美元指数上涨，而美国国债下跌，这个时候可能是因为美国经济向好，国际和国内资本流向美国股市，流出美国国债。美国国债和美元指数上涨，而美国股市下跌，这可能是因为避险情绪升温。美国国债和美国股市都下跌，而美元指数上涨，这可能是美联储紧缩迹象，短期内将引发流动性担忧。

瑞士指数代表了瑞士股市的整体变动情况，美元兑瑞郎与瑞士指数的关系基本同步，由于瑞士股市规模不大，在全球股指中属于默默无闻之辈，所以很难吸引国际投资者，不过两者的联动关系还是比较紧密的，请看图 19-23。

美国股市分析一般喜欢用道琼斯系列指数，但是我们倾向于采用标准普尔 500 指数，标准普尔 500 指数倾向于领先美元指数运动，不过在 2009 年 3 月左右出现了明显的背离，这主要是因为受到风险厌恶情绪升高的影响，资金从高息资

产（比如股票）和高息货币流出，流向美国国债等低风险低收益的资产，**所以美元指数高位运行，而对应的标普指数却处于下跌状态**，请看图 19–24。

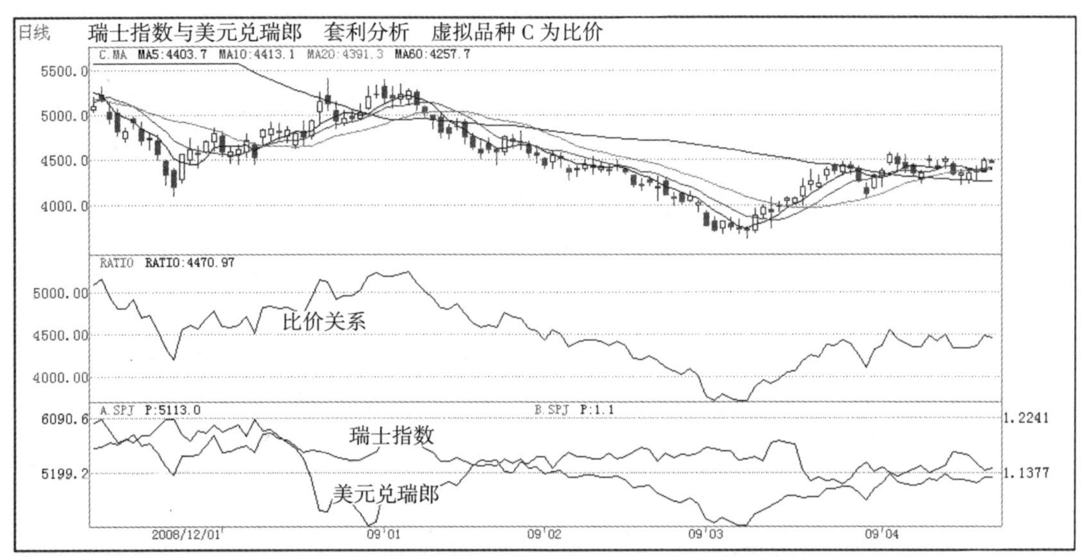

图 19–23 瑞士指数和美元兑瑞郎汇率的走势相关度分析

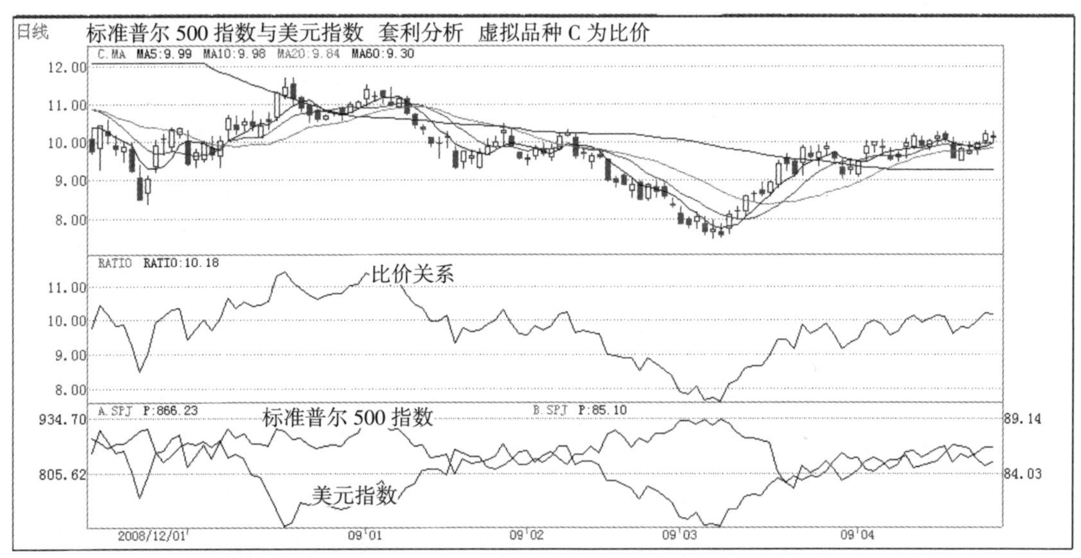

图 19–24 标准普尔 500 指数和美元指数走势的相关度分析

下面我们进行本课的最后一部分，对主要货币对之间的联动性进行分析，其中的联动关系基本稳定，所以可以作为跨品种分析和组合交易的基础信息。汇率联动分析涵盖两个时间框架，第一个是日内交易者经常用到的小时走势，第二个是日间交易者经常用到的日线走势。绝大多数外汇保证金交易平台上的货币对，你都可以在这里看

到其相关性分析，每个货币对的相关性分析有两幅图，第一幅是 1 小时走势的相关度分析，第二幅图是日走势的相关度分析。

请看图 19–25，这是英镑兑美元与主要货币对的相关性分析，作为外汇市场最受短线炒家青睐的货币对，英镑兑美元的日内波动很剧烈，由于英镑的大部分交易量发生在欧洲时段，所以欧洲的交易员经常利用自己信息上的优势估计触及交易者的止损密集价位。与英镑兑美元日内相关度最高的货币对是英镑兑日元，其次是澳元兑日元和加元兑日元，你发现什么规律了吗？作为投机性最强的两个货币，英镑和日元走势有时候如此的同步，大家看看日本和英国相对于整个欧亚大陆的位置就知道两者之间在经济和政治上的相似程度了。日间走势上，英镑兑美元的走势与英镑兑日元、加元兑美元，以及澳元兑日元、澳元兑瑞郎、澳元兑欧元、加元兑日元关系密切，加元和澳元都属于英联邦内的货币，这个从《外汇交易圣经》的附录中可以查到。如果你进行英镑兑美元的日内交易，则你需要关注的货币对是英镑兑日元。

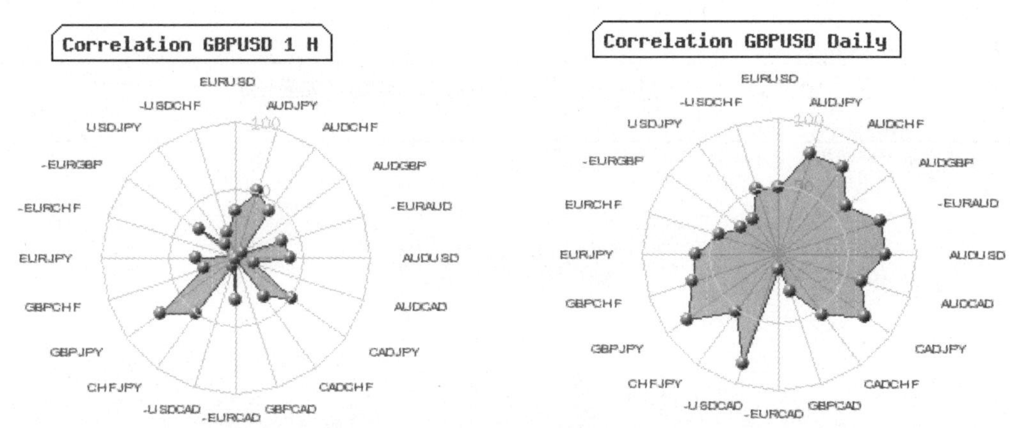

图 19–25 英镑兑美元和主要货币对的日内和日间相关度分析

如果说英镑兑美元是汇率市场的“小盘股”，则欧元兑美元则是汇率市场的“大盘股”，请看图 19–26，两幅子图呈现了欧元兑美元与其他货币对的日内以及日间相关度。就日内走势而言，瑞郎兑日元与欧元兑美元走势破位最为一致，这可能最出乎本书读者的意料之外，当然其中另外几组货币对也与欧元兑美元的走势高度相关，如果你从事欧元兑美元的日内交易，则应该查看这几组货币对中与欧元兑美元关系较为恒定的一对，这需要你长期的跟踪，毕竟即使十分稳定的相关货币对，也会因为驱动因素的结构性变化而出现变化。另外，欧元兑美元在日间水平上与瑞郎兑美元的相关度最高，这个结论本书的读者估计都能理解，瑞郎经常是跟着欧元在运动，**好比一个板块中的龙头股是欧元，其他欧系货币则跟着欧元这个龙头走。**

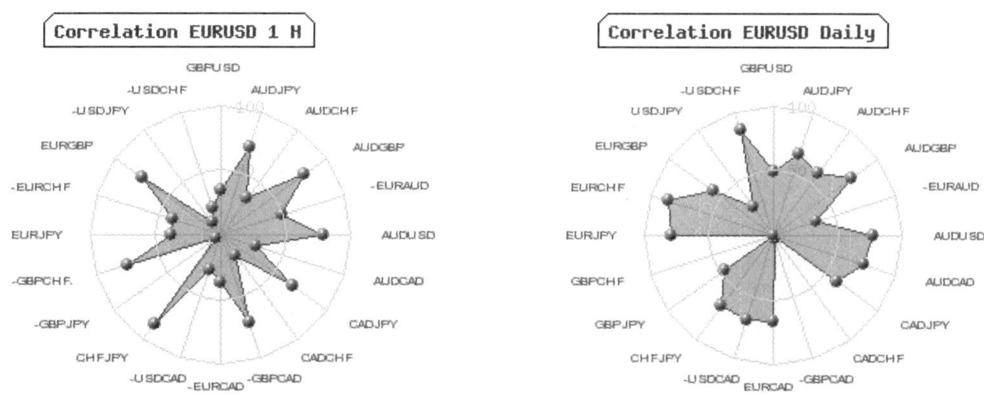

图 19-26 欧元兑美元和主要货币对的日内和日间相关度分析

图 19-27 是美元兑瑞郎与主要货币对的相关度分析，先来看日内水平上各个主要货币对之间的相关度状况，美元兑瑞郎的变化与美元兑日元变化相关度最高，为什么会这样？首先，瑞郎和日元都属于传统的低息货币；其次，两者都是非美系货币，当然也许还有其他我们忽略了的原因，但是日元绝不像瑞郎一样是一个交易量相对较小的货币。在日间水平上，美元兑瑞郎与美元兑欧元相关程度最高，这个不需要我们的进一步解释，读者依据前面的知识和自己以前学过的简单材料应该能够理解这一现象的本质原因。

非美货币阶段性走势是存在一个龙头的，这个龙头货币就是当时驱动因素最受关注的那个。

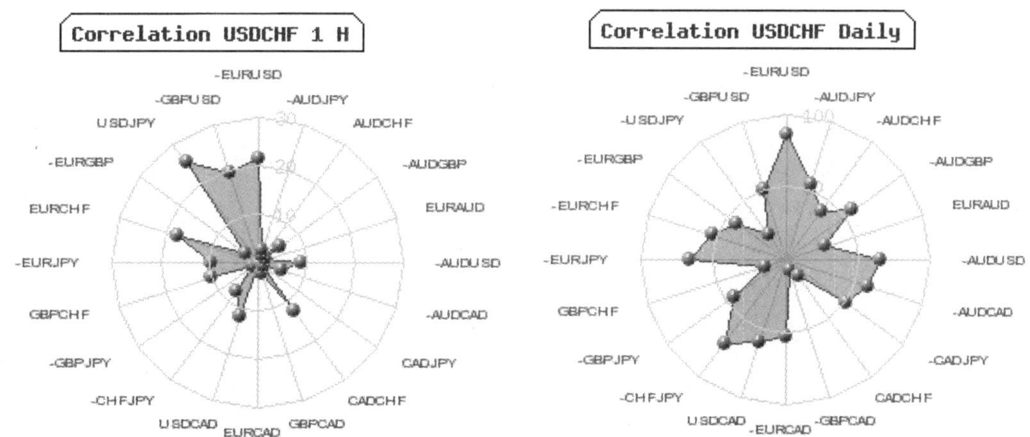

图 19-27 美元兑瑞郎和主要货币对的日内和日间相关度分析

美元兑日元获得不少港台地区外汇交易者的青睐，它与主要货币对的相关度关系如图 19-28 所示。美元兑日元在日

内水平上与欧元兑瑞郎高度相关，两个货币对，四种货币竟然具有高度相关性，这就是外汇市场让人琢磨不透的地方。在日间水平上，美元兑日元与英镑兑日元，以及加元兑日元高度相关，或许是英镑、加元、美元都属于“盎格鲁—撒克逊”经济体系的缘故吧。如果你从事美元兑日元的日内交易，则需要注意欧元兑瑞郎，以及美元兑加元的走势。

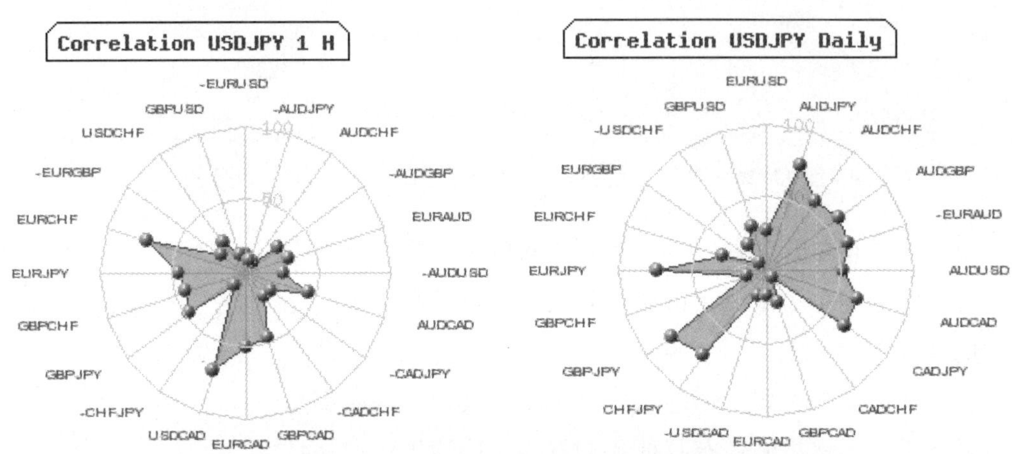

图 19-28　美元兑日元和主要货币对的日内和日间相关度分析

欧元兑英镑是主要的交叉盘货币对，其与主要货币对的相关程度可以从图 19-29 中基本掌握。就欧元兑英镑的日内走势而言，它与瑞郎兑英镑的走势高度相关，其次是澳元兑英镑和欧元兑美元，如果你从事欧元兑英镑的日内交易，则需要关注这三个货币对的联动情况。就日间水平而言，欧元兑英镑与欧元兑加元的相关程度最高，所以如果你是日间交易者，且主要从事欧元兑英镑的交易，则你需要同时关注欧元兑加元的联动情况。

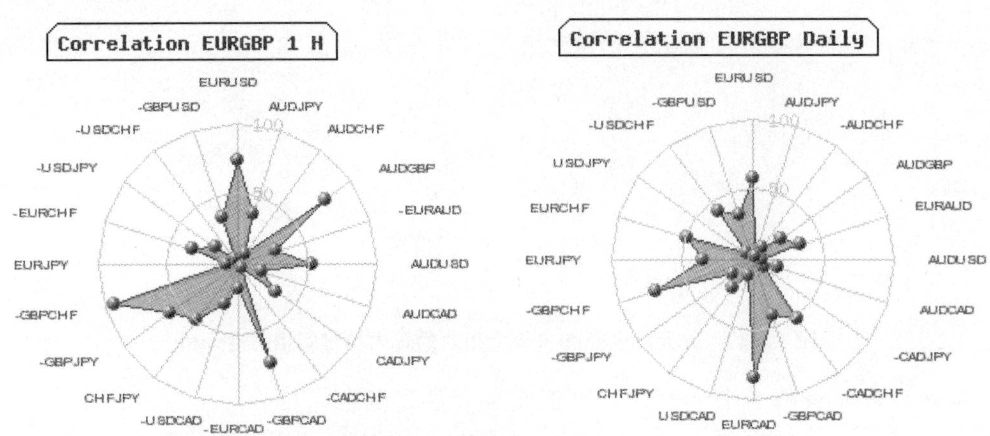

图 19-29　欧元兑英镑和主要货币对的日内和日间相关度分析

欧元和瑞郎是“大哥和小弟的关系”，欧元兑瑞郎与其他主要货币对的相关程度不高，请看图 19-30。就日内水平而言，欧元兑瑞郎与美元兑日元相关程度最高，前面已经提到过。而就日间水平而言，欧元兑瑞郎与欧元兑美元相关程度最高，这反映出了日内水平和日间水平相关程度的差异。如果你是欧元兑瑞郎的日内交易者，则你需要关注美元兑日元的日内走势。

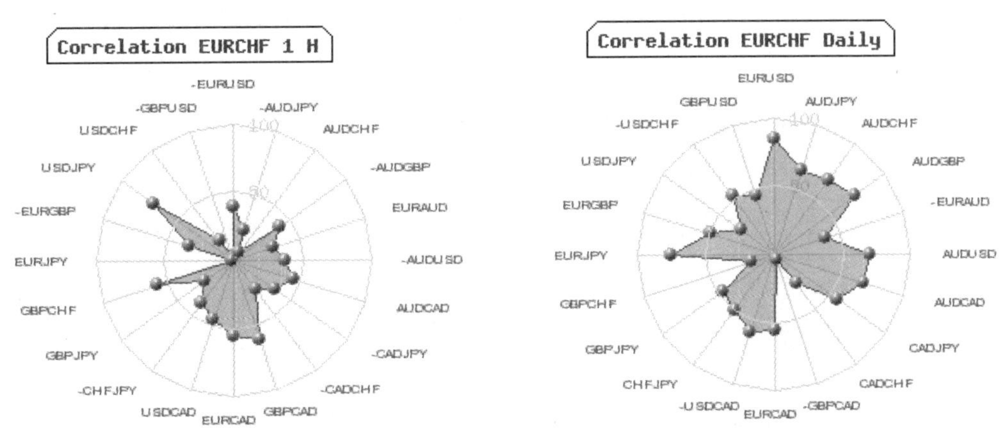

图 19-30　欧元兑瑞郎和主要货币对的日内和日间相关度分析

日元、欧元、美元算得上是全球货币体系中的三角，欧元兑美元与其他货币对的联动关系我们已经分析得差不多了，下面分析欧元兑日元与其他货币对的联动关系。请看图 19-31，就日内水平而言，欧元兑日元与英镑兑日元的相关性最高，所以如果你进行欧元兑日元的日内交易，就需要关注英镑兑日元的日内运动，这与通常的交叉盘联动分析存在一些差异。通常观念认为交叉货币对的交易应该参看两个对应直盘货币

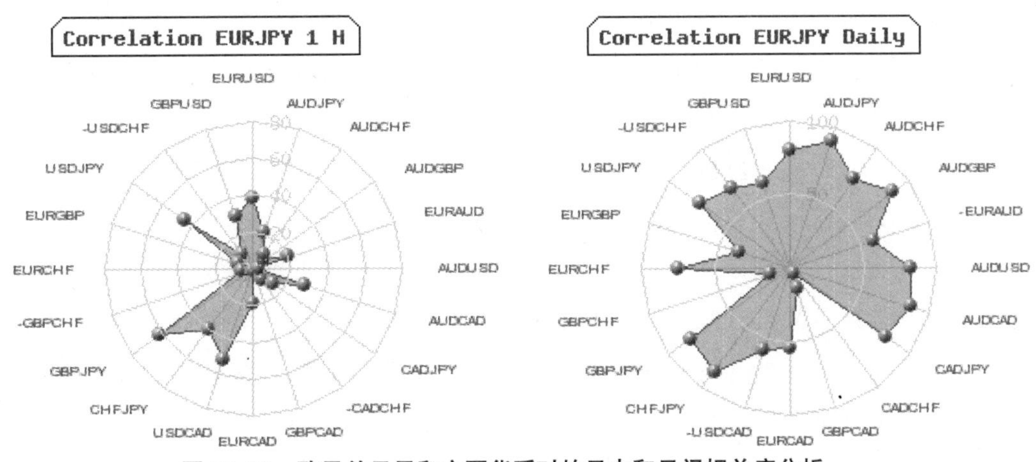

图 19-31　欧元兑日元和主要货币对的日内和日间相关度分析

对的走势，在本例中就是应该参看欧元兑美元，以及美元兑日元的日内走势。欧元兑日元在日间水平上与绝大多数主要货币对都有高度的相关性，其中与澳元兑日元相关程度最高。

英镑和瑞郎是欧系货币中被投机商青睐的两种货币，它们构成的货币对与其他主要货币对的相关程度如何呢？请看图 19-32，就日内水平而言，英镑兑瑞郎与英镑兑欧元相关程度最高，原因前面已经提到，这里就不再赘述了。就日间水平而言，英镑兑瑞郎与英镑兑欧元，以及加元兑瑞郎的相关程度都很高。如果你从事日内交易，并且以英镑兑瑞郎作为主要交易对象，则应该参考英镑兑欧元的走势。

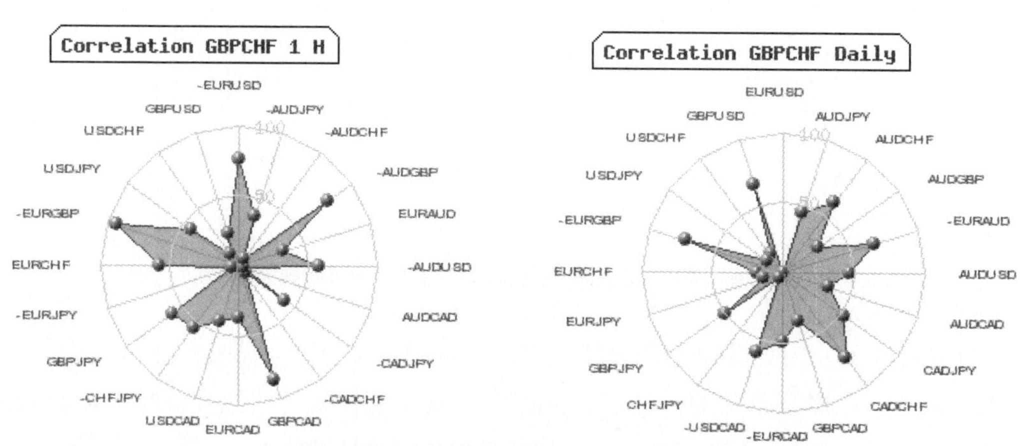

图 19-32　英镑兑瑞郎和主要货币对的日内和日间相关度分析

英镑兑日元算得上是波动较为剧烈的交叉盘货币对，也是众多投机好手偏爱的货币对之一。那么，英镑兑日元与哪些货币对的关联程度最高呢？请看图 19-33，就日内水平而言，英镑兑日元与英镑兑美元的关联程度最高，所以众多的英镑兑日元日内炒家应该密切关注这一货币对的走势。就日间水平而言，英镑兑日元与大部分主要货币对都有很高的关联性，从图 19-33 就可以知道其中的关联程度。

瑞郎兑日元是两个投机货币的组合，其日内联动主要与欧元兑美元、澳元兑日元、澳元兑美元以及加元兑日元展开，像这种与多对货币联动的货币对不太适合短线炒家介入，因为关注的层面太多，可能不太好把握联动关系，如图 19-34 所示。就日间水平而言，瑞郎兑日元与欧元兑日元的相关程度最高，与其他货币对的相关程度也不低，这些相关度数据可以作为瑞郎兑日元日间交易者的参考数据，**在跨品种分析和交易组合构建方面发挥重大的作用。**

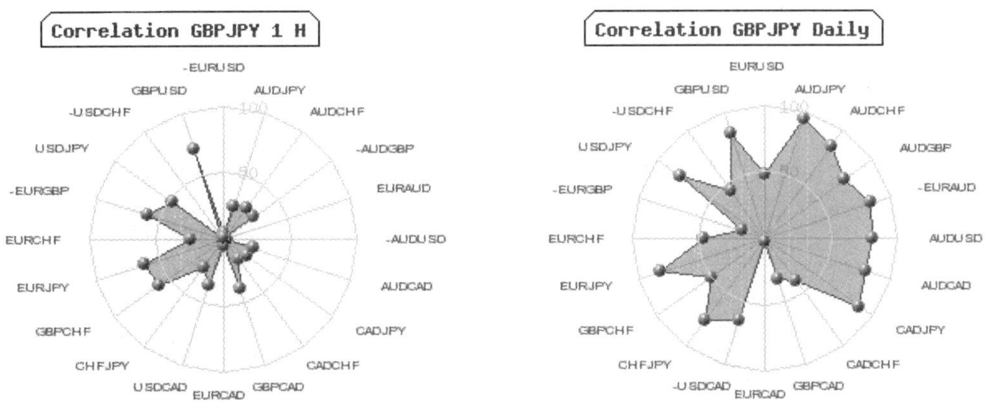

图 19-33　英镑兑日元和主要货币对的日内和日间相关度分析

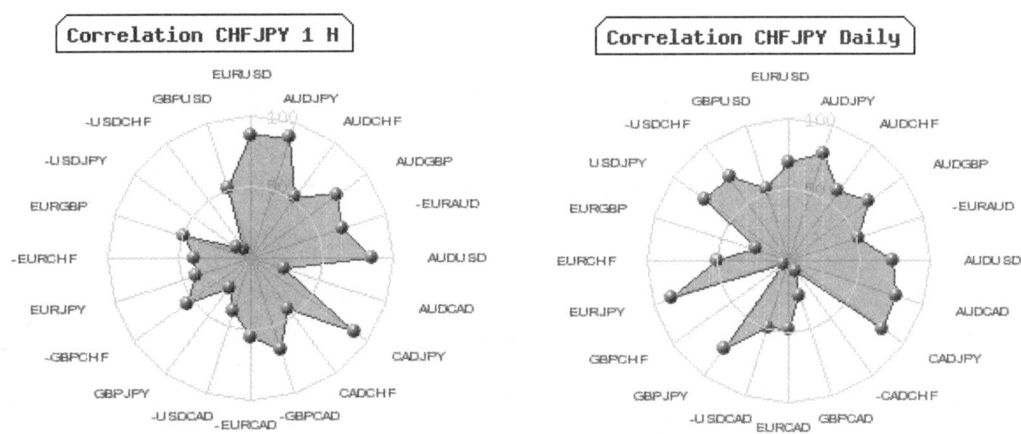

图 19-34　瑞郎兑日元和主要货币对的日内和日间相关度分析

美元兑加元，两个美系货币组成的货币对，与欧元兑瑞郎组成的货币对类似。加拿大与美国经济来往密切，外汇交易者甚至可以通过加拿大的经济数据走势来推测紧接着推出的美国经济数据走势。美元兑加元是不少日间交易者喜欢的货币，当然也是诸如 FxOverEasy 交易系统的使用者倾向的货币对。这个货币对与其他主要货币对的相关度如图 19-35 所示，就日内水平而言，美元兑加元与美元兑日元的紧密程度最高，其实加拿大与日本只在某些极少的地方相似：两个都是依赖向美国出口的经济体。日内交易者如果从事美元兑加元的交易，则需要同时关注美元兑日元的走向。日间水平上，美元兑加元与美元兑英镑走势的相关程度很高，当然与其他几个货币对的相关程度也较高，请看图 19-35。

交叉货币对比起直盘货币对而言，交易点差更高，所以除非是趋势性交易，否则最好不要介入。

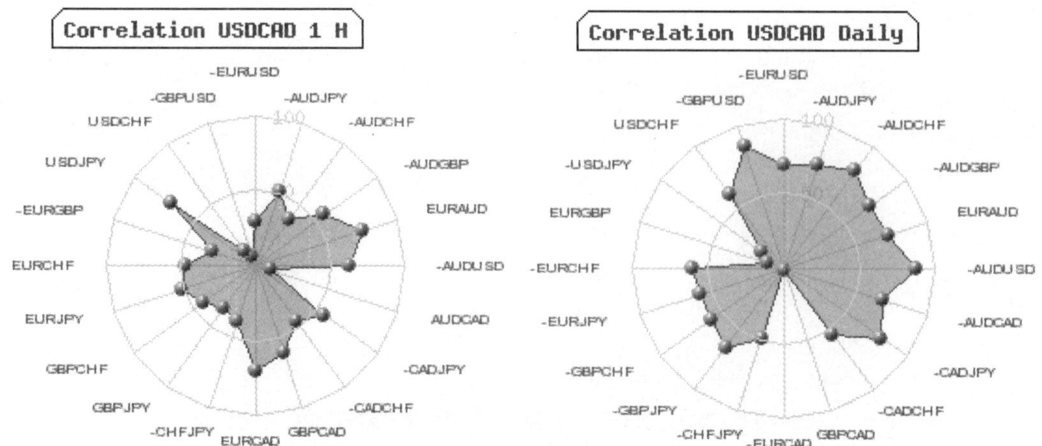

图 19–35 美元兑加元和主要货币对的日内和日间相关度分析

一般而言，债券市场先于股票市场走强，而股票市场先于商品市场走强。

欧元兑加元，是典型的"股票货币"兑"商品货币"，在全球经济走势的早期欧元可能强于加元，在全球经济的末期，加元可能强于欧元。下面我们来看这个货币对与其他主要货币对的联动关系，请看图 19–36。就日内水平而言，欧元兑加元与瑞郎兑加元，以及欧元兑澳元走势相关度较高，这主要是因为瑞郎一般跟随欧元，而加元和澳元同属于商品货币。就日间水平而言，欧元兑英镑的走势与欧元兑加元的走势相关程度最高，加拿大和英国都是原油输出国。

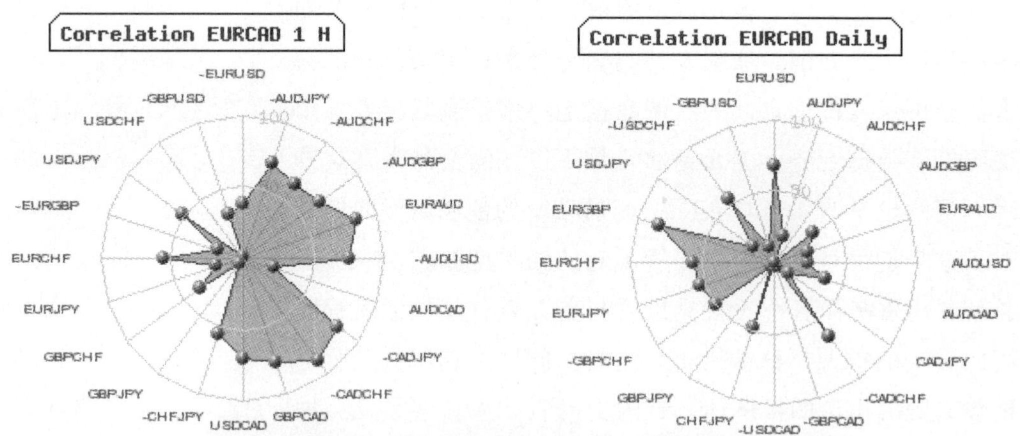

图 19–36 欧元兑加元和主要货币对的日内和日间相关度分析

英镑和加元都在某种程度上带有“商品货币”的影子，这个货币对与其他主要货币对的联动关系如何呢？请看图 19-37，就日内水平而言，英镑兑加元与很多货币对都具有高度的相关性，所以英镑兑加元的日内交易者在进行跨品种分析的时候需要耗费大量精力。就日间水平而言，英镑兑加元与英镑兑美元、英镑兑日元的相关程度较高，这个可以从图 19-37 中看到。

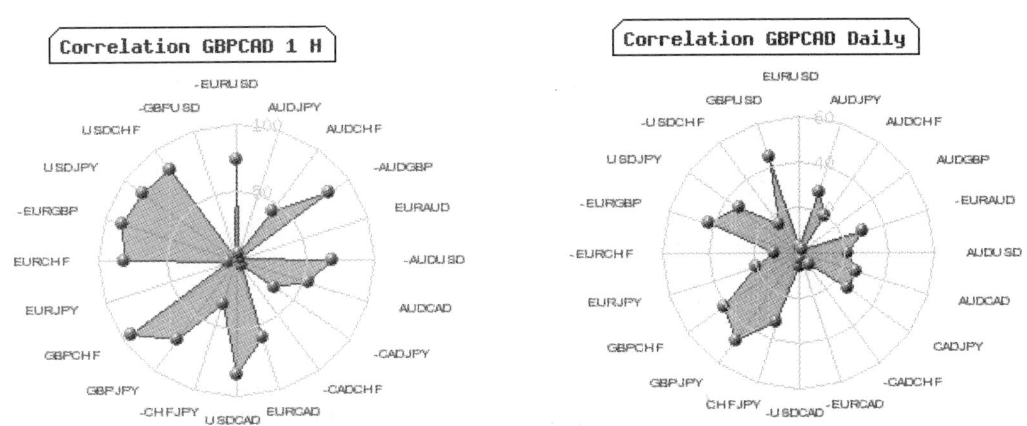

图 19-37 英镑兑加元和主要货币对的日内和日间相关度分析

加元兑瑞郎是属于交易者相对较少的主要货币对，这个货币对基本上与其他主要货币对没有什么显著的相关关系，请看图 19-38。就日内水平而言，加元兑瑞郎与加元兑欧元关系密切，就日间水平而言，加元兑瑞郎与英镑兑瑞郎关系密切。通常而言，这个货币对并不吸引日内短线客的介入。

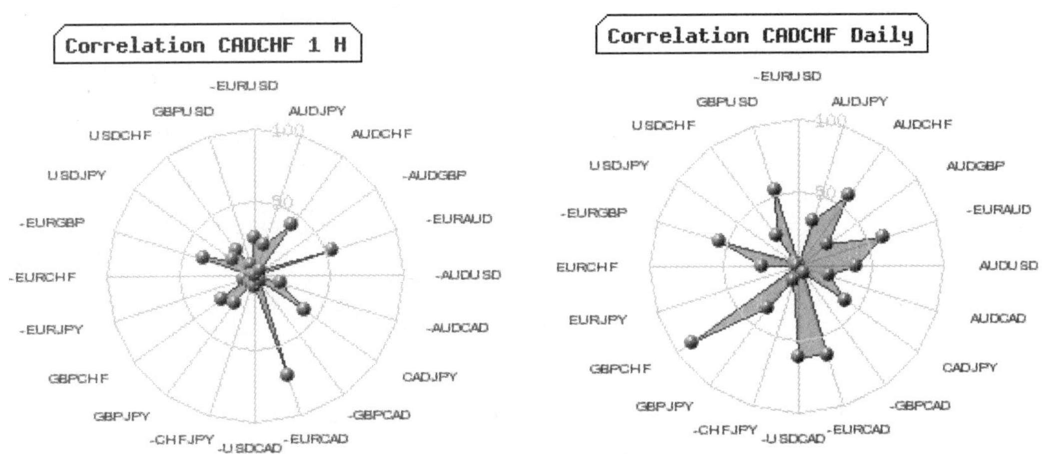

图 19-38 加元兑瑞郎和主要货币对的日内和日间相关度分析

加元兑日元是“商品货币”兑“股票货币”的典型代表，请看图 19-39。就日内水平而言，加元兑日元与瑞郎兑日元，以及澳元兑日元的相关程度最高；就日间水平而言，加元兑日元与几乎绝大部分主要货币对的关系密切，这个货币对在爆发石油危机的时候对交易者有较大的吸引力。

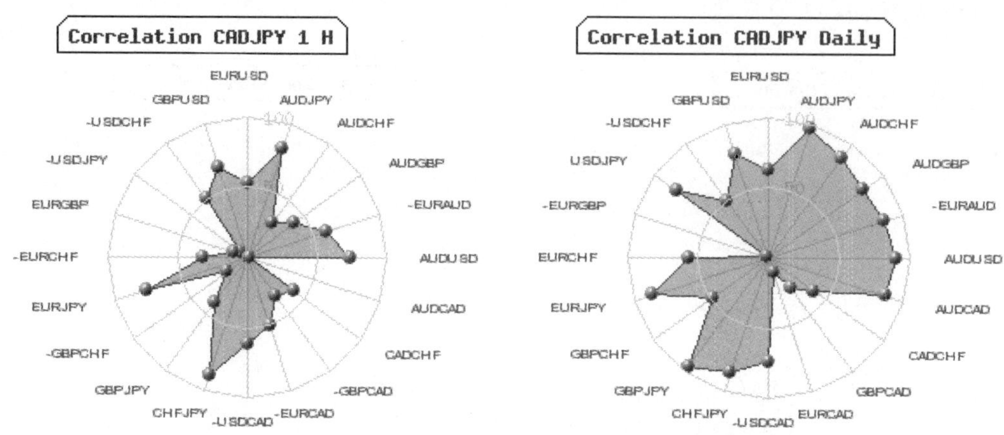

图 19-39 加元兑日元和主要货币对的日内和日间相关度分析

澳元兑加元是商品货币的“对决”，从图 19-40 中，我们可以发现在日内水平它与其他主要货币对的联动程度不是很高，而在日间水平则与大部分主要货币对表现出较高的联动水平。由于两者的相似程度太高，所以这个货币对确实很难作为交易的良好标的。

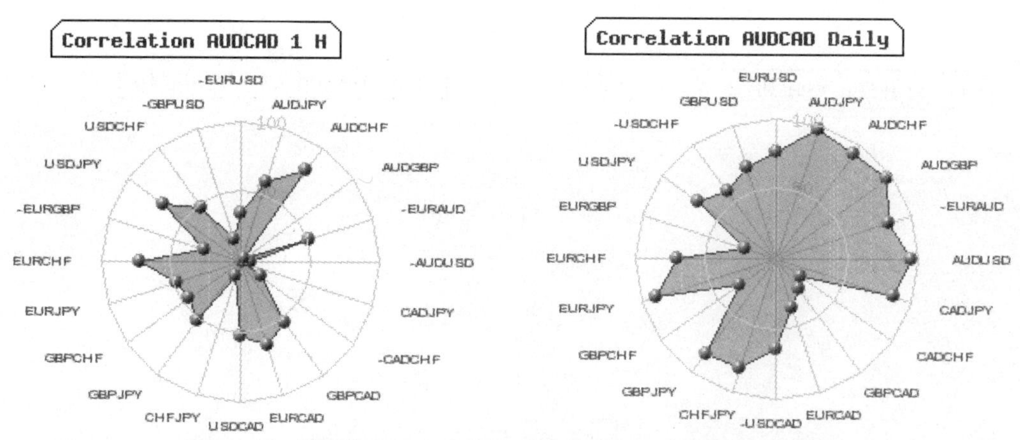

图 19-40 澳元兑加元和主要货币对的日内和日间相关度分析

澳元兑美元是直盘中较为重要的一对，这是“商品货币”和“债券货币”的对决，这个货币对与其他主要货币对的相关度分析，请看图 19-41。就日内水平而言，澳元兑

美元与大部分货币对表现出很高的联动性，与加元兑瑞郎的相关程度很低，所以两组货币对可以加入交易组合中降低整体风险。就日间水平而言，澳元兑美元与其他主要货币对的相关程度也较高，除了欧元兑英镑、欧元兑加元以及英镑兑加元之外。

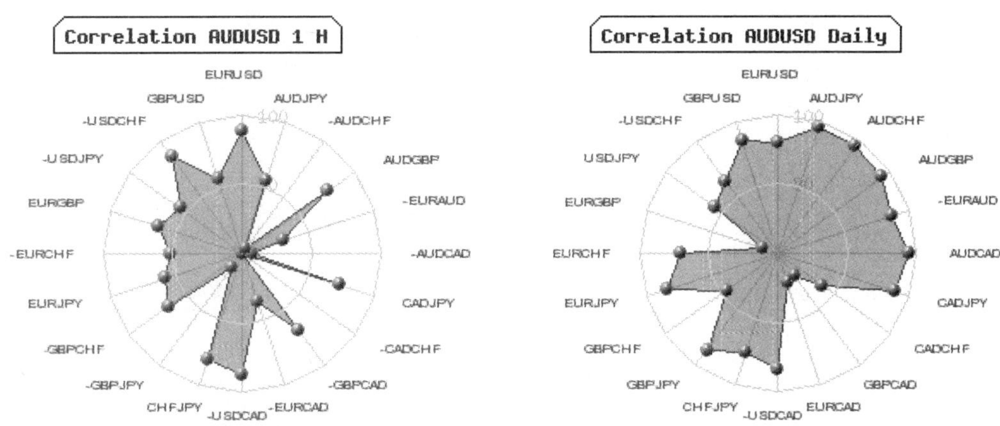

图 19-41 澳元兑美元和主要货币对的日内和日间相关度分析

欧元兑澳元属于“股票货币”和“商品货币”的对决，它与主要货币对的联动关系如图 19-42 所示。就日内水平而言，欧元兑澳元与日元兑澳元，以及瑞郎兑澳元的关系密切，**在我们的词典当中，澳元和加元，乃至新西兰元和部分意义上的英镑都属于“商品货币”，欧元、日元，乃至人民币都属于“股票货币”。而美元则属于“债券货币”，**为什么这样去划分，大家自己做一些思考，答案可以从我们的系列丛书中去找，也可以经由你的独立思考，**我们喜欢独立思考的读者，而不是唯唯诺诺的读者。**就日间水平而言，欧元兑澳元与大部分的货币对关联程度较强，请看图 19-42。

不唯书，不唯上，只唯实。

澳元兑英镑对于交易者而言不是很好把握，具体原因大家自己可以去思考，它与其他主要货币对的联动关系可以从图 19-43 中看到。就日内水平而言，除了欧元兑英镑、英镑兑瑞郎，以及英镑兑加元之外，其他货币对与澳元兑英镑的相关程度都不低。

澳元兑瑞郎是日内交易者很少接触的货币对，但是作为主要的货币对，我们还是对它与其他主要货币对的联动性进

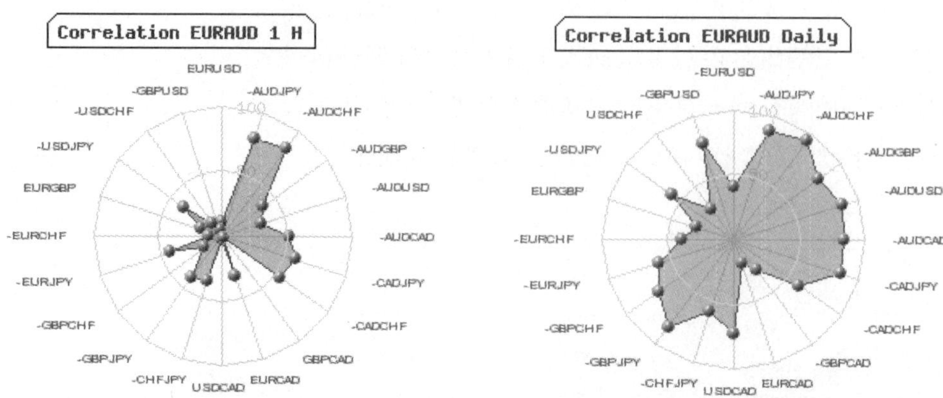

图 19-42　欧元兑澳元和主要货币对的日内和日间相关度分析

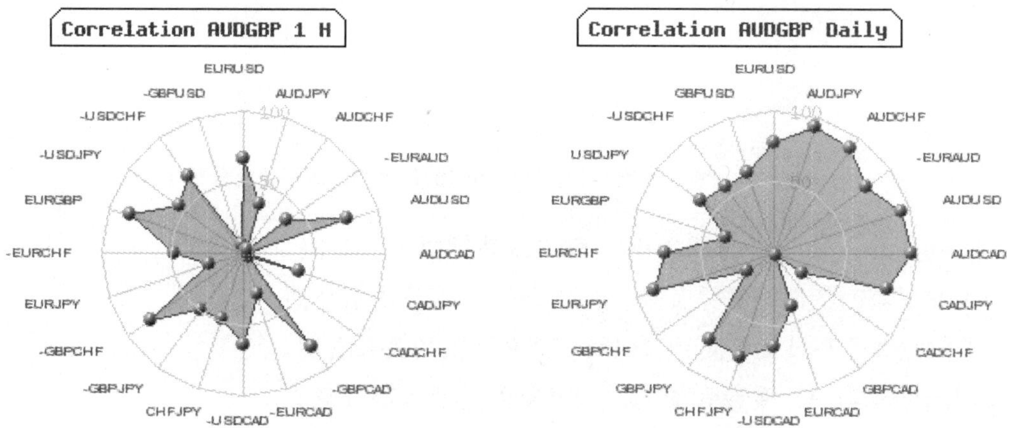

图 19-43　澳元兑英镑和主要货币对的日内和日间相关度分析

行分析。请看图 19-44，澳元兑瑞郎在日内水平的波动主要与澳元兑日元的走势，以及澳元兑欧元、澳元兑加元的走势相关，在日间水平上则与除英镑兑欧元以及欧元兑加

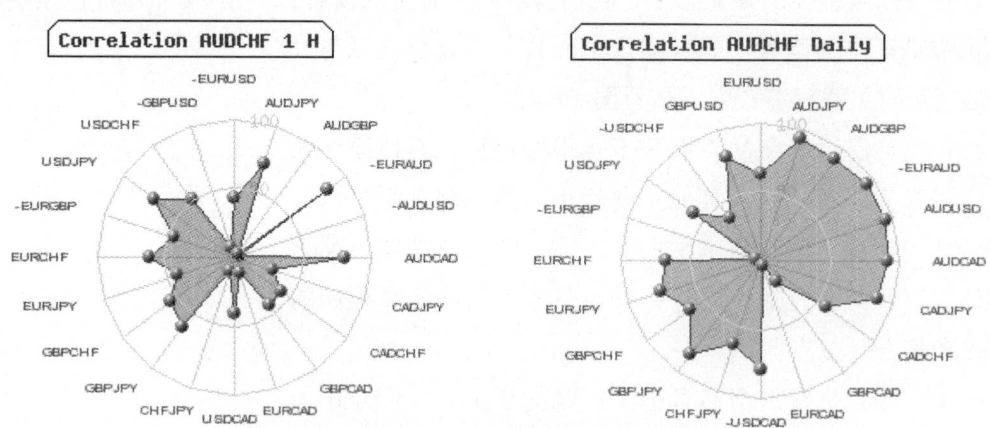

图 19-44　澳元兑瑞郎和主要货币对的日内和日间相关度分析

元、英镑兑加元之外的主要货币对高度相关。

澳元兑日元是“商品货币”和“股票货币”的组合，这个组合可以很好地利用经济周期的阶段性，当经济刚开始起飞的时候，股票相对好于商品期货，当经济走入繁荣末期的时候，商品期货的表现好于股票，这个货币对可以基于全球的经济周期展开交易。澳元兑日元在全球宏观经济的特殊时期可以作为很好的交易标的，这个大家可以结合历史上的情况进行深入的研究。澳元兑日元与主要货币对的相关程度请看图 19-45，就日内水平而言，澳元兑日元与欧元兑日元的联动最为密切，而瑞郎兑日元也跟随欧元兑日元运动，所以它与澳元兑日元的日内相关程度也较高。就日间水平而言，除了欧元兑英镑、欧元兑加元、英镑兑加元、加元兑瑞郎之外，这个货币对与其他主要货币对的相关程度都较高。

货币之间的利差趋势预期叠加阶段性风险偏好是货币对走势的主导因素，而利差趋势和风险偏好往往取决于经济周期。

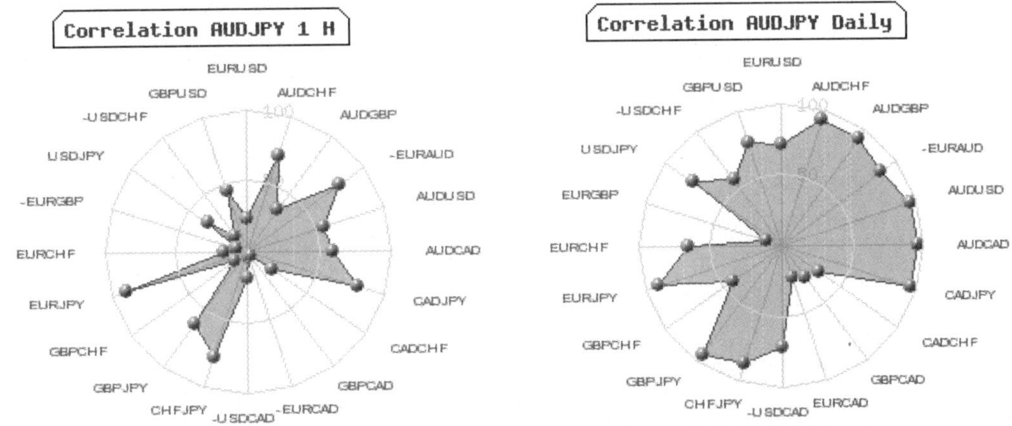

图 19-45　澳元兑日元和主要货币对的日内和日间相关度分析

外汇日内交易者的盲点在哪里，利润就在哪里，这本面向高级交易者的专题教材就是在反复向你灌输这一理念，如果你还对这一理念感到陌生和不解的话，则你还未将知识和观念内化。外汇日内交易者一般喜欢看一个货币对，做多个货币对，而不是看多个货币对做一个货币对，这就是盲点。当你看一个货币对，做多个货币对的时候，就造成了自己的信息劣势和力量分散劣势，不输才怪；当你看多个货币对，做一个货币对的时候，你营造了自己的信息优势和力量集中

利用对手盘的非理性，这是博弈的本质。

优势，不赢才怪。其实，交易的本质就是博弈，你要猜透其他参与者的行为，这才是关键，如果你把交易看成是买卖，那你永远都是输家，博弈的本质是信息和力量的抉择和分配，当你因为盲点处于信息劣势和力量错误配置状态时，你也失去了“立于不败之地”的主动权。

我们遇到的绝大多数外汇交易者，比较忽视美元指数，比较忽视 CRB 指数，比较忽视主要的股指，比较忽视相关货币对的运动状况，他们认为高手就是什么都不看，只看交易对象变化的“专注者”，“价格包含和吸收了一切”是他们的信条，他们占了交易者中的绝大多数，而绝大多数往往是输家，所以如果你信奉被绝大多数交易者信奉的关于技术分析的三个前提，则你会因此得到与绝大多数交易者一样的交易绩效。外汇交易的博弈本质让我们学会关键的少数和次要的多数，所以技术分析是否有效，取决于博弈中其他参与者的反映，这是当今绝大多数交易者忽视的一条。通过进行市场联动分析，我们可以更好地规避盲点，进而在博弈中占据信息优势，通过信息优势来制造博弈决策优势。说到这里，不少读者又把“价格包含和吸收一切”拿来反驳我们了，我们只想说：“道理没用，我们看效果，效果比道理重要。你成天固守和宣扬这一假设，得到了什么样的结果？你不能还幻想着用同样的方式得到不一样的结果！”

狭窄化自己的视角是技术分析者的最大问题。

本课中的联动分析还不能涵盖所有方面，比如美元指数、CRB 指数、人民币汇率和上证指数、BDI 等，对于宏观经济数据与汇率走势的相关性分析也是我们在本课不能展开的话题，大家可以在这些方面进行一些独立的分析和思考，必然会发觉大众的盲点。盲点就是利润，不要忘了我们的“盲利公式、复利公式和凯利公式”，如果你能紧扣这三个公式去努力，则你的外汇日内交易之梦指日可待，毕竟我们的脑神经被现代科学证明是可塑的，你只需要按照本书介绍的大方向去塑造你的交易神经即可：专注大众的盲点，关注大众的焦点，把握自己的特点！

航运指数反映了国际物流的变化，能够影响商品货币和股票货币的走势。

从鲜为人知的形态中获利：以“N字顶底”为例

我们要做少数派！

——汉尼拔

你的注意力和技能放在哪里最适用，这取决于其他人的关注点在哪里。观察你的竞争对手时……寻找他们没有发现的机会。非凡的表现仅仅来自于正确、非共识性的预测。

——塞思·卡拉曼

我们需要一个策略，知道该重点关注哪些信息，忽略哪些信息，从而做出明智的决策。

——Kenneth A. Posner

在外汇市场中，绝大多数形态都是群体行为的表现，进一步讲，这些形态背后都隐藏着某些特定的心理意义，这些意义是一个想要真正迈向成功的交易者必须花工夫去钻研的。但是，市面上的宣传则将交易者导向基本相反的方向，他们强调的是几乎**脱离心理前提的抽象形态**，这些形态在无数“技术分析教科书”的复制和宣讲下几乎成了“宗教符号”，它们被信仰，而无需怀疑，也不能怀疑，整个市场都沉浸在“典型形态崇拜”的“强迫症”中而不自知，**市场和“大师”让整个市场的绝大多数人都重复着某些无效的想法和行为，这就是典型的“强迫症”**，当一个人缺乏安全感和独立性时，他就非常容易滑入“强迫症”的陷阱中。**市场不停地催眠交**

为什么这样走？在分析任何形态的时候问一下这个问题是非常有实际价值的。

易者，让他们身不由己，不断重复那些必然招致亏损的观念和行为，“大师们”煽风点火，大众们集体被催眠，“众人皆醉我独醒”这个不是什么“风范”上的要求，而是盈利的客观需要！

我们应该如何去掌握形态呢？第一，应该找到那些有效但是还未被普遍觉察和广为传播的形态，这就是寻找“有效形态的大众盲区”。

第二，对于已经广为认知的形态侧重从被人忽略的有效角度去重新认识它，本书前面的课程就作了这方面的努力。那么，究竟哪些角度算得上有效，而又被人忽略了呢？一是心理意义的角度，现在的技术分析往往脱离心理意义去抽象地谈形态，这种忽略前提只谈结论的做法很容易让交易者**“重视表象，而忽略了实质”，**实际交易中会觉得形态不准。**交易的对象是人的行为，所以你要懂得人的心理！**二是统计意义的角度，现在技术分析的一个重大弱点在于对每种形态预示效率的高低并没有准确和持续的统计，无论是西方的技术分析形态和东方的蜡烛图形态都是如此，但更为可笑的是“大师们”讲的时候没去验证，而“信徒们”自己即使知道这点也懒得去验证，直接就相信了，这就是上了“思考捷径”的当，人类的生存进化，使得“听从权威”成了一个高效的生存策略。但是这个策略到了金融市场就完全错了，**因为“权威”往往是市场的“魔爪”，他们受命于市场，专门“捕食”处在食物链底层的普罗大众，交易的本质是零和博弈，零和博弈的本质是概率和斗争，别把交易（投机）当作学开车、做贸易，或者是开公司，这不仅仅是技能的学习，更是谋略的学习，交易更像是战争和格斗，这是一场零和游戏。**

对号入座并不是有效的交易之道。你要赚的钱来自于别人的亏损或者潜在亏损，对号入座往往成了别人赚你钱的机会。

对手的意图和预期是什么？这个问题没有确切答案的话，你的交易是做不好的。

三是从仓位管理的角度入手，具体而言就是如何在具体形态上规划进场和出场。不少讲形态的书都涉及进场，而国内的书往往连进场也不讲，只说这个形态出现了后市会涨会跌。光是提出一个形态，而不给出具体的止损策略是毫无用处的，目前的形态学者重于预测行情走势，而不是帮助交易者管理仓位，这是最大的误区之一。不少所谓的“老资格”股民十几年都在寻找所谓的“必涨形态”、“黑马形态”和“牛股形态”，其实这是功夫没有花在刀刃上，形态如果最终不能提供具体的仓位管理便利和策略，则毫无用处！你想反驳这句话，那说明我们这句话触犯了你内心非常顽固的某些观念，这些观念是“大师们”受市场之托，通过各种或明或暗的方式植入到你潜意识中的，你以为自己过得很好，实际上只不过是“机器人控制下的黑客帝国中的人类电池”而已，**你不过活在市场给你造就的虚幻之境中，你其实就是在给市场本身的存在输血。**《黑客帝国》的哲学思想源自佛学，无论是《黑客帝国》还是佛学都倡导“觉悟”，之所以不能觉悟，**就是因为我们深陷在一个幻境之中**，在《黑客帝国》中，控制人类的主机系统就是这个幻境的制造者，它需要人类以肉体提供能量给自己。一个觉悟的交易者必须有能力从市场制造的幻境之中独立出来，所以交易是最好的修炼，交易就是学习如何脱离幻境，最终觉悟！

凡所有相，皆是虚妄。这个相就是价格的涨跌，如果你纠缠于表象，纠缠于局部，那么你就失去了对本质和趋势的把握。

下面我们就以“N字顶底”为例来说明如何正确地对待形态和使用形态，如何利用大众的盲点，做到这些你就是形态使用领域的“觉者”，你就能获取来自宇宙的奖励，获取超额利润，因为你不迷茫，你不执着（这个不是什么意志力的问题，而是独立思考和甄别的问题，这里是佛学用语）。**只要做到旁观者那样超然和理性就是人中之龙了！**这正是交易者努力的方向，交易是学习认识人生、金钱、宇宙和自我的最好世俗途径，大凡持久创造奇迹的交易者（无论是投机者还是投资者）都是通过交易真正提高了自己修为的人，比如咏飞这类人才，“大隐于市”，到了一定层次之后追求的就是交易的乐趣了（当然，这也是随着交易水平提高，利润增长到一定程度的自然现象）。

N字结构是一种最为基本的形态，敛散结构、R/S水平、斐波那契线谱以及其他一些基本的技术分析理论都可以在N字结构中得到发挥。由于N字结构是同步指标，而基于数学

驱动分析的核心是利差和风险偏好。心理分析的核心是对手的意图和预期，还有能力。

统计的技术指标则是滞后指标，所以不可以奢望 N 字顶底能够在真正趋势到来之前告知，**要想预测趋势，只能从驱动分析和心理分析入手，这是我们一直珍藏的交易秘诀。**N 字结构出现在趋势发展的开始、中继和末端，我们这里介绍大众经常忽略的 N 字底部和 N 字顶部，它们可以为那些力图抓住大顶和大底的人带来极大的价值，可以极大提高抓顶兜底交易的胜算率，如果你能够抓住大顶和大底则丰厚的报酬率自然就有了。我们通常寻找那些 1 小时图上连续数个交易日下跌之后的 N 字底部，或者连续数个交易日上涨之后的 N 字顶部，如果你能够配合驱动因素分析和市场心理分析则可以极大提高你的胜算率。

所谓的 N 字底部就是汇价经过一段显著下跌之后出现了 N 字一样渐次上升形态，请看图 20-1，这是澳元兑美元的 1 小时走势图，汇价从 0.6530 附近下跌，跌到 A 点处开始回升，达到 C 点之后再度下跌，形成 B 点，B 点高于 A 点（可以放宽到不低于 A 点），然后汇价再度上扬，并创出新高 D 点。如果汇价的下跌不很显著（本例中就不太显著），则 N 字底部的有效性就不高，最好是市场上对货币对的一个货币有一段时间的利空看法，到了后期市场的利空看法逐渐扩展，而且货币也下跌了好几天，则交易者可以等待汇价在 1 小时图上出现 N 字底部，然后伺机进场做多，并设置尽可能小的初始止损（初始止损设定的办法可以参考本书其他部分的详细介绍）。N 字底部的操作往往在英镑兑美元这个货币对上采用，当然你也可以在其他货币对上使用，不过最好等待市场连续暴跌之后，同时关注驱动因素和市场情绪，这些可以从财经日历和银行汇评中得到，当“基本面和市场情绪不能再差”的时候，你可以密切关注 N 字底部的出现，这就是你大获成功的时机。

当你掌握了 N 字底部的特征和交易要点，则对 N 字顶部的特征和交易要点也就不再陌生了。请看图 20-2，汇价从 A 点（近期内的绝对高点）下跌到 C 点，然后止跌反弹到 B 点，

图 20–1　澳元兑美元 1 小时走势上的 N 字底部

图 20–2　澳元兑美元 1 小时走势上的 N 字顶部

B 点不能高于 A 点，最好能够低于 A 点，然后汇价从 B 点再度下跌，在 D 点创出新低。交易者应该等待这样的机会：**汇价连续数日上升，市场弥漫一股利好的情绪，在连续上升之后，市场很难再找出持续的新利好，同时汇价出现了 N 字顶部**，则交易者可以在 D 点处进场做空，按照初始止损的设定要点做好安全工作，同时利用跟进止损恰当保护利润。

最后一次性利好和第一次利空，这是造成顶部的驱动面格局。《题材投机》对六种常见的格局有非常全面的描述，无论股票还是外汇市场都适合这些描述。

N字顶底其实不是教你去抓最高点和最低点，而是让你从次高点和次低点入手，所以是以顺势交易者的手法去实现逆势交易者的梦想。我们在自己的交易中经常采用N字顶底法则，而且并不局限于金融交易。

下面我们给出一篇魏强斌先生在2007年12月2日做的内部分析报告《房地产拐点是否来临》，请大家重点注意这篇分析中蕴含的N字顶部分析，从中你可以发现N字顶底可以帮助你捕捉到资产价格的重大转折点：

对于中国房地产走势最为关心的不是民众，而是中央政府，因为太多的政策曾经被寄予了太多的希望，以至于对房地产经济有深入研究的著名经济学家徐滇庆都认为明年房价铁定不会降。今天，在房地产走势的“技术面”和“基本面”都出现了新的迹象：“一些热点城市的住宅已经呈现有价无市的局面：深圳的房地产交易市场陷入长期疲软，北京的投资者正在回避楼市，在这一轮房贷新政下，不少上海的购房人也在等待一个拐点出现”（华夏时报）；同时政府又颁布了一些从信贷和住房政策方面采取控制的措施，比如539号和39号文件。这两个现象使得对于房地产拐点的讨论再次被掀起。那么这次是不是真拐点来临了？

中国大陆房地产此次的走势与中国台湾和日本在20世纪90年代情况基本类似，伴随着大量贸易盈余积累的流动性，在币值上升的概念炒作下，中国台湾和日本的地产和股市一路狂飙。中国大陆更为缺乏投资的渠道，以至于普洱茶也成了投资对象，大量的流动性在自身制造的通胀逼迫下不断寻找保值增值渠道，房地产由于其供给刚性得到很好的资产飙升回报。儒家文化圈熏陶下的地产认知总是使得我们认为地产是保值增值的最佳手段，这无疑更成为了“庄家”吸引“散户”的噱头。大量的资金、短期稀缺的房地产加上貌似稳健的美好预期，三位一体地在中国大陆制造了一起迄今3年的资产盛宴。

前几年放松的银根使得源源不断的房产信贷透支了未来的收入，从而形成了放大的需求。或者说通过房贷，未来的需求被集中到了现在，多数人的需求集中到了少数人身上。在正常的商品买卖中，价格上涨总是自动地抑制着买方，同时激励着供给方；在投机性买卖中，价格上涨总是激励着买方的购买行为，同时抑制着供给方的供给力度。在当今中国的地产演义中，我们看到的恰好是后者，买方是越涨越买，而地产商总是想尽办法推迟卖房，想尽办法囤房。正常市场中的低价促销战略看不见了，反其道而行之才能赚取更多的利润。这明显就是一个投机的市场，多少套房子是买来住的？多少套房子是按揭来的？房产按揭发挥了保证金交易的杠杆作用，似乎房地产也可以和期货一样成为很好的杠杆交易对象。

房价高企是不是泡沫，那要看房价收入比和房价租金比，这就好比股票要看市盈率一样，除非收入同比例上涨，这样租金才能同比率上涨，这样房子产生的收益才能同比率上涨，也只有这样，房价作为资产价格才能从其收益中得到支撑。房价高就是三个原因：①资金充裕；②供给刚性；③预期良好。现在掐住信贷脖子的政策已经越发严格，所以通过按揭来进行房产“杠杆交易”已经越来越困难了。下列措施已经在启动：提高第二套房的首付比例，提高按揭利率，提高银行准备金率，提高利率。同时，房地产政策由市场化向民生化发展的势头越来越强，廉租房等政策性房产的推出将改变供给的刚性，同时大量的商品房地产在今后一两年将累积出售，**前期短暂的刚性不久将让位于中期的弹性**。随着房地产交易税和物业税的不断临近，中央政府迫于前期政策无效的情况不得不再出重手，通过打压投机收益预期来挽救“地产危局”。房价高企的三个关键因素，中央政府完全可以控制住，所以房价的升降完全可以在控制当中。之所以一直没有效果，主要是因为：第一，具体的执行细节存在漏洞，比如关于第二套房的认定等；第二，存在时滞，比如增加房屋供给和提高利率等。漏洞的出现会使得政策不断完善，最终会解决执行走样问题，进而发挥作用，而政策的时间滞后效应反而会促使政府压力增大从而加大调控力度。

泡沫产生的原因有三个：巨大的想象空间，供给刚性，泛滥的流动性。

就房地产的供给刚性而言，存在两个限定条件：第一，供给刚性在时间上是短期的，由于房地产生产周期较长，所以短期供给确实存在刚性，一般也就 2~3 年，这也是大部分房地产泡沫持续的时间。在 5 年以上的时间期限结构上，房地产供给是具有弹性的。所以地产泡沫熬不过 5 年的历史规律我想大致是由于这个原因吧。第二，供给刚性在空间上是局限的，农村和小城镇的小产权房产还没有纳入整个商品房流通的环节，大城市发展战略和城乡的分割使得房地产供给存在刚性。随着城乡统筹的政策，制度和基础设施逐步建立和完善，房地产供给在空间上的刚性分布将得到解决。成都

作为城乡统筹试验区，已经有城市居民尝试到郊区农村购买小产权房，估计政策上的跟进不会太久。

而且，我们还需要注意到国际大环境对中国房地产的影响。20世纪初，众多事件使得美联储制造了过多的流动性，这些流动性在全世界泛滥，同时美国通过证券化转嫁了国内的信贷风险，次级贷款危机就是流动性泛滥和房贷证券化的共同结果。同时，我们注意到英国、欧洲大陆乃至东亚和南亚一些资本流入区域的股票和房地产高涨情形，在美国次贷危机出现之后这些地区的房价都出现不同程度的调整。所以，美国房地产出现的问题，并不是局部问题。在全球资金流动的总供给者本身出现了问题后，势必对中国的资金流动出现收紧效应。这种收紧并非是逐利偏好导致，而是避险偏好驱使的。在次贷风暴为全世界自鸣得意的银行家们敲了一次警钟之后，中国本土银行家们和在华银行家不得不较先前有所顾虑。更为重要的是，中央政府在房地产风险方面的危机意识得到了加强，采取措施必然不达目的誓不罢休。

追随趋势其实是确认趋势，预测趋势本身并非错误，而是必需的。只是在交易的时候我们需要等待趋势预测得到确认才采取行动。除非我们的力量本身足以撼动市场，那么就可以完全根据驱动面来行动，而不必等到确认。

最近一个月，主要城市的房产都出现了有价无量甚至是小幅度下降的现象，那么这是否是真正的下降趋势形成呢？其实，大胆的断言对于态势的分析是有害的，据此制定个人居家理财计划也是错误的。房价究竟是上涨趋势中的调整，还是上涨趋势的结束，我觉得运用技术分析的方法更为有效：**“追随趋势，而不是预测趋势”**。所以，在房价这次调整后如果价格反弹没有超过原来高点，同时跌破此次调整的低点，那么下降的趋势基本形成。对于价格的首次下跌不能确认为转势，应该在首次下跌后反弹不超过前期最高点又再次下跌，并且跌破前期低点时才能确认下降趋势形成。如图20-3所示。

在基本面方面我给出房地产转势的几个关键点：第一，货币供给统计口径M2显示的流动性月度连续下降；第二，采取的措施确实降低了按揭买房的投机杠杆作用，比如第二套房首付提高、按揭利率提高等政策执行的有效性得到确认；第三，政策有效降低了房产投机交易的预期收益率，主要是

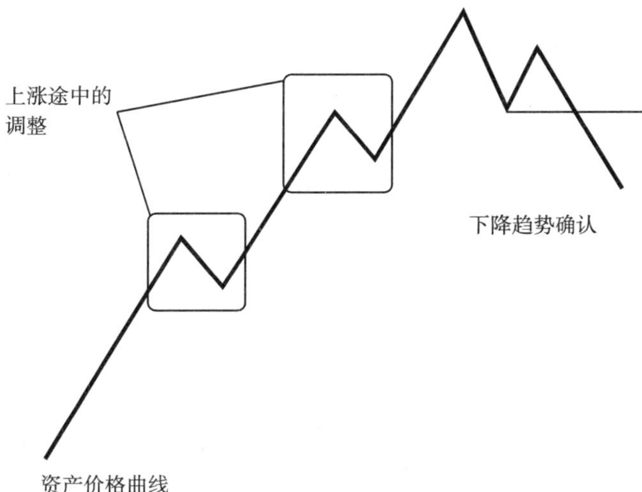

图 20-3 资产价格的 N 字顶部

通过增加流转成本和物业成本降低房产投机的预期收益率；第四，转变依靠市场解决大多数人住房需求的政策，并得到实际执行；第五，改变房产流通的空间局限性，城乡统筹缓解大城市置业的倾向。只要确立了上述五个方面的绝大部分的行动趋势，那么房地产转势也就毫无悬念了。

本文糅合了一些资产交易方面的分析技巧，为的是弥补传统经济学分析方法的不足，即分析结论缺乏可操作性和忽略了参与者的心理因素。同时房地产也是资产的一种，目前作为投机品正好是技术分析的良好对象。希望不要因此被认为是不符合“中规中矩”的经济学文章规范。房地产作为社会博弈的一个舞台，房价就是博弈的均衡体现，同时博弈论和行为经济学（以及行为金融学）逐渐在现代经济学中占据前沿和主导地位，而技术分析作为行为金融学和博弈论的集中体现和最佳实践应该在房地产分析当中占有一席之地。

除了外汇和房地产之外的其他资产价格也能够利用 N 字顶底形态，比如 A 股市场，请看图 20-4，我们当时成功在 5100 点附近逃顶，**其中一个重要原因就是发现了 N 字顶。**

N 字顶出现的场合很多，只有我们在驱动面和心理面做出了深入的分析之后，才能让 N 字顶来进行确认。反过来，我们也可以在市场出现 N 字顶之后，问一个“为什么”，然后去查看驱动面和心理面是否存在什么值得重视的变化。

我们在本课只介绍了 N 字的顶底形态，对于 N 字中继形态则可以参看《黄金高胜算交易：解密黄金交易的行为因素和驱动因素》第一章的相关内容。除了形态的空间盲区，下面

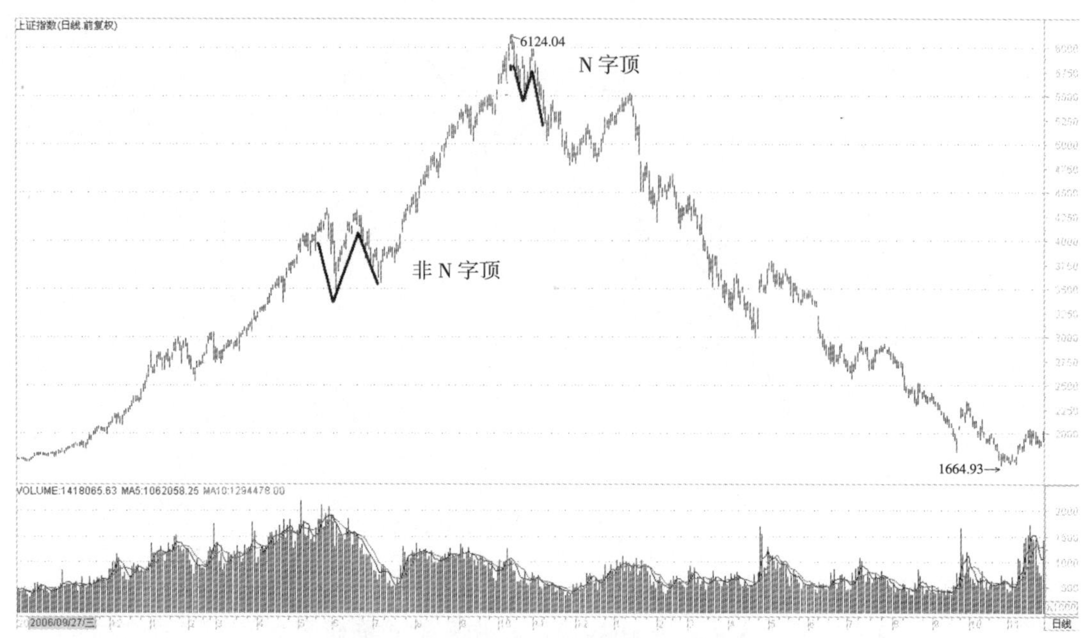

图 20-4 A股市场2007年末的N字顶部

我们接着介绍一下形态的另外一个盲区：形态的时间盲区。

形态为极少的交易者掌握，是形态能否发挥高效的原因之一，同时形态出现的时间框架也会极大地影响其价值，这种价值主要偏重于形态的预测功能。我们在前面的课程已经提到了**形态在被少数交易者掌握时偏重于发挥预测功能，在广泛传播之后则偏重于发挥管理功能**，大家可以回过头去再看看相关课程的详细介绍。国际经济学家兼高级外汇分析师、交易员 Barbara Rockefeller 认为，形态的预测效率主要取决于交易者采用的时间框架。她的原话是"In forecasting，time frame is everything"。形态的时间框架也是绝大多数交易者忽略的一个要点，形态除了本身的空间形式之外，还有时间形式，交易者除了具有形态空间形式认知上的盲点，更有形态时间形式认知上的盲点，下面我们在本课接下来的部分中详细剖析形态在时间上的效率分布。

我们在 Barbara Rockefeller 权威论文"Forecasting follies"的基础上完成对形态效率时间分布的简要介绍。交易者在使用技术分析的时候经常得到糟糕的结果，这使得不少技术交易者情绪低落，当他们在价格突破时追进之后不久，价格就在突破处打转，甚至反过来走，形成所谓的"假突破"。所谓最可靠的指标——移动平均线虽然能够过滤假突破，却会因为滞后的信号而不能及时反映价格的新趋势，从而造成另外一种消极后果。解决问题的一个思路是将技术指标分为两类：第一类告诉你正在发生的情况（同步指标），而另外一类则告诉你接下来可能发生什么（先行指标）。下面有符合这个思路的具体办法。首先，我们通过对价格数据进行加工定义一个市场情绪的度量指标。几乎所有基于数学的指标都是对价格线的四个关键价格（开盘价、收盘价、最高价和最低价）进行重构以便得到一个稍微不同于原始价格数据的观点。这些指标不会有任何真正的预测能力，所有这些指标都具有某种意义上的滞后性。你可能会对这些指标的输入价格以及参数进行调整，但是无论你怎么去调整参数，得到的结果都是滞后于走势本身的，你能得到的最好结果就是更加精确地知道市场正在发生什么，也就是说这些指标是同步指标，而不是一个先行指标。唯一的一个具有有限预测能力的指标就是形态指标（当然，很多情况下，形态和指标是西方技术分析对立的两个范畴）。所谓形态指标包括最基础（但是却最有效）的支撑线和阻力线，以及更为复杂的双顶和双底等。蜡烛线分析也是形态分析的一种，它也具有有限的预测能力。形态的预测能力经常是短暂的，而且具有不确定性，**形态分析经常出现错误，原因有两个：第一是形态本身广为人知，大家都把它当作预测工具来用；第二是形态被运用到不恰当的时间结构上，这些时间结构上的形态已经广为人知了，所以预测效率下降了，只能当作仓位管理工具来使用。**

当大多数人拘泥于现象或者结论时，这就造成了群体踩踏的格局，这提供了某种机会供少数聪明参与者获利。

尽管形态分析具有上述缺陷，但是相比那些基于统计方法的技术指标，形态特别是最简单的支撑阻力能够带来更优的预测效能。支撑线和阻力线能够以许多不同方式得到，诸如布林带和线性回归通道等工具也是非常有用的支撑阻力构造工具。但是，由于采用的时间框架不同，所以交易者对于市场趋势和关键位置的看法也不同，如果你采用了错误的时间框架则往往看不到市场的最重要趋势和最关键位置，三屏系统能够部分改善这一问题，因为它相当于强制性地要求交易者对不同时间框架下的形态进行审视，这样可以避免忽略掉一些被大众忽视的形态，比如一些关键的支撑位置和阻力位置。**当交易者集体采用某一时间框架来分析时，该框架下出现的熟悉形态就会失效，这就是形态效率在时间上的不均**

匀分布，之所以不均匀分布主要原因还是大众对特定时间框架上形态的关注导致形态失效。技术指标由于比形态更容易为交易者认知，而且更容易在交易群体中获得一致的认知，所以技术指标比形态更容易失效。同时，技术指标本身的滞后特点使得其与形态比较起来效率更低，当然技术指标也有形态，这些形态极少为交易者关注，这使得技术指标形态比技术指标的数值更能带来预测价值。外汇市场有许多类似于 N 字顶底这样不为人知的“少数派”形态，你可以自己发掘，也可以借助别人的力量，我们在《外汇狙击手》一书中将有更为全面的“少数派”形态介绍，你可以借助我们的力量，但是更为重要的是自己去琢磨和发现，这才能永葆你的成功！

善用符合市场根本结构的指标：以“布林带鞍马交易”为例

寻找不确定中的相对确定性是交易大师们成功的关键，金融市场的相对确定性往往基于大众对市场根本结构的认知盲点，一旦大众消除此盲点，则相对确定性不复存在。

——魏强斌

我们看事情必须要看它的本质，而把它的现象只看做入门的向导，一进了门就要抓住它的实质，这才是可靠的科学的分析方法。

——毛泽东

我们误解了自然，我们就会停留在事物的外表，只看到宇宙的多样性，而看不到它们的统一性。

——Swami Swahananda

基本面分析，或者说驱动分析的主要目的是找出资金流动趋向，量子基金前合伙人，独立投资人吉姆·罗杰斯就是主要从全球资金流向的角度分析投资机会的。而资金流向的一个主要规则就是“趋利避害”，**何谓“趋利”，就是追求高收益，所谓“避害”，就是规避高风险。**“趋利避害”简而言之就是追求风险调整后的高收益。所以，驱动分析的主要对象是收益率。而技术面分析，或者说行为分析的主要目的是找出市场参与者的意愿持续性，市场情绪是坚决还是犹豫，因为这涉及交易策略是见位进场，还是破位进场，是继续持仓，

“趋利”涉及利息差，准确说是收益率差；“避害”涉及风险偏好。

让利润奔腾，还是截短亏损，迅速止损。所以，行为分析的主要对象是波动率，也就是本节要阐述的主题。表 21-1 列出了驱动分析和行为分析的对象差别。

表 21-1　基本面分析和技术面分析的对比

分析方式	基本面分析	技术面分析
分析内容	驱动因素	行为因素
分析对象	收益率	波动率
主要代表人物	吉姆·罗杰斯	理查德·丹尼斯
代表人物的具体分析策略	全球资金流动分析法	周规则
代表人物的资历	量子基金创始人	海龟交易计划发起者

理查德·丹尼斯是除杰西·利弗摩尔之外最出名的技术交易大师，是实战大师而不是理论大师，其大师的称号源自其辉煌的战绩：从 2000 美元到上亿美元的神话！他的主要操作策略是周规则，也就是创出 4 周新高做多，创出 4 周新低做空，这套方法主要用于期货市场（因为期货市场每个品种每年都有 1~3 波的中级单边市）。这套方法之所以能够成功是因为其中包括了波动率分析，也就是说以 20 个交易日（4 周）作为波动率分析的时间段，**考察交易当日的波动率是否超出之前 20 日的波动率**，创出新高和创出新低就是波动率扩大，也就是发散的信号，这时候意味着市场在某一特定方向确立了坚决的市场情绪，市场处于失衡状态，必须在失衡方向上寻找新的均衡。全美技术分析师协会考察了 50 年来所有著名的交易策略，周规则绩效名列第一。当然，这是一个以日为单位的考察，不过，其中蕴含的哲学性概念值得我们深思。

异常背后必有真相！波动率异常时，你要重视，问个为什么会这样，发生了什么。A 股市场中的涨跌停就是一种波动率异常。

K 线能够在市场分析中发挥显著作用和日益繁荣翻新的一个原因是它表征了宇宙的对立统一规律。而周规则能够如此有效就是因为它是基于行为因素的波动率特征。那么 K 线是否也表征了波动率特征呢？如果你对我们在《黄金高胜算交易》一书的内容有所了解的话，应该对这个问题持有肯定回答。

K 线，也就是蜡烛线构成波动率分析的微观层面，如表 21-2 所示。收敛就是既定时间内的运动范围缩小，发散就是

既定时间内的运动范围扩大。下表将市场的波动性二元化了，将波动性划分为收敛和发散，对应于蜡烛线的两种类型。

表 21-2 敛散二元性

敛散性（波动率）	蜡烛线（微观层面）	价格密集度（中观层面）	走向特征（宏观层面）	市场情绪	市场状态	交易含义
收敛	小实体蜡烛线	成交密集区	区间震荡市场	犹豫	均衡	提醒信号
发散	大实体蜡烛线	成交稀疏区	趋势单边市场	坚决	失衡	确认信号

收敛之后的发散往往意味着很好的交易机会，有可能是见位交易的机会，也有可能是破位交易的机会。小实体 K 线提醒你交易机会随时可能出现，而大实体 K 线则表明交易机会已经出现，并且帮你确认了交易的方向和具体进场位置。

K 线是波动性的微观载体，波动性的中观载体则是价格的波段走势，可以通过 ATR（平均真实波幅）来刻画，但是最好的中观波动率观察工具是布林带。布林带被认为是唯一一个符合统计科学的技术指标，它主要是利用了均值和离差的思想。布林带的发明人是布林格，他专门撰写了一本书来解释布林带的用法。布林带的主要用法有两种：第一种用法是利用价格的统计收敛特征，将布林带的上下轨作为支撑阻力，当然中轨有时候也有这样的用处，不少外汇走势评论中出现的波动区间就是利用布林带的上下轨得出的；第二种用法是利用布林带标准差的移动变化来表征市场波动率的变化，波动率的急剧降低意味着单边行情随时可能来临，而波动率的突然增加往往是单边行情开启的时间窗口。与 K 线的敛散一样，布林带也有敛散，从中观层面来看，价格成交密集区，也就是布林带收敛区，是波动率降低的区域，也就是收敛形态，这是提醒信号，你需要密切关注即将到来的交易机会；而价格成交稀疏区，也即是布林带扩展区，是波动率升高的区域，也就是发散形态，这是确认信号，接下来你可以扣动扳机了。当然，发散形态出现之后，你需要根据市态迅速估计大致的风险报酬结构，并制定好进场和出场的计划，然后才是扣动扳机，一旦熟练这个过程，两分钟左右就能完成。

下面第一张图（图 21-1）是没有叠加布林带的欧元兑美元 1 小时走势图，你能迅速地区分其中的波动率状况吗？找出其中的成交密集区和成交稀疏区后，你能迅速地识别出波动率的异常吗？如果你能的话，我们恭喜你有这样敏锐的直观度量能力。但是，绝大多数人都需要借助布林带这样的工具才能迅速地识别出中观层次的波动率的变动。请看第二张图（图 21-2），这张图与第一张图没有太大的不同，唯一的差别在于第二幅图叠加了布林带。你是不是可以迅速地识别出波动率的异常动静呢？请注意，

在该图的最左边，K 线开始出现大量的小实体类型，这些都是微观层面的收敛形态，表明市场处于犹豫和均衡之中，提醒你交易机会随时可能来临，你需要像猎豹一样静待时机。从中观层面来看，你看到布林带迅速收口，这是中观层面发出的收敛—提醒信号。在图的中部，大实体 K 线出现了，**布林带张口了，微观和中观层次同时出现了发散—确认信号，确认进场做空。**

图 21–1　欧元兑美元 1 小时走势的直观敛散性

图 21–2　欧元兑美元 1 小时走势经过布林带过滤后的敛散性

市场行为总是表现为敛散两种形态，这种形态可以从一种市场最基本的运动结构中得到理解，这就是 N 字结构，如图 21-3 所示。

基于波动率的交易策略很多，这些方法无一例外地重视波动率异常值。

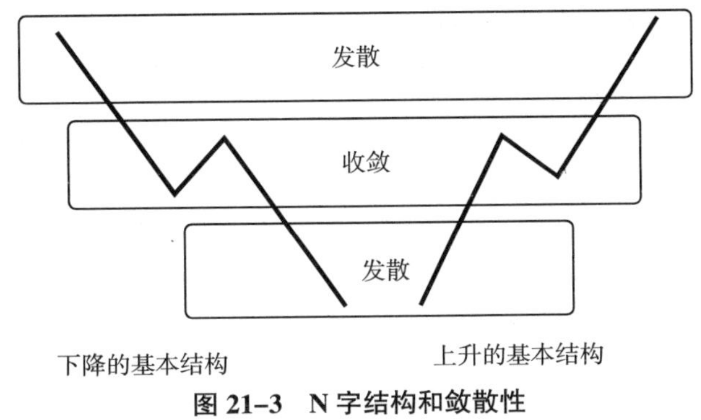

图 21-3　N 字结构和敛散性

这种敛散形态可以从 K 线中得出，然后反用于 K 线的具体实践，方便 K 线学习者在短期内掌握应付复杂情况的简单技术，同时我们也可以把蕴含于 K 线中的微观敛散形态放大到中观层面，这时候我们就需要借助布林带的威力了。市场主要的进场方式不过两种，这就是见位交易和破位交易，而这两种进场方式要求交易者必须能够确认关键水平的阻挡和支撑是否有效，敛散形态恰好是解决这个问题的最有效和最简捷手段。

鞍马破位交易策略在外汇市场的运用很广泛，因为外汇市场的周期性“收敛—发散”很有规律，通常澳洲—亚洲市场呈现收敛状态，而欧洲—美洲则呈现发散状态，所以根据亚洲市场的收敛来设定突破基准，然后等待欧美市场的突破。鞍马式破位交易策略需要利用布林带来帮助识别收敛状态，同时也可以利用布林带来帮助设定基准线。通常，我们会等待布林带收口，出现了至少 5 根横盘整理的 K 线，然后我们会选择处于布林带之外的 K 线最高点和最低点用于设定突破基准线，所谓布林带之外是指 K 线的最高点或者最低点，而不是整个 K 线在布林带之外。设定突破基准线之后，我们需要等待价格以持续 K 线形态突破一边基准线和布林带轨道，

通常基准线后于布林带轨道被突破。

下面我们来看两个利用大阳线进行鞍马破位交易策略的实例。下图是第一个实例，这是黄金 1 小时走势图（见图 21-4）。其中有两处可以设定基准线的横盘整理，同时这两处设定的突破基准线都被大阳线突破确认有效，我们把初始止损点设定在两基准线构筑区域的中线之下或者是布林带中轨之下。

图 21-4　布林带鞍马策略实例（1）

看第二个例子，如图 21-5 所示，这也是黄金 1 小时走势图。由于价格极端收敛使得位于布林带下轨之下的最低价没有出现，所以我们变通地用位于布林带中轨之下的最低价来构筑下破基准线。然后找到布林带上轨之上的 K 线最高点，构筑上破基准线。构筑完上下基准线之后，我们就等待市场来告诉我们有效的突破，本例中市场最终以大阳线向上突破，于是我们在此大阳线之后的 K 线进场做多，并将初始止损放置在布林带中轨之下或者是基准区域中线以下。本例中，在大阳线向上突破之前，市场也以小实体 K 线向上破位几次，但是这不符合我们确认有效突破的原则，也就是没有以持续 K 线向上破位，这样我们就用 K 线过滤市场无效的突破，无效突破体现在时间上就是持续时间短，体现在空间上就是突破幅度有限，如果是股票的话，则成交量没有适度放大（对于无量涨停的个股则另作他论）。

我们用两个例子来说明鞍马破位交易策略中的大阴线运用。请看第一个例子（图 21-6），这是黄金 1 小时走势图。在进行鞍马破位交易时，我们首先需要查看最近的黄

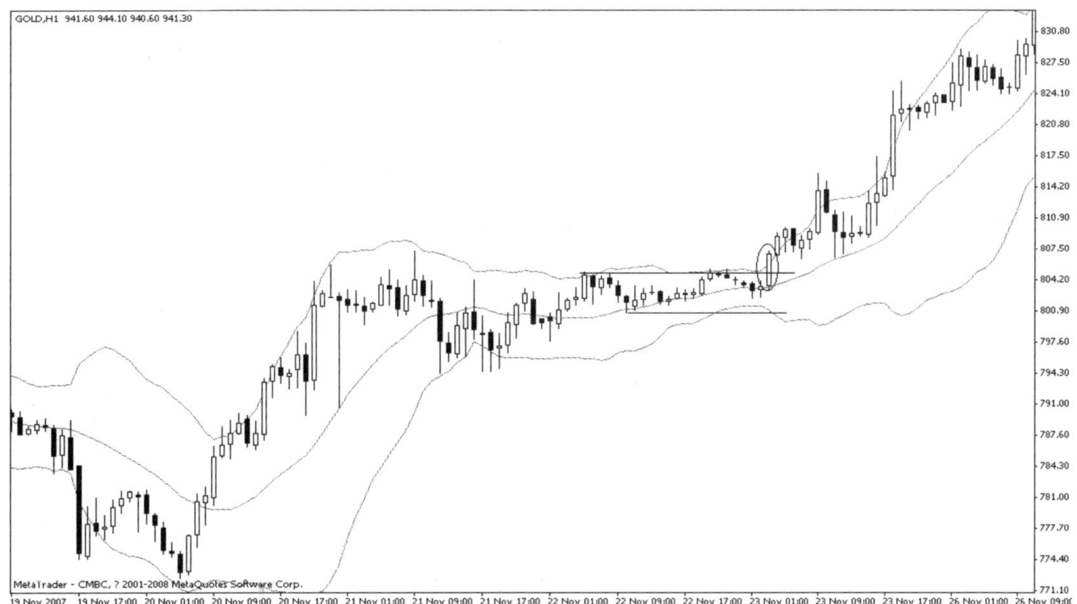

图 21-5　布林带鞍马策略实例（2）

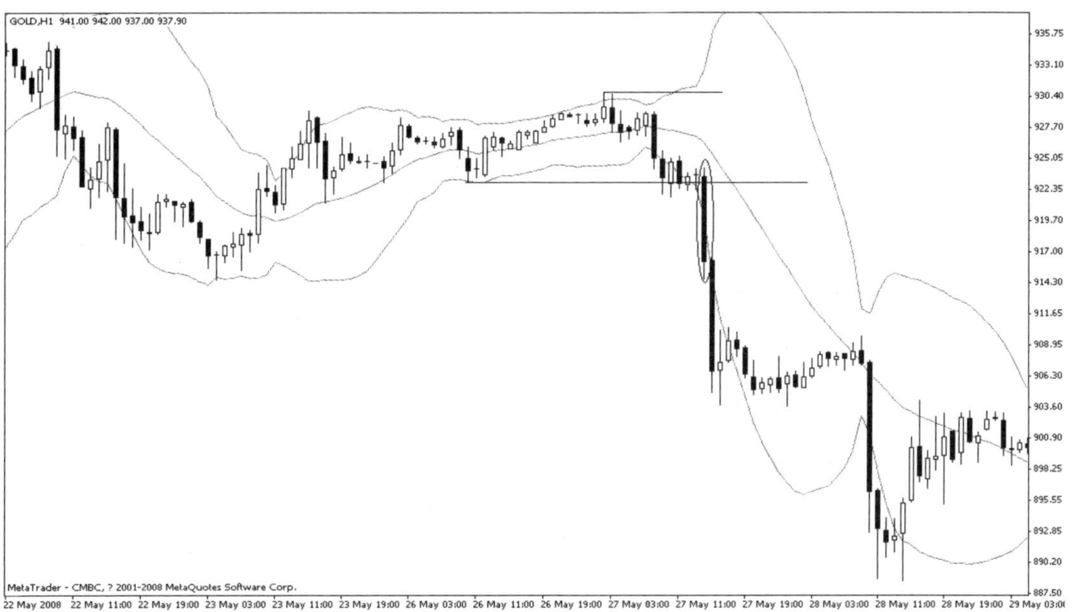

图 21-6　布林带鞍马策略实例（3）

金 1 小时图走势是否出现了一定时间的收敛，一般要求 5 根以上的横盘，然后你再查看盘整部分的 K 线位于布林带上轨之上部分的最高价和位于布林带下轨之下部分的最低价，以此分别做出上基准线和下基准线。有时候需要变通处理，因为就我们的鞍马破位交易策略而言，基准线的设定并不是最关键的部分，所以精确性要求不高，我们

突破有效性往往只能事后来准确定义，我们这里提到的仅是技术上的突破有效性，是一种或然的判断，而非必然的判断。

策略的核心部分集中于利用持续性 K 线来确认突破有效。本例中我们设定上下基准线之后，等待市场有效突破确认。最后，**市场以大阴线跌破下基准线，这就确认了向下突破的有效性**，我们应该在此大阴线之后一根 K 线进场做空，并将初始止损点设定在布林带中轨之上或者是基准空间中线之上。当然，在大阴线出现之前市场也有小实体 K 线，甚至阳线跌破过下基准线，但是这些都不是持续型 K 线，所以无法确认或者说不能高效确认向下突破的有效性。

我们再来看第二个鞍马破位做空交易的例子，请看图 21–7，这是黄金 1 小时走势图，根据鞍马破位交易的基本要求我们做出了上下基准线，请注意一个地方：我们在做下基准线时并没有采用很远处那根部分在布林带下轨之外的 K 线的最低点，而采用了近期最低点，这说明了在进行鞍马突破交易时上下基准线的确定并没有严格的准则，但是确认突破有效却非常严格。这反映我们在所有破位进场交易时重视破位的有效程度超过破位设定本身。为什么这样呢？**最关键的原因在于如果我们想要战胜其他投机客，就必须将注意力放**

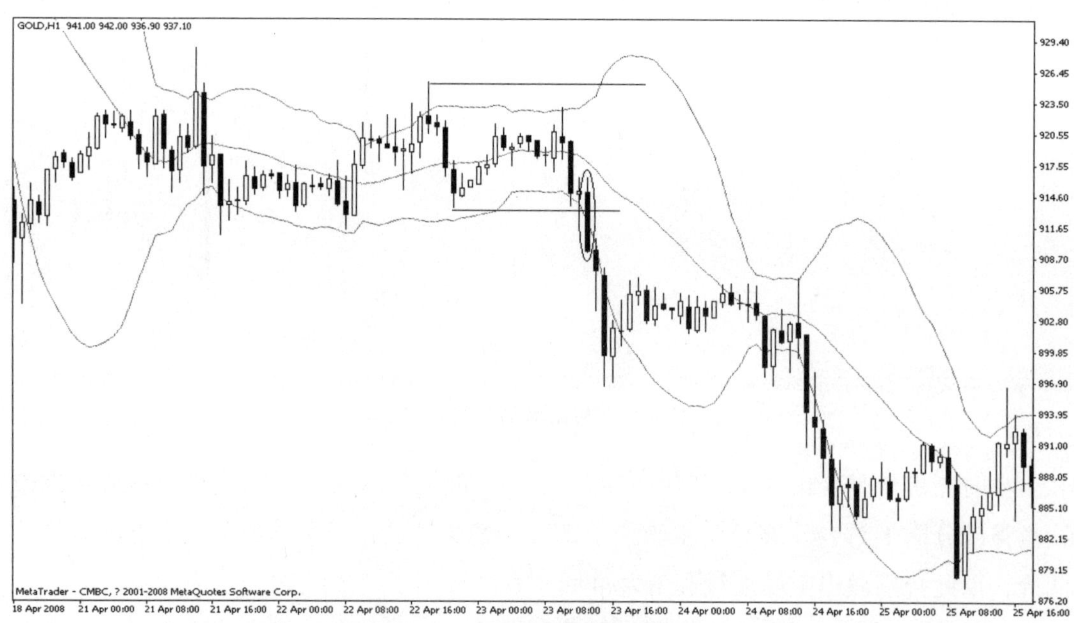

图 21–7　布林带鞍马策略实例（4）

在不同的地方，比如当绝大多数投机客注重预测时，我们注重跟随；当绝大多数投机客注重市场的涨跌时，我们注重进场；当绝大多数投机客注重进场时，我们注重出场；当绝大多数投机客注重如何设定破位标准时，我们注重设定破位有效的标准；当绝大多数投机客注重分析行情时，我们注重仓位管理，如此等等。交易的每个环节也存在竞争，当太多人注重每个环节的时候，这个环节能够带来的利润就下降了，所以我们应该在把握每个交易环节的基础上着力于被市场忽略了的环节。在本例中，我们重视突破有效的标准胜过于突破的标准，在设定突破标准之后，市场以大阴线跌破了下基准线，于是我们在大阴线之后的一根K线入市做空，并将止损放置在布林带中轨之上或者是基准区域的中线之上。这里需要强调一点，要验证一个基准线是否有效，可以通过查看近期布林带外轨是否在两条基准线之外，有效的基准线应该处于近期布林带之外。

忽略往往是非理性产生的直接原因之一。

在鞍马式破位交易进场中，基准线的设定不是最重要的，甚至可以说是不重要的，关键是用什么去确认突破基准线有效以及如何设定初始止损点。在鞍马式交易中布林带可以帮助你进行很好的观察，可以作为一种辅助的突破基准线。

布林带鞍马策略的要点在于抓住市场敛散性变化的节点，而“敛散的周期性交替”则是市场的根本特征，布林带可以帮助你更好地抓住这个特征，因为布林带的主要作用是表征市场中观层次的敛散性。

短线交易者不可忽视的大前提：外汇的日内周期性

就交易系统而言，绝大多数设计者都忽略了时间周期性在其中可以发挥的作用。

——Bull

开盘走势很重要，因为日内交易者所做的很多交易都基于市场的开盘情况。

——Marcel Link

除了流动性，一个货币对的交易波幅主要还取决于地理位置和宏观经济因素。如果了解某个货币对在一天哪个时间段会出现最大或者最小的波幅，毫无疑问，将有助于交易者更好地分配资本，提高投资效率。

——Kathy Lien

外汇的日内周期性是非常重要的一个规律，这是一个日内交易者必须注意和必须利用起来的规律，但是不少交易者往往只停留在“亚澳市场时段清淡”这个简单认识上，对于外汇的日内周期性利用不足。在《外汇交易圣经》一书中，我们提供了诸如 i-session 这样的免费 MT4.0 指标用于直观标注出外汇的三大市场时段（亚洲时段、欧洲时段和美洲时段），不过这些都只是涉及了外汇日内周期性的某些简单方面。**外汇走势的日内周期性从根本上来讲是由于三大市场势力的交替主导和驱动因素的不均匀分布造成的，心理因素和驱动因素是造成外汇日内周期性的根本原因。**

参与者在空间和时间上的分布不均匀导致了外汇走势日内周期性。

周间日效应、节日效应、月度效应（关于月度效应在

《外汇交易圣经》的《公历月份中的季节周期》中有较为详细的统计），以及本课要深入介绍的时段效应主要都涉及波动率和波动轨迹两方面的特征，对于波动轨迹的探讨我们会在《25位顶尖外汇交易员的秘密》系列丛书中由这方面的交易能人来深入讲解，因为有些交易高手的方法就是基于特定的日内波动轨迹，比如“英镑择时交易法”就是这类方法的典型代表，另外还有“时区交易法”等。我们这里不会涉及十分具体的基于日内周期性的交易策略，我们在本课主要介绍日内波幅的周期性特征，也就是基于波幅的时段模式，也会夹带介绍一些利用时段模式的交易思路。

拉瑞·威廉姆、杰克·伯恩斯坦、杰瑞米·西格尔、约翰·凯恩是研究周期性的大家，读者可以对这些人的著作进行一一研究，毕竟**绝大多数交易者往往忽略了存在于金融产品走势上的周期性，大众往往将焦点放在价格运动的空间维度上，而价格运动的时间维度自然就成了大众的盲点**，盲点即利润，大众的盲点就是我们专注的对象（当然是重要的盲点，而不是任何盲点都去专注）。**外汇日内交易者对于日内时段模式的重视程度远远不够，利用程度比起价格形态也相形见绌！**

明白造成周期性的原因比周期性本身更为重要。仅仅注重统计上的规律往往在原因发生变化时误入陷阱，成为别人打猎的目标。

外汇市场之所以存在日内周期性，首要原因是主要货币所属国的重要经济数据公布具有稳定的时间特征，请看表22-1，从这个表格我们可以发现重要经济数据的公布具有明显的时间规律。经济数据是外汇市场的重要驱动因素之一，毕竟经济数据是经济发展和稳定，以及资本和贸易流动的定量表征，从表22-2中可以看到美国经济数据对外汇市场影响的排名，这个排名每年都会有变化，无论排名怎么变，我们知道一点，那就是**数据是有“价格”的，这个价格可以通过其引发的汇价波动幅度来评定**，外汇的周期性主要体现在这种波动幅度周期性变化上，而这种周期性变化主要与主流资金的全球不均衡分布以及重要经济数据的全球不均衡分布有关。

表 22-1　各国重要经济数据发布时间（美国东部时段）

国家	货币	重要数据公布时间
美国	美元	8：30~10：00
日本	日元	18：50~23：30
加拿大	加元	7：00~8：30
英国	英镑	2：00~4：30
意大利	欧元	3：45~5：00
德国	欧元	2：00~6：00
法国	欧元	2：45~4：00
瑞士	瑞郎	1：45~5：30
新西兰	新西兰元	16：45~21：00
澳大利亚	澳大利亚元	17：30~19：30

表 22-2　2007 年最能驱动外汇市场的美国经济数据排行（波动点数计算）

公布后前 20 分钟影响程度排名	公布当天的影响程度排名
1. Unemployment 失业率	1. Unemployment 失业率
2. Interest Rates（FOMC Rate Decisions）联储公开市场委员会利率决定	2. ISM Non-Manufacturing 供应管理协会非制造业指数
3. Inflation（Consumer Price Index） 通胀率（消费者物价指数）	3. Personal Spending 个人支出
4. Retail Sales 零售数据	4. Inflation（CPI） 通胀率（消费者物价指数）
5. Producer Price Index 生产者物价指数	5. Existing Home Sales 成屋销售
6. New Home Sales 新屋销售	6. Consumer Confidence 消费者信心指数
7. Existing Home Sales 成屋销售	7. U of M Confidence 密歇根大学消费者信心指数
8. Durable Goods 耐用品订单	8. Interest Rates（FOMC） 联储公开市场委员会利率决定
9. Non-Farm Payrolls 非农就业数据	9. Indutstrial Production 工业生产

较大的对冲基金和财团位于欧美地区，而大部分的贸易和资本流动都发生在欧美地区，这使得外汇的日内波动相应地表现出日内的不均衡分布，请看表 22-3，外汇的日内周期性就是这种不均衡分布的直接体现，而这个特征就是外汇日内短线交易者必须铭记在心的首要特征，如果你心中不清楚这个日内周期性的分量，则你很容易陷入**“以股票思维”交易外汇的怪圈，**认为做外汇无非就是把股票那套技术分析移

股票也有日内周期性，但是与外汇存在较大差异。如果从事外汇日内交易，那么简单地套用股票的技术分析并不靠谱。

表 22-3 外汇日内周期性

外汇短线交易者不可忽视的大前提

外汇市场区别于其他交易市场最明显的一点就是时间上的连续性和空间上的无约束性。

换句话说，外汇市场是一个24小时不停止的市场，主要的波动和交易时间在周一新西兰开始上班到周五美国芝加哥下班。周末在中东也有少量的外汇交易存在，但基本上可忽略不计，属于正常的银行间兑换，并非平时的投机行为。所以综上所述，外汇市场是一个不停止连续不断的交易市场

有市场存在就可以交易这是众所周知的事情，但是并不等于可以交易我们就要去交易，在全天24小时中外汇市场每个交易时段都有其自身的规律和特性，所以我们只需要了解它的规律，在适当的时段采取相应的策略，就可大大提高交易成功率，同时也可避免交易风险

t-8 纽约-13 芝加哥-14

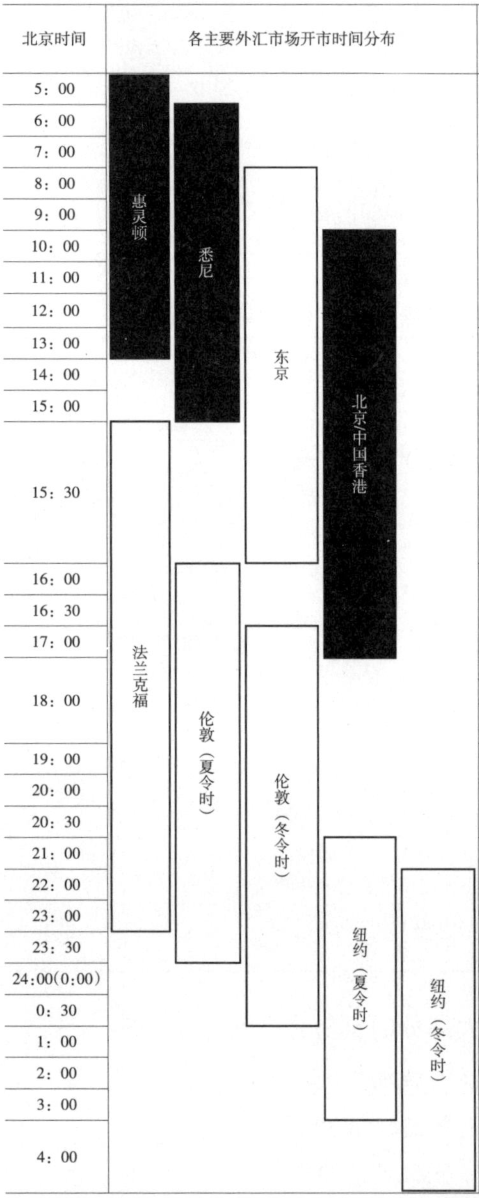

北京时间	各主要外汇市场开市时间分布	根据行情波动细分的时段	一般波动点位	详细描述	运动方向	风险与收益
5：00	惠灵顿	行情调整时段	主流货币20~40点 二流货币25点以下	此时段主要是亚洲和澳洲市场活动的时间，由于整体经济实力相对较弱再加之主要炒作的是欧洲和美洲的货币，所以对整个市场的推动力量较小，一般震荡幅度在30点以内，且没有明显的方向 这段行情多为调整和回调行情。一般与当天的方向走势相反，如，若当天走势上涨则这段时间多为小幅震荡的下跌	没有方向小幅振荡居多，多为对前一交易日最后一波行情的回调，所以与当天大势方向一般相悖	风险低 收益低 不适合交易
6：00	悉尼					
7：00						
8：00	东京					
9：00	北京中国香港					
10：00						
11：00						
12：00						
13：00		行情酝酿时段	主流货币30~50点 二流货币30点以下	欧洲开市前夕，交易及资金量都会逐渐增加，且此时段也会伴随着一些对欧洲货币有影响力的数据公布。所以此时段可也说是黎明前的黑夜，市场和图形都开始酝酿，这一时段基本上就是每天最好的也是第一次的进场时段 波动不会太大，主要是做图形或是从技术上给投资者以暗示	方向一般与当天大势相反，或是作出有效的技术信号支持大家交易	风险中 收益低 适合建仓
14：00						
15：00						
15：30	法兰克福					
16：00	伦敦（夏令时）	行情波动时段	主流货币30~80点 二流货币25~40点	欧洲开始交易，资金量和关注程度增加。这一时段才是每天外汇市场行情的真正开始。在上时段建仓的投资者此时段则可尽获收益了，没有及时交易的朋友，则在其已经开始部分行情后不要追势，最好等到回调时再进入	在整体有趋势时顺大方向，在整体为盘整时一般与上一交易日走势方向相反	风险中 收益高 不适合临时建仓
16：30						
17：00	伦敦（冬令时）					
18：00						
19：00		第一次行情波动的调整	20~40点	为欧洲的中午休息和美洲市场的清晨，交易平淡，多为回调上一波行情，是入场的第二次机会	与上时段方向相反，一般与大势无关	风险低 收益低 适合建仓
20：00						
20：30						
21：00	纽约（夏令时）	行情主要波动时段	主流货币40~100点 二流货币30~60点	这段时间是美洲市场和欧洲市场同时交易的时段，按照资金和关注性来说是最大的时候，行情波动自然也最大。一般是大势震荡的真正时段	符合大势方向	风险高 收益高 不适合临时建仓
22：00	纽约（冬令时）					
23：00						
23：30						
24:00(0:00)						
0：30		行情调整或消息时段	有重大消息时100点以上 其余时间50点以内	为美国的下午盘，一般在此时已经走出了较大的行情，这段时间多为对前面行情的技术调整，不过有些很重要的美国数据会在这个时段公布，所以偶尔会出现瞬间大幅波动的情形，建议有重要数据时应及时在此刻平仓出来，以避免风险	方向不确定，多为与前一时段方向相反	风险低/高 收益低 不适合交易
1：00						
2：00						
3：00						
4：00						

各主要市场交易时间（北京时间）：

悉尼：6：00~15：00

东京：8：00~15：30

中国香港：9：00~16：00

法兰克福：15：00~23：00

伦敦：15：30~23：30（冬令时间16：30~0：30）

纽约：20：20~3：00（冬令时间21：20~4：00）

每年四月的第一个周一是夏令时间的开始，每年十月的最后一个周一是冬令时间的开始！

植过来而已。一旦这样想，你就注定与成功的外汇日内交易无缘了。

你最好将表 22-3 放大复印后贴在自己的交易室，然后随时琢磨其中的原因和规律，加入自己的东西，毕竟外汇的日内波动特性会随着基本面因素的变化而变化，在次贷危机之后，日内波动幅度就整体显著地提高了。

你最好能够统计出你所交易的货币对在一天 24 小时的表现，这样做有两个好处：第一，你清楚一天当中最适合你自己交易的时段；第二，你可以根据每个小时的波动均值和标准差决定日内短线的平仓点。下面我们就来一一解析主要货币对在每个小时的波动均值和标准差。一般而言，那些均值较大，而标准差较小的时段适合我们参与，这表明这些时段比较适合于“固定点数利润出场”，同时也表明这些时段的风险更容易控制，而利润更大。

表 22-4 是欧元兑美元的 24 小时平均波幅和标准差，统计采用格林威治时间，以小时为单位，这也是日内短线交易者持仓的平均时间（持仓不应超过 1 小时，特别是英镑这种日内走势反复的品种）。平均波幅以点数为统计单位，标准差也是，可以发现，欧元的波动性从格林威治时间 9 点左右开始提高，持续到 21 点，你可以选择这段时间进行交易，同时可以根据所处时段，选择合理的利润目标，你不能奢望 4 点到 5 点有 80 点的利润，因为从统计的角度来讲该事件的概率极小。表 22-5 到表 22-9 是其他主要货币对的日内平均波幅和波幅标准差统计数据，大家可以选择自己经常交易的货币对研究，找出最活跃的时段进行交易，同时根据平均波幅和标准差来制定持仓的利润目标，这是利用本书最后课程提到的“前位出场策略”的一个好策略。

表 22-4　欧元兑美元的时段模式（格林威治时间）

欧元兑美元 24 小时平均波幅和标准差													
波幅的时段模式	0.0020	0.0003	1										
波幅的时段模式	0.0026	0.0004	2										
波幅的时段模式	0.0038	0.0003	3										
波幅的时段模式	0.0042	0.0002	4										
波幅的时段模式	0.0037	0.0001	5										
波幅的时段模式	0.0028	0.0002	6										
波幅的时段模式	0.0030	0.0001	7										
波幅的时段模式	0.0036	0.0002	8										
波幅的时段模式	0.0046	0.0002	9										
波幅的时段模式	0.0055	0.0003		10									
波幅的时段模式	0.0056	0.0004		11									
波幅的时段模式	0.0053	0.0002		12									
波幅的时段模式	0.0049	0.0002			13								

续表

欧元兑美元 24 小时平均波幅和标准差													
波幅的时段模式	0.0049	0.0002			14								
波幅的时段模式	0.0055	0.0008			15								
波幅的时段模式	0.0069	0.0007			16								
波幅的时段模式	0.0078	0.0005			17								
波幅的时段模式	0.0060	0.0002			18								
波幅的时段模式	0.0057	0.0004			19								
波幅的时段模式	0.0054	0.0004			20								
波幅的时段模式	0.0049	0.0002			21								
波幅的时段模式	0.0041	0.0001			22								
波幅的时段模式	0.0038	0.0003				23							
波幅的时段模式	0.0026	0.0004				24							

表 22-5　英镑兑美元的时段模式（格林威治时间）

英镑兑美元 24 小时平均波幅和标准差													
波幅的时段模式	0.0023	0.0004		1									
波幅的时段模式	0.0034	0.0002		2									
波幅的时段模式	0.0044	0.0002		3									
波幅的时段模式	0.0039	0.0003		4									
波幅的时段模式	0.0042	0.0001		5									
波幅的时段模式	0.0038	0.0002		6									
波幅的时段模式	0.0036	0.0001		7									
波幅的时段模式	0.0042	0.0002		8									
波幅的时段模式	0.0071	0.0005		9									
波幅的时段模式	0.0092	0.0006		10									
波幅的时段模式	0.0098	0.0009		11									
波幅的时段模式	0.0093	0.0009		12									
波幅的时段模式	0.0072	0.0006			13								
波幅的时段模式	0.0073	0.0003			14								
波幅的时段模式	0.0068	0.0004			15								
波幅的时段模式	0.0086	0.0003			16								
波幅的时段模式	0.0100	0.0008			17								
波幅的时段模式	0.0081	0.0003			18								
波幅的时段模式	0.0073	0.0005			19								
波幅的时段模式	0.0050	0.0005			20								
波幅的时段模式	0.0049	0.0005			21								
波幅的时段模式	0.0046	0.0004			22								
波幅的时段模式	0.0038	0.0003				23							
波幅的时段模式	0.0022	0.0003				24							

表 22-6　美元兑日元的时段模式（格林威治时间）

美元兑日元 24 小时平均波幅和标准差													
波幅的时段模式	0.2350	0.0169		1									
波幅的时段模式	0.3340	0.0159		2									
波幅的时段模式	0.4180	0.0205		3									
波幅的时段模式	0.4330	0.0168		4									
波幅的时段模式	0.2920	0.0227		5									
波幅的时段模式	0.2590	0.0096		6									
波幅的时段模式	0.2840	0.0128		7									
波幅的时段模式	0.2950	0.0115		8									
波幅的时段模式	0.3930	0.0356		9									
波幅的时段模式	0.4350	0.0235		10									
波幅的时段模式	0.4660	0.0395		11									
波幅的时段模式	0.4220	0.0251		12									
波幅的时段模式	0.3480	0.0164			13								
波幅的时段模式	0.2920	0.0332			14								
波幅的时段模式	0.3590	0.0578			15								
波幅的时段模式	0.4390	0.0423			16								
波幅的时段模式	0.4740	0.0298			17								
波幅的时段模式	0.4240	0.0193			18								
波幅的时段模式	0.4290	0.0352			19								
波幅的时段模式	0.3020	0.0169			20								
波幅的时段模式	0.3130	0.0175			21								
波幅的时段模式	0.2480	0.0354			22								
波幅的时段模式	0.1930	0.0148				23							
波幅的时段模式	0.1610	0.0098				24							

表 22-7　美元兑瑞郎的时段模式（格林威治时间）

美元兑瑞郎 24 小时平均波幅和标准差													
波幅的时段模式	0.0017	0.0002		1									
波幅的时段模式	0.0022	0.0003		2									
波幅的时段模式	0.0030	0.0003		3									
波幅的时段模式	0.0033	0.0002		4									
波幅的时段模式	0.0028	0.0001		5									
波幅的时段模式	0.0022	0.0002		6									
波幅的时段模式	0.0023	0.0001		7									
波幅的时段模式	0.0027	0.0003		8									
波幅的时段模式	0.0034	0.0003		9									
波幅的时段模式	0.0042	0.0002		10									
波幅的时段模式	0.0045	0.0003		11									
波幅的时段模式	0.0043	0.0002		12									

续表

美元兑瑞郎 24 小时平均波幅和标准差													
波幅的时段模式	0.0043	0.0002			13								
波幅的时段模式	0.0039	0.0002			14								
波幅的时段模式	0.0040	0.0008			15								
波幅的时段模式	0.0054	0.0007			16								
波幅的时段模式	0.0060	0.0004			17								
波幅的时段模式	0.0052	0.0001			18								
波幅的时段模式	0.0050	0.0005			19								
波幅的时段模式	0.0043	0.0006			20								
波幅的时段模式	0.0037	0.0003			21								
波幅的时段模式	0.0031	0.0001			22								
波幅的时段模式	0.0028	0.0002				23							
波幅的时段模式	0.0019	0.0003				24							

表 22-8 美元兑加元的时段模式（格林威治时间）

美元兑加元 24 小时平均波幅和标准差													
波幅的时段模式	0.0025	0.0001		1									
波幅的时段模式	0.0026	0.0002		2									
波幅的时段模式	0.0033	0.0002		3									
波幅的时段模式	0.0031	0.0001		4									
波幅的时段模式	0.0032	0.0002		5									
波幅的时段模式	0.0027	0.0001		6									
波幅的时段模式	0.0025	0.0001		7									
波幅的时段模式	0.0031	0.0001		8									
波幅的时段模式	0.0042	0.0003		9									
波幅的时段模式	0.0055	0.0004		10									
波幅的时段模式	0.0051	0.0003		11									
波幅的时段模式	0.0049	0.0003		12									
波幅的时段模式	0.0045	0.0004			13								
波幅的时段模式	0.0055	0.0003			14								
波幅的时段模式	0.0063	0.0002			15								
波幅的时段模式	0.0068	0.0002			16								
波幅的时段模式	0.0070	0.0003			17								
波幅的时段模式	0.0064	0.0002			18								
波幅的时段模式	0.0055	0.0002			19								
波幅的时段模式	0.0051	0.0003			20								
波幅的时段模式	0.0050	0.0003			21								
波幅的时段模式	0.0042	0.0003			22								
波幅的时段模式	0.0042	0.0002				23							
波幅的时段模式	0.0024	0.0001				24							

表 22-9　澳元兑美元的时段模式（格林威治时间）

澳元兑美元 24 小时平均波幅和标准差													
波幅的时段模式	0.0030	0.0002		1									
波幅的时段模式	0.0030	0.0002		2									
波幅的时段模式	0.0037	0.0003		3									
波幅的时段模式	0.0039	0.0003		4									
波幅的时段模式	0.0039	0.0003		5									
波幅的时段模式	0.0032	0.0002		6									
波幅的时段模式	0.0030	0.0002		7									
波幅的时段模式	0.0035	0.0002		8									
波幅的时段模式	0.0041	0.0003		9									
波幅的时段模式	0.0048	0.0004		10									
波幅的时段模式	0.0048	0.0004		11									
波幅的时段模式	0.0048	0.0004		12									
波幅的时段模式	0.0041	0.0002			13								
波幅的时段模式	0.0045	0.0002			14								
波幅的时段模式	0.0043	0.0002			15								
波幅的时段模式	0.0045	0.0002			16								
波幅的时段模式	0.0052	0.0004			17								
波幅的时段模式	0.0051	0.0004			18								
波幅的时段模式	0.0047	0.0003			19								
波幅的时段模式	0.0038	0.0003			20								
波幅的时段模式	0.0039	0.0002			21								
波幅的时段模式	0.0036	0.0002			22								
波幅的时段模式	0.0036	0.0004				23							
波幅的时段模式	0.0019	0.0001				24							

很少有交易者从小时波幅去琢磨如何交易外汇，很少有交易者从**平均值和标准差的角度去思考利润目标**，如果你能够像我们一样从这些角度入手去操作，则可以真正做到持续的盈利，记住我们在这本面向高级交易者的教程中反复强调的一个观点：关注大众的焦点，专注大众的盲点。盲点就是利润，在盲人国里独眼龙就是国王，信息不对称优势就你的利润源泉！

概率论和统计学便于我们对一些波动特征进行把握，不过这是现象，本质是什么呢？对手盘！

万法归宗之进场的四种方法：见位、破位、顶位和间位

进场的策略从来没有人系统归纳过，我们斗胆尝试一下。

——魏强斌

看见机会是一回事，及时进场又是一回事。进场时，很多人会变得战战兢兢，而另一些人则又显得过于草率，时机未到，他们就匆忙入市，他们从不研究如何找到最好的进场价位。你需要为进场做个计划，尽量做到最有效地利用资金。你不必找到最好的进场价位，但是要尽量避免糟糕的进场价位。如果你错过了进场的机会，那么你就必须为下一次进场机会制定新的计划。

——Marcel Link

进场相对于交易系统的其他方面受到大多数人更多的关注，这种关注很大程度上是一种错位，经常是以忽视系统中最关键的方面为代价。

——Van K.Tharp

具体的进场位置在哪里？这是任何一个交易者必须首先搞清楚的问题。但是市面上的所谓经典交易理论又有几个将进场位置讲得清清楚楚的呢？交易落实于"买卖"两字，这是常识，但是这个常识只停留在口头上，并没有深入绝大多数交易者的潜意识中。我们在《外汇交易圣经》中提到所谓的交易最高秘诀离不开"进出加减"四个字，为什么这样说呢？其实，**交易无非就是做好进场和出场，如果你不从这两个方面入手，而去琢磨其他的东西，那就走偏了。**为什么不少研究江恩理论和艾略特波浪理论的人不适合从事交易？为什么外汇分析师的"嘴上功夫"经不起实践检验，并不是他们不厉害，而是因为他们努力的方向不是"进出加减"，而是市场涨跌的方向，看对市场方

向与看错市场方向是分析师能力评价的标准，但是交易却与具体的进场和出场直接挂钩，**不少交易者经年累月不得门径而入，最为关键的一点是他们从来没有仔细思考过具体的进场和出场问题。**进场出场为什么重要？因为交易是概率游戏，而概率游戏的**关键就在于仓位管理，**而仓位管理的具体步骤就是"进出加减"，你不在这方面下功夫，难成正果。

选择格局，就选择了一个潜在的风险报酬率—胜算率的概率分布。仓位管理则是在这个概率分布中选择具体的一个点。

进场的方法和出场的方法令人眼花缭乱，层出不穷，怎样才是有效的进场方法呢？估计这是绝大多数交易者没有考虑的问题。如果你对所谓的进场方法嗤之以鼻，认为只要看对方向何时进场都能赚钱，那我们不是同道中人，你大可按照你的观念去赚钱，我们没有必要吃力不讨好，我们没有必要来迎合你的需要。"忠言逆耳利于行，良药苦口利于病"，**你不要期望用老办法做出新成绩来，**何不试试新思维和新行为呢？

本课和下一课是本教程的重点部分，切不可小看，如果你对本课和下一课的方法进行了深入的掌握，则你可以在自己的交易策略中更上一层楼。本课的主要内容是进场方法，比起下一课的出场方法而言稍显次要。不过，我们可以这样向你描述大众这方面的盲点：大众关注的是市场的涨跌，而不是进出的位置，位置相对于方向就是盲点；大众关注的是进场的位置，而不是出场的位置，出场相对于进场就是盲点。"盲点即利润！"

进场点怎么去找？这是绝大多数交易者忽略的问题，更别说有全面的总结性认识。对于进场点比较重视的交易者和分析师都是有一定经验和独立思考能力的市场人士，**如果一个多年从事外汇交易工作的人还执迷于所谓必涨必跌形态，执迷于所谓的高胜率预测，则肯定是连外汇交易的门都还没有进。**进场点是经过一段时间实际操作的外汇短线交易者首先会提出自己看法的范畴，也是外汇交易者入门的界碑。如果你从事了几年外汇交易都从来没有系统思考和总结过关于进场点的策略和要点，那你真的很可怜。可怜的人未必认为自己可怜，无知者无畏，勇气是可嘉的，但是勇气在外汇市

形态没有必涨必跌的，形态背后的原因才是涨跌的决定性因素。

场是毫无用处的，不是你指天发誓明天赚100点，就能真的赚到100点的。**思路决定出路，心外无物，**外汇交易中真的是这样的道理，**如果你能够把你的焦点从其他绝大多数人那里转过来，那么路也就在你的脚下了。走上歧途，在交易界是司空见惯的情况，走上正路才是不正常的事情。只有不正常的交易者才有可能找到持续的盈利之路，**而关注进场位置的交易者比关注下一步涨跌的交易者更容易成功。

思路而非性格决定一个人的幸福与成功。思路是可以学习的，可以提高的，可以证伪的。而性格则是一个似是而非、大而不当的概念。

进场点不是说见到什么具体的形态之后就该买入（或者做空），市面上太多的书让交易者认为进场点等于看涨（或者看跌），你看涨还是看跌无关乎交易的最终结果，也不关乎交易的实际启动。你看懂这句话没有？如果你还没有看懂，那你真应该静下来直到读明白这句话为止。进场点不关乎具体的行情，它背后站着的是概率思维和可证伪哲学，当然进场点一定是落实到具体行情中的抽象概念。资深的交易者一般听过“左侧交易”和“右侧交易”的说法，这种说法一般用来诠释和区分“逆市交易”和“顺市交易”，注意不是“顺势交易”和“逆势交易”，严格意义上没有交易者愿意从事“逆势交易”，“顺势而为”是每个交易者都想做对的事情，也是绝大多数交易者无力做对的事情，这其中的关键原因有两个：第一，不知道如何顺势（不是what，而是how）；第二，将趋势和方向完全等同。如何顺势，我们的丛书中不少地方都有提及，大家自己可以逐渐形成自己的顺势策略。如何甄别趋势和方向呢？首先大家要从认识上搞清楚趋势是整体的，方向是局部的，方向可以顺趋势，也可以逆趋势。顺趋势的方向往往是突破进场的时机，逆趋势的方向往往是见位进场的时机，什么是破位进场，什么是见位进场，本课就会提到。“逆市交易”和“顺市交易”的“市”也可以理解为方向，你能不能从这个角度来理解左侧交易和右侧交易呢？我们下面直接来解释左侧交易和右侧交易，请看图23-1，如果市场趋于下降，则A点一般是左侧介入位置，也就是市场在没有完全企稳迹象的时候介入做多，这种做法的比较危险，在某些

方面与见位交易类似，但是又不全是，这个需要自己体会，其实，见位交易的入场可以在 A 点，也以在 B 点，所以从这个角度来分析，左侧交易和右侧交易其实只是见位交易进场的两种细化方式。如果市场处于上升走势，而你认为趋势向下（无论从哪个角度出发，市场的回调都不是值得你去交易的）则可以选择在 C 点介入做空或者是 D 点介入做空，C 点就是左侧交易，而 D 点就是右侧交易。所谓左侧交易和右侧交易基本上可以这样来简单理解：在市场还未企稳的时候你反向介入（不是反势），就是左侧交易；在市场已经企稳并反向的时候，你顺向介入（主观上你认为方向与趋势是一致的），就是右侧交易。

这里说深一点：如果你从我们"势、位、态"理论的角度出发去理解左侧交易和右侧交易的区别，则可以总结出三点：第一，左侧交易对于近期走势确认趋势不太重视，右侧交易则比较重视近期走势对趋势的确认；第二，左侧交易有可能忽视具体的进场点位是否处于关键水平附近，也就是支撑阻力附近，而右侧交易则相对较重视在关键水平附近介入，具体而言就是支撑之上一些做多，阻力之下一些做空；第三，左侧交易倾向于忽略形态对关键水平的确认，进场的胜率要低些，而右侧交易则相对较为重视形态，比如通过 K 线反转形态确认关键水平的有效性。这三点分别是从"势、位、态"三个角度来剖析的，从我们的剖析中，你应该看得出我们比较倾向于"右侧交易"，这也是我们遵从"势、位、态"三要素技术分析的必然结果。

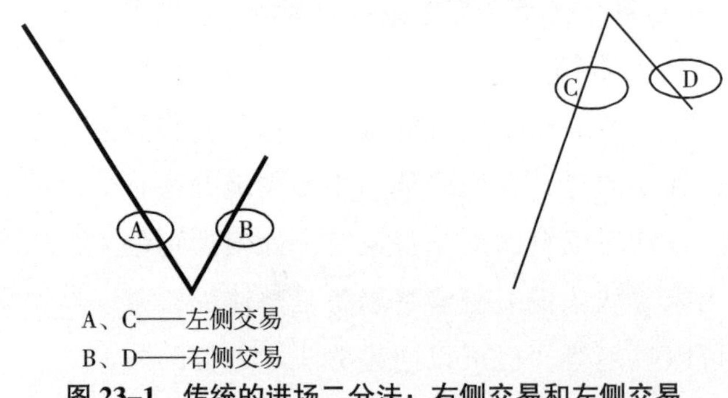

图 23-1　传统的进场二分法：右侧交易和左侧交易

图 23-1 呈现的传统进场二分法，**也就是右侧交易和左侧交易，基本上不能完整概括整个交易进场的范畴，**更为重要的是对于实际操作的帮助可能不大，因为两种进场方法都不涉及如何控制风险的问题。但是，在全面介绍我们的进场体系之前，先对传统二分进场法给予实例呈现，请看图 23-2，这是英镑兑美元的 1 小时走势图，交易者认定趋势在 1.5050 附近会转而向下，或者说认为 4 月 15 日 21 点之后市场的趋势是向下的，则可以采取两种进场策略：第一种是当走势上并没有出现明显向下反转时进场

做空，这就是左侧交易，属于激进策略；第二种是当走势出现反转向下时再进场做空，这就是右侧交易，属于保守策略。这就是做空交易中关于左侧交易和右侧交易的大致情况。

对于重量级参与者而言，左侧变右侧是完全可能的，这就是资金体量的影响。

图 23-2 上升趋势转为下降趋势中的左侧交易和右侧交易示范

我们再来看一下做多交易中的左侧交易和右侧交易，请看图 23-3，这也是英镑兑美元的 1 小时走势图。当交易者认为趋势转而往上时，可以选择在价格走势继续向下的时候介入做多，这就是左侧交易；当交易者认为近期价格向上走势已经确认趋势向上时介入做多，这就是右侧交易。

下面是我们本课的主角出场的时候了，这就是我们对于进场点，准确说是进场方法的四分法（通常情况下我们采用其中的两种方法，但是绝对不会采用最后的一种方法来进场，因为它是属于“盲点”交易者采用的方法，是我们需要了解，但是不能运用的进场方法），我们将这四种进场方法命名为“帝娜进场方法”。请看图 23-4 和图 23-5，两个图分别呈现了所有四种进场方法。下面我们一一介绍，先来看图 23-4，这是上升趋势中的四种进场点的关系图。见位进场点是新手比较偏好的方法，但却是最难掌握的一种方法，上升趋势中

A 点和 E 点都是见位进场点，你还记得上面提到的“左侧交易”和“右侧交易”吗？你可以放到见位进场点中去思考。做多见位进场要求有两点：第一，市场“回调”到支撑水平附近；第二，市场又重新从支撑水平附近回升一小段距离。B 点附近的位置属于间位进场做多，也就是两条关键水平线之间的空间入场做多，这种进场点不能为交易者提供证伪策略的界限，说直白一点就是缺乏放置恰当止损的天然位置。C 点是顶位做多点，这种策略非常新颖，在外汇日内交易中得到的重视不多，但是效果却非常好，这是一项还未被大众注意的进场点，后面会详细介绍。D 点是突破进场做多点，也就是破位进场做多点，这个想必大家一定有不少直观的认识了，留待下面详细剖析。

图 23-3 下降趋势转为上升趋势中的左侧交易和右侧交易示范

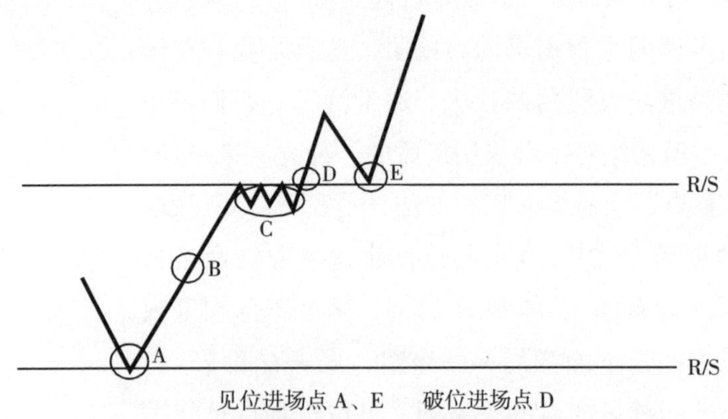

图 23-4 帝娜进场方法：上升趋势中的四种进场位置

图 23-5 中的四种进场位置或者说方法与图 23-4 中的基本对应，只是现在换成了做空进场。A 点和 E 点都是价格“反弹”（如何确认反弹这又是一个需要量化和个性化的任务）到关键水平附近，并且出现了回落（准确说应该是反转，但是行情没有完全展开之前，你也拿不准是反转还是回调），然后你介入，这就是做空见位进场。B 点离上下的关键水平，也就是支撑主力都很远，这种“前不着村后不挨店”的位置进场很难进行风险管理，但是却有不少人偏偏在这种位置进场，因为见位和破位他们都怕。C 点是顶位进场做空点，而 D **点就是杰西·利弗摩尔毕生实践的“突破而做”点。**

利弗摩尔的方法有时代局限性的地方，也有超越时代性的地方。照搬他的方法是行不通的，全盘否认他的方法也是不对的。

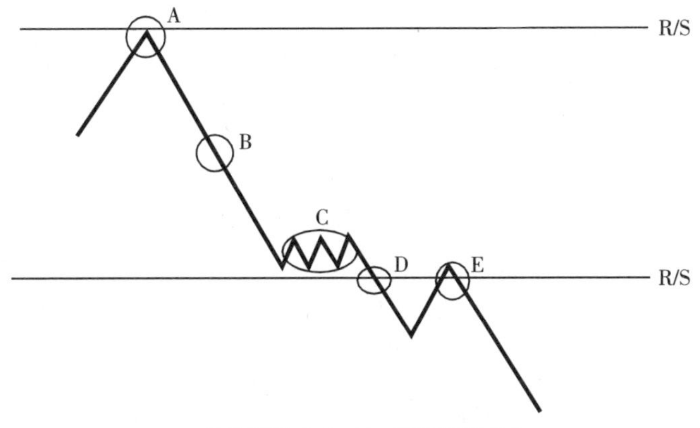

图 23-5 帝娜进场方法：下降趋势中的四种进场位置

下面我们逐一对帝娜进场方法进行解构，并对其使用进行全面指南。第一个要解构的方法是见位交易进场。首先，我们来看上升趋势中的见位交易进场法，请看图 23-6，严格来讲图中的两个 B 点是一样的，但是为了以后能够同时借用这个框架来演绎其他进场点，比如间位进场点，我们一般采用两根关键水平线（R/S 就是阻力支撑线，但是由于支撑阻力是相互转化的，所以我们统一标注为 R/S，而不是区别标注为 R 或者是 S）。见位进场要等待回跌到某一支撑线，至少有企稳迹象（这是最低要求），或者是小幅回升（这是一般要求）后，交易者介入做多。纯粹的见位进场要求可能很少，它只

要求价格跌到支撑线附近，然后就可以扣动扳机，这种进场策略的胜算率太低，有可能经常被市场击穿止损点。说到进场，一定要提到止损点，按照本书前面教授的内容，止损点设置是为了让自己的交易具有可验证性，也就是可证伪性，否则你无法准确知道自己的当初的交易计划是否恰当和正确。见位交易进场做多的止损点放置在进场点之下的支撑水平之下，这是一个最基础、最重要的观点。为什么选择在支撑线之上进场做多，原因很简单，因为支撑线为放置止损提供了很大的“便利”，便于我们管理风险。**说白了，选择怎么进场，主要是为了出场更高效。**输家让出场来适应进场，赢家让进场来适应出场，立场不同，结果不同，不要站错队了。你应该学会从出场的角度来考虑进场怎么安排，这也符合博弈论的反向演绎找出最优策略的方法。

进场和出场再怎么设计巧妙都离不开一个“趋势”。但是，趋势判断如何精准，要获利都需要“落地”。落地具体体现在进场和出场。

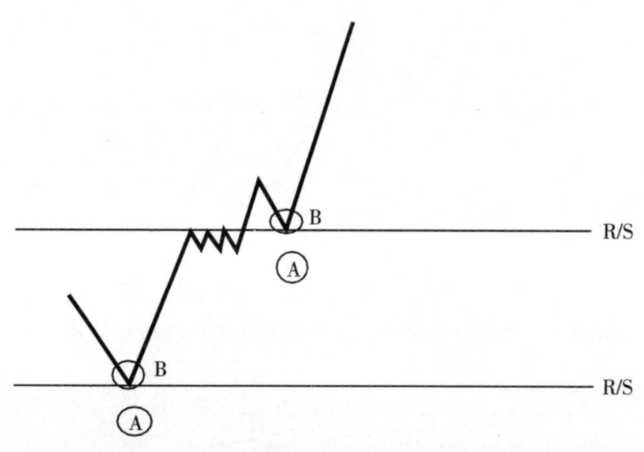

图 23-6　上升趋势中的见位交易进场模型

下面我们来看两个具体的见位进场的简单例子，第一个例子是英镑兑欧元，时间框架是 1 小时，请看图 23-7。从 1.4180 开始，英镑兑美元就处于 N 字上升的情况（N 字是趋势的最基本单位，具体参见《黄金高胜算交易》的相关介绍），这使得聪明的交易者倾向于寻求做多的机会，当然你也可以不管这么多，“活在当下”。当价格升到 1.4700 附近小幅下跌

然后又从 1.4585 附近（前期高点构成的支撑水平）“弹起”时，习惯于见位进场的交易者应该警觉到这是一个见位进场的机会，具体怎么决策和安排，还需要分析更多的内容，比如这样的交易机会是否符合你的资金调拨要求。

图 23-7　上升趋势中的见位交易进场示范（1）

我们再来看第二个例子，这也是英镑兑美元，时间框架也是 1 小时，请看图 23-8。

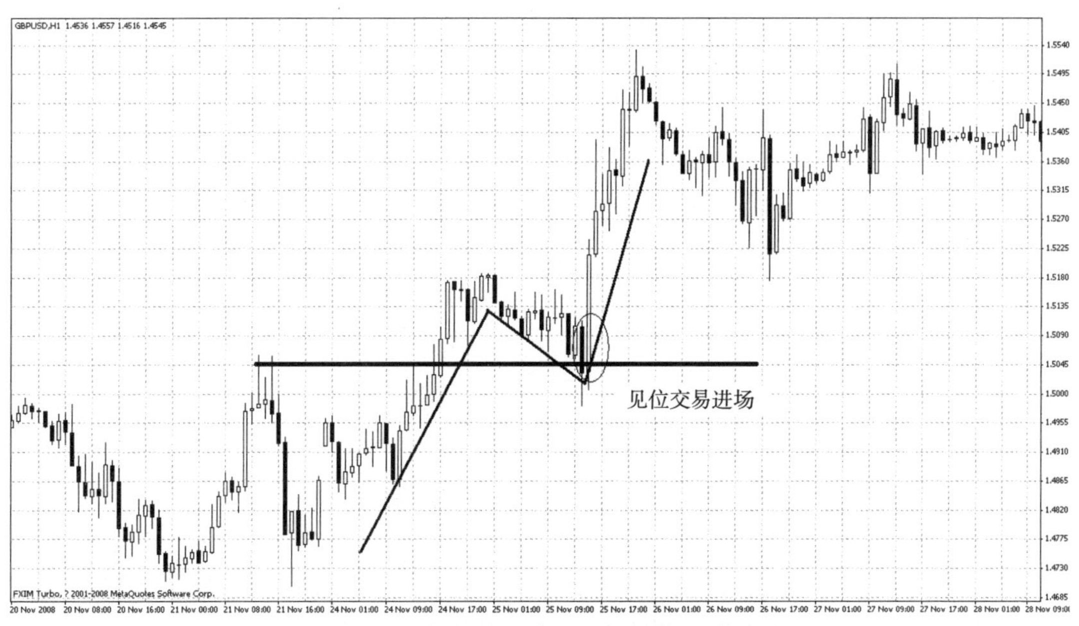

图 23-8　上升趋势中的见位交易进场示范（2）

汇价从 1.4700 附近的双底拉升，过了双底的颈线（1.5045 附近）之后价格出现小幅回落，跌到颈线（阻力被突破后转化为支撑，理论是这样的）后逐步企稳，对于见位交易者而言，这是一个进场良机，如果你能够结合形态来操作见位交易，则更是“锦上添花”。

下降趋势中的见位进场交易许多 A 股交易者不太适应，他们老是问为什么可以做空，而且是在反弹的走势中做空？这个不在本书的解答范围之内，也不在我们所有书的解答范围之内，因为这可不是有价值的“大众盲点”，只是你的“盲点”。从事外汇交易的人绝大部分不会对此感到不解。下降趋势中的见位做空依赖于交易者就行情当前的发展确认至少一条关键的阻力水平，然后等待汇价反弹到此阻力水平，这是见位做空最基本的条件，交易者为了提高自己进场有效性，可以增加一些额外的条件，后面我们会提到一些我们经常用到的附加条件，帮助你“拓展思路，找到出路”。见位进场做空，甚至可以为那些做回调的逆势交易者提供指南（我们不会去做逆势的回调交易，也就是做空市场趋势上涨过程中的回调），帮助他们设定恰当的止损点。从图 23–9 中，你可以看到见位做空交易者的止损应该放置在阻力位置之上，这个我想至少 50% 的外汇日内交易者都不会作为规则去遵守，他们做空时根本不会管太多的止损合理设置的问题，他们关心的都是“我做空之后会不会跌”，从来不想“如果进场之后不跌反升怎么办”。**问了错误的问题，你就会亏钱；问了正确的问题，你就会赚钱，这就是外汇市场奇妙之处。**

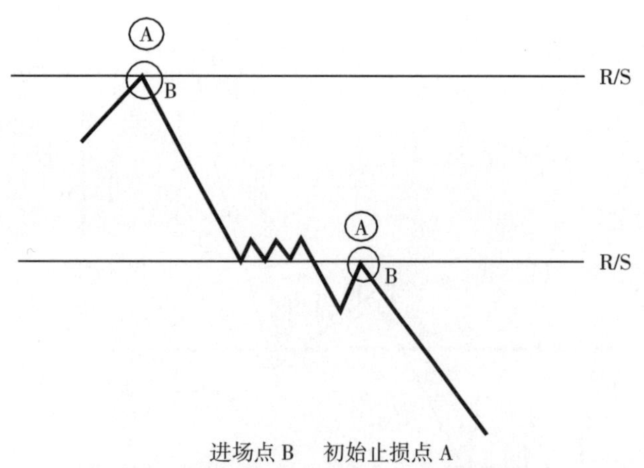

图 23–9　下降趋势中的见位交易进场模型

如何进行见位做空交易，我们来看两个具体的例子。这两个例子都是基于下降趋势，当然你也可以用于“逆势”交易，无论你用在什么交易策略里面，都可以大幅度

提高你本身策略的效率和可靠性，本课中的进场方法都是如此。先来看第一个例子，请看图 23-10，这是英镑兑美元 1 小时图，汇价从 1.6145 附近大幅度下跌，然后在 1.5545 附近止跌回升，在 1.5880 附近形成了小双顶（行情展开之后可以发现是下降中继双顶），当左顶形成之后，我们会以此作为进场的参考线，说白了就是看价格怎么在这个顶附近运动，然后确定相应的进场思路。价格从左顶下跌，然后回升到左顶附近，当有企稳迹象的时候，交易者就可以进场做空，并且将止损放置在左顶形成的阻力水平之上合适的位置。什么是合适的位置呢？《外汇交易圣经》有提到过，我们在本课还有更全面和深入的传授，在本课后面的内容中会让你“打开”眼界，去除更多的“盲点”。

如何提问，决定了你观察事物的深度和角度。

图 23-10 下降趋势中的见位交易进场示范（1）

接下来，我们来看第二个见位进场做空的例子，请看图 23-11，这是欧元兑美元的 1 小时走势图。汇价从 1.5760 附近倾泻而下，在 1.5580 附近盘整，并形成局部高点 1.5615，整理一段时间之后汇价突破此高点创出新高 1.5702，之后再度下跌到 1.5515 附近，接着又是回升，到第一高点 1.5615 附近

出现看跌吞没，这时候我们可以考虑见位进场做空，并且将止损放置在 1.5615 之上恰当的位置。

图 23-11　下降趋势中的见位交易进场示范（2）

见位进场的一般见解和思路，我们已经在上面作了模型加实例的讲解，下面我们则在此基础上，结合我们的操作经验进行更加精细化的技能传授。首先，我们还是从见位做多进场谈起，请看图 23-12，这幅图详细呈现了我们在利用见位进场法做多时所权衡的要素。等待价格跌到某一支撑线附近，这应该算得上是第二步了，**第一步我们会确认此前价格走势表明趋势是向上的，然后才会等待一个价格跌到支撑线企稳的机会。也就是说第一步，我们会寻找“势”上面的做多信号，然后是找到一个就近的潜在进场机会，这就是关乎“位”的东西，接着我们会等待价格在此潜在进场点附近出现止跌反转的信号，这就是利用“态”来确认位置的有效性，说白了也就是进场做多机会的可靠性。**从图 23-12，我们会发现其中的分析思维贯穿了“势、位、态”三要素，同时在进行见位进场的实际操作之前，我们还会检查在相应支撑线之下放置恰当止损的可能性，恰当的做多初始止损包括了三方面的

趋势预判靠驱动分析和心理分析，趋势确认靠行为分析。

要求：第一是必须让止损额控制在特定的资金比率之内，一般是 2%~8%，最好是能够符合凯利公式的要求，而这又要用到历史交易绩效的统计数据，通常情况下我们会进行酌情估算；第二是必须放置在支撑线下方；第三是必须考虑到过滤市场噪声的需要，通常我们会用布林带来完成此项任务，止损应该放置在布林带的外侧，当然你也可以利用其他工具来完成，比如理查德·丹尼斯就是利用所谓的 N，也就是真实日均波幅值作为参数来过滤市场噪声，总而言之，过滤市场噪声的工具应该是基于统计学相关概念的。

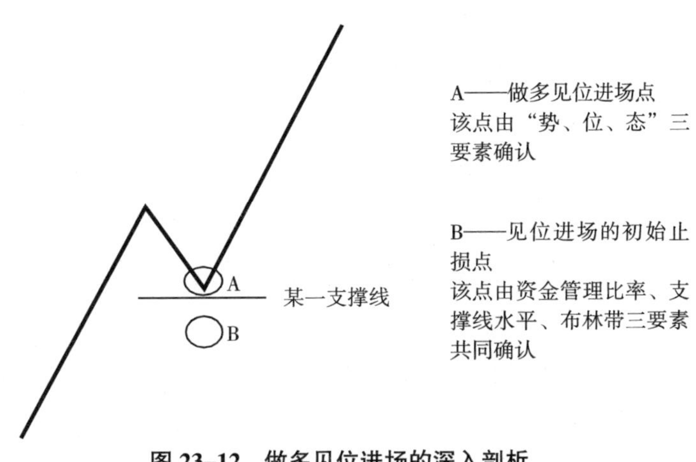

图 23-12　做多见位进场的深入剖析

在见位进场做多交易中，初始止损应该放置在布林带下轨的下侧。《外汇交易进阶》属于最初级的入门书籍，其中我们没有提到这些需要一定实操经验的人才能掌握的东西；《外汇交易圣经》着重介绍一些新思维、新理念和新手段，稍微提及了关于放置初始止损的方法；《黄金高胜算交易》更多侧重于贵金属交易的系统性思维和策略，具体方法是其关注的核心，对于一般性的进场止损并无太多涉及；本书可以说把进场策略透彻地讲解给了大家，也许你读后感觉不过尔尔（用 Martin 的话来说就是“Just so so”），这跟我们小时候看《孙子兵法》一样，觉得其中的道理真的是不证自明，其实当你真正参与了实践，并且达到一定深度，你才能真正明白什么是“铁”，什么是“血”，什么是“真金”，什么是“绣花枕头”。什么样的外汇书是一本好的外汇书（当然我们不敢说这本外汇书就是最好的一本）？我们的观点是：**当你看了不少外汇书之后，发现这本书与其他外汇书讲得完全不搭调，与其他股票书更是相差甚远，给你的观念，特别是给大家的观念造成非常大的冲击（甚至招来你的抵触），那么这本书绝对是不可多得的好书。为什么？原因很简单，“盲点就是利润”，大众的焦点往往是陷阱。**又扯到交易哲学上去了，我们也算尽心给读者一个交代，给读者提个醒，怎么去寻找好的交

有什么别人看见，你没有看见的？有什么你看见，别人没有看见的？预期差是产生利润的源泉。

“落地”略等于出场点。

易书籍，本书算头驴，甘愿为你“骑驴找马”提供便利。

下面我们接着正题展开，做多见位进场之后，交易者往往会认为交易决策完成了，其实这仅仅是开始，也许是最不重要的一部分，但也是最为重要的一部分。说它不重要是因为从客观的交易绩效角度来讲，**最终决定整个交易绩效的都是出场点的抉择**，长期整体来看都是这样；说它重要是因为从主观情绪来讲，开局的好坏往往会让交易者要么处于主动，要么处于被动，要知道交易结果往往受到交易者心理变化的直接影响，交易者可不是机器人，有血有肉，所以从这个角度来讲，进场也关乎交易最终的执行，**如果你进场位置差了，进去就处于浮动亏损，或者进去半天价格都不动，你心理上已经处于劣势了，精力上也处于疲乏状态了，说不定下一笔交易的决策就完全被非理性的大脑接管了**。而且，小资金对于进场点的要求很高，因为资金少，所以止损要求小幅度设定，承受不了市场较大幅度的波动，自然就要求一个好的进场位置。那些白天赚大钱，晚上熬通宵，结果一晚上把钱赔出去的交易者就是因为心理上和精力上处于劣势导致了失败。所以，选择好的进场点很重要，这就要从如图 23-12 所示的两个方面，六个要素入手了：分析进场点要从“势、位、态”三要素入手，设定初始止损点要从“资金要求、支撑水平和噪声过滤”三要素入手。我们结合一些具体的例子来演绎这些要诀，请看图 23-13。

图 23-13 是欧元兑美元的 1 小时走势图，当价格从 1.5470 附近呈现 N 字形上升的时候，我们就对趋势做出了初步的判断，这就是上升！此后，汇价升到 1.5615 附近时出现较长时间的震荡，稍微回落之后再度上扬，创出新高后价格再度进入盘整，此时趋势仍旧是向上的，我们寻找回调见位做多的机会，以图中 1.5614 到 1.5655 两个前期高点构筑的支撑区域作为潜在进场位置，然后等待汇价形态确认此区域支撑的有效性，不久之后汇价在此区域出现了早晨之星的局部看涨反转形态，于是我们通过此“态”确认了“位”和“势”

的有效性，进一步我们可以分析止损点的设置，将其放置在支撑区域偏下的位置，或者是支撑区域之下，如图 23-13 所示。

图 23-13 做多见位进场的深入示范（1）

我们再来看第二个例子，图 23-14 是英镑兑美元的 1 小时走势图，汇价从 2.0310 附近爬升，到达 2.0400 附近后出现了回落，**然后再度大幅拉升，形成一个标准的 N 字上升结构，按照我们其中一种趋势定义，我们将此时的趋势方向假设为向上，**并通过其他技术因素和仓位管理措施来验证这一假设。汇价升高到 2.0550 附近时出现了回落，在前期高点附近出现了看涨吞没，这无疑确认了向上的趋势和前期高点构筑的支撑有效，于是我们可以见位进场做多，并且将止损设定在相应的支撑线之下恰当的范围之内，在本课我们不会去涉及出场方法的具体问题，所以大家专注于进场方法的学习。不久之后，汇价升到 2.0550 附近后再度下跌，在前期低点附近形成看涨吞没形态，确认了前期低点附近的支撑有效，这又是一个见位进场做多的机会，我们可以把初始止损点设定在支撑线之下。这里的见位进场涉及两个方面的问题，第一是具体进场点的确认，第二是具体初始止损点的设定。在确定具

这里对趋势的分析是简化了的，只是从行为的角度去分析。

体进场点的时候，我们第一步会进行趋势分析，这里主要是通过 N 字方法，这是最简单的趋势假定方法；第二步是找到最近的潜在支撑线，这可能有好几条；第三步则是等待价格自己去确认某一条支撑线有效，然后扣动扳机入场，确认支撑线有效的方法就是 K 线形态，当然你可以利用西方技术图表形态，这就要复杂一些了。确认具体进场点的三个步骤其实就是确认**“势、位、态”三要素的步骤**，大家再根据图 23-14 进行更为深入的揣摩和消化吧。

其实，不光“势”要分析驱动面和心理面，“位”和“态”也可以结合数据公布来分析。

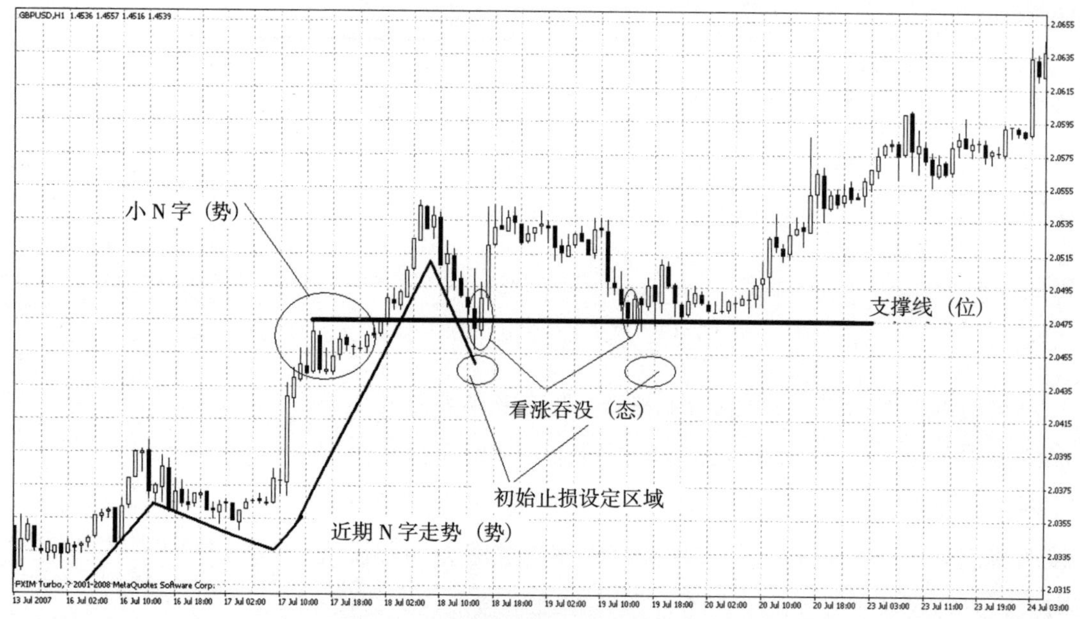

图 23-14　做多见位进场的深入示范（2）

在前面简单介绍的基础上，下面我们对做空见位进场进行深入的剖析，目的是帮助读者在具体采用见位进场步骤的时候能够有条不紊地进行，不出纰漏。请看图 23-15。价格之前有一段下跌（按照我们的要求，最好是能够在此段走势进行中或者完成后确认趋势是向下的），然后出现了反弹，反弹到某一阻力线，**并出现确认此阻力有效的 K 线形态（反转看跌的 K 线形态，比如看跌吞没或者是黄昏之星）**。上述过程其实要求进场做空之前，必须看空趋势，价格反弹到某一阻力水平，看跌反转形态出现在此阻力水平附近。一旦这三个要

如果这个时候公布了一个经济数据，差于预期，你是不是又增加了胜算？

素齐全，则交易者可以选择入场见位做空，当然最终的进场一定还要考虑止损点是否能够恰当被设定，如果超出允许的亏损比率，则再好的进场点也不能实际进行操作。初始止损点放置在阻力水平之上，阻力水平就是止损点放置的最低基准，而资金亏损比率规定了止损放置的最高标准，另外止损放置还需要考虑过滤市场噪声，我们的具体做法就是在做空交易中将止损放置在布林带上轨之上。关于什么是看跌的K线反转形态，就一般的K线分类体系而言就是诸如**看跌吞没、流星、吊颈、黄昏之星等形态**，按照更严格的分类则是《黄金高胜算交易》提到的“正向发散—反向发散”或者“正向发散—收敛—反向发散”等，按照我们体系要求，单独的流星、吊颈形态是不太适合作为高效工具用来确认阻力存在的，因为这些是纯粹的收敛形态，只能作为提醒信号，不能作为确认交易信号。

价格形态与及时消息结合起来观察，你会很有心得。

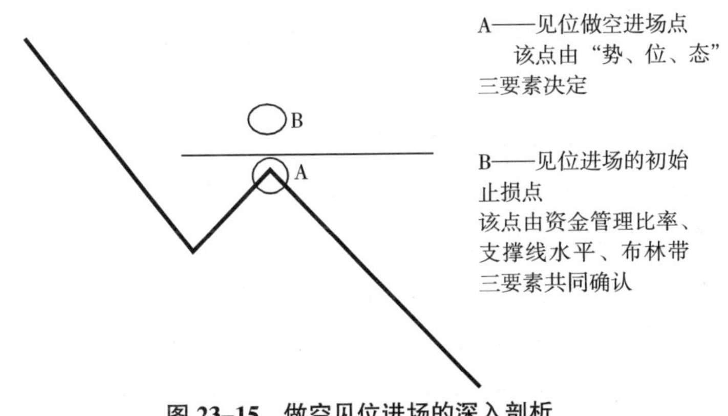

图 23-15　做空见位进场的深入剖析

下面我们来看两个见位进场做空的详剖实例，请看图23-16，这是美元兑日元的小时走势图，汇价从108.00附近下跌，跌至105.10附近的时候出现了较长时间的横盘震荡走势，此后汇价两次反弹到106.80附近，此价位水平恰好是前期下跌一波小反弹的高点，无论汇价怎么反弹都没有创出新高，从一种较常用的趋势定义出发这也可以认为趋势是维持向下的，至少不是向上的。当汇价两度反弹到106.80附近时，都

出现了黄昏之星，这就确认了此处的阻力有效，于是我们可以见位进场做空，并将初始止损设定于此区域和布林带外轨之上（当然也要受到资金管理条件的限制）。

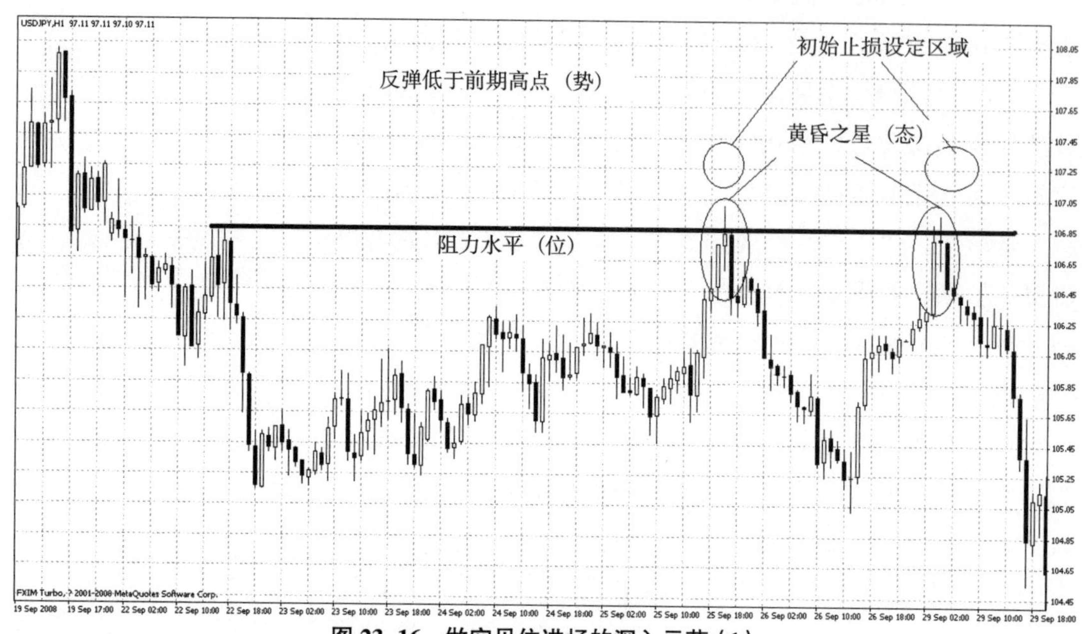

图 23-16　做空见位进场的深入示范（1）

接着看第二个实例（见图 23-17），这是美元兑日元的 1 小时走势，汇价从 108.20 附近一路辗转下跌，到了 106.15 附近以早晨之星形态展开反转回升走势，但是升至前期高点 107.90 附近又再度展开跳空下跌。向下跳空后不久急剧回补缺口，反弹到 106.80 附近出现了流星形态，然后汇价再度展开大跌，形成一个下降 N 字，我们以此假定趋势向下，并进而寻找做空进场的机会。106.15 和 106.80 两个关键水准都可以作为潜在的进场位置，因为这两处价位都可以构筑关键阻力水平，于是我们可以等待汇价自己来告诉我们到底哪个位置是进场做空点。汇价从 106.80 附近展开下跌，跌至 104.60 以看涨吞没表明局部低点，然后回升，在 106.15 附近出现看跌吞没，于是确认前期黄昏之星低点构成的阻力有效，于是这个见位进场做空点被确认，然后我们要根据阻力水平，布林带上轨水平和资金管理要求确定可能的止损范围，最后才能实际进场（其实，还需要对出场点进行预估，这样可以测算这次交易的风险报酬率，从而计算出合适的仓位）。

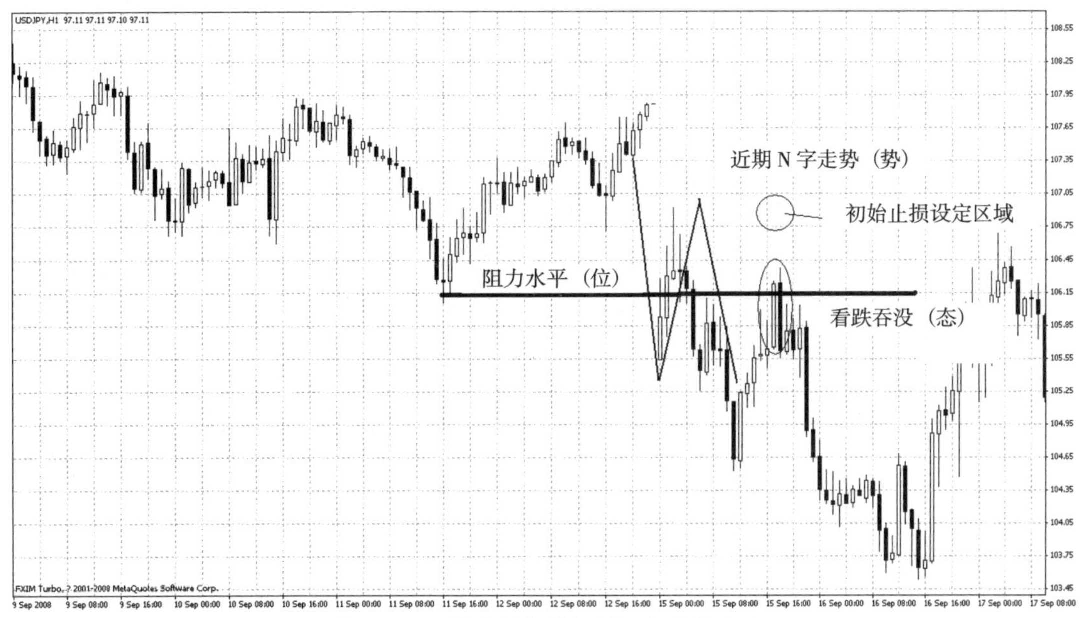

图 23-17　做空见位进场的深入示范（2）

也许你觉得见位进场显得很抽象和空洞，与实际交易的关系不大，或者你觉得见位进场太简单了，这样简单的东西也用得着长篇累牍地介绍吗？这样想你就错了，试想在你没有学完上述东西之前，你对进场点有过科学的分类和研究吗？你想过将自己用过的交易策略中的进场点类型进行归类吗？你能够在具体的交易机会中选择合理的进场方法吗？另外，见位进场也不是存在于虚空中，也不是我们理论中的一种进场方式，本书介绍过的许多知名外汇即日交易策略，以及更多本书无法囊括的外汇交易策略中都时常见到见位进场的影子。

FxOverEasy 交易系统采用的就是见位进场法（见图 23-18），这里的“位”基本是由隧道来界定的，同时通过两个指标来确认具体的“位置”有效，隧道的作用有两个：第一是确认趋势，第二是提供参照位置。所以，在这个交易系统中，你也可以看到“势、位、态”三要素的完美结合（其实，高效的分析和交易系统往往都是囊括了“势、位、态”三要素的系统）。在图 23-18 中，隧道向下，这时候交易者寻找做空机会，会选择价格处于隧道上沿，但是还未突破的时候，这就是典型的见位交易，此处是见位做空进场。那么 FxOverEasy 交易系统的隧道上沿相当于阻力线，而隧道下沿相当于支撑线，这种阻力支撑线不是水平的，而是倾斜的，所以兼顾了趋势侦测和位置侦测两方面的作用。

图 23-18 FxOverEasy 交易系统与见位进场法

在《外汇交易进阶》中，我们简单介绍了斐波那契回调介入法，在《高级斐波那契交易法：外汇交易的波浪理论和实践（1）》中我们进一步地展开了这一理论。那么斐波那契回调介入法让你获得了什么样的“感觉”呢？有点“火中取栗”的快感，是不是？其实，这种“火中取栗”的感觉是所有见位交易者经常出现的一种感受。请看图 23-19，这是美元兑日元 5 分钟走势图，汇价先是从 98.20 的高位下跌，跌至 97.60 附近出现了双底（右底稍低，一个变异的早晨之星预测了局部低点的形成）。汇价一路上扬到 98.10 附近，然后展开回调。前面的小双底就是价格不创新低的意思，一般可以假定为趋势向上，于是 98.10 附近的回撤我们也可以伺机寻找进场见位做多的机会。这里面有技能的成分，也有预期的成分，我们可以对上涨波段进行**斐波那契分割**，获得斐波那契回调点位谱（对于波幅较小的日内走势，我们采用不超过 3 条的点位，除了 0 线和 1 线之外），汇价跌到 0.5 附近出现了“正向发散—收敛—反向发散”的早晨之星，于是我们确认该水平支撑有效，可以见位进场做多。当然此前 0.382 回调点位也发挥

表象是多，本质是一。当你沉迷于表象的时候会感到迷茫，无所适从。当你专心于本质的时候则会感到踏实和安心。但是，不可割裂现象与本质，否则就落入了形而上学的境地。将价格表象与驱动本质结合起来观察和思考，这就是交易的辩证法。

了支撑作用，但是由于缺乏经典的反转 K 线形态确认，所以一般不介入（如果你发现该水平出现的 K 线形态经常是局部低点，则你可以将此形态看作确认形态，用于确认支撑有效，交易是灵活的，“因地制宜”才最重要）。

图 23–19　斐波那契回调买入策略与见位进场法

期货交易大师茨威格喜欢三种介入点：第一是前期高点做空、前期低点做多（这其实就是见位进场法）；第二是底部箱体上边沿出现旗形可以进场做多（这其实是顶位进场法，后面会详述）；第三是前期高点突破回落的多头陷阱出现之后进场做空，前期低点跌破回升的空头陷阱出现之后进场做空（这其实就是破位进场的一种特例，突破之后再反过来突破，针对第二个突破进场）。我们这里介绍茨威格的第一种进场法，这就是前期高点做空、前期低点做多。请看图 23–20，这是美元兑日元 5 分钟走势图，汇价在 97.80 附近形成了一个显著低点（以变异的早晨之星形成了这个低点），然后汇价再度跌至这一显著低点的时候，我们就可以寻找进场做多的机会了，这就是典型的见位进场交易法。根据我们的经验强调两点：第一，在显著低点而不是任意低点择机进场做多；第二，需要利用蜡烛线或者其他工具来验证此前期低点形成的支撑有效，在本例中我们是利用蜡烛线形态来验证其有效性，具体而言是变异的早晨之星（“态”）确认了前期显著低点支撑（“位”）的有效性。

图 23-20　前期低点买入法与见位进场法

见位进场的历史比破位进场的历史要短，主要是两个原因导致的：第一，股票市场和期货市场是最早的交易市场，这两个市场的交易一般在日间水平上进行，所以区间走势较少，自然破位进场就比较适合跟随趋势的要求，而见位交易主要出现于日内交易中，避免了遭遇频繁假突破的尴尬局面，这类新兴的日内交易市场，比如外汇保证金市场，一般都处于区间市场较多的状况下；第二，破位交易是最容易理解的进场方式，除了心理上不容易接受外，其技术要件传授和掌握起来都相对容易，所以属于简单的进场方式，而见位交易的技术要件复杂得多，虽然交易者心理上容易接受，但是掌握起来很费精力和时间，同时容易因为交易者的天性而走偏，走入误区，变成"逆势进场法"，而且随着"突破而做"策略的广泛传播，这种策略的有效性已经不如杰西·利弗摩尔采纳的那段时期，假突破太多了，以至于一次真突破赚的钱还不够假突破亏的钱。

我们之所以把见位进场放在进场法介绍的第一顺序位，主要是为了适应交易者"抓顶兜底"的天性，只不过我们主要是让交易者学会通过"抓小顶兜小底"去捕捉趋势的中间段。**采用见位进场法**的交易策略在最近十来年获得了飞速的发展，这是因为传统破位进场的策略开始受到公开的质疑和挑战。不过，不管怎样，市场只要受强大驱动因素的影响向某一方向运动就必然以 N 字的方式前进，这使得"突破而做"具有符合市场根本结构、永不过时的特性，只是具体的实现形式多了不少噪声，让传统"突

破而做”的交易者信心受挫。

结合数据公布来筛选见位进场点是非常有效的。

下面我们介绍第二种进场方法或者说进场点，这就是破位进场，请看图 23-21，这是上升趋势中的破位进场模型。当价格突破前期成交密集区或者是前期高点构成的阻力水平时，我们进场做多，这就是破位进场做多法，B 点就是进场破位做多的大致位置，而 A 点位于阻力线（突破之后一般当作支撑线）之下，是进场做多放置初始止损的大致位置。这里需要明白的一点是所谓汇价突破的阻力线，有可能是很多因素构成的阻力线：前期高点、前期成交密集区、斐波那契关键点位、前期低点等都有可能。你知道如何找阻力线，就知道如何确定破位的一般标准。图 23-21 是一般破位进场的模型，我们采用的破位进场标准更复杂一些，**为的是过滤一些日益增加的假突破，**你也可以根据自己的交易实践来增加一些独特而有效的过滤标准。

通过增加技术要求来过滤突破，不如叠加驱动面和心理面要求来过滤突破。

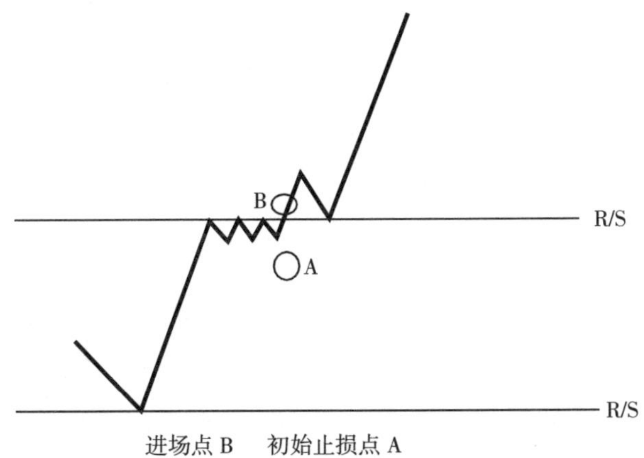

图 23-21 上升趋势中的破位交易进场模型

下面，我们来看两个破位进场做多的简单例子，先来看第一个例子，请看图 23-22，这是美元兑瑞郎的 1 小时走势图，汇价从 1.1300 上升，呈现标准的 N 字上扬，汇价在升至 1.1500 附近后回落整固，形成小双底，在 1.1500 附近构筑了一个阻力水平，当价格此后突破此水平时，传统意义上的破位进场点就形成了。

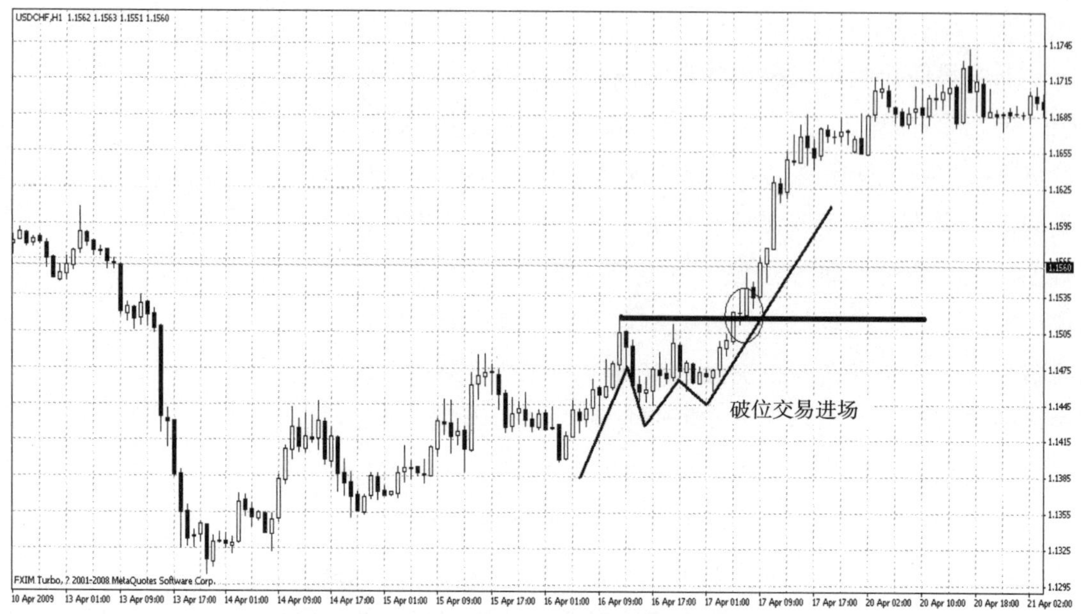

图 23-22 上升趋势中的破位交易进场示范（1）

我们再来看第二个破位进场做多的例子，请看图 23-23，这也是美元兑瑞郎 1 小时走势，汇价从 1.1010 附近开始上涨，之后以 N 字形式前进，趋势明显，升至 1.1220 附近时出现了回调，跌至 1.1120 附近再度拉升，并且突破 1.1220，突破之后合理的范围之内就是破位进场做多点。

图 23-23 上升趋势中的破位交易进场示范（2）

接下来我们对下降趋势中的破位进场进行介绍，请看图 23-24，这是下降趋势中的破位交易进场模型。在破位之前价格处于下跌走势，然后来到一支撑水平处，价格最终以跌破此支撑水平线收场，破位交易者就在跌破支撑线的合理范围之内进场做空，大概就是图中的 B 点附近。如何设定初始止损呢？一般也就是在跌破的支撑线之上设定初始止损，大概就是模型图中的 A 点。这里需要明白的一点是，支撑线并不一定由前期低点构成，支撑线的定义也不限于本书提供的范畴，你完全可以根据自己的定义来确定支撑线，只需要接受市场检验即可，这就是说，**“交易市场没老师，只有赢家和输家”，我们也只能与你分享，很难代替你的成长和自我教育。**

复盘是自我成长和自我教育的关键。

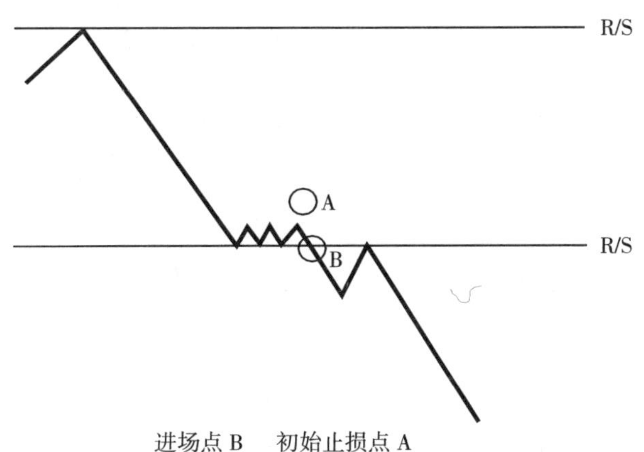

图 23-24　下降趋势中的破位交易进场模型

下面我们就来看两个下降趋势中破位进场做空的实例，请先看第一个例子，这是美元兑日元 1 小时交易的例子，如图 23-25 所示。汇价从 107.50 附近的横盘区域下跌，到了 105.65 附近止跌回升，反弹不过前高，再度下跌，跌破前期低点 105.65 构成的支撑水平，破位进场做空机会来临，大概在 105.65 到 105.40 区域内，初始止损则设定在 105.65 之上恰当的位置。其实，破位进场不用从之前的走势中得出关于趋势的假定，毕竟破位本身就是 N 字形成，也就是说，破位进场研判中本身就包含了对趋势的假定，在本例中价格跌破此

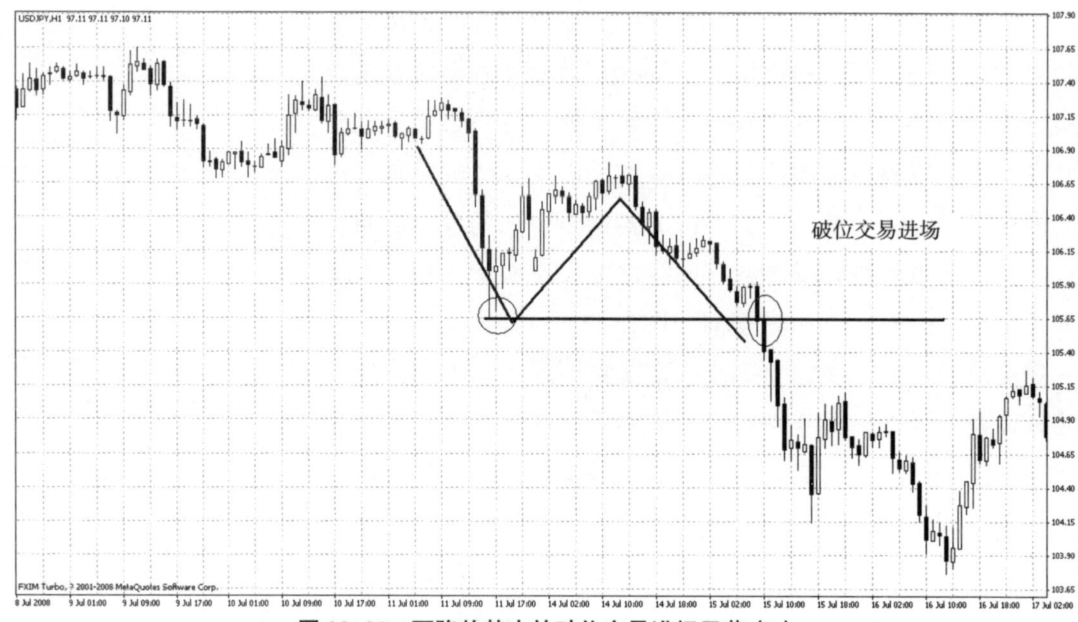

图 23-25　下降趋势中的破位交易进场示范（1）

前的低点，创出新低，这就构成了一个 N 字，破位时 K 线为大阴线，这也是一个比较好的确认信息。

我们再来看第二个实例，请看图 23-26，这也是美元兑日元 1 小时破位做空交易的例子。汇价跌破横盘区的底边之后一直下坠到 106.65 附近，汇价展开小幅反弹，高度

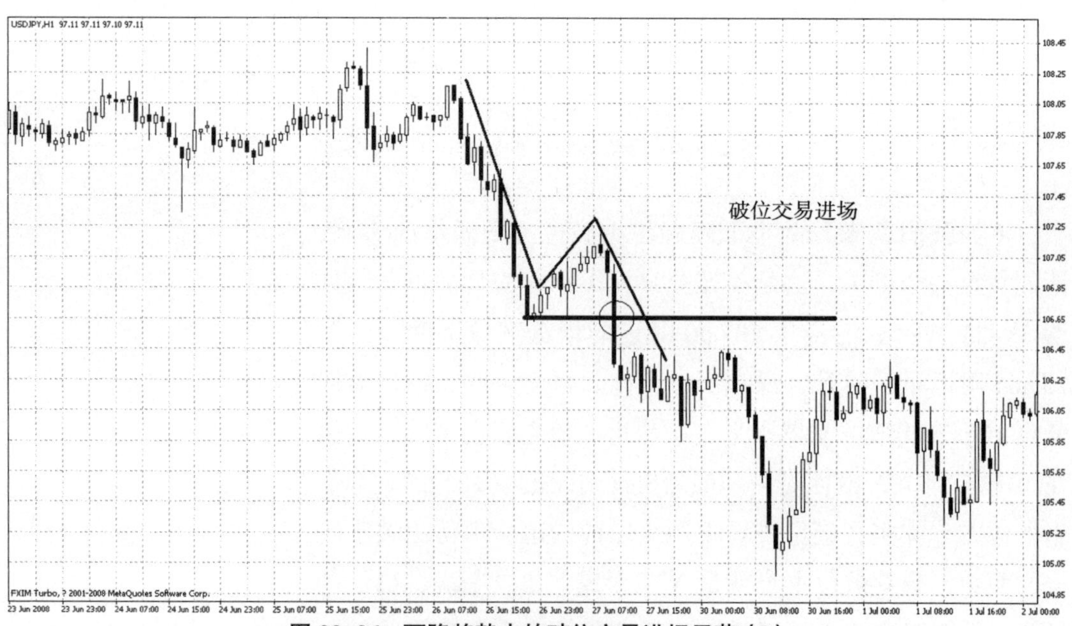

图 23-26　下降趋势中的破位交易进场示范（2）

仅仅达到 107.05 附近，然后再度下跌，并以大阴线跌破前期低点构筑的支撑线，这就是“态”（大阴线）对于破“位”（前期低点构成的支撑线）的确认。破位进场做空之后，交易者应该将初始止损放置在 106.65 之上恰当的空间。

在前面一般破位进场法的基础上，我们再进一步，介绍我们所采用的破位进场法。毕竟，大众所采用的一般破位进场法，还是基于传统模式的方法，基本上都是来自 20 世纪 60 年代出版的某些经典西方技术分析著作，这些著作奠定了破位进场法的业界地位，同时也是前面介绍的一般破位进场的原型。随着金融市场的发展，特别是近 40 年来外汇市场的出现，传承自较早时代的破位进场思想已经让交易者有“削足适履”之嫌，**传统破位进场的附加条件基本是为了提高股票破位交易的效率，比如成交量适度放大才接受破位信号，突破 N%才接受破位信号，突破 3 日才接受破位信号等，在外汇市场中很多这样的附加条件都是不适用的**，所以我们这里作进一步介绍的目的是为了让破位进场方法更适合现代短线，特别是外汇日内交易的需要。请看图 23-27，该图深入剖析了破位进场做多的细节层面，特别是通过在基础破位进场法上附加条件来提高破位进场的效率。

矛盾的特殊性决定了解决矛盾方法的特殊性。

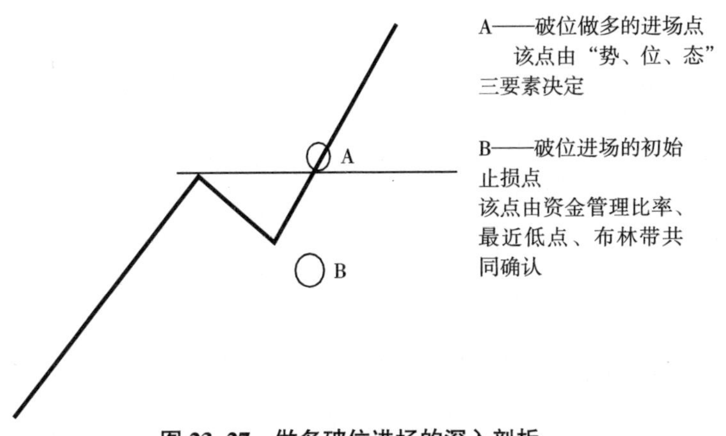

图 23-27　做多破位进场的深入剖析

做多破位进场之前价格处于调整中，这种调整可以是横向的，但是大多是纵向的，而且调整之前价格一般也处于上

升趋势之中，但这并不是必要条件，因为价格向上突破创出新高本身就能确认趋势向上，所以破位进场本身就可以确定趋势，而不像见位进场需要之前的走势来确定趋势。向上破位之前的走势如果能够提前确认向上的趋势，则对于趋势的确认更有效率，如果破位之前市场走势不定，甚至是向下的，也无所谓，因为一旦向上突破（特别是显著的阻力水平，且有一些其他确认突破有效的信号，比如特别的蜡烛形态则更好）就表明趋势向上的可能性较大，**在交易中则可以假定趋势向上，并以此制定令交易可证伪的止损点。**当价格向上突破阻力线时，“位”就是该阻力线标注的价位水平，而价格在突破时的形态就是“态”，我们倾向于实体较大的 K 线位于突破界面上，在向上突破的情况中，应该是中阳线和大阳线最好。

做出假定最好有驱动面和心理面的证据。

下面，我们来看两个具体的实例，第一个例子是美元兑瑞郎的 1 小时破位做多交易，请看图 23-28，汇价从 1.0000 附近大幅上升（像这种大级别的整数关口往往是反转交易者最为关注的地方），以 N 字筑底（在小时图上很多币种的反转

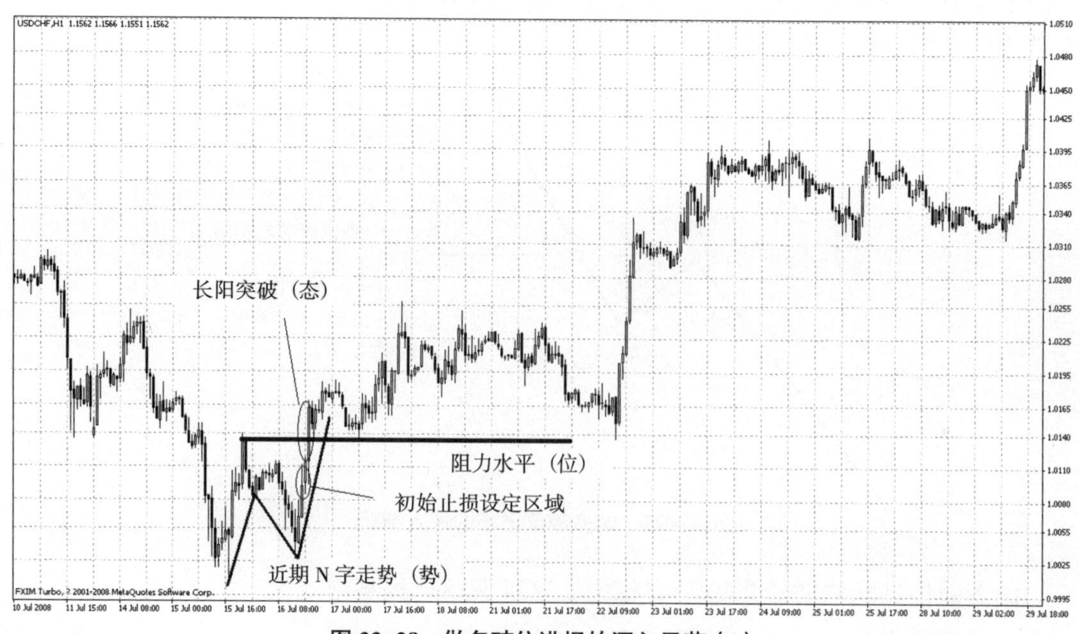

图 23-28　做多破位进场的深入示范（1）

都是以 N 字筑底开始的，筑顶则往往是横跨三日的横盘，这些可以从我们英镑交易员小何的《外汇狙击手》一书中了解到)，这里需要注意的是这个 N 字底本身就是一个破位做多的交易特征，你可以把这个 N 字底看成是变形的 W 底，对前期高点或者说 W 底颈线突破是传统意义上的交易规则，这里需要注意的突破是以长阳线完成的，这就是说“态”确认了破“位”的有效性，当然你还可以在此基础上附加其他确认条件，而这些需要你自己具备至少一年以上的交易经验才能做到，否则你附加的条件往往是不恰当的，顾此失彼的问题严重。在本例中，你在进场做多之后的初始止损点应该设定在阻力水平（颈线）之下恰当的范围，我们一般要求在布林带下轨之下，2%亏损比率以内。这个破位进场交易中，我们仍旧秉持了一贯的“势、位、态”三要素分析思维，这是我们行为分析的主题思路。当然每个交易员也有自己的独立见解和独特方法，只是“势、位、态”浓缩了几乎所有技术分析的精髓，何不“拿来主义”？**“势、位、态”哲学用在人生规划上也是非常高效的，你首先要确定社会和行业。**

陈胜、吴广和项羽、刘邦都看对了趋势，但是在“位”和“态”的选择上却存在天壤之别。

下面我们再来看破位进场做多深入示范的第二个实例，这是美元兑日元 1 小时交易实例，请看图 23-29，汇价从 92.40 附近开始拉升，不久便回调，然后再大幅拉升，其走势有点像艾略特波浪的 5 浪结构，只是第 5 浪真的是太长了（第 1 浪、第 2 浪、第 3 浪、第 4 浪单就形态而言都很符合，第 5 浪就不像了，这是题外话，真正的艾略特波浪交易需要极其严格的前提条件，所以不太适应日内交易高周转率的需要）。上升走势开始阶段就是一个 N 字底，然后再度拉升（仿佛飙升的第 3 浪），接着进入调整（仿佛是第 4 浪），这个调整也像是空中双底，此后汇价以长阳（态）向上突破了前期高点（位），破位做多的基本条件（势、位、态三要素）都具备了，勘察好初始止损设定位置，我们就可以进场做多了。

图 23-29 做多破位进场的深入示范（2）

第一次利空出现或者最后一次利多兑现会导致趋势向下格局。

那么，我们破位进场做空是如何具体操作的呢？请看图 23-30 的做空破位进场深入剖析图。破位进场的时候也要求三点：第一，**趋势向下**；第二，支撑线被跌破；第三，以持续下跌 K 线形态跌破支撑线。这里的持续下跌 K 线可以简单地理解为中阴线或者是大阴线。进场做空之后，初始止损设定在支撑线（此时转化为阻力线）和布林带上轨之上，同时符合资金管理要求。

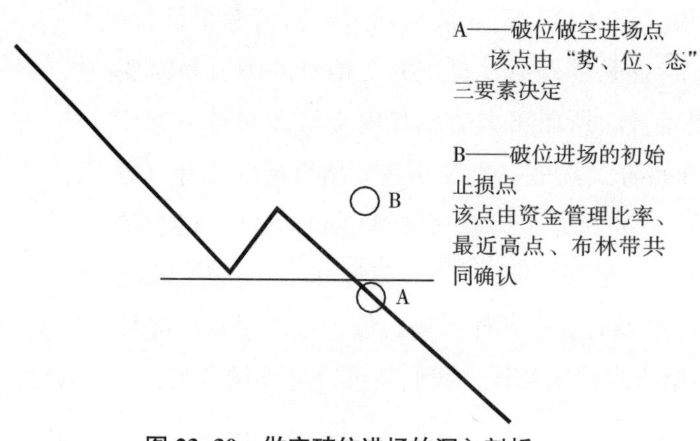

图 23-30 做空破位进场的深入剖析

下面我们来看利用我们破位进场策略的实例，第一个是美元兑日元 1 小时交易实例，请看图 23-31。汇价在 100.75 构筑了一个变异的双顶之后开始下跌，跌到 99.85 之后出现“反弹”（事后定义），反弹不过前高（根据传统的趋势看法，这就是趋势向下的标志之一），于是我们寻找进场做空的机会，此后价格以中阴线跌破 99.85 附近的支撑线，“态”确认了破“位”有效，于是我们可以进一步考虑能否恰当设定止损，最后再迅速入场做空并设定止损。

图 23-31　做空破位进场的深入示范（1）

下面我们再来看第二个例子（图 23-32），这也是美元兑日元的 1 小时破位做空交易。汇价从 99.15 下跌，这个价位附近形成了不显著的小双底，然后汇价跌至 97.90，回升但是没有创出新高，继续下跌，形成 N 字，以长阴线下破前期支撑水平，“态”确认向下破“位”有效。止损怎么设置呢？还是照我们的老规矩去操作，三个要求：关键水平外侧、布林带外侧、资金管理比率之内。

破位进场很老，几乎在投机作为一门营生出现的时候就存在了，杰西·利弗摩尔和罗伯特·江恩都非常重视破位进场，大家可以去查查江恩的手稿，最有实战意义的部分就是所谓的十二条买卖法则，其中大部分涉及破位进场和趋势确认方面的问题。杰西·利弗摩尔是投机史上值得被大书特书的人，而理查德·丹尼斯则是第二人，至于江恩，现有的材料看来他算得上是很好的理论家和营销家，真实交易方法还很欠缺，**但是他**

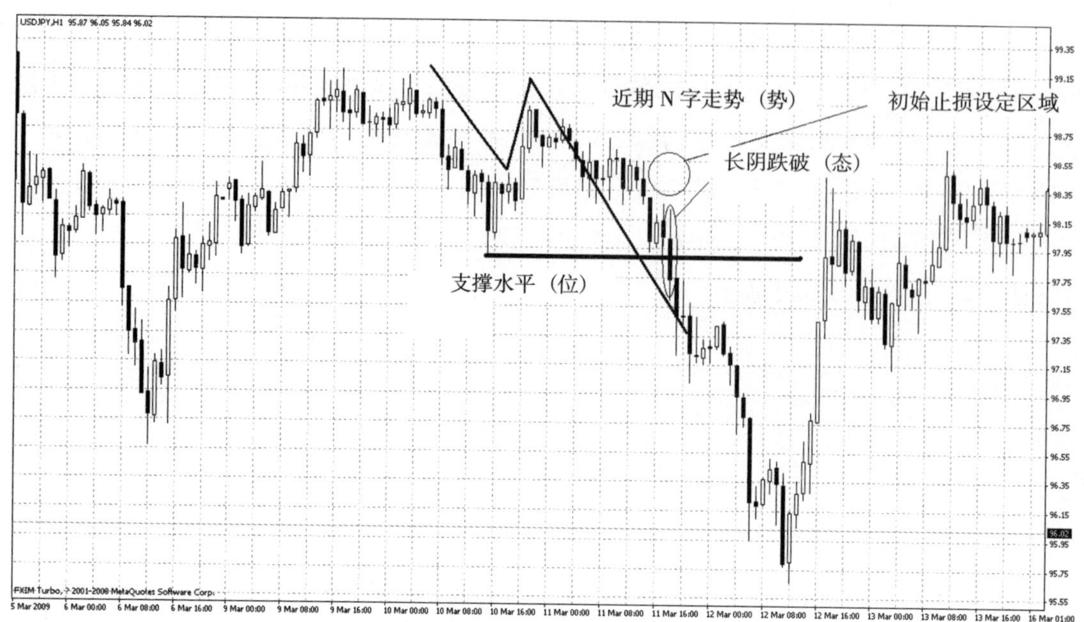

图 23-32　做空破位进场的深入示范（2）

江恩将天文历法运用于金融市场，这是一个有研究意义的领域，但是仍旧不能脱离驱动面，否则就落入了空谈玄学的境地。

的确是从统计角度研究市场的第一人。破位进场在这三个投机巨擘那里都得到了最高规格的重视，下面我们谈到的一些破位进场策略就与他们密切相关，要知道破位进场与投机的年纪一样大，"家有一老，如有一宝"，你应该好好"侍奉"这一"老人"。

分形是混沌数学上的一个概念，比尔·威廉姆斯以价格走势中的波段端点来定义市场中的分形，并发明了大名鼎鼎的分形指标（Fractual），这个指标在很多国外交易软件上都能找到，比如 metastock 和 metatrader 等。其实比尔·威廉姆斯的分形与杰西·利弗摩尔的 Pivot 点基本一致，就是波段高点和低点，只不过杰西·利弗摩尔的定义没有比尔·威廉姆斯那样明确。无论是杰西·利弗摩尔的"试探—金字塔加仓"操作法，还是比尔·威廉姆斯的混沌操作法都基于分形或者说 Pivot 点被突破，**"突破而作"是他们典型的进场方法**，请看图 23-33。

"突破而作"成不成功的关键在于有没有趋势，有没有趋势的关键在于驱动面。

突破交易法无处不在，从最古老的 Pivot 突破法到现代的混沌操作法都利用了突破进场技术，在外汇市场上备受关注的汉斯时区波幅交易法也是采用的突破交易法，只不过这一

策略基于的阻力/支撑水平来源于特定时间内走势的高点和低点（如图 23-34 所示），突破进场是汉斯交易方法的关键构件，其出场方法则是前位出场法，汉斯交易法也是本书强烈建议读者实践和完善的方法，在本书前面课程和附录都有较大篇幅的涉及，毕竟这是一个不可多得的“系统样本”，对其的研究从指标到智能交易程序，从理论框架

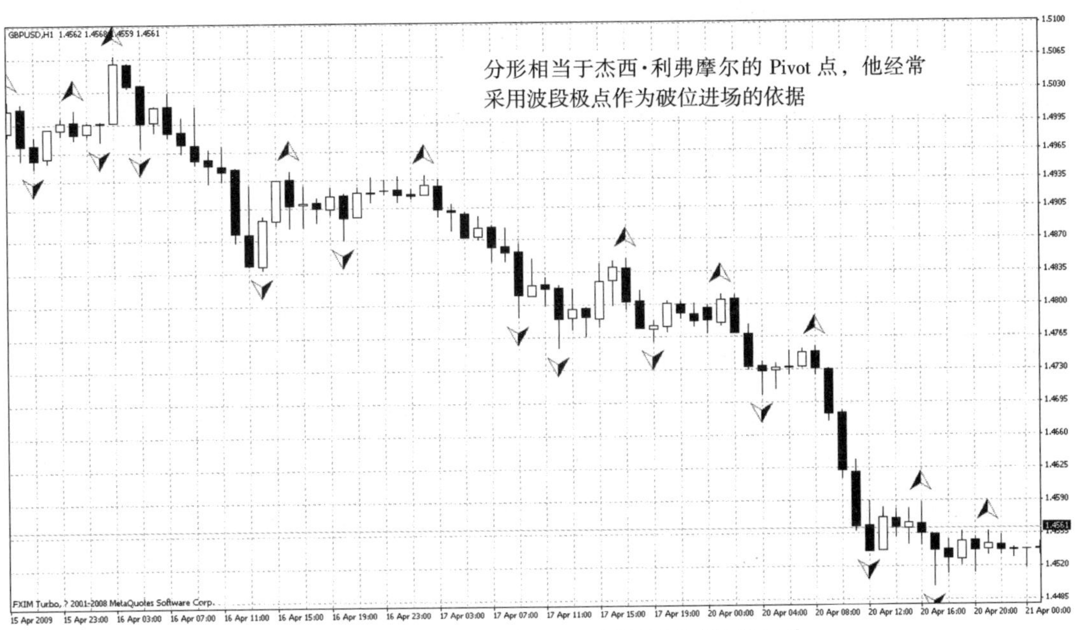

图 23-33　分形（Pivot）突破交易法和破位进场法

图 23-34　汉斯时区波幅突破交易法和破位进场法

到绩效检验都有全面翔实的材料作为支持，这就好比编电脑操作系统的软件人员可以参考现成的 Linux 源码一样，你要想做出自己的好交易系统，也需要汉斯时区突破交易法这样好的“源码”。

顶位进场法你很少看到，但是不少成功的“少数派”交易者都在默默使用这种进场策略，比如茨威格和华鼎·格里夫，他们认为除了见位和破位进场方法之外，还存在顶位这种极好的进场方法，这个方法需要形态上的确认，而不单单是价格突破或者靠近某一关键水平。请看上升趋势中的顶位进场法的模型，见图 23–35，价格从低位上升，然后触及一条阻力线，价格并没有立即下跌，而是紧贴着此阻力线运行，这就是关键的地方了，说明阻力线并不是真的阻力，而是引力，表明市场力量“蓄势待发”，这里顺便告诉大家一个小诀窍：真正的阻力和支撑，一旦价格触及之后很快就会离开，如果黏着不放，往往都要突破，不信你去看主要货币对的日内走势。正是这种“紧贴”走势给予了我们一种新的进场机会，这就是“顶位进场点”，茨威格估计是最先发现这种进场点的交易界人士，但是他没有明确定义它，而仅仅是当作期货投机中少数几种可靠的进场机会。请看图 23–35，汇价升到阻力线附近后开始紧贴横盘，上下幅度很小，也就是 B 圈内的走势，在 B 圈内你可以择机进场做多，并将初始止损放置在盘整区下方一定距离之下，大致是模型中的 A 点。

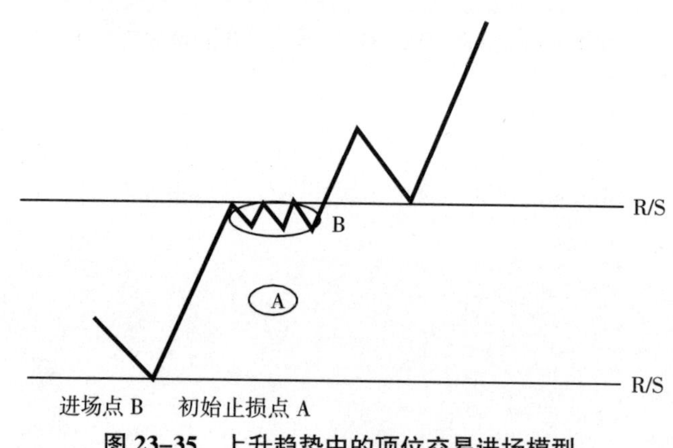

图 23–35　上升趋势中的顶位交易进场模型

下面我们来看两个具体的顶位进场做多的实例，请看图 23–36，这是黄金 1 小时走势图。金价从 864.0 附近上升，升至 894.8 附近后调整，止跌于 879.0 附近，然后再度上升，紧贴前期高点构筑的阻力线运行，当有连续三四根水平排列的 K 线出现之后，交易者就可以顶位进场做多了，并在恰当位置放置初始止损（**以后一般需要移动止损，以便恰当控制风险和报酬之间的比率**，关天豪的《5 分钟动量交易系统》就采用了仓位

减少和移动止损来动态改变风险报酬率）。

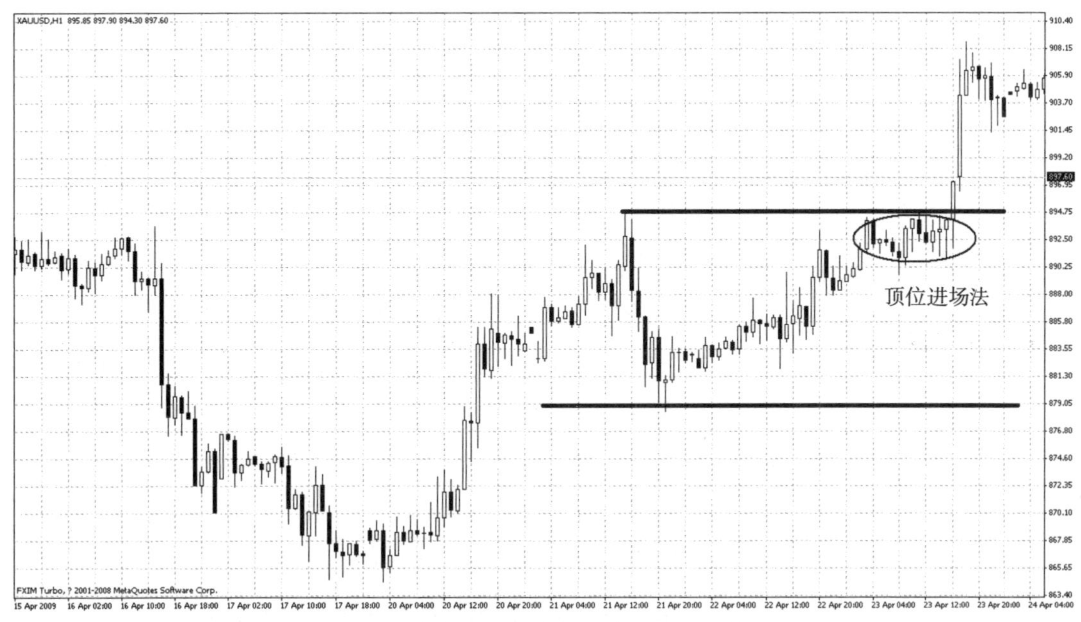

图 23-36　上升趋势中的顶位交易进场示范（1）

第二个上升趋势中的顶位进场法实例是美元兑日元的 1 小时走势图，汇价开始的时候一直在 88.60 到 89.95 之间呈现茨威格所谓的“低位盘整运动”，震荡一段时间之后，汇价开始上扬到箱体上边缘，并“紧贴”箱体上边缘运动，如图 23-37 所示，这

图 23-37　上升趋势中的顶位交易进场示范（2）

就是典型的顶位进场做多的机会，停损点可以放在紧贴运动部分的下方恰当位置，具体的放置点还需要考虑资金管理比率和噪声过滤要求。本例中介绍的这种情况是经典的茨威格进场情景。

这个时候市场往往在等待某一重要数据的公布。

做多交易的顶位进场着重于寻找市场紧贴阻力线的行为，因为紧贴阻力线往往表明阻力线其实已经不是阻力线了，变成了引力线，**也可以看作是市场蓄势待发，准备突破此阻力线。**而做多交易的顶位进场则着重于寻找市场“紧压”支撑线的行为，因为紧压支撑线往往表明支撑线已经不是支撑线了，化为了引力线，密集的成交表明市场交易双方在此附近获得暂时的一致性，也可以看成是市场主力蓄势待发准备跌破此支撑线，如图 23-38 所示。汇价从高位下跌，跌至某一支撑线时开始横向运动，价格运动出现停滞，“紧贴”支撑线的价格行为出现恰好就是顶位进场做空的机会，做空点在 B 处价格窄幅运动的末端，初始止损点放置在 A 区域附近（注意的是“初始”止损放置在 A 区域，随着价格的变化，交易者面临风险报酬结构也在变化，自然也应当相应变化其仓位）。

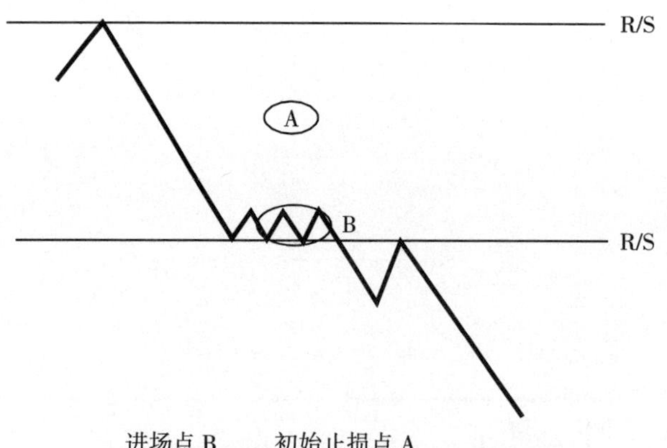

图 23-38　下降趋势中的顶位交易进场模型

下面我们来看两个具体的顶位进场做空的实例，第一个实例是英镑兑美元的 15 分钟做空交易，请看图 23-39。汇价

从 2.0025 附近构建顶部后逐步下跌（顶部好似双顶，更像是头部直角三角形，这个大家可以对照传统的西方技术分析教科书去判断，这里只是随便提一下，比如约翰·墨菲和爱德华等人写的技术分析教科书）。汇价跌到前期众多低点形成的支撑线附近时不是像此前一样立即弹起，而是压着此支撑线“横着走”，这就是典型的顶位进场做空点，初始止损的设定比见位进场和破位进场要复杂些，毕竟此时的“位”（支撑线）不能为交易者提供“天然的屏障”，**交易者需要另找关键位置来设定初始止损**，同时考虑布林带上轨位置和资金管理要求。

顺势是提高止损效率的关键。如果不注重顺势，则止损触发概率会很高，这样就相当于慢性自杀。

图 23–39 下降趋势中的顶位交易进场示范（1）

第二个顶位进场做空的例子涉及美元兑加元 1 小时走势，如图 23–40 所示。汇价从 1.3000 附近的整数关口暴挫，到 1.2450 的位置企稳，然后汇价回升，1.2450 成为一个可供参照的支撑位置（要注意的是，虽然价格下跌到这个位置时出现了横向运动，但是由于此前并没有合理的支撑线位于此水平，所以这并不是顶位进场做空的机会），此后汇价又跌到此支撑附近，然后迅速弹起，最后当汇价压着（最明显的还有

一根类似流星的K线压着支撑线）此支撑线时，顶位进场做空的机会就来临了，本例中的初始止损应该放置在什么地方呢？仁者见仁，智者见智！这就是交易个性化的一面。

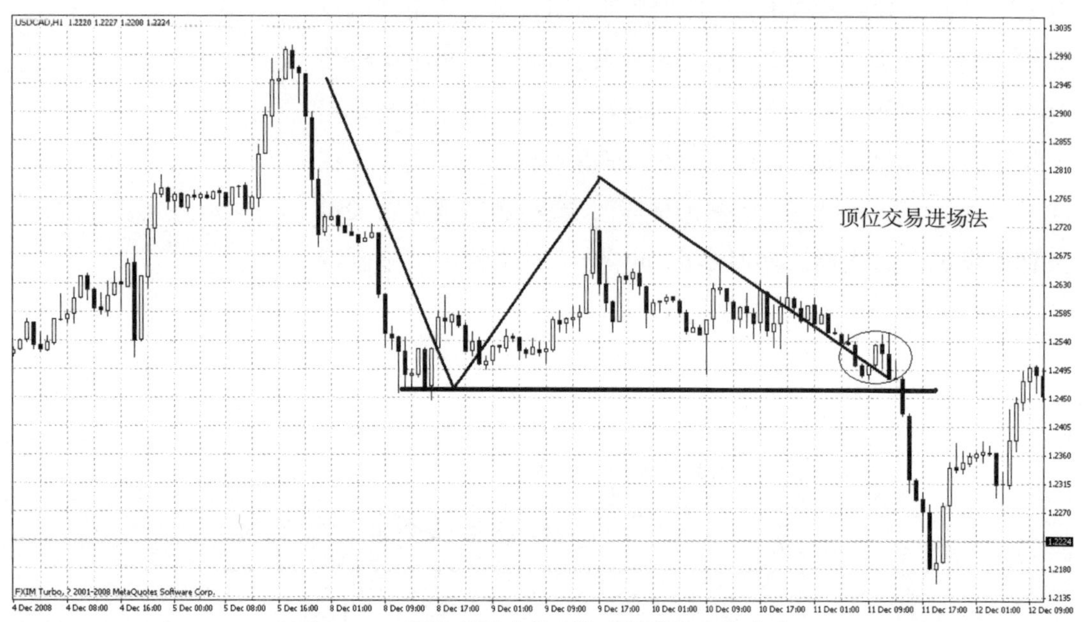

图 23-40　下降趋势中的顶位交易进场示范（2）

你了解了最古老的进场方法——“突破而作”，破位进场法，也基本知道了什么是30年来最受关注的进场方法——见位进场法，甚至对最近少数交易者才掌握的经常方法——顶位进场法有所知悉，四种进场法中你已经知道了三种，这三种方法是你可以去不断实践和完善的进场策略，还剩下一种进场方法，这种方法是你要避免的，因为绝大多数菜鸟都在运用这种方法，这种方法的特点就是“在没有天然壁垒的情况下贸然发动进攻”。“先立于不败之地，而后求胜”这是《外汇交易圣经》中的开章之句，你别以为是在摆弄“文字游戏”，故作“假大空的哲学”，其实这里面涉及进场位置选定的问题。除了顶位进场法的初始防御条件不明晰外，破位进场和见位进场的初始防御条件都简单有力，这就是临近的“位”，**而新手的进场往往考虑的是“不要错失盈利的行情”了，而不是着手于建立最有利的进攻形势，“致人而不致于人”，把握**

选择什么样的格局决定了主动权在不在你的手中。

主动权，构筑有利于己方的态势，这才是伟大外汇交易者的风格，本书的作者们离此标杆还有很远的距离要走，大家一起分享和共勉。但是，我们在进场上经历了太多血的教训，因此比那些“初生牛犊不怕虎”的新手要更加敬畏市场这个对手，“因势利导”去面对市场的“催眠”，进攻（进场）前我们必定选择“有利的地形”（位）布置防守（初始止损）。如果以后有时间和精力，我们想结合《孙子兵法》和外汇交易的实际案例来写一本《基于孙子兵法的外汇短线交易》。当然这是后话了，我们的目的是想让大家对我们选择进场策略的标准有所体察，这就是“便于防守的进场”（也可以理解为可以证伪的进场，当然这又可以延伸出《基于卡尔·波普哲学的外汇短线交易》了，我们可没有太多精力和机会来透露太多的交易哲学，毕竟大家都喜欢“短平快”的速成交易技巧，这也是大众的盲点所在），而**间位进场法**的最大特点就是“忽略防守”，说更透彻一点就是“没有防守”。

缺乏耐心，怕错失行情，情绪化交易是触发间位进场的关键。

我们首先来剖析上升趋势中的间位进场，请看图 23-41，这是“上升趋势中的间位交易进场模型”。间位的意思就是在两个关键位置（R/S）之间，对于上升趋势中的间位而言，就是价格处于上面的阻力和下面的支撑之间，离两者都较远，处于“上下悬空”的位置，新手进场的时候往往本能地选在这种位置，因为价格跌到支撑的时候他们认为市场还会下跌，每次价格达到一个关键位置，他们都有疑虑，反而是价格如行云流水上涨的时候，他们被眼前的上涨“催眠”了，于是生怕踏空行情，兴冲冲地杀进去，根本不考虑放置初始止损点是否有恰当的空间。当交易者距离关键位置（R/S）过远的时候进场则只能把初始止损设定在较远的地方，从而使得这笔交易的风险报酬比一开始就处于非常糟糕的状态。注意：这是几乎所有新手的通病，因为新手从来不关注“位”要素，当然对于“势”和“态”要素，他们也不太关心。如图 23-41 所示，上升趋势中，交易者选择了类似 B 点这样的位置进场做多，则它的初始止损点必然要求放在 A 点附近，也就是下

最大（潜在）风险报酬率是由驱动面决定的，现实风险报酬率是由仓位管理决定的。

面最近的支撑线之下，这样的止损设定一般都会符合资金管理比率的要求，**因为交易者为了获利承担了过分的潜在风险，以不必要的多余风险追求相对不变，甚至较少的潜在利润。**

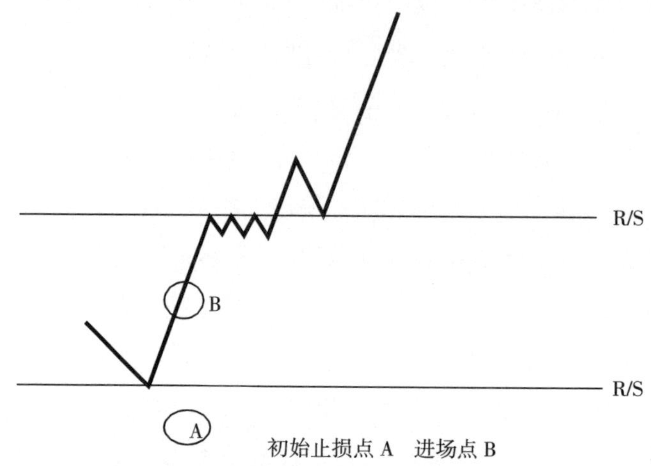

图 23-41 上升趋势中的间位交易进场模型

从上述文字和模型图示中，你大概已经知道了什么是“间位进场”做多，下面我们来看一些具体的间位进场做多的实例，请看图 23-42，这是美元兑加元的 1 小时走势图。汇价从 1.9670 开始上升，在 1.2175 和 1.2355 两处形成了关键位置，这里需要注意的是 1.2355 处关键位置是当交易者没有在 1.2175 附近做多时需要等待出现的一个“未来关键位置”，当交易者在错过了 1.2175 关键位置做多的机会之后，必须等待下一个关键位置的出现，否则在缺乏较近关键位置的依托下入场做多就是间位进场，犯了初学者（其实，至少三分之一的老手也会经常犯这种毛病，老手并不一定是好手，外汇市场不会实行“年功序列制度”不会“论资排辈”，只有输家和赢家，英雄不问出处）经常会犯的错误。

轴心点线谱是日内短线交易者经常采用的交易指标，轴心点混合斐波那契分割线谱属于轴线点线谱的一种（注意杰西·利弗摩尔的 Pivot 点与现在外汇交易中经常用到的 Pivot points 指标不是同一个东西，虽然两者都可以用于设定关键位置），独立黄金交易员欧阳傲杰曾经在《黄金高胜算交易》一

书中的“黄金 1 小时交易系统”中应用这个指标。下面我们就基于轴心点混合斐波那契分割线谱演示所谓的“上升趋势中的间位进场做多”，请看图 23-43。所谓上升趋势是交易者本身的假定，进场之后市场真实的走势未必与此一致，所以交易者必须为自己的假定留下证伪手段，这就是初始止损。在轴心点混合斐波那契分割线谱中，做多

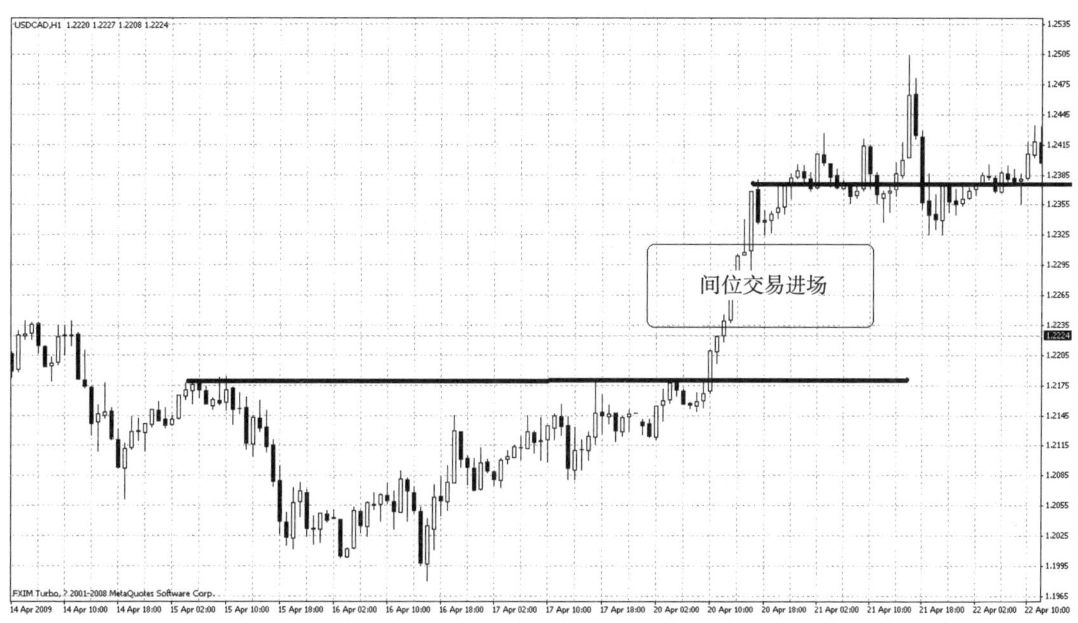

图 23-42　上升趋势中的间位交易进场示范（1）

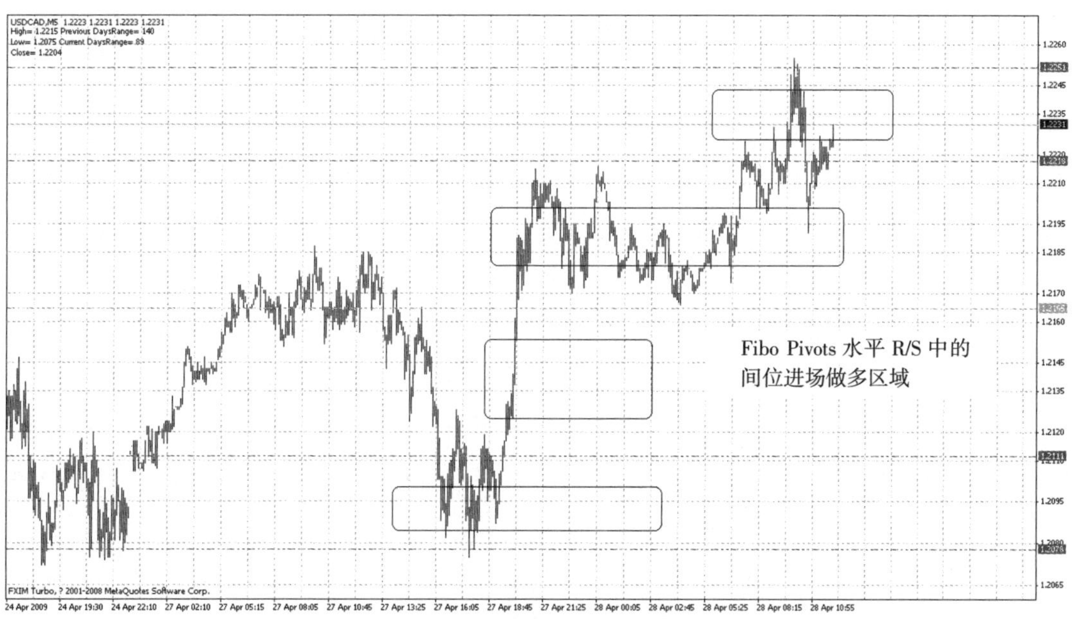

图 23-43　上升趋势中的间位交易进场示范（2）

的初始止损点应该放置在特定水平线的下方合理位置。当交易者在两条水平线之间，距离上下两条水平线较远的地方进场做多时，间位进场就发生了。

接下来我们来看下降趋势中的间位进场，请看图 23-44，这是下降趋势中的间位交易进场模型，当汇价从高处跌落时，交易者预判汇价会进一步下跌，于是在上下不靠近关键位置的情况下进场做空，如图 23-44 所示也就在 B 点附近做空，而止损只能设定在较远的 A 点附近，这样的交易付出了过多的“成本”，风险报酬比不必要地恶化了。A 点设定的初始止损往往使得交易者承担不必要的过分风险，也使得交易者势必违反资金管理比率，当时这并不能阻止交易新手屡屡以此方式进场。

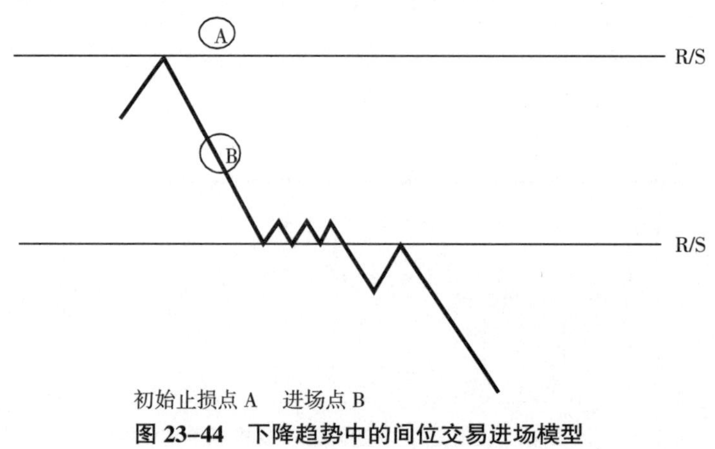

图 23-44　下降趋势中的间位交易进场模型

下面我们来看两个具体的实例，请看图 23-45，这是美元兑加元的 5 分钟走势图，我们的交易员当中有好几位偏爱 5 分钟走势交易，比如关天豪，当然他的系统也在不断地完善当中，我们这里主要以 5 分钟走势图演示下降趋势中的间位进场。当美元兑加元从 1.2365 附近下跌时，出现了很好的破位进场机会，但是交易者没有把握住（可能是心虚了，可能是手不够快，当然有很多原因……），之后交易者并没有等待下一个良好进场位置出现，就“冒失”地入场做空，这就是图中圈注的“间位进场法”区域。

第二个下降趋势中间位进场的例子是基于轴心点混合斐波那契分割线谱，请看图 23-46，这是美元兑日元的 5 分钟走势图。汇价从上往下跌的时候，一路上有三条关键水平线，但是交易者就是不在这些线附近合理的位置入场，非得在两条线之间距离两线较远的中间地带入场，这就是间位进场做空，这种操作使得交易者设定的止损幅度过大，不符合资金管理的根本原则。

本课是本精品教材的倒数第二课，也是顺数第二重要的内容，如何入场，以前我们为了便于与读者沟通，表述为交易手法，现在我们则更进一步地告诉读者这其实不

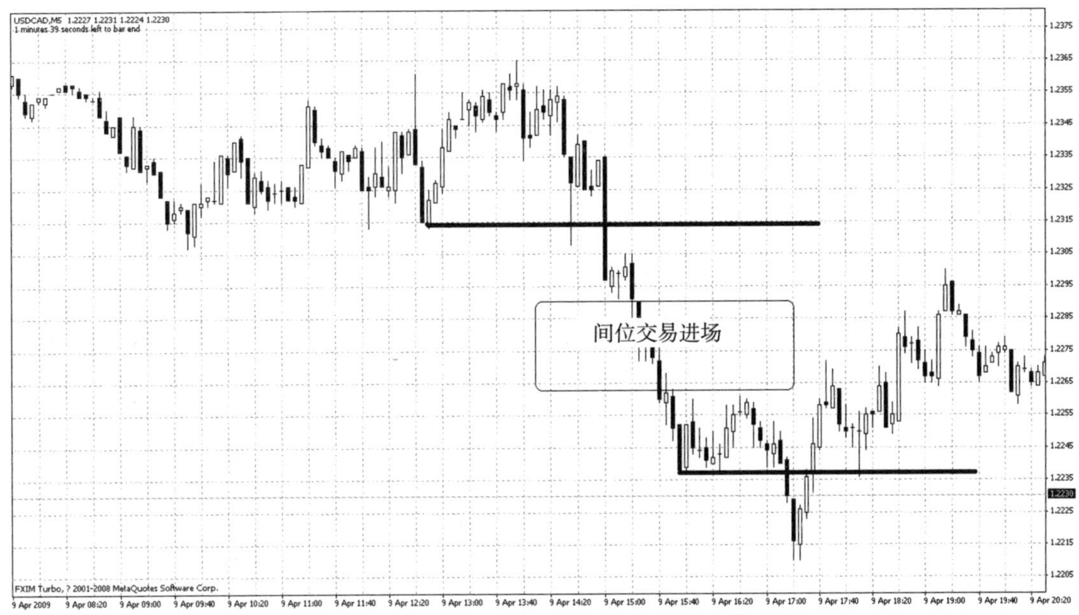

图 23-45　下降趋势中的间位交易进场示范（1）

图 23-46　下降趋势中的间位交易进场示范（2）

是单纯手法的问题，这是交易兵法和策略的问题，涉及的是合理的风险报酬率获得和胜算率掌控，如果你入场的时候不从这个角度去思考和控制，则你的交易必然是一塌糊涂。稀里糊涂地入场，这是交易失败的第一步。其实，**无论你采用什么样的“高科技含量”交易系统，无论你是什么样的交易风格偏好，这都不是重要的问题，重要的**

问题是你如何进场，你如何出场，这涉及根本的三率：风险报酬率、胜率和周转率。你的交易系统也是围绕进场和出场展开的，一旦你能够把进场方式和出场方式恰当搭配起来（这要求你掌握三种正确的进场方式和三种正确的出场方式），要达到 **“有无法为有法，以无限为有限”** 的境地不无可能，**当你掌握任何交易系统中最根本的要素之后，你真的不用在意具体的招式了**，变化出让其他交易者眼花缭乱的策略也很正常，因为你已经“得意忘形”了，超脱了具体形式的束缚，你不再执迷于“圣杯指标”和“高胜算交易系统”了。

截短亏损，做足利润。八个字的实现就是落地的过程。

进场三式，你一旦达于化境，交易在你眼里不过尔尔，当然亏损是获利交易必然伴随的一部分，胜率未必让你满意，但是累计的利润足够你开销。进场三式只是我们交易体系中共享的较低层次部分，在本书最后一课，我们会与大家分享较高层次部分的出场三式。**无论是“进场三式”还是“出场三式”，对于你交易技能的终身提高都是威力无穷的，简单高效在这里得到了最大的彰显**，让我们一起进入本教材最简单而最有用的部分，打开你的眼界，去除你的枷锁！

万法归宗之出场的四种方法：同位、后位、前位和进位

如果交易有圣杯，那么出场就是这个圣杯！帝娜出场三式就是要解密这一圣杯！

——魏强斌

树立挖掘市场盲点的目标非常容易，但是这个目标并不能真正为你谋划如何找到市场盲点，也无法确定这些盲点是代表曙光还是错误的导向。拥有别人想不到的想法很难，拥有好的想法更难。即便有了好的想法，也很快会被人复制。

——Nate Silver

在合适的时候平仓出市好比汽车的刹车，它是控制风险的必需手段。如果我们不高度重视把握出市时机，那么我们就如同开着一辆没有刹车的车辆前行，其风险可想而知。

——肖敏顺

出场是最少被“交易大师”和“畅销交易书籍”提及的交易环节，这大概不是他们故意隐瞒，而是他们根本不懂“何为交易”，交易的结果锁定于“出场”，精彩的出场好比足球比赛的进球，“临门一脚太臭”表明再好的进场也无济于事。每个踏入交易界的人都会经历一个相同的“修炼过程”，其注意的焦点、内在的观念、对交易方法和交易哲学的认识都有一条明晰的路线，本书的作者们当年进入交易行业时也是如此，既然是行业，必然就需要相当长时间的学习和历练过程，但是很多人不拿交易（包括外汇交易）当行业，他们认为交易更像是“天生禀赋”，可以在一两个月快速精通，不少交易书籍也是这样宣称的。

如果你认为交易是纯粹的智力游戏，那么国际象棋是不是智力游戏？那么国际象

棋是否也是一两个月就可以快速精通的？交易的盈利要求交易者是最优秀的2%玩家，那么要成为国际象棋中最优秀的那2%选手，你需要经历多少训练，花上多少时间呢？交易是一门最优秀的人才能从事的行业，因为交易几乎相当于“空手套白狼”（但绝对不是“空手套白狼”）。所谓最优秀的人必定是在心智和品格方面都一流的人，你是不是这样的人呢？如果不是，那么你必定要具备克服自身局限的毅力，毅力也能帮助一个一无所有的人踏上成功之路。正因为交易如此不简单，如此不容易，所以我们才不能误认为几个月就能成为赚钱的极少数，你必定要经过“层层选拔”，每一层你都会有新的体悟。这跟游泳一样，不是你看几本书就能解决的，书的作用是启发你，让你可以明确体认的方向，“启、悟、证”就是每个“外汇修炼者”的成功过程，启发—思考—体认，必须反复经历这些阶段。**对于出场重要性的认识不是在外汇交易的早期阶段就会出现的**，即使你是个新手，看了这本书之后仍旧只是在“意识表层”觉得出场重要，你内心深处根本没有认识到这一问题，**你是“认识”，而不是“体认”**，当你有两年左右的艰难交易经历之后，你才会发现原来当初那么重视行情涨跌，那么重视进场的做法是误入歧途，是你追求高胜率的天性，是大众和媒体的误导，让你以为交易就是去预测行情涨跌，知道什么情况下进场，当你幡然醒悟的时候，你就开始追寻合理的出场策略了，此时本课的价值方能为你所体认到。

某些超短线交易者对于止损的重视超过止盈，这是因为资金量处于不大的阶段。

你去问不少理论家和真正的高手什么是交易的最高原则，他们扔给你的都是这四个字：“顺势而为”，前者给出这个回答完全是因为在故作高深，这明显是一个同义反复的回答，而后者给出这个回答往往是敷衍你而已。交易是有秘诀的，这个秘诀是公开的，但又是不被大众所关注和认可的，赢家就是靠着这个秘诀吃饭的，别人辛苦得到的认识为什么要无偿地给一个不懂其价值的新手呢，而且**高手往往知道如果新手没有经过自己的求证，给他一个真理也只能打水漂，起不**

没有需求的供给是价格为零的供给。

了作用，索性懒得浪费时间和精力去“为人师”。其实，交易的正确观念是不能与新手先有的认知结构契合的，所以新手往往歪曲、忽略和排斥正确的交易观念，正确的观念要经过反复的亲自实践和思考才能被内化，这时候交易者才能迈上正确的道路。正是因为这样，我们对给出大部分的交易精髓没有太多疑虑，毕竟你如果真有这个水平，没有我们最终也会上路，只是早一天点破纸窗户而已，如果你水平不够，你根本不会当回事，照旧去找神奇指标、99%胜率的交易系统、没有假信号的交易策略，**你的既有观念和天性会扭曲、忽略和抨击我们提供的东西**，你的错误观念使得你为错误的东西所吸引，你的正确观念使得你为正确的东西所吸引，所以我们不怕把东西给出来。

本课讲述的内容是全书的精华，也算是对全书思想的总结。无论你的天性如何，无论你的策略是怎么样的，无论你的交易哲学倾向，无论你对仓位管理的态度怎样，无论你是否具有整体的系统思维，无论你崇尚简单还是喜欢复杂，你都会把这些带进你的出场行为中，**你的所有的一切都体现于出场之中，出场行为是一面镜子，折射出你的交易哲学、你的交易观念，以及你的人生哲学和人生观念**。你不信？那你仔细看看自己是如何出场的，身边同行是如何出场的，从中看看与你们自身观念的联系，必然是很密切的。出场涉及到对风险、对回报、对未来、对过去、对亏损及对利润的看法。“截短亏损，让利润奔腾”据说是杰西·利弗摩尔的第一大遗产（第二遗产是 Pivot 点突破而作和跟进止损，第三大遗产是金字塔顺势加仓），**无论是“截短亏损”，还是“让利润奔腾”都是出场才能完成的任务，进场怎么让利润奔腾，进场怎么截短亏损，进场的时候你对未来的看法都是美好的，这就是菜鸟南辕北辙的原因**。

越大的资金越要重视出场，因为不光涉及各种分析的准确性，还涉及对手盘是否足够的问题。

有效出场的方法有三种，这里的出场方法千万不要和什么“左侧交易”、“右侧交易”混淆了，“左侧交易”和“右侧交易”讲的是进场策略，虽然前位出场的模型与“左侧交易”

类似，而“右侧交易”与后位出场类似。恰当的出场方法有三种：前位出场法、同位出场法和后位出场法。我们这里先以大家较为熟悉的上升趋势为例，请看图 24-1，图中的 A 点标示前位出场法，这是国内广泛传播的“止盈”概念的源头，这个方法采用的人最多，用得好的人最少，它要求交易者在进场的时候就能够设定非常精确的出场目标，但是行情的走势要么在达到这一目标之前就折返，甚至转势了，要么就是冲过这个目标很远，让潜在利润损失大半。图中的 B 点标示同位出场法，这个出场点的认定不是进场时设定的，而是随着行情当下的表现而即时认定的，像我们之前介绍的 1 分钟成交量出场法就属于同位出场法，在权证日内交易中也经常用到这一方法，当然股票日间出场也经常用到这个方法，同样要借助于成交量指标。图中的 C 点标示后位出场法，初始止损点属于这种出场法，跟进止损点也属于这种方法，这个出场法要求价格有一定程度的反向发展时出场，属于最古老的出场方法，这种出场方法将截短亏损和让利润奔腾结合起来，是典型的“杰西·利弗摩尔式出场方式”，趋势跟踪交易者一般常常采用这类方法和策略。

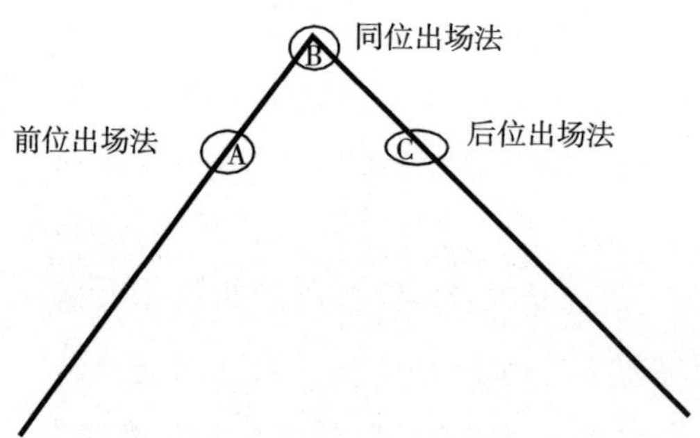

图 24-1 上升趋势中的三种恰当出场方法

同位出场点若结合价量态与最新的数据公布来确认，则准确率更高。

我们通过最为简单的实例来进一步说明上升趋势中的三种出场方法，请看图 24-2。假设我们在 A 点进场做多（采用的可能是破位进场，这个对于当前的问题并不重要），如果我们在进场之时就设定 B 点水平价位作为“止盈点”，则 B 处的出场就是前位出场法。价格在 1.4430 的横盘之后创出新高，

我们就可以将止损跟进到 1.4430 之下恰当位置，汇价创出新高后不久就下跌，跌破 1.4430 也就是 C 点附近的跟进止损位置，则 C 点就是后位出场点。那么，**什么是同位出场点呢？**当价格在 1.4690 附近出现看跌吞没叠加变异的黄昏之星形态时，我们就可以出场，这就是 D 点，因根据当下即时的价格走势（或者是成交量走势等），我们可以在局部，甚至整个走势的最高点出场，这就是同位出场法。做多交易中的同位出场法与前位出场法都力图出在最高点，但是前位出场法属于按照事前设置的利润目标出场，而同位出场法属于当下决断的出场策略，**一般而言同位出场更符合“交易当下”的原则。**与同位出场和前位出场不同的是，在做多交易中后位出场不追求在最高点出场，因为后位出场法认为交易者不能预测市场的走势，只能跟随。就保守度而言，后位出场法是最保守的，成熟的交易者都倾向于采用此种方法，不过外汇市场的日内噪声特别多，来回震荡非常频繁，所以单纯的后位出场法容易吃亏。

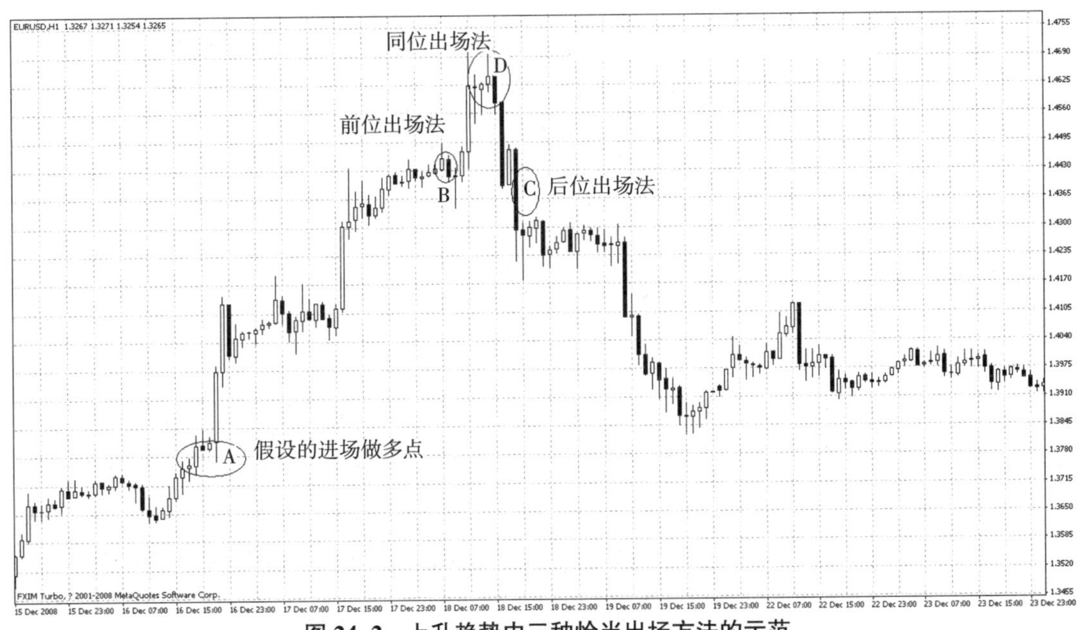

图 24–2 上升趋势中三种恰当出场方法的示范

出场三式让读者可能有点“糊涂”，提到做空交易更是如此，下面我们展开下降趋势中的出场三式。请看图 24–3，这是下降趋势中的三种恰当出场方法的简明示意图。在做空进场的同时预定出场价位，这就是前位出场法；移动止损，跟进走势，这就是后位出场法，**做空交易中，随着走势的不断下跌，交易者会适度将止损下移，跟进行情，这其实就是改变风险报酬比的过程，因为将暴露的浮动盈利永远控制在合适的范围之内，这样可以避免随着行情的发展，风险报酬比变得越来越不合理；**做空交易中，

随着行情的发展，出现了特别的形态，于是交易者出场，这就是同位出场法，这种出场法要求交易者“因势变化，交易当下”，不会像前位出场者那么冒进，也不会像后位出场者那么保守。在做空交易中，当 K 线在关键位置出现了反转形态，就应该算得上是同位出场了，当然成交量的反转形态也是较好的同位出场点。出场方法的抉择有两个要点：第一，要根据市场的波动统计特征来选择出场策略；第二，要混合采用出场方法，单一化出场策略是绝大多数交易者的通病（这里比《黄金高胜算交易》讲得更深一点，**强调混合出场法，而不是一味强调后位出场法，原因是日内交易市场的反复性越来越明显**，特别是驱动因素不够强劲的情况下更是如此）。

单一出场法的效率较低，混合出场法效果更好。

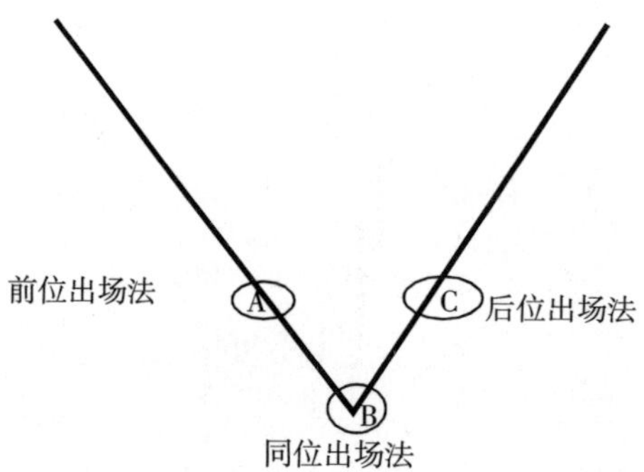

图 24-3 下降趋势中的三种恰当出场方法

5 分钟动量交易方法中采用的是混合了前位出场法的混合出场策略。

前位出场法适合于走势统计规律明显、各种统计指标标准差较小和倾向于均值回归的市场，比如日均波幅标准差较小的市场；同位出场法适合于交易大众运用心理分析和综合分析较少的市场；后位出场法适合于单边走势明显的市场。

下面我们就下降趋势中的出场三式做结合实际走势的简要说明，请看图 24-4，这是欧元兑美元的 1 小时走势图，假定我们在 A 点入场做空。几乎在进场做空的同时“止盈点”已经被确认了，这就是 B 点，当汇价跌到这个位置的时候我们就要出场，这就是前位出场法的执行点位。如果进场的时候，我们并没有预设点位，而是让市场自己来告诉我们（waiting for the talk from the market itself）当下该出场，比如像 D 点一样，当下价格出现看涨吞没形态时出场，这就是同位出场。如果我们不去判断市场的最低点，而是等待市场告诉我们下跌趋势很可能已经结束，则需要采用跟进止损，当市场触碰跟进止损时，比如设定在 1.2600 附近（前期高点）的跟进止损被触发，大致在 C 点附近区域，则我们了结做空头寸，这就是后位出场法。

图 24-4　下降趋势中三种恰当出场方法的示范

下面，我们就来看目不暇接的各种前位出场策略，在介绍具体的前位出场策略之前，我们首先来看前位出场法的一般模型。请看图 24-5，这是上升趋势中的前位出场法模型。前位出场法的出场点在进场的时候就设定了，这是因为交易者往往需要确定初始止损点和利润兑现点，结合进场点，以便估算出风险报酬率，便于调拨资金，合

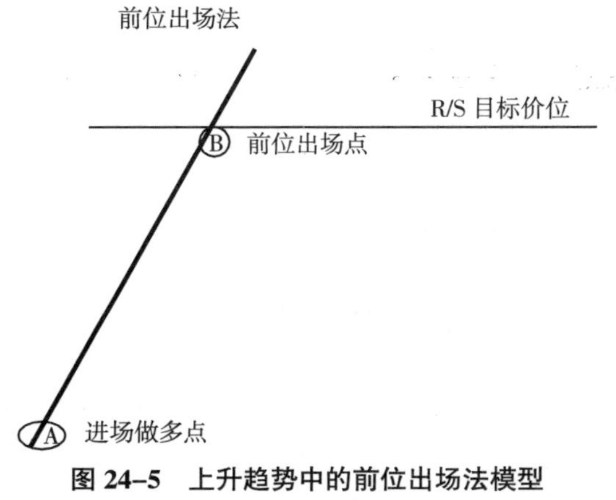

图 24-5　上升趋势中的前位出场法模型

理化仓位。如果你进行做多交易，一个重要的前提就是你认为趋势是向上的，当然这是一个假定，所以你要为自己的假定留下可验证性，这就是初始止损。

当你以前位出场法作为自己做多交易的出场方法时，必须记住一个非常重要的原则，这就是你暗含了一个假定：长期来看，交易倾向于在你选定的前位出场位置达到利润最大化。**这要求两个条件：第一，市场运动幅度的均值或者是众数倾向于你设定的前位出场点；第二，市场运动幅度的标准差较小。前位出场追求的是"先知"，同位出场法追求的是"活在当下"，后位出场法追求的是"让趋势（利润）充分发展"。**正是因为前位出场追求先知，而人类的认知能力又是非常有限的，所以纯粹单一采用前位出场法不太符合内在和外在的现实，我们一般**"见破结合，前后结合"，**也就是说进场的时候在见位和破位都会采用，在单一交易出场操作中前位出场和后位出场（有时候也包括同位出场）一般是结合采用的，当然这是针对日内外汇交易，像期货和股票的日间交易一般不会采用前位出场法。为什么会这样呢？如果你认真看过我们的书，应该很明了这个问题的答案。

如何确定上升趋势中的前位出场点，传统的方法有很多，你需要明白一个道理，**传统的方法是你自己交易方法形成的基础，你既不能受限于这个基础，也不能忽略这个基础，新兴的方法通常受惠于此前的方法，同时又超越了此前的方法。**我们下面就一一结合实例介绍前位出场的方法，你可以将这些融贯于心，这样就可以完全发展出自己的交易思维来，而不必局限于具体的方法（这与完全机械交易存在些许差异，这种方法着重于交易过程的本质和完整性，所以灵活运用各种手段，类似于布鲁斯·李在截拳道中倡导的"以无法为有法，以无限为有限"）。我们先来看上升趋势中前位出场点的第一类确定方式，请看图 24-6，这是美元兑加元 1 小时走势图，汇价从 1.2120 开始爬升，形成了很明显的 N 字底，假定我们在图中 A 点附近进场，则根据前位出场法的要求，我们要预先确定一个获利出场点（单笔交易的具体利润目标），前期高点（我们只采用最显著的前期高点，因为这些点位作为波动极限，也就是交易利润最大点可能性很高，同时我们还会利用跟进止损，也就是"前后结合"，随着行情发展，及时调整潜在风险的幅度，进而维持合理的风险报酬率，同时"两端卡住"行情的活动余地，掌握行情的主动权）是一个较为传统的前位出场点，你在不少中国内地的股票书上，或者是美国证券界 20 世纪 70 年代前后出版的交易类书籍中都可以看到这样的出场方法。图 24-6 中，如果我们在 A 点附近进场做多，则前位出场点可以定在前期高点 B 的价位水平附近，最终市场在达到这一点位之后转而大幅下跌（外汇日内走势中，符合这种情况的走势很多，不符合这种走势的情况也很多，所以单纯利用前位出场法存在

很大的风险），本例就是利用前期高点构成的阻力线作为前位出场点。

图 24–6　上升趋势中的前位出场点：前期高点构成的 R/S（1）

我们再来看上升趋势中以前期高点作为前位出场点的第二个实例，图 24–7 是美元兑加元的 1 小时走势图，汇价从 B 点附近下跌，到 A 点附近出现刺透形态，这是我们敛散形态分析理论中的“正向发散—反向发散”形态的典型代表，也是传统蜡烛走势中的看涨形态，假设我们在此局部反转形态出现之后入场（根据“态”入场，这是简化了的交易现实，当然此形态之前价格呈现成交密集区，所以此处入场也获得了“位”的支持，只是趋势确认上稍显不足），如果要利用前位出场法完成出场，则需要设定前位出场点，本例中一个可供前位出场的点位就是 B 点代表的前期高点，B 点附近形成了乌云盖顶形态，这是与刺透形态相反的形态，代表此价位区域存在强大的压制力量，所以我们可以以此作为出场点。在本例中，汇价最终在 B 点附近出现反转，这可以实现当初交易利润最大化的目标，不过真实的交易往往是残酷的，有一半以上的可能价位在没有达到前期高点的情况下就出现了

同位出场信号有可能不出现，前位出场点有可能达不到。

反转，所以**后位止损在任何情况下都是不可少的，这就是我们对出场三式的最重要论断，**不论你以前位出场法出场，还是同位出场法出场，都必须结合后位出场法，**同时在日内短线交易中单是后位出场法又是不够的。**这里我们就给出关于帝娜出场三式的两个关键定律：

图 24–7　上升趋势中的前位出场点：前期高点构成的 R/S（2）

◇ 出场定律 1　前位出场法和同位出场法必须结合后位出场法使用，这是由市场的复杂性和心智的有限性决定的。

◇ 出场定律 2　在日内交易中，只采用后位出场法是不够的，这是由日内市场波动的反复性决定的。

在图 24–7 这个做多交易中，我们的出场规划应该有两部分：第一个部分是前位出场法，这是日内外汇走势的反复性决定的，避免利润被吞噬；第二个部分是后位出场法，也就是跟进止损法，这是由完全不可预知性决定的。所以，在 A 点介入之后，随着行情从 0.9810 附近上升，我们需要及时和恰当地移动止损点，后位出场点不停移动，与前位出场点的距离越来越小，"请君入瓮"可以很好地形容我们的出场操作思路。

除了前期高点可以作为做多交易的前位出场点位，前期低点也可以作为做多交易的前位出场点，请看图 24–8，这是美元兑加元 1 小时走势图，汇价在 B 点附近出现低点，然后反弹，没有创出新高（趋势向下，可以见位进场做空，这是题外话），然后跌破 B 点的支撑，直到 A 点附近才止跌拉升，假定我们在 A 点附近做多（一个很好的理

由是小双底被向上突破，但是我们更倾向于将其看作是 N 字底部），于是可以将前期显著的低点 B 作为做多的前位出场点，在本例中价格在 B 点构筑的 R/S 水平附近反转下跌，具体而言就是 C 点附近。

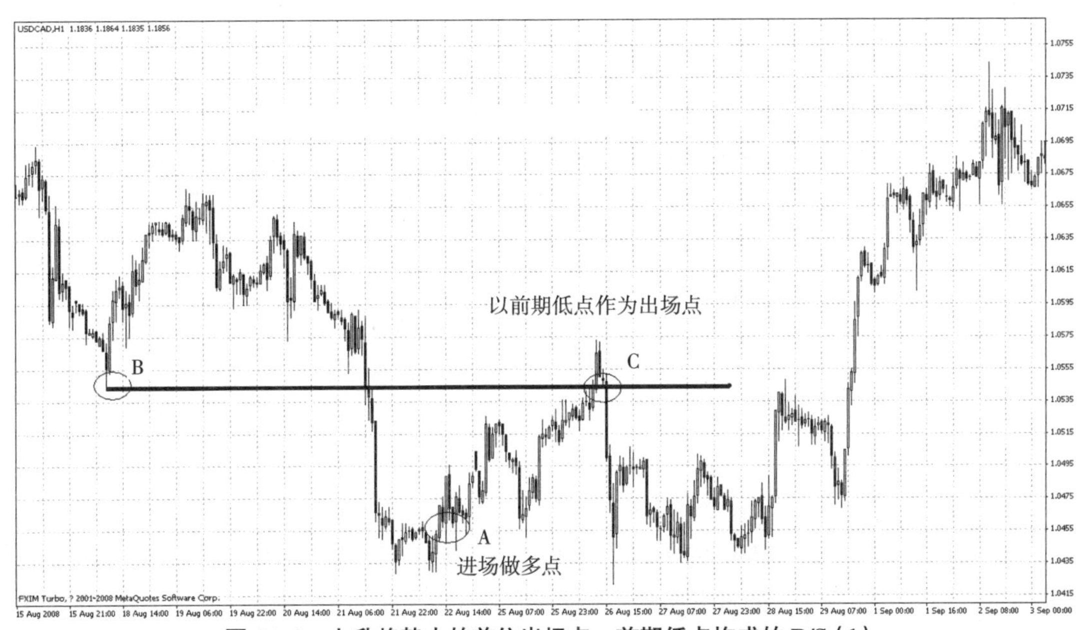

图 24-8　上升趋势中的前位出场点：前期低点构成的 R/S（1）

我们再来看一个前期低点作为前位出场点的例子，请看图 24-9，这是欧元兑美元的 5 分钟走势图。汇价从 1.3000 附近下跌，到 1.2495 止跌回升，形成阶段性低点 C，然后汇价跌破此支撑，继续下探，到 1.2890 附近形成多重底（恰好跟江恩说的情况相反，当市场第四次来到该价位附近时并没有向下突破，这就是理论与现实的差异）。假定我们在 A 处的小双底形成之后进场做多，那么如何设定出场目标呢？我们可以回过头去，发现此前的上涨走势在 C 点价位之下一些终止，所以我们可以此作为前位出场点。欧元兑美元在进场之后触及了前位出场点，不久之后开始下跌。我们这里为了让你直观感受到前期低点构成的前位出场点，都采用成功触及了出场点的情景，**通常情况下只有 1/3 的显著前期低点能够最终成为波段走势的终点，所以在实际交易中我们需要采用后位出场点作为另外 2/3 情况的应对措施**。不过，**在日内交易中不能否定前位出场法的作用，否则像英镑兑美元这样的“躁狂抑郁症货币”很容易让那些不采用前位出场点的交易者发狂**（对于“躁狂抑郁症货币”只采取破位进场也比较容易受骗）。

前期高点和前期低点是做多交易前位出场点的两种较常见类型，通常我们只采用非常显著的高点和低点作为前位出场点，这样做的目的是为了避免在一笔做多交易中

图 24–9 上升趋势中的前位出场点：前期低点构成的 R/S（2）

前位出场点是一个必然出场点，而不是一个或然出场点。同位出场点是一个或然出场点。

出现两个以上的前位出场点。**前位出场点使用者的一个最大的麻烦在于“无所适从”，因为往往很难选出唯一的确实出场点**，所以，**为了能够得到最高的绩效，交易者往往会将所有可供选择的出场点列出来，然后权衡得出一个最合适的前位出场点，并将其他出场点作为后位出场点（跟进止损点）使用。**

除了前期高点和前期低点这样人所共知的可选前位出场点之外，我们还需要了解一下知道的人较少的可选前位出场点，首先我们来看前期成交密集区构成的前位出场点，先来看第一个这方面的例子，请看图 24–10，这是欧元兑美元 5 分钟走势，汇价在 B 区域附近形成明显的成交密集区。假定我们在 A 点附近进场做多，我们单从寻找最优前位出场点的角度来思考，那么前期成交密集区可以作为一个很好的前位出场点，当然最后还需要市场的实际走势来确认什么是最好的前位出场点，本例中行情最终在 B 成交密集区构成的阻力区附近反转。

图 24-10 上升趋势中的前位出场点：前期成交密集区构成的 R/S（1）

我们再看一个例子，以便拓宽你的思路，这样在你实际设定前位出场点的时候，就可以看得更宽，做得更好。第二个前期成交密集区作为前位出场点的实例是澳元兑美元 5 分钟走势，请看图 24-11。汇价从 0.7135 附近的高位下跌，较长时间的高位盘整形成了成交密集区，假设价格跌到 A 处，也就是 0.7015 附近时进场做多，那么前期

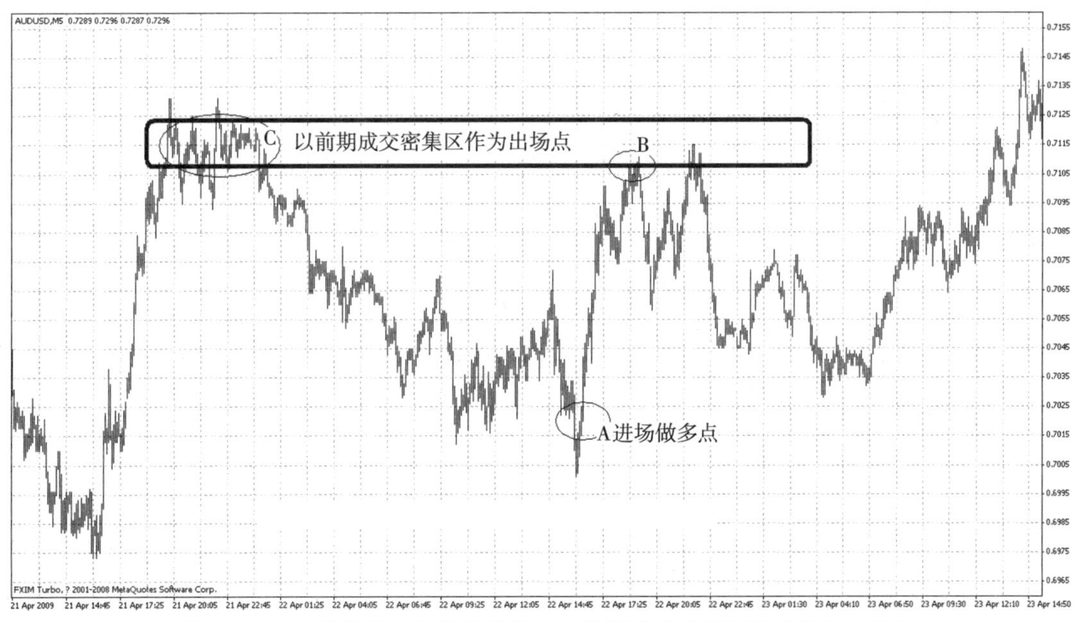

图 24-11 上升趋势中的前位出场点：前期成交密集区构成的 R/S（2）

成交密集区 C，也就是前期高点所在，是一个很好的前位出场点，我们可以选择这点。当然，**实际操作中肯定是前位出场点和后位出场点相结合。**

斐波那契扩展点位又被称为斐波那契投射点位。

现在比较“时髦”的前位出场点是斐波那契扩展点位，也许你不知道什么是**斐波那契扩展点位**，我们简单介绍一下，请看图 24-12。这是澳元兑美元的 5 分钟图走势，当然斐波那契扩展点位分析可以在任何时间框架上展开。假如行情发展处于 C 点之后不久，而我们又在 C 点附近进场做多，那么如何为 C 点进场做多的单子设定前位出场点呢？这时候可以利用斐波那契扩展点位分析，我们以 C 点调整之前的上升波动 AB 为单位 1，然后以 C 作为起点，标识出一些与斐波那契比率相关的点位，比如 0.382、0.618 以及 1.000。一般**你需要根据历史走势的统计来得出作为波段高点出现频率最高的斐波那契扩展点位**，我们在 2006 年末做的统计表明，0.764 是英镑日内走势中出现频率最高的有效斐波那契扩展点位。不过，即使是市场经常在这一点位出现反转，也只能达到不超过 50%的概率，所以我们还是需要后位出场法来“应对残酷的市

图 24-12 上升趋势中的前位出场点：斐波那契扩展点位构成的 R/S（1）

场现实”。不少美国股指期货日内交易者非常注重 1 倍扩展点位，在本例中如果你设定 1 倍扩展点位作为前位出场点，则市场恰好如你所愿，你几乎出在了市场最高点，如果你以 0.618 点位（叠加了前期高点）作为前位出场点，则你的利润幅度减小差不多一半，这就是**前位出场的悖论：做多交易中，你想出在最高点的想法往往使你无法出在最高点。**

大脑中到底有什么在误导我们的行为呢？

我们再来看一个做多交易中以斐波那契扩展点位作为前位出场点的实例，请看图 24-13，这是澳元兑美元的 5 分钟走势，汇价从 0.6875 附近不断爬升，到 0.7035 附近开始水平震荡，然后从 A 点再度开始拉升，不久形成波段高点 B，回落到 0.7045 附近时假定我们入场做多，也就是 C 点（注意，这里是假定在 C 点入场，现实交易中你无法以这么好的位置入场，我们这里的目的是说明出场点，进场则暂时不关我们的事情）。我们以 AB 段为单位 1，以 C 点附近的最低点作为扩展起点，得出了 0.382、0.618、1.000 和 1.618 四个关键扩展点位。假定我们以 1.618 作为前位出场点，则我们可以出在最高点。这里需要注意的是，我们大概有 25%的机会做到这一

图 24-13　上升趋势中的前位出场点：斐波那契扩展点位构成的 R/S（2）

点，抓到最高点，这是前位出场法给予广大交易者最不现实的梦想，不过我们“不必将孩子连同脏水一同从洗澡盆中倒出去”，因为**前位出场点对于外汇日内交易者而言是必不可少的，原因有二：第一，日内波动在一定时间内是趋于固定点数的，这就是ATR丈量日均波幅的目的；第二，日内波动往往是大幅反复的。**

基本面发生重大变化的时候，日均波幅就不起作用了。

除了斐波那契扩展点位，还有一种涉及斐波那契比率的分析工具可以用于设定前位出场点，这就是斐波那契回调点位，请看图24-14。斐波那契回调点位只需要两点即可确定，本例是澳元兑美元的5分钟走势图，以A点为1，B点为0，进行斐波那契分割，可以得到一组斐波那契线谱，线谱常用的水平有0.618、0.5和0.382等，当汇价从B点回升时（假设我们在B点附近做多），则可以以斐波那契回调点位作为前位出场点，本例中我们以0.618点位作为前位出场点可以获得最大的利润，当然在本例中你有1/3的概率做到这点，如果你在进场时选择0.618回调点位作为出场点则应该在C点附近出场。

图24-14 上升趋势中的前位出场点：斐波那契回调点位构成的R/S（1）

我们再来看一例做多交易中以斐波那契回调点位作为前位出场点的实例，请看图 24-15，这是美元兑加元 1 小时走势图，汇价从 1.3050 高位下跌，直到 1.2190 附近才止跌回升，假如我们在 B 点附近进场（具体进场点可能位于 B 点开始的任意一点，这个并不重要，因为我们此处着重分析出场策略，所以千万不要质疑我们怎么可能在最低点附近做多，这里只是为了使介绍显得简单明了，作出一个假定而已）。我们以 AB 点作斐波那契回调（也被称为斐波那契分割），B 点进场之后，我们选择了一个斐波那契回调点位作为前位出场点（也就是利润目标），你可以选择 0.382，也可以选择 0.5 或者是 0.618，这些都是斐波那契回调点位，另外还有一些其他的斐波那契回调点位，比如 0.764 等，但是日内交易中我们只画出不超过 3 个斐波那契回调点位，因为日内波幅只有那么大，回调点位多了对于实际交易指导的意义不大。在本例中，如果你选择 0.382 作为前位出场点，则你应该在图中 C 处出场；如果你选择 0.5 作为前位出场点，则你应该在图中 D 处出场；如果你选择 0.618 作为前位出场点，则你应该在图中 E 点处出场。你可以很明显地看到汇价一旦触及斐波那契回调点位立即发生回落，这表明了斐波那契回调点位在上升走势中作为阻力点位的有效性，当然汇价一般只在一处回调点位发生真正的转折，这就给单靠前位出场策略的外汇日内交易者出了不少难题。

图 24-15　上升趋势中的前位出场点：斐波那契回调点位构成的 R/S（2）

做多交易中如何运用前位出场法，想必大家都有所了解了，下面我们介绍做空交易中如何运用前位出场法。先来看下降趋势中的前位出场法模型，见图 24-16。当交易

者在下降波段进场做空时（A点）就预设了兑现利润的出场目标（B点），而B点的设定基本源于支撑阻力线，有时候日均波幅也构成支撑和阻力，更进一步来讲，某些日内走势反转时点也可以作为出场目标（这种情况下，时间替代了空间作为出场目标，这属于另外一种分类体系的出场法，**涉及时间变量，比如时间止损法、时点兑现盈利法、收盘出场法等。**）

出场落地的方法很多，有点让人无所适从，不过前期工作做踏实，出场相对而言就没有那么让人心烦。什么是前期工作？就是驱动分析和心理分析。

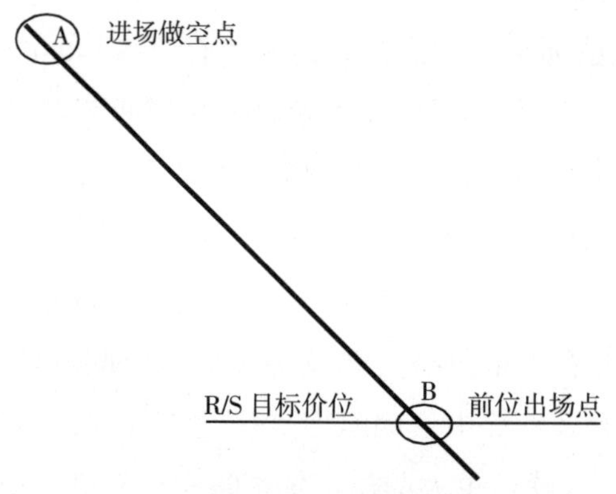

图24-16　下降趋势中的前位出场法模型

下面我们来介绍下降趋势中的前位出场点设定实例。下降趋势中，最为常见的前位出场点还是前期显著低点和前期显著高点构成的R/S水平。下面我们就来看前期低点作为前位出场点的实例，请看图24-17，这是美元兑加元5分钟走势图，汇价从1.2265附近下挫，我们假设在A点附近进场做空，那么如何找到一个恰当的前位出场点呢？前期显著低点B点可以作为一个较好的前位出场点（就我们的日内交易而言，**我们寻找一个尽可能符合三个条件的前位出场点：第一，当汇价达到该点时恰好能够满足最近日均波幅的点位要求；第二，汇价往该点发展符合今日驱动因素导致的日内趋势；第三，该点恰好是某一关键的R/S水平所在）**，我们预先设定当汇价跌至此水平位置时兑现盈利出场。

我们再来看一个以前期低点作为前位出场点的实例，请看图24-18，这也是美元兑加元的5分钟走势图，汇价在1.2075附近形成了两个低点，我们都标注为B点，这两个点

构成了双底。此后，汇价从 1.2190 附近下跌，假定我们在 A 点附近进场做空，则要同时确定一个前位出场点时可以选择 B 点价位，毕竟此处汇价曾经两次探底然后拉升，说明此处的支撑力量强大，所以我们设定 B 点价位为前位出场点，此后汇价果然于此

图 24-17 下降趋势中的前位出场点：前期低点构成的 R/S（1）

图 24-18 下降趋势中的前位出场点：前期低点构成的 R/S（2）

点形成头肩底而反转（C 点出场）。从此例我们总结出一些经验，这就是**选择前期低点作为做空交易的前位出场点必须从“显著性”的角度入手**，本例中的 B 点曾经两度作为阶段性低点，从一定程度上表明了它的“显著性”。

大智慧是看格局、看趋势，小聪明是精打细算点位。最好的交易者融合了大智慧和小聪明。

在做空交易中，前期高点构成的 R/S 也可能是非常好的前位出场点，请看图 24-19，这是澳元兑美元的 1 小时走势图。当汇价从 0.7120 高位下跌时，假定我们在 A 点附近进场做空，那么如何设定一个前位出场点呢？**一个经验法则是不能选择离进场点很近的 R/S 水平作为前位出场点，因为这样的出场点如果真的被采纳，那么我们几乎用不着去执行这笔交易了，因为风险报酬比太不吸引人了。**在本例中前期的低点都离进场点很近，所以我们选择 B 点作为前位出场点（现实的做法还要求我们同时采用后位出场点）。在本例中，当汇价跌至 B 点价位附近时，确实出现了一股幅度可观的反弹，前位出场交易者如能够在 C 点了结全部或者部分仓位是非常不错的。

图 24-19　下降趋势中的前位出场点：前期高点构成的 R/S（1）

下面，我们再来看第二个以前期高点作为前位出场点的实例，请看图 24-20，这是澳元兑美元 1 小时走势。汇价从低位一直升到 0.8330 附近，然后开始下跌（不久形成一个 N 字顶部），假定我们在 A 点附近进场做空，那么前位出场点应该放置在什么地方呢？前期高点 B 作为显著高点可以成为做空交易的恰当前位出场点，此后价格触及 B 点附近区域便出现“探水杆”K 线形态，然后大幅拉升，进而呈缓慢震荡上升状态。前期显著高点作为做空交易兑现盈利的目标价位是比较切实可行的，但是你不能以那些小波段的高点和离进场点很近的高点作为前位出场点。这里再强调一遍，就我们的日内交易而言，**我们要寻找一个尽可能符合三个条件的前位出场点：第一，当汇价达到该点时恰好能够满足最近日均波幅的点位要求；第二，汇价往该点发展符合今日驱动因素导致的日内趋势；第三，该点恰好是某一关键的 R/S 水平所在。其实，还应该加上一个条件：第四，该点到进场点的距离应该远远大于进场点到初始止损点的距离**（否则根本没有必要入场交易）。

点位是行情走势的组成，那么行情的灵魂是什么呢？

图 24-20 下降趋势中的前位出场点：前期高点构成的 R/S（2）

前期成交密集区反映了买卖双方观念的统一，行情在此情况下很难有大的发展。在进行做空交易的时候，我们可以选择前期成交密集区作为前位出场点。请看图 24-21，这是澳元兑美元 1 小时走势图。汇价从 0.7935 附近暴挫到 0.7700 附近，然后形成窄幅整理区域，也就是成交密集区域 B，不久之后汇价又上涨到 0.7925 附近，再度下跌。假定我们在 A 点附近做空，则可以以前期成交密集区 B 作为前位出场点，当价格触及 C 点时我们就应该兑现盈利出场。当然，实际操作中，我们应该放置跟进止损（后位出场点），其一般原则我们再重复一下：第一，关键水平外侧；第二，布林带异侧外；第三，符合资金管理比率要求；第四，给予市场一定的回旋空间（一般是允许行情回撤前一波段的 1/2）。本例中汇价在前期成交密集区处止跌转势为上升，而我们按照前期计划也应该在 C 点出场了结利润。

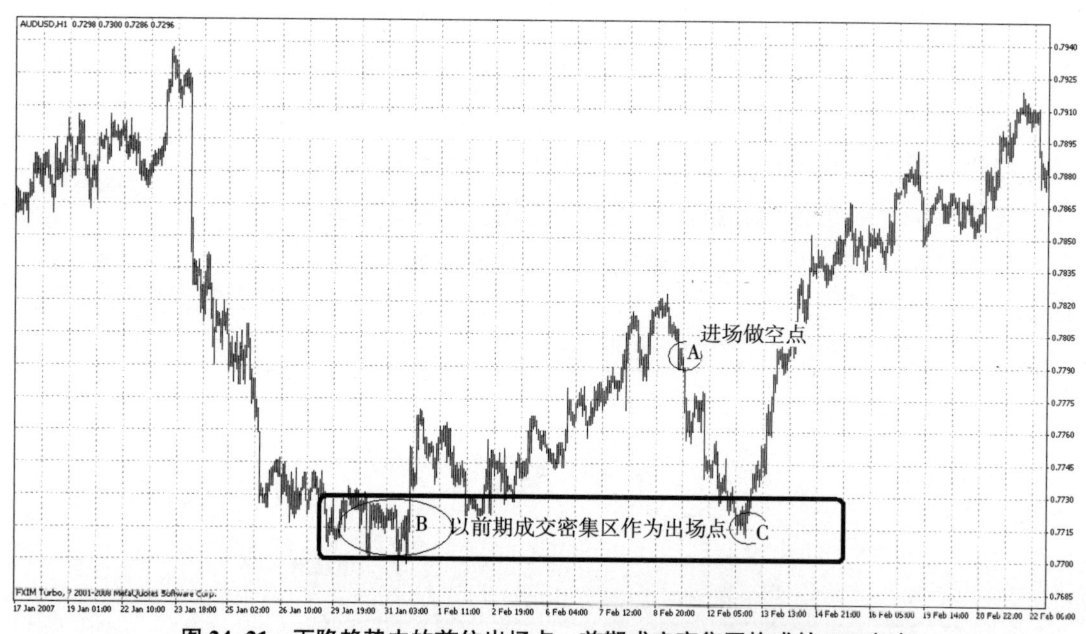

图 24-21　下降趋势中的前位出场点：前期成交密集区构成的 R/S（1）

可以老实向读者坦白，我们的出场规划是前位出场和后位出场相结合，另外市场提供条件的话也会采纳同位出场，为了便于大家把前位出场和后位出场结合起来掌握，我们以表解的形式把前位出场法的 4 个要点和后位出场法的 4 个要点扼要归纳出来供大家研习，请看表 24-1，“前后结合，上下压缩”，这就是我们出场法的真实写照，如果是比较长期趋势的交易，比如期货日间走势交易，则还需要涉及帝娜仓位管理模型，也就是根据风险报酬率和胜算率的变化对仓位进行加减微调，由此又有“复合仓位，两率微调”一说，加上进场的“见破咸用”，合起来就是：**“见破咸用，前后结合，上下压**

缩，复合仓位，两率微调”。其中深意，唯有实践方能得知！

组合拳才是制胜之道。

表 24–1　前位和后位出场法的要点一览

	前位出场法 4 要点		后位出场法 4 要点
1	当汇价达到该点时恰好能够满足最近日均波幅的点位要求	1	关键水平外侧（做空止损放置在阻力线之上，做多止损放置在支撑线之下）
2	汇价往该点发展符合今日驱动因素导致的日内趋势	2	布林带异侧外（做空止损放置在布林带上轨之上；做多止损放置在布林带下轨之下）
3	该点恰好是某一关键的 R/S 水平所在	3	符合资金管理比率要求（一般是 2%~8%）
4	该点到进场点的距离应该远远大于进场点到初始止损点的距离（否则根本没有必要入场交易）	4	给予市场一定的回旋空间（一般是允许行情回撤前一波段的 1/2）

下面我们回到正题，继续介绍前期成交密集区作为前位出场点的情况，请看图 24–22，这是澳元兑美元的 4 小时走势图。汇价从 0.7235 附近开始爬升，到达 0.7475 附近后进入窄幅震荡走势，由此形成成交密集区 B，然后汇价突破此成交密集区，最终上升到 0.7950 附近。很快汇价由 0.7950 下挫到 0.7715 附近，形成横盘整理区域，最终在 A 点跌破此区域，假定我们在 A 点进场做空，则可以假定 B 点价位区域为前位出场点，最终当汇价触及此区域时，我们在 C 点附近平掉空头头寸。

图 24–22　下降趋势中的前位出场点：前期成交密集区构成的 R/S（2）

做空交易的前位出场点还可以选择斐波那契扩展点位，请看图 24–23，这是澳元兑美元 4 小时走势图。注意下降走势中，我们怎么做斐波那契扩展点位。找到最近的下降波段 AB，以 AB 作为单位 1，找到上升波段的终点 C，然后以 C 作为扩展起点，进行斐波那契扩展。假定你在 C 点附近进场做空，你可以以合适的斐波那契扩展点位作为前位出场点，本例中选择的是 1 倍扩展点，这是一个经常用的斐波那契扩展点位。当你选定 1 倍扩展点位作为前位出场点，而汇价最终又触及这一点位的话，则你应该立即出场，本例中就应该在 D 点出场。从现实的角度来看，进场之后交易者应该将后位出场点与前位出场点结合起来，后位出场点向前位出场点靠近，形成“上下压缩”之势。

图 24–23 下降趋势中的前位出场点：斐波那契扩展点位构成的 R/S（1）

我们再来看一个例子，此例是美元兑加元 30 分钟走势的做空交易，请看图 24–24。我们以 AB 作为单位 1，以 C 点作为斐波那契扩展点位的起点，同时也假定这是进场做空点（当然，实际操作中，你的做空点一定低于 C 点，因为你几乎不可能在波段最高点做空，人类缺乏这样的能力）。在斐波那契扩展点位中，常用的无非是 0.618、1 和 1.618 三者，一般你应该选择三者中符合前位出场点四要素要求的一者，本例中 0.382 既不常用，也离进场点过近，唯一的优势是叠加了前期低点 B。如果你选择 0.618 作为前位出场点，则本例中你恰好可以在局部低点 D 附近出场，如果你选择 1 倍，甚至 1.618 倍作为前位出场点，最终你可能是在没有触及前位出场点之时就因为市场的大幅

度回升触及后位出场点而平仓（按照我们“前后结合”的出场方针，这种情况很常见）。这里需要再给大家一个出场规划提示：通常在做空交易中，前位出场点在下不静止，而后位出场点在上运动，后位出场点跟随走势向下压缩靠近前位出场点，在两个出场点之间我们可以根据当下的走势采用同位出场点，这就是**“前后结合，同位居里”**。

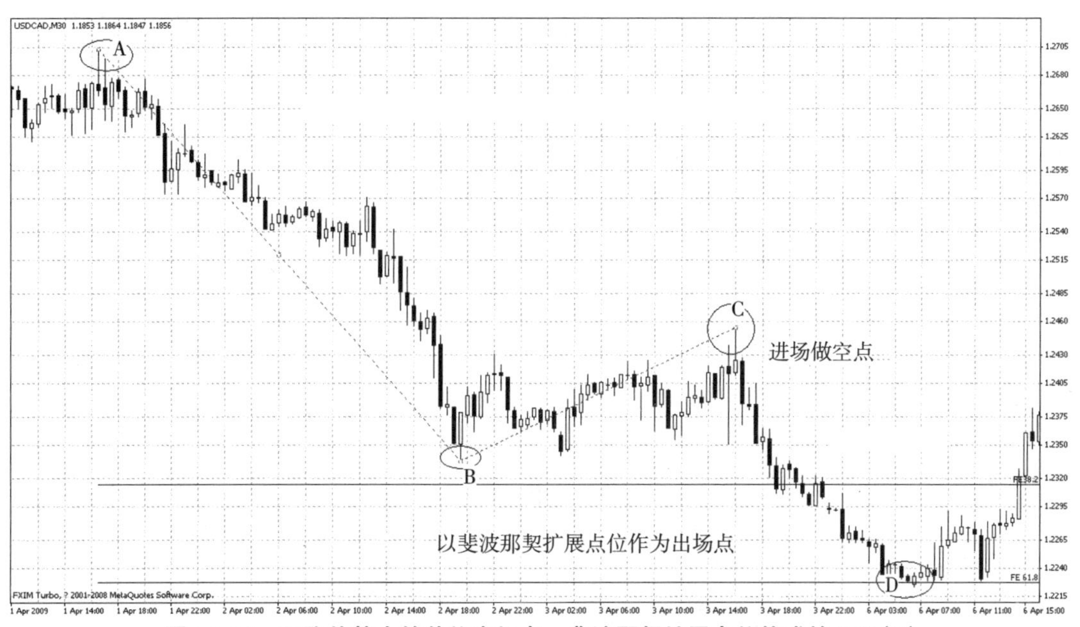

图 24–24　下降趋势中的前位出场点：斐波那契扩展点位构成的 R/S（2）

与上升走势中的做多交易一样，斐波那契回调点位也可以用在下降走势中的做空交易前位出场中，请看图 24–25，这是美元兑加元 30 分钟走势图。汇价从 1.2130 附近（A 点）上扬，上涨到 1.2415 附近（B 点）大幅下挫。假定我们在 B 点附近（现实操作中一般是 B 点之下），则可以对 AB 做斐波那契回调线谱，然后以其中某一最可能水平作为前位出场点。外汇日内交易，一般设定不超过 3 条斐波那契回调线作为备选的前位出场点，我们一般采纳 0.618、0.5 和 0.382 三条水平线。本例中，我们选择离进场点更远的一条回调线作为回调线，这就是 0.618，此后汇价一旦触碰到该前位出场点，则应该毫不犹豫地出场，这就是 C 点出场。当然，许多外汇市场的做空交易都可以基于 0.618 回调点位出场，但是还有许多做空交易如果单单采纳这样的出场条件则很可能“功亏一篑”，出现因为差一点触及前位出场点而最终错过了初始止损点的情况。

我们再来看一个利用斐波那契回调点位进行前位出场的实例，请看图 24–26，这是澳元兑美元的 4 小时走势图。汇价从 0.7246 附近开始上升，到 0.7560 附近开始下挫，假如我们在 B 点附近做空，则前位出场点可以设定为 0.618（这是我们利用斐波那契回

调点位确定前位出场点时用得最多的前位出场点），当汇价最终跌到这一点位时，我们根据前位出场点的要求在 C 点附近出场。

图 24–25 下降趋势中的前位出场点：斐波那契回调点位构成的 R/S（1）

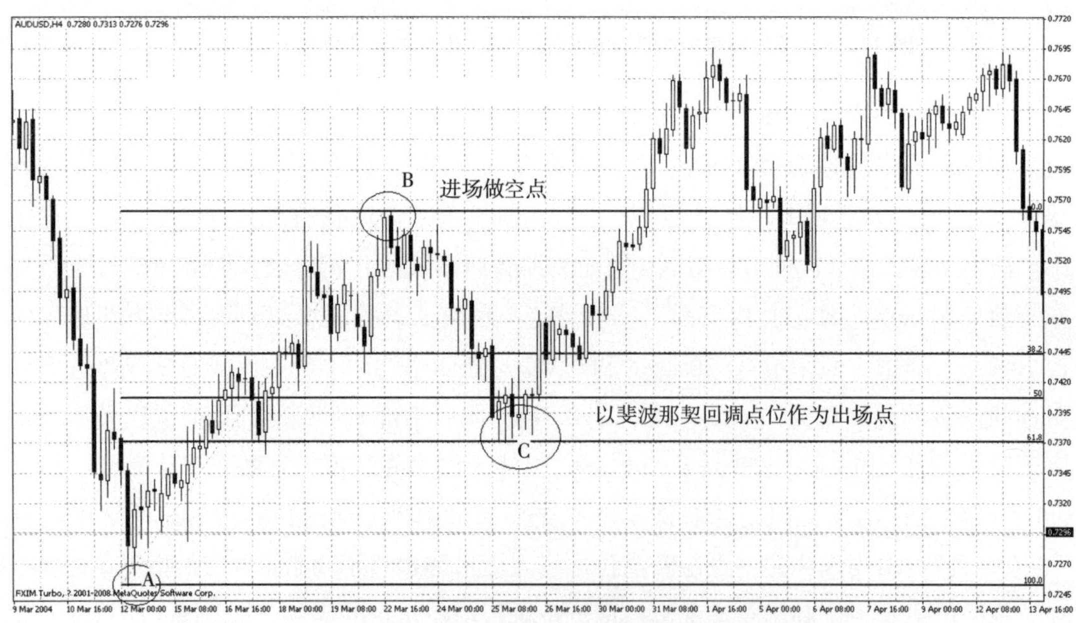

图 24–26 下降趋势中的前位出场点：斐波那契回调点位构成的 R/S（2）

前位出场点是我们最为谨慎采用的一种出场规划，毕竟这种方法为传统趋势跟踪交易者所批判，但是在即日外汇市场上，这种方法的合理性得到实践和统计两方面的支持。外汇市场的日均波幅在一个时期内是相对稳定的，这就为前位出场点在外汇交易中的存在打下了坚实的基础。对于期货交易者来说，如果你要他设定像前位出场点这样的出场目标，那绝对会遭到资深期货交易者的鄙夷，他们会觉得你根本不懂交易。在外汇日间交易者，甚至以 4 小时图作为交易策略的交易者那里，前位出场点也是“大逆不道”的。

超大资金为了获得足够的对手盘，必然要前瞻性地出场。所谓前位出场法对于超大资金而言是没有选择的选择。

虽然在期货交易者和股票交易者眼中，前位出场法违反了“让利润奔腾”的根本原则，但仍旧无法否认一个事实，那就是**在外汇日内交易中，前位出场法往往是对付日常反复市况的有效手段**，我们就来看看外汇日内交易中那些采用了前位出场法的著名策略，这些策略中的一部分在本书中已经得到了非常详尽的介绍，比如汉斯时区突破交易法等，下面我们就来简要地剖析前位出场法在具体交易策略中的使用。

Camarilla 交易法是本教程前面部分课程重点介绍的一个交易系统，这个交易系统以四个关键价位计算出交易的进场点和止损点，以及利润兑现点。请看图 24-27，Camarilla 交易法是典型的见位进场，出场采用固定水平出场（任何交易的出场止损都是后位出场法，所以从这个角度来讲，后位出场法是任何交易都不可或缺的组成部分），也就是前位出场法的一种，在进场的时候已经明确了出场位，类似于所谓的“止盈”，但是用“止”这个字未必恰当，很容易形成误导。在外汇日内交易中，之所以采用前位出场法的一个重要原因是因为市场走势的反复性，这使得预定目标出场与后位出场法相比具有一定优势，这样可以避免到手的利润被市场的反复性所蚕食掉，前位出场法是以形式上违背“让利润奔腾”的手段达到本质上符合“让利润奔腾”的目标。Camarilla 交易法的出场目标非常明确，其进场要求也非常明确，符合了交易对流程的基本要求，这就是进出加减，所以这一交易法

才能流传甚广，你在国外很多外汇交易网站上都能看到其踪迹，一些主流的外汇网站都提供了 Camarilla 交易法关键水平的自动计算器。

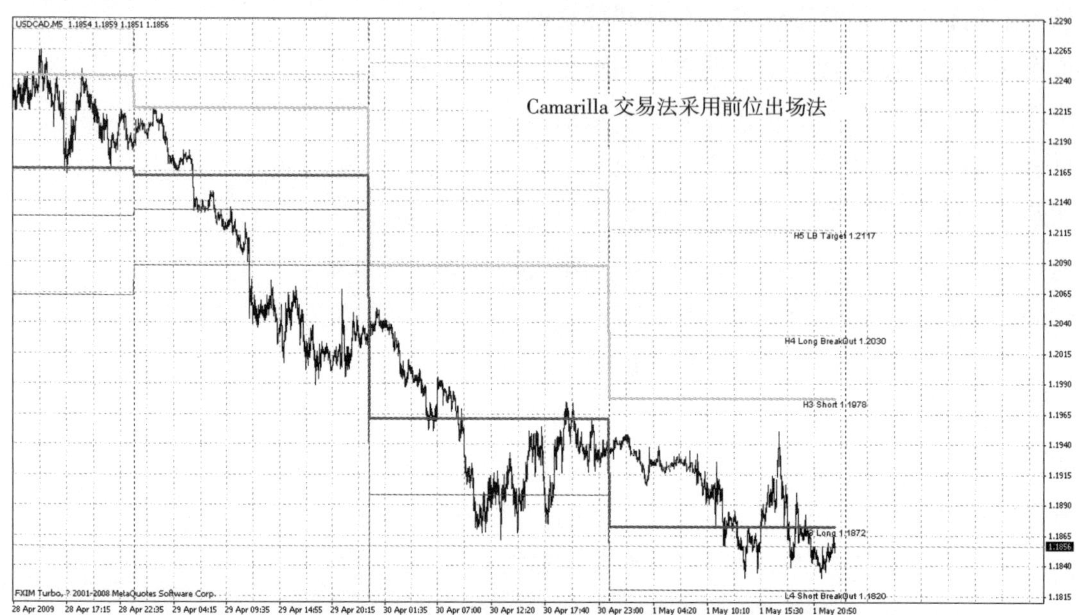

图 24–27 Camarilla 交易法与前位出场法

汉斯交易法与 Camarilla 交易法的进场策略不同，汉斯交易法采用的是破位进场，而 Camarilla 交易法采用的是见位进场。但是两者在出场策略上却存在一些相似性，主要集中体现于两者都是前位出场。但是，深究起来两者也有些许差别，比如 Camarilla 交易法采用的是价位目标的前位出场法，而汉斯交易法采用的是利润目标的前位出场法。汉斯交易法也具有明确的进场和出场设定，请看图 24–28，这时系统主要采用前位出场法来兑现利润，其主要依据仍旧是日内波动性，其交易的主要货币对是欧元兑美元和英镑兑美元，由于欧元兑美元的波动性低于英镑兑美元的波动性，所以前者设定的固定盈利点数低于后者。这里要注意一点：前位出场点的确定必然是在进场的时候就可以确定的具体价位，你可以是通过固定利润点数来设定这个价位，比如汉斯交易法，也可以是通过关键水平来设定这个价位，比如 Camarilla 交易法和 FxOverEasy 交易法就主要是根据关键水平来确定前位出场点的。

另外，许多资深外汇交易界人士应该听说过维加斯隧道交易法，这个方法在欧美外汇交易界非常热门和时髦，据说这种方法是“新江恩理论”崛起的标志之一，通过寻找神奇数字来确定具体的出场点，这就是这种方法的神奇之处，在《高级斐波那契交易法：外汇交易中的波浪理论与实践》一书的附录部分，我们介绍过这种方法，这是

图 24-28　汉斯交易法与前位出场法

一种奇特的前位出场系统，当然它也兼顾了后位出场，下面我们就从这种交易系统的发明人那里获取关于这个系统使用的基础规则：

◇ 为你感兴趣的汇率新建一个 1 小时图，棒图和蜡烛图实际上没什么区别，叠加上三样东西：169 期指数移动均线、144 期指数移动均线，以及最后加上 12 期指数移动均线。

◇ 144 和 169 均线即构成我所说的隧道。而 12 指数移动平均线是一个极其有价值的过滤器，它将是你一直想放在上面的东西。在过滤器部分我将谈到这个东西。

◇ 记住或者写下下列菲氏数列并且使它们靠近你的交易屏幕：1，1，2，3，5，8，13，21，34，55，89，144，233 和 377。为了交易，我们感兴趣的数字是 55，89，144，233 和 377。

◇ 等待市场进入"隧道"区域。当它突破隧道上轨时，你做多；当它突破隧道下轨时，你做空。平仓和反转放置在隧道的另外一边。当市场按照你的方向运行时，你在接连的菲氏数字位置处依次兑现部分利润，留下最后一单直到下列情况发生：①市场从隧道处运行到最后一个数字（377 点）；②市场最终回到隧道或者到达隧道另一边。

请看图 24-29，这是叠加了维加斯隧道交易系统指标之后的欧元兑美元 1 小时走势图，你可以从我们的网站上面免费下载这一系统的指标，这样你就不用耗费心力去手工计算相应的出场位置了。除了最后一单可能利用 144/169 隧道本身后位出场（采用移

动平均线构成的隧道跟进出场）之外，之前的单子都是利用斐波那契数字出场，也就是前位出场法。

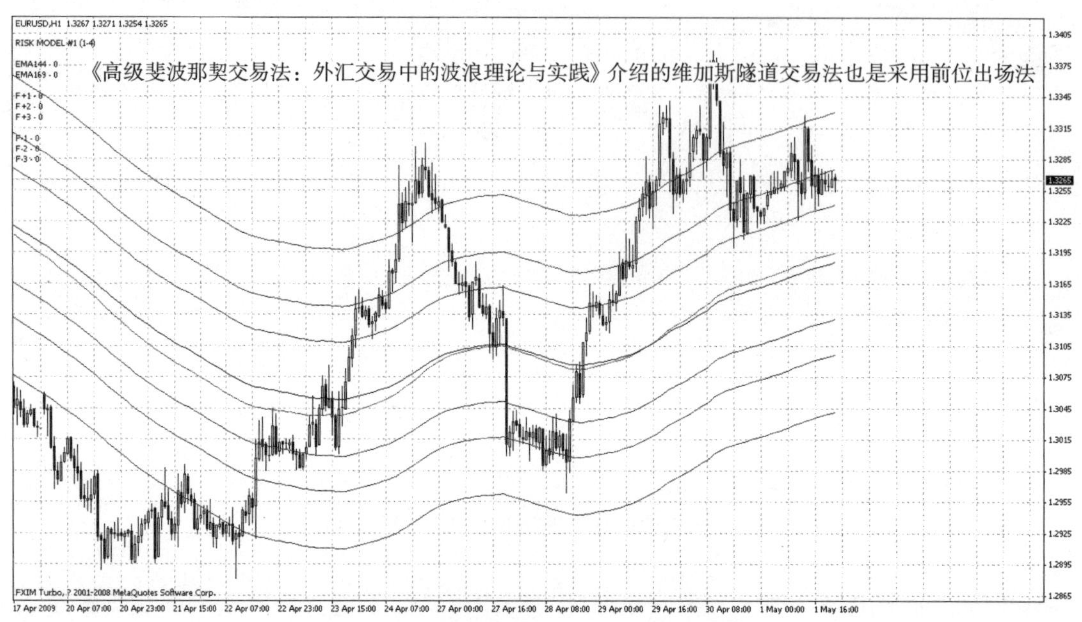

图 24-29 维加斯隧道交易法与前位出场法

作者本人对这个系统吹得“玄乎其玄”，在此基础上，他还创造了维加斯 4 小时交易法和日线交易法，我们看看他对这个系统的评价吧：

稍后我把这损失看作我交易博士学位的学费。在接下来的几个月里，我测试了大家知道的每个系统和模型。我在交易殿堂中学习迅速，在这个殿堂中交易纪律对产生利润来讲是第一位的。我请教周边的人，最后还恳求交易量较大的交易者分享他们的部分秘密。在一年的时间里，大家都在找我。在中美交易所之后，1981 年晚些时候我去了芝加哥商业交易所。他们交易期货。剩下来的事就是历史了。

给你的隧道方法是我 20 多年研究和交易的积累所得。它在以前和现在都在起作用，也将在将来起作用。我相信它在外汇和标准普尔合约上最为有效。

让你成为行家（职业交易者）并不是我的热情和意图所在。以外汇市场今天交易的方式（3~5 个点差），你无论如何不能做绝大多数人干的刮头皮的交易。万一还没有任何人告诉你在外汇市场刮头皮并不是致富之路，我告诉你。这个世界上没有任何一个富裕的人是靠刮欧元或者其他汇率的头皮来发财的。

关于维加斯隧道交易法，公开流传的版本有四个，分别是《The Tunnel Method-1HR》、《Vegas Tunnel 4HR》、《Vegas Wealth Builder》、《Vegas Wealth Builder Part II》，另

外还有其他人作了进一步分析和探讨，比如《Tunnel Modified》等，对于维加斯隧道交易法的网络评价都是非常正面的，不过其策略大多建立在“破位进场”和“前位出场”之上。维加斯隧道交易法涉及的内容庞大，绝非三言两语就能说清楚，在《高级斐波那契交易法：外汇交易中的波浪理论与实践》一书中，我们仅仅介绍了其第一个版本，本书也以第一个版本为例说明其出场策略，维加斯书面授权可以不受版权和著作权约束任意传播他的方法，我们准备在《维加斯隧道交易法：外汇交易中的波浪理论与实践（4）》中全面介绍维加斯和他的追随者们所做的一切研究（《外汇交易中的波浪理论与实践》分成了若干本书出版：除了前面提到的之外，还有《艾略特波浪交易法：外汇交易中的波浪理论与实践(2)》和《加特力波浪交易法：外汇交易中的波浪理论与实践（3）》）。**基本上绝大部分的波浪理论都是以见位进场和前位出场为主的，这是我们需要注意的，由于前位出场并不足以适应市场的现实性，所以我们在实际使用某一波浪理论的时候应该将前位出场与后位出场结合起来，这样才能做到恰到好处，也才符合我们“现实主义的要求”。**

缺乏后位出场法是很多交易者遭遇重大挫折的直接原因。

有不少读者对于我们在《外汇交易圣经》中大力介绍的主要货币日内波动统计兴趣冷淡，甚至不乏读者认为这是“一点用处都没有的东西”，其实他们并没有很好地理解外汇市场的特点和我们的意图。**外汇日内交易的本质基本上是“心理学”和“统计学”的，如果你不能以统计思维来看待我们在系列书中所做的陈述，你就不能认识到什么是有价值的，什么是没有价值的。**不少读者对外汇书价值的评判无非是基于讲了多少技术分析的手段、讲了多少种形态、讲技术指标没有，这其实陷入了“大众的盲点”，注定你只能成为跟绝大多数交易者一样的交易者，结果就是变成占交易者大多数的输家。**通过分析货币的日内波动统计特征，我们可以很好地在此基础上进行交易系统设计**，无论是威廉姆斯还是维加斯，这类职业交易者都非常注重日内走势的统计特征，要知道，

在股指期货上的日内交易也要重视日均波幅，所有品种的日内交易都要重视日均波幅。当然，最好同时注意离差和驱动面变化。

威廉姆斯创造过短线交易的奇迹，一年之内增长 100 倍，这是期货界有官方记录的最好成绩之一，他很注重日内走势的统计数据。**在外汇日内交易中，最重要的日内走势统计数据就是日均波幅**，为什么这样说呢？由于外汇是两种货币对的较量，相应国家都有干预的动机（没有清洁浮动的汇率，普遍是肮脏浮动和固定汇率，这里的“清洁”和“肮脏”都是国际经济学专用术语，不要认为是我们杜撰出来的），所以汇率倾向于呈现区间走势，而不像股票和期货，当标的获得驱动因素或者是心理因素支撑时就会走出中长期的单边市。再者，由于外汇市场的日交易量在一定时期内是确定的，所以其从“资金面”获得的动力也是固定的。**上述两个要素叠加起来使得外汇某一品种在一定时期内的日均波幅是一定的，也就说均值一定，标准差较小。知道这个有什么用呢？最简单的一个用处就是帮助我们设定前位出场点**，比如你现在买入英镑兑美元，假如其最近一段时期的日均波幅是 230 点，而目前波动了 130 点，则向上的空间有很大可能是 100 点，当日内波动达到 230 点时，你的一个较好选择是平仓（更好的选择是平掉 1/2 的仓位，当然这里的主要目的是留着仓位捕捉偏离日均波幅很大的少数行情）。波幅出场法是我们对这种出场思想的定义，图 24-30 就是典型的波幅出场法的界面，其中动用的加权日均波幅指标可以从我们的网站免费下载，永久使用。所谓“加权日均波幅”就是把最近 20 日、10 日、5 日的日均波幅和前一日的波幅进行平均，这种计算方法赋予了近期波幅值以更大的权重。对于日均波幅还有一种使用方式，那就是当行情已经基本达到了日均波幅，这时候你就不能顺方向入场了，因为再发展的空间从概率上讲已经非常小了。如果你能够使用我们提供的加权日均波幅自动计算指标，则可以在外汇日内交易中获得很大的优势，这就是“统计优势”。而波幅出场法则是典型的前位出场法，你可以顺着这个思路去发掘适合你的外汇出场策略。

图 24–30　波幅出场法与前位出场法

前位出场法是新手竭力想实现最大效用的方法，但是从现实主义的角度出发，我们永远不能忽视了另外一种出场方式，这种出场方式在任何一笔交易中都会被采用（使用并不意味着最终以此方式出场）。**一个理想主义的外汇交易者可能对自己的交易有足够的信心，所以他采用纯粹的前位出场法，但是我们的交易操作中一定会以纯粹的后位出场法或者混合出场法（必须含有后位出场法）来管理出场过程。后位出场法是交易中不可少的工具，是科学出场法的代表。**

抱最大的希望=前位出场法，作最坏的打算=后位出场法。

我们先来看做多交易中的后位出场法，股票和期货交易中如果你能够恰当地运用这一方法，则你应该获利甚丰。请看图 24–31，这是做多交易中的后位出场法模型，假如你在 A 点，则随着行情的发展，你逐步移动后位出场点到恰当的位置，以便紧随市场运动的同时又能够过滤掉市场的噪声（此处是反趋势的向下运动）。假如你在 B 点处的 R/S 水平之下一些设定了后位出场点（俗称跟进止损点），B 点的后位出场点设置必须在价格向上通过该点一定距离之后才可。如果价格回撤触及此后位出场点，比如 C 点处的情况，则你必须了结

头寸。移动止损与初始止损都属于后位出场，其设置的基本要求一致，这是你要重点掌握的技巧。**后位出场法的目的只有三个：“截短亏损，让利润奔腾，保住现有利润。”跟进止损对于交易的概率结构具有调适作用，主要是针对风险报酬率：**如果你只采用初始止损，则随着行情的发展，你开始累计利润，而市场当下的价格水平离你初始止损的位置越来越远，也就使你承担的潜在风险越来越大，而你可挖掘的潜在报酬却随着行情的发展而越来越少（日内外汇市场肯定是这样的，期货则不一定，因为行情朝一个方向走得越远，则走得更远的可能性也越大，当然这是针对特别大的跨年度期货行情而言），这样的话你的风险报酬比，或者潜在盈亏比就越来越不恰当了，让你的交易逐渐处于劣势，通过跟进止损，你开始锁定浮动盈利，同时将承担的风险锁定在一定限度之内，这样风险报酬比就不会恶化。**你不能把所有的浮动盈利拿去承担风险，追逐越来越少的潜在利润。很多交易者都有一个误区，或者说盲点，就是将浮动利润整个拿去承担风险，亏掉利润而不是本金就不算亏损，这是这些人骨子里的想法。**

跟进止损的目的在于因应市场风险报酬结构的变化而调整风险报酬率。

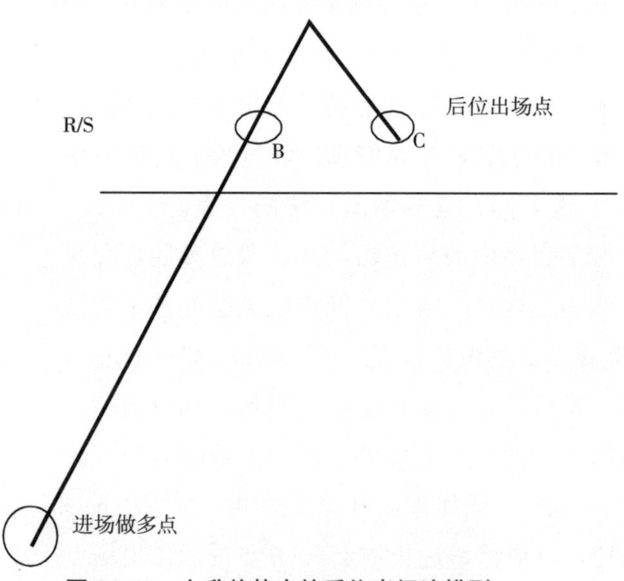

图 24–31　上升趋势中的后位出场法模型

无论你进行什么样的交易，包括外汇日内交易，你都要牢牢按照表 24–2 中的要点设定后位出场点。也许你采用了前位出场点，或者采用了同位出场点，这些都不是问题的关键，问题的关键是如果你想要在金融市场中长期生存和发展，则你必须在自己的出场体系中融入后位出场这个必要成分。后位出场使得出场只有一种方式，不会在兑现亏损和兑现盈利上存在有差别的做法。有个外汇交易方面的高手曾经卖弄地在大众面前说自己的止损点就是止盈点，止盈点就是止损点，现在你该知道什么意思了吧。此君在中国内地东北地区享有较大的业界知名度，与初学者沟通起来经常用这类遮遮掩掩的"禅宗词汇"。

后位出场法的 4 个要点，我们这里再重复一下，请看表 24–2，要点 1 和要点 2 规定了后位出场点设定的最小疆界，或者说止损的最小幅度；要点 3 则规定了后位出场的最大疆界，也就是说止损的最大幅度；要点 4 则是为了优化后位出场点给出的一个要件，它也规定了止损的最大幅度，所以要点 3、要点 4 都是规定了止损的最大幅度。

表 24–2 后位出场法的要点一览

	后位出场法 4 要点（初始止损和跟进止损）	主要作用
1	关键水平外侧（做空止损放置在阻力线之上，做多止损放置在支撑线之下）	设定最小疆界，或者说止损的最小幅度；放大利润
2	布林带异侧外（做空止损放置在布林带上轨之上；做多止损放置在布林带下轨之下）	
3	符合资金管理比率要求；（一般是 2%~8%）	设定最大疆界，也就是说止损的最大幅度；截短亏损
4	给予市场一定的回旋空间（一般只允许行情回撤前一波段的 1/2）	

后位出场点永远与持仓方向相反，位于价格发展方向的后边，而不是前边，这就是后位出场点与前位出场点名称的主要由来，同位出场点则几乎是在当下价格处相机抉择的。

后位出场点，也就是跟进止损点如何设定是非常复杂的事情，一般交易者很难形成系统的思维，往往挂一漏万或者是被不同的设置方法搞得无所适从。下面我们就开始介绍上涨趋势中进场做多之后，如何设定后位出场点，一旦你能够很好地掌握这里介绍的各种后位出场点的设置方法，则你可以在交易出场的时候除去具体的形式，仅仅按照后位出场法的 4 个要点去操作，这违反了系统交易的形式，但却具有了系统交易的实质。下面我们就开始逐一介绍，请看图 24–32，这是以前期高点作为后位出场点设定基准的实例，这是英镑兑美元 15 分钟走势图，汇价从 1.4930 附近下挫到 1.4825 附近，然后开始拉升，假设你在 B 点附近进场做多（此处忽略初始止损的设定）。此后

汇价一路上涨，最终上扬到前期高点之上，也就是 A 点价位之上，那么最近的跟进止损点，也就是后位出场点应该怎么设定呢？当汇价还在 1.4970 附近时，交易者可以将止损挂单设置在前期高点之下一些，具体按照后位出场法的 4 个要点去操作。此后，汇价从高位跌落，跌破前期高点之下设定的后位出场点，于是我们在 C 点附近了结多头仓位。

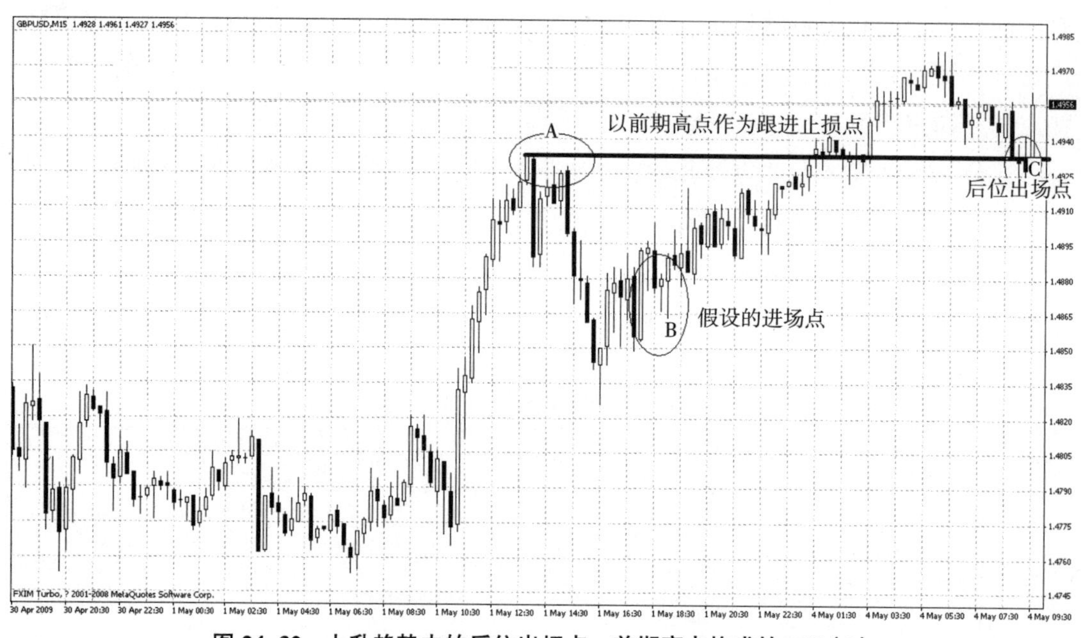

图 24–32 上升趋势中的后位出场点：前期高点构成的 R/S（1）

我们再来看第二个实例，请看图 24–33，这是英镑兑美元 5 分钟走势，假定我们在 A 点进场，从现实的角度来讲当行情突破 B 点代表的前期高点的制约之后，我们对此后行情的发展其实是不能确知的，这时候需要对既有利润进行保护，同时还要让潜在利润有发展的可能，但是我们不能确知市场是继续往上走，还是接下来就反转，所以我们可以在前期高点 B 价位水平之下一些设定后位出场点，此后，汇价上冲失败触及后位出场点 C，于是我们出场了结多头，此后市场再度创出新高，然后开始真正的向下反转。很多高手都会讲一句话：让市场告诉我应该做什么！为什么他们不说明白具体怎么操作的呢？或许是他们故弄玄虚，或许是他们本来就无意告诉你，或许……其实，他们一般都是在讲“破位进场”和“后位出场”，这两个都不需要自己去预测，都是让市场来给你进场和出场的最终决策。与之相对的是，“见位进场”和“前位出场”，它们要求交易者要有一定的预见性，不过这与绝大多数交易者追求的预测性相比，差之甚远。**所谓趋势跟随交易的传统精髓就是“破位进场”和“后位出场”，而“破位进**

场”和“后位出场”都是秉持一种“聆听市场的哲学”，这就是交易中的“上善若水”之道，水会寻求阻力最小的路径，而“聆听市场”也就是这种寻求努力的表现。

图 24-33　上升趋势中的后位出场点：前期高点构成的 R/S（2）

在上升趋势的做多交易中设定后位出场点还有一种参照基准就是前期低点，我们结合两个具体的实例来看，先看第一个实例，这是英镑兑美元 5 分钟的走势，请看图 24-34。汇价从 1.4655 之下逐步拉升，形成了上升 N 字，假设我们在 A 点附近进场做多。此后汇价一路上涨，根据我们的理论，途中肯定会设定和改换好几处后位出场点，我们就以该交易最后一个后位出场点为例，当汇价突破 1.4730 附近的前高创出新高时，我们可以选择临近价位的前期低点作为跟进止损点（也就是后位出场点），具体位置大概在 B 点附近，此后汇价从高位下落，触及了 B 点之下设定的前位出场点，于是在 C 点附近了结多头头寸并出场。

再来看做多交易中利用前期低点作为后位出场点设定基准的第二个例子（注意不是以前期低点作为后位出场点，在做多交易中，后位出场点肯定是在某条 R/S 水平之下一些的，在本例中应该设定在前期低点之下一些）。请看图 24-35，假设我们在 A 点进场做多，此后汇价一路上扬，你可以看到不少波段低点，杰西·利弗摩尔会把这些低点定义为 Pivot 点，作为跟进止损点，也就是我们所说的后位出场点。假如我们一直按此规则操作，此后汇价创下 B 点这样的前期低点之后再度上涨，按照后位出场法的原理，我们就应该把跟进止损点（前位出场点）移动到 B 点之下一些位置，此后汇价在

图 24-34　上升趋势中的后位出场点：前期低点构成的 R/S（1）

图 24-35　上升趋势中的后位出场点：前期低点构成的 R/S（2）

让我们持续占据主导权和优势地位的工具就是移动的后位出场点。

C 点处跌破了前位出场点，于是我们了结多头头寸出场。这里需要注意的一点是，**在我们的实际外汇操作中，除了前位出场点和同位出场点是唯一的之外，后位出场点是在随着行情不断调整的，这就是后位出场点的优势所在。**跟进止损点

就是后位出场点，跟进的过程中，你需要不断评估和考量，所以跟进止损的操作比较麻烦，需要花费更多的脑力和时间，这导致许多外汇交易者不愿去采用后位出场法，**在日内波动幅度较大的市场中仅采用后位出场法，会使不少交易者的浮动利润被吞噬，白忙一场是这类情况的最佳写照，所以在外汇日内交易这样的情景中，后位出场法必须与前位出场法或者是同位出场法结合使用。**

除了前期高点和前期低点可以作为做多交易的后位出场点基准之外，前期成交密集区也可以作为做多交易的后位出场点基准。请看图 24–36，这是英镑兑美元 5 分钟走势图，假定我们在 A 点附近进场做多，中间一路持仓（因为并没有潜在的后位出场点被触及，同时也假定没有触及前位出场点），在 B 点附近汇价形成了小型震荡区域，然后汇价大幅拉高，此时按照做多交易中后位出场法的一般要求，我们可以在 B 点的成交密集区之下设定跟进止损点（后位出场点）。最终汇价在 C 点处击穿了后位出场点，于是我们了结此前持有的多头头寸。前期成交密集区一般是相邻多根价格线重叠构成的区域。从本例中还可以看出后位出场法的一个弊端，这个弊端与后位出场的优势并存，两者是同一枚硬币的两面，就是后位出场法可能让浮动利润损失大半。后位出场法必须在最大化利润和最小化亏损之间取得均衡，最大化利润要求后位出场点远离行情的发展，这样才能够避免被反向的市场噪声波动触及，也才能够“让利润奔跑起来”；最小化亏损要求后位出场点贴近行情的发展，这样才能及时减少转势带来的亏损

图 24–36　上升趋势中的后位出场点：前期成交密集区构成的 R/S（1）

（**浮动盈利减少也是亏损的一种形式，如果你不把浮动盈利当作盈利，则你倾向于虚耗你的账户，如果你不把浮动亏损当作亏损，则你倾向于"让亏损奔跑"。绝大多数交易者都不认为浮动盈利是盈利，所以他们往往糟蹋掉这些盈利，同样绝大多数交易者也不认为浮动亏损是亏损，**所以他们总是留在浮动亏损的头寸等待它的"回返"，但是他们忘记了"市场不在乎你的愿望"这条规律）。

我们再来看一个前期成交密集区作为后位出场点基准的例子，这是英镑兑美元 5 分钟交易的走势，如图 24-37 所示。假定我们在 A 点附近进场做多，此后汇价一路走高，然后在 B 点附近形成成交密集区，然后一根大阳线突破此成交密集区，于是我们在 B 点成交密集区之下一点设定后位出场点（跟进止损点）。汇价在高位盘整数根 K 线之后开始下跌，于 C 点处触及后位出场点，于是我们了结空头出场。这里需要提醒大家注意的一点是由于外汇日内交易，特别是在亚洲时段和较小的时间框上，行情波动有限时不能频繁改变后位出场点，在本例中，除了将初始止损点改到 B 点之下，此间无须其他出场点设置，如果改动频繁，则很难让市场有充分发展的机会，自然获利的潜力也就有限了。那么，如何防止市场在盈利不大的时候反过来触及初始止损，从而让本来赚钱的头寸变成亏损呢？一般办法就是盈亏平衡后位出场点，在《5 分钟动量交易系统》一书中，关天豪就是利用这种策略来避免盈利头寸最终亏损出场的。具体做法为：**当头寸出现了等于初始风险（初始止损点到进场点的幅度）的浮动盈利时，将**

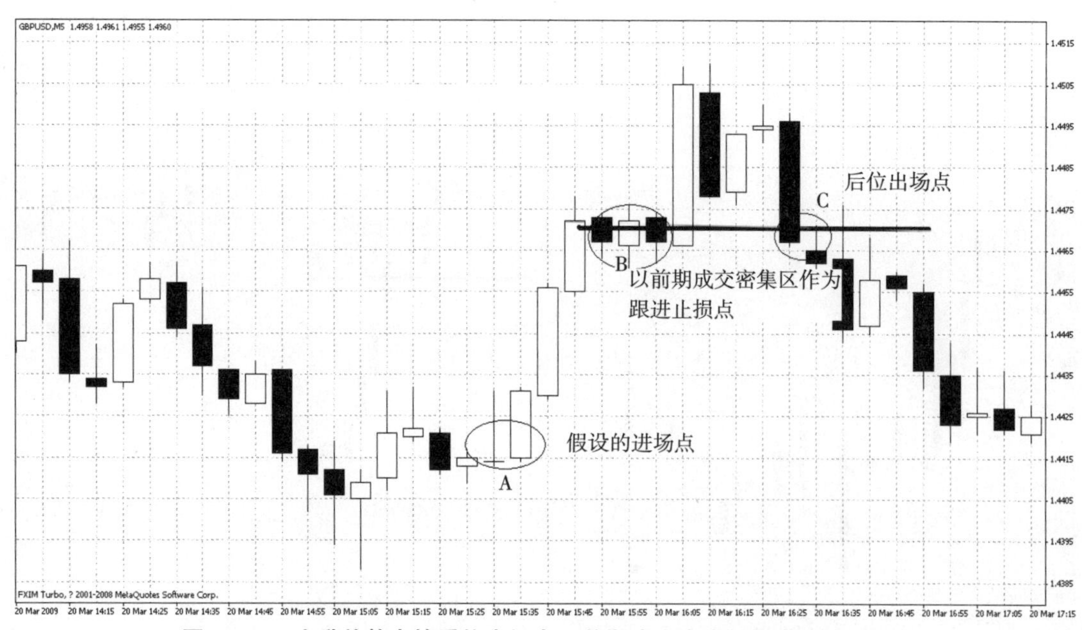

图 24-37 上升趋势中的后位出场点：前期成交密集区构成的 R/S（2）

移动止损点（后位出场点）移动到盈亏平衡点，这时的后位出场点就是盈亏平衡后位出场点，这个技巧可以加入任何交易策略中，这类后位出场点比较特殊，并不完全符合我们关于后位出场点的一般要求（4个要素），但是大家完全可以把这个技巧用起来，这种技巧可以帮助交易者维持恰当的风险报酬率，同时让交易者获得心理优势（不可小看心理优势对外汇日内交易者的意义）。记住关天豪的“盈亏平衡后位出场点”技巧！

将止损适时地移动到盈亏平衡点可以让你具有某种心理上的优势。

斐波那契比率（以及斐波那契数字）是众多波浪理论（波浪理论可不仅仅是艾略特一家）的核心，在后位出场点的设定中，斐波那契线谱也有一席之地，只不过绝大多数交易者总是忽视了这一比率在出场方面的作用，而仅仅重视他们在进场中的作用。我们先来看斐波那契回调点位在做多交易中作为后位出场点的实例，先看实例1，这是英镑兑美元5分钟交易走势，如图24-38所示。假定我们在D点附近进场做多，此后汇价一路走高，由于一路没有回撤，自然也就没有高点和低点，基本也没有成交密集区，当汇价发展到B点时，

图24-38 上升趋势中的后位出场点：斐波那契回调点位构成的R/S（1）

我们怎么设定后位出场点呢？这时候你可以采用斐波那契回调点位作为跟进止损点（后位出场点）设置基准，一般我们采用 0.5 以下点位，通常是 0.382 和 0.5 两个点位，这个需要结合资金管理比率等 4 个要素来考量。在本例中，我们采用 0.382 作为后位出场点。此后，汇价在 C 点附近跌破 0.382 点位，于是我们了结多头头寸出场。

在太过陡直和流畅的大幅上涨中，你要找到“新防线”和“立足点”是非常困难的，这时候斐波那契回调点位就是最佳的选择，通常而言市场的逆趋势回撤不会超过 0.618，所以你可以选择 0.618 以下的点位作为后位出场点基准线，当然我们倾向于选择 0.5 和 0.382，因为行情如果跌破 0.382 了，即使此后再涨回去，你也要承担很大的心理压力，跌破 0.618 再出场的话，你已经损失了该波段 2/3 的浮动利润了，从这点来讲你可能已经违反了“恰当风险报酬比”的原则了。

我们再来看一个利用斐波那契回调点位作为后位出场点基准的实例，请看图 24-39。这是英镑兑美元 1 小时走势，本例中我们忽略了其他可能的后位出场点设定方式，只考虑以斐波那契回调点位作为后位出场点。假定我们在 B 点附近进场做多，此后汇价一路上涨（中间有不少波段低点和高点可以作为后位出场点，但是我们只考虑以斐波那契回调点位作为后位出场点）。本例中，我们以 AC 为单位 1，进行斐波那契分割，得到斐波那契线谱，我们采用 0.382 点位作为后位出场点的设定基准，具体而言就是将后位出场点设定在 0.382 点位之下一点。最终汇价触及了 0.382 点位之下的后位出场

图 24-39 上升趋势中的后位出场点：斐波那契回调点位构成的 R/S（2）

点，于是我们在D点附近了结多头头寸。斐波那契回调点位可以看作是市场多空力量对比的温度计，你也可以在重大数据公布前通过观察当前价格相对前一波段的斐波那契回调点位来掌握市场本身的多空观念，通常而言，当现价停留在0.5点位以下时，空方力量和空方观念占优势，位于0.618附近则是空方力量占优势（消息公布前，当市场犹豫不定时，汇价会停留在0.5水平附近），位于0.382附近则是多方力量占优势，当然这是针对相邻波段向上的情况。简而言之，你可以将斐波那契回调点位当作市场力量的温度计，在上升走势中，汇率在0.382处获得支撑，完成回调，则表明多方力量还比较强大，未来多头行情还可以期许，如果汇率跌穿0.5，则多方空方力量基本均衡，后市上涨的可能性就小很多了。所以，我们不会用超过0.5的回调点位，比如0.618和0.764作为上涨趋势中的后位出场点设置基准。

当你幸运地捕捉到我们在《外汇交易进阶》和《外汇交易圣经》中提到的“数据行情”时，当此时的行情已经瞬间大幅度运动之后，你怎么在近乎笔直的走势中寻找“新防线”？这时候你可以利用斐波那契回调点位构筑后位出场点。斐波那契回调点位是后位出场者最后的武器之一，你一定要掌握这项工具，否则在快速发展的行情走势中，比如**权证日内飙升走势中，你将无法对急涨之后的急跌进行决策。**

天量对应价格线的低点或者高点其实也是很好的防守点。

采纳后位出场点的交易策略和系统有很多，不少是大家耳熟能详的，下面我们就来介绍其中用得较为普遍的一些策略，当然如果你想要自己的出场策略发挥做大效用，就应该将前位出场法、同位出场法和后位出场法结合起来使用。

移动平均线经常作为跟进止损（后位出场）的工具，虽然最终的平均线出场定义存在差异（比如，要求收盘价突破才有效），但是基本的原理是一样的。移动平均线是滞后指标，而成交量是先行指标，价格本身可以看作同步指标，从技术分析的角度可以这样看待三种类型的技术要素的关系。正因为移动平均线是滞后指标，所以才可以作为后位出场的

工具（我们这里暗含一个前提，即滞后指标可以作为后位出场工具，而震荡指标一般可以作为同位出场工具）。请看图24-40，这是21期移动平均线，21是斐波那契数字，移动平均线的设定一般倾向于斐波那契数字，国内外不少“大师”和“名家”都拿着斐波那契数字作为参数的均线“招摇过市”，比如国外的比尔·威廉姆斯和国内的所谓股价定位系统，其实这些线的作用被夸大了。图24-40是英镑兑美元的5分钟走势图，这是关天豪喜欢采用的超短线交易框架，他采用的均线参数也与斐波那契数字相近，当然你也可以用其他理由解释其中的原理，这并不重要，重要的是你知道他们采用的是后位出场点。假定你在A进场做多，当汇价下穿移动平均线时出场，则移动平均线本身就是后位出场点的基准线。随着行情的发展，你最终会在B点出场。**大部分交易者认为移动平均线具有神奇的力量，他们认为由于平均成本和自然规律的作用使得某些移动平均线具有支撑和阻力的作用。**

外汇市场中，行情过后总能找到某条具有“神奇效果”的均线。

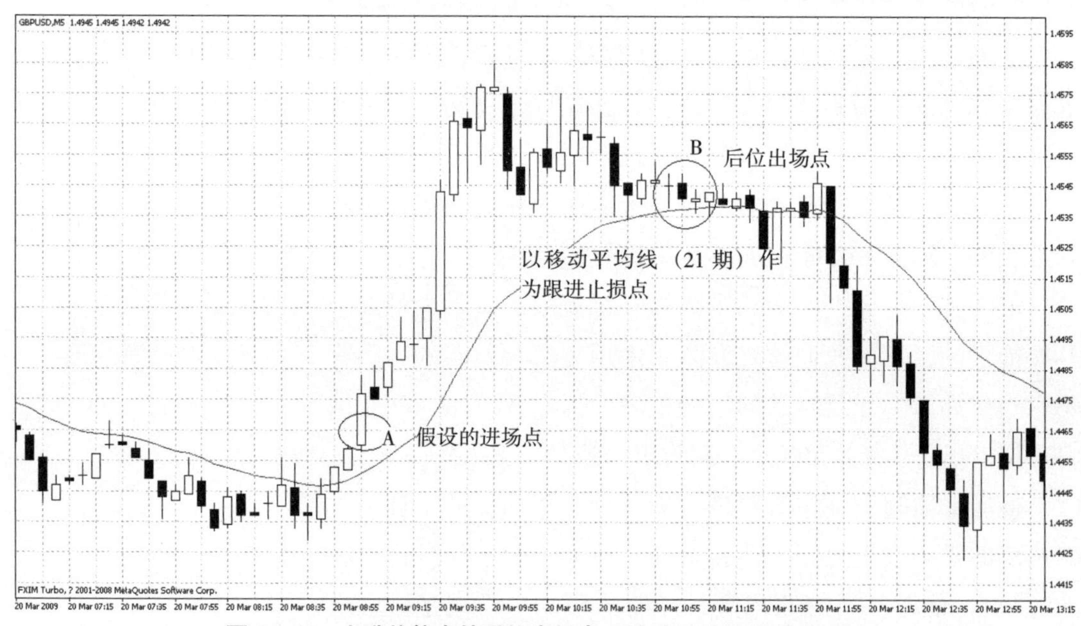

图24-40　上升趋势中的后位出场点：移动平均线构成的R/S

在做多交易中，移动平均线作为后位出场点有很多种运用方式，比如收盘价跌破单条移动均线出场，价格以持续下

跌 K 线形态跌破单条移动平均线出场，短期移动平均线跌破长期移动平均线出场，三条以上移动平均线形成空头排列之后出场等，你可以结合自己的实践需要选择效用和效率较高的移动平均线使用方式来执行后位出场策略。

除了利用移动平均线来执行后位出场之外，其他趋势指标一般也可以执行类似的功能，比如大名鼎鼎的抛物线指标，请看图 24-41，这是英镑兑美元 5 分钟走势图。关于抛物线的用法我们就不再赘述，这属于初级层次的东西，大家可以自己去查阅相关的内容。假定我们在图中 A 点进场做多，而抛物线的一般用法就是帮助设置移动止损点，也就是机械地设置移动止损点，此后行情一路看涨，不久之后在 B 点汇价跌破抛物线（其实是原点）处设置的跟进止损点（后位出场点），那么按照抛物线的规则就应该了结多头头寸。抛物线与移动平均线在作为出场工具时一般都是作为后位出场点，当然某些非常特别的外汇交易系统中移动平均线也可以作为前位出场点，这是非常少见的使用方式。这里需要提醒大家的两点是：**第一，越少人使用的指标类型，则有效性相对越高；第二，越少人采纳的指标用法，则相对性越高**。这两点仍旧与我们不断倡导的“盲点即利润”原理相符。

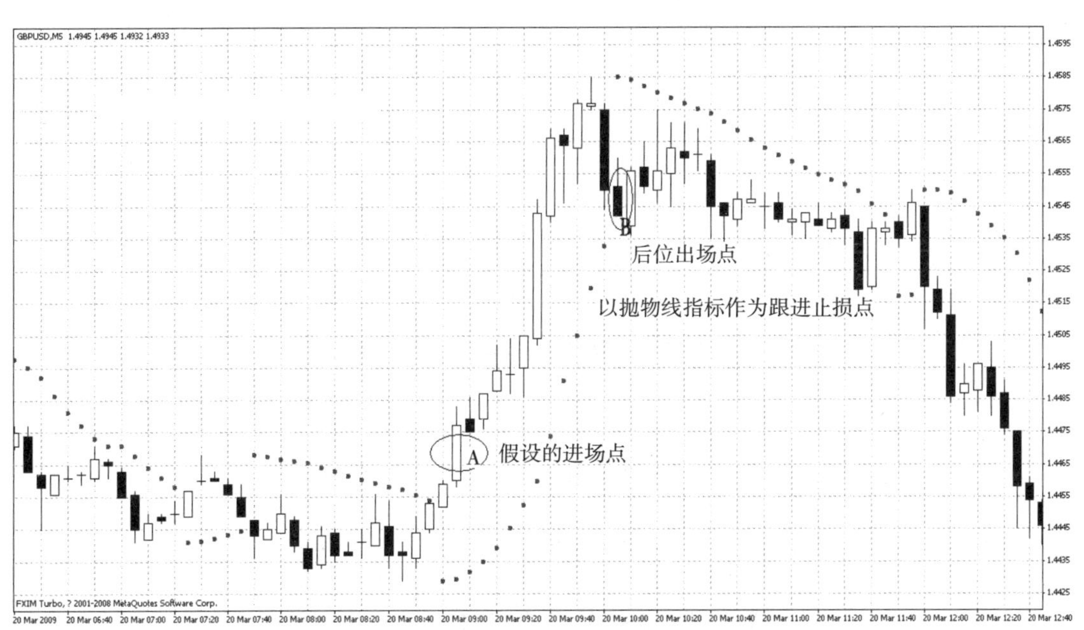

图 24-41　上升趋势中的后位出场点：抛物线指标

比尔·威廉姆斯的分形指标与杰西·利弗摩尔的 Pivot 点类似，只是后者的主观性强一些而已。请看图 24-42，这是美元兑瑞郎的 4 小时走势图，图中的箭头标注了价格的分形结构，**向上分形你可以简单地理解为局部的高点，向下分形你可以简单地理解为**

分形是最简单而有效的跟进止损点。

局部的低点。向下分形与杰西的 Pivot 点类似，基本上可以作为做多交易中的后位出场点，通常你可以从向下分形（或者杰西的 Pivot 点）中选择适合的跟进止损点，也就是做多交易中适合的后位出场点。请看图 24-42，图中标注了假设的进场做多点，你在此入场做多，此后汇价一路攀升，你可以相应地跟进止损，你会以向下分形对应的最低价作为设定跟进止损的基准点位，当汇价跌穿此后位出场点时，你就需要了结此前的多头头寸。

图 24-42　上升趋势中的后位出场点：向下分形构成的 R/S

接着我们探讨做空交易中的后位出场点设定，先来看图 24-43，这是下降趋势中的后位出场法模型。交易者在分析清楚了“势、位、态”三要素之后，选择合适的仓位在 A 点介入做空，当汇价如预期发展的时候，我们要不断考虑是否继续持仓，这就是下降趋势中的出场问题。当汇价不断创出新低时，我们在现价之上设定出场点，这就是后位出场点。做空中的后位出场点设定在阻力线之上合适的位置，比如图 24-43 中的 B 点，当汇价向上突破此点时，交易者就应该按照后位出场法的了结空头头寸。

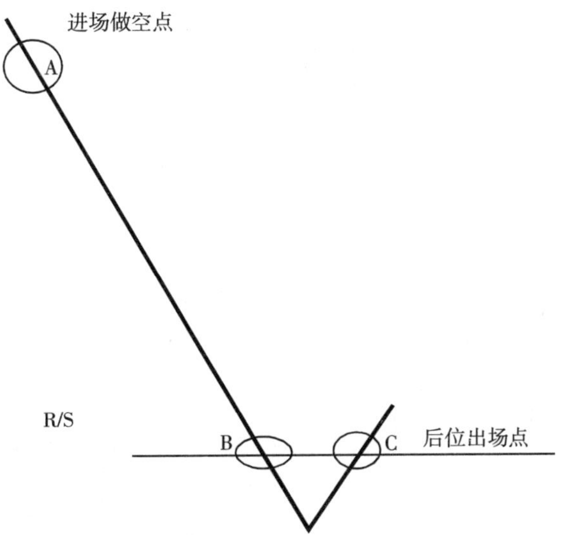

图 24-43　下降趋势中的后位出场法模型

这里插入一个比较重要的问题：或许少数细心的读者会关心我们本课介绍的出场策略与帝娜仓位管理模型是什么样的关系，两者并不对立，而是结合使用的关系。**本课介绍的帝娜出场三式，主要是针对出场的一般形式，而帝娜仓位管理模型中的金字塔减仓法其实就是讲无论你使用何种出场形式，都应该遵循微调的思路。**你现在应该知道我们的意思了吧。你可以否认帝娜仓位管理模型的形式，但是你应该遵循其实质：**当市场变化时，交易者应该根据胜算率和风险报酬率的变化相应地微调仓位，微调仓位的方法不拘一格，但要顺应市场的一般特质，微调仓位最终依靠帝娜进场三式和出场三式来完成。**

通过上面的澄清，你应该对出场方式和微调思路有所体悟，下面我们继续接着正题展开。我们来看做空交易中前期高点作为后位出场点基准的实例，请看图 24-44，这是美元兑瑞郎 15 分钟走势图。这个例子中的走势非常清晰地表明了 N 字结构理论的意义，假设我们在 A 点附近进场做空，然后价格大幅度下跌，反弹，再下跌，再反弹，继续下跌。当价格发展到 1.1365 附近时，我们可以在最近一个前期高点之上一些设定后位出场点，大致在图中的 B 点附近。最终，美元兑瑞郎在构筑双底之后上扬，于 C 点附近触及后位出场点，于是空头出场。

本课和上一课我们都是用两个例子来说明一些知识点，因为单是一个例子很难让你直观地把握住被说明对象的实质，很难那让你有可操作的具体过程。同样，我们这里再介绍一例做空交易中以前期高点作为后位出场点的例子。请看图 24-45，这仍旧是美元兑瑞郎 15 分钟交易走势。假定我们在 A 点附近进场做空，然后汇价开始不规则地

下跌，我们一路上以前一波段高点作为前位出场点基准。当汇价从 B 点开始下跌时，我们可以将跟进止损点，也就是后位出场点移动到 B 点之上一些，不久之后价格触及 C 点之上的（或者是再下一次的回升中）后位出场点，于是交易者了结空头头寸。

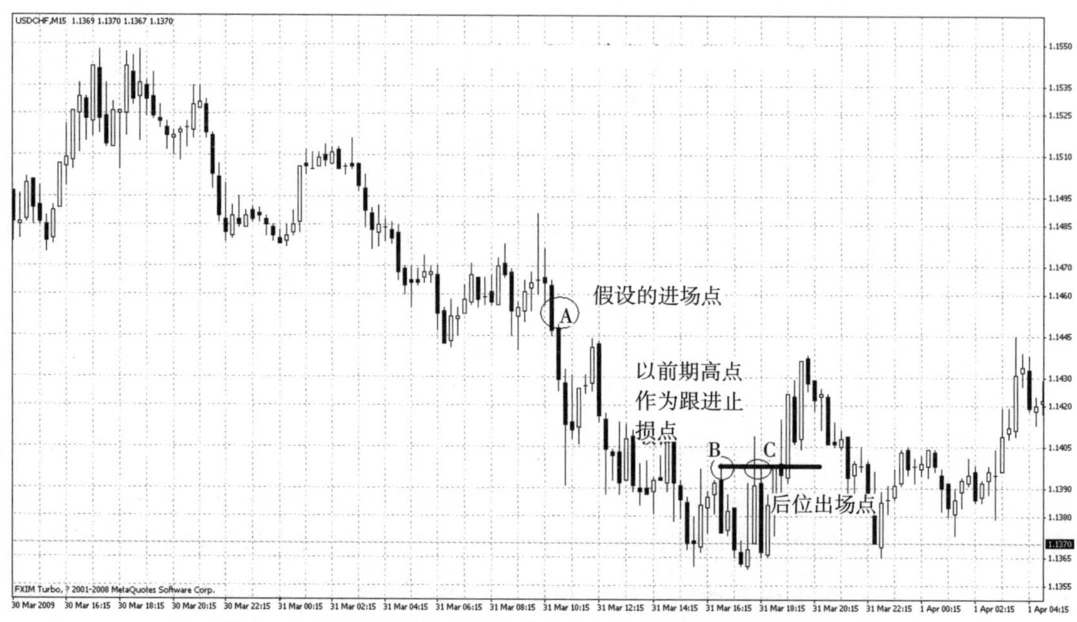

图 24-44 下降趋势中的后位出场点：前期高点构成的 R/S（1）

图 24-45 下降趋势中的后位出场点：前期高点构成的 R/S（2）

外汇日内交易的魅力在于简单的上下运动可以衍生出无穷的行情走势，变幻莫测的价格运动让交易者手忙脚乱，同样的问题出现在交易的操作上，虽然只有四种类型的进场方式和四种类型的出场方式，但它们复合出来的交易策略却让交易者眼花缭乱。但是，**如果你能精熟本课和上一课介绍的进出场基本原则和策略，并能以凯利公式驾驭这些“进出加减”的策略，则你在外汇市场上的“自由滑翔”指日可待。**

皮之不存，毛将焉附？外汇交易中什么是皮？什么是毛？

下面，我们继续传授可能令你感到些许枯燥的后位出场点设定技巧。接下来我们要讲解的是以前期低点作为后位出场点的基准，先来看第一个例子，请看图 24-46，这是澳元兑美元的 5 分钟走势图。汇价从 0.7235 附近跌落，假定交易者在 A 点附近进场做空。当澳元兑美元跌到 0.7105 附近时，我们在前期低点之上一些设定后位出场点，比如图中的 B 点附近。最终汇价向上触及 B 点附近的后位出场点，于是空头被了结（当然，如果你按照帝娜仓位管理模型去操作，则你应该采用微调的方式逐步了结你的空头头寸，当你持有单一头寸的时候就没办法利用帝娜仓位管理模型的具体手法了，当

图 24-46　下降趋势中的后位出场点：前期低点构成的 R/S（1）

然你还是应该明白“仓位微调”在外汇交易中有多么重大的意义）。

接下来，我们来看第二个做空交易中以前期低点为基础设定后位出场点的实例。请看图 24–47，这也是澳元兑美元 5 分钟交易的走势。汇价在 2009 年 4 月 22 日 19 点左右形成了一个局部低点（这个低点被早晨之星所标注，根据史蒂夫·尼森的理论，十字星可以作为 R/S 水平的提示，所以此处的十字星表明此价位在后续价格的发展中有可能成为阻力水平/支撑水平）。然后，澳元兑美元又上升到了 0.7115 附近，之后再度下跌（一个不那么明显的 N 字顶表明了短期趋势向下）。假定我们在 B 点附近进场做空，当汇价一口气跌到 0.7045 附近时，我们必须为浮动利润建立保护机制，同时也应该根据市场行情变化导致的风报率和胜算率变化调整自己的风险暴露水平（此时不是通过仓位调整，而是通过减少承担风险的资本来调整）。在这种情况下我们应该寻找能够恰当设定后位出场点的工具，前期高点太远了，前期低点和斐波那契回调点位则比较合适，本例中我们采用前期低点 A 作为跟进止损点（严格说，跟进止损点在前期低点之上一些位置）。最终，当汇价在 C 点击穿 A 点位水平附近的后位出场点时，空头头寸得到了结（其实，如果你的头寸是复合式头寸，则你也可以了结部分空头头寸，**仓位微调是一个比较难使用的交易习惯，这是大部分交易者的盲点，无论是股票交易者还是外汇交易者，大家都习惯于单一头寸进出，就是说要进场做多，一次进够头寸，出场的时候全部了结，逐步加仓，逐步减仓，对于他们而言无疑是“拖泥带水的做法”）。**

图 24–47 下降趋势中的后位出场点：前期低点构成的 R/S（2）

交易技能水平的大幅提高可以通过三个问题来达到：第一个问题是“究竟什么是大部分交易者的盲点?”；第二个问题是“究竟什么是市场运动不变的根本结构?”；第三个问题是“究竟什么是交易策略的根本不变因素?”。交易者的盲点是本书的核心内容之一，“盲点就是利润”，这是我们“盲利公式”的通俗表达。市场运动的根本结构是获得持续高报酬率的基础，巴菲特就是通过寻找相对确定的重要因素来获得持续较高的报酬率，把握不变的市场根本结构才能为交易者带来持续的利润，而不是短暂的利润，也不会因为热点和驱动因素的变化而导致交易策略效率的大变化，持续的高回报率借助于“复利公式”而产生令世人震撼的收益奇迹。反过来讲，交易者应该按照复利公式去操作：一方面寻求超越平均水平的收益（可以类比为“超额利润”），另一方面又要长时间维持这种超常收益水平，要做到这两点就只能寻找和把握市场运动中不变的根本结构。交易策略要想有效的话，则不管怎么变化都要受到“凯利公式”的制约，你可以在四种进出场策略中进行种种复杂化的设计，但是最终都是为了符合**“凯利公式”的要求**（关于凯利公式，拉瑞·威廉姆斯也没有很好理解，他将仓位看作是保证金动用，这是错误的，应是承担风险的资金，也就是可能被“止损的资金”）。你买了这本书，看到这里，我们非常有必要给予你一定的奖励，这就是上面这段“道破交易天机”的文字，如果这段文字放在本书非常显眼的位置，则对我们非常不利，毕竟超额利润来自于大众的盲点，如果都是大众的焦点了，那……

凯利公式近似于边际分析，讲的是如何根据格局选择相应的仓位，而如何选择格局本身却又是另外一个问题了。

下面，我们再总结下三个“上帝之问”和“三利公式”的关系（表 24-3）。

表 24-3　帝娜三位一体的交易终极秘诀

	上帝三问	三利公式
1	究竟什么是大部分交易者的盲点?	盲利公式
2	究竟什么是市场运动不变的根本结构?	复利公式
3	究竟什么是交易策略的根本不变因素?	凯利公式

抽象的交易哲学透露了大部分内容给你，亲爱的读者，接下来我们从高处下切到具体的可操作层面上，不然会让你（特别是新手）觉得我们的书没有用处（新手看书好不好无非看有没有什么具体的马上可以用到赚钱上的绝招，或者是不是告诉了读者如何去高概率预测的秘诀）。与做多交易一样，做空交易中的后位出场点设定也可以用到前期成交密集区。遵循惯例，我们来看两个例子。请看图 24-48，这是美元兑日元的 1 小时走势图，汇价从 99.70 附近的高位下跌，在 99.00 和 97.55 之间形成收敛三角走势，假定我们在跌破此三角的 A 点附近入场做空。当汇价发展到 95.55 附近时，我们需要选择一个后位出场点以便于调适风险报酬率到恰当水平，B 处的成交密集区可以作为后位出场点的设定基准，交易者在此成交密集区之上（做空交易中，如果成交密集区较宽，则可以设定在成交密集区下边沿之上）设定后位出场点。最终，汇价在 C 点处触及后位出场点，于是交易者了结空头头寸。

图 24-48 下降趋势中的后位出场点：前期成交密集区构成的 R/S（1）

我们再来看一个做空交易中前期成交密集区作为后位出场点设定基准的实例，请看图 24-49，这是美元兑日元的 1 小时走势图，假定我们在图中顶部盘整区的位置进场做空，随着行情飞速的发展，我们应该如何通过移动跟进止损位（后位出场点）维持恰当的风险报酬比率？下跌过程中如何设定后位出场点的过程我们省略了，这里分析的是当汇价跌到 93.60 附近时，我们应该如何调整后位出场点，以便获得恰当的风险报酬比（这里需要注意的一点是，**在风险报酬比中，前位出场点直接涉及的是报酬部分，**

而后位出场点直接涉及的是风险部分，同位出场点则直接关系到胜率的高低，当然这三种出场方式都直接和间接地同风险报酬率和胜算率有关）。最后，当汇价回升触及前期成交密集区之上的后位出场点时，交易者应该了结空头（当然也可以采用帝娜仓位管理模型逐步减仓，但是先要减去大部分仓位，这样做的目的是为了尽快控制住风险）。

图 24-49　下降趋势中的后位出场点：前期成交密集区构成的 R/S（2）

做空交易中，我们也经常采用斐波那契回调点位作为后位出场点的设定基准，做空交易的斐波那契回调点位画法应该是从上拉到下（全球闻名的 MT4 软件上如此操作）。我们来看两个实例，第一个例子请看图 24-50，美元兑日元从 94.50 附近下跌，假设我们在汇价呈现顶部 N 字，并跌破 N 字前期低点时进场，大概就是图中的 B 点附近，这是我们进场做空的位置，此后汇价一路下跌，跌到 88.40 附近开始回升，这时候我们可以有很多选择来设定后位出场点，比如前期低点、前期高点、前期成交密集区，但是现在我们从斐波那契回调点位的角度来设定后位出场点，也就是跟进止损点。假如我们允许市场较大幅度的调整，则可以以整个下降波段作为单位 1，进行斐波那契分割，以 A 点为 1 水平，C 点为 0 水平，得到了重要的几个斐波那契回调点位，具体而言就是 0.618、0.5 以及 0.382。我们一般以 0.382 或者是 0.5 作为后位出场点的基准线，大多数情况下采用 0.382，本例中我们就是这样去操作的。汇价最后在 D 点附近触及设置在 0.382 水平之上的后位出场点，于是我们了结空头。

图 24-50　下降趋势中的后位出场点：斐波那契回调点位构成的 R/S（1）

第二个例子请看图 24-51，这是美元兑日元 1 小时交易走势。汇价在 98.35 附近形成了一个发散三角形，最终在 B 点跌破了这个发散三角（又名扩散三角，容易造成简单破位交易者的反复亏损），假定我们在 B 点进场做空。进场后汇价呈直线下跌状，跌到 91.00 附近的时候，我们需要移动止损点，也就是设定后位出场点，这时候我们很难

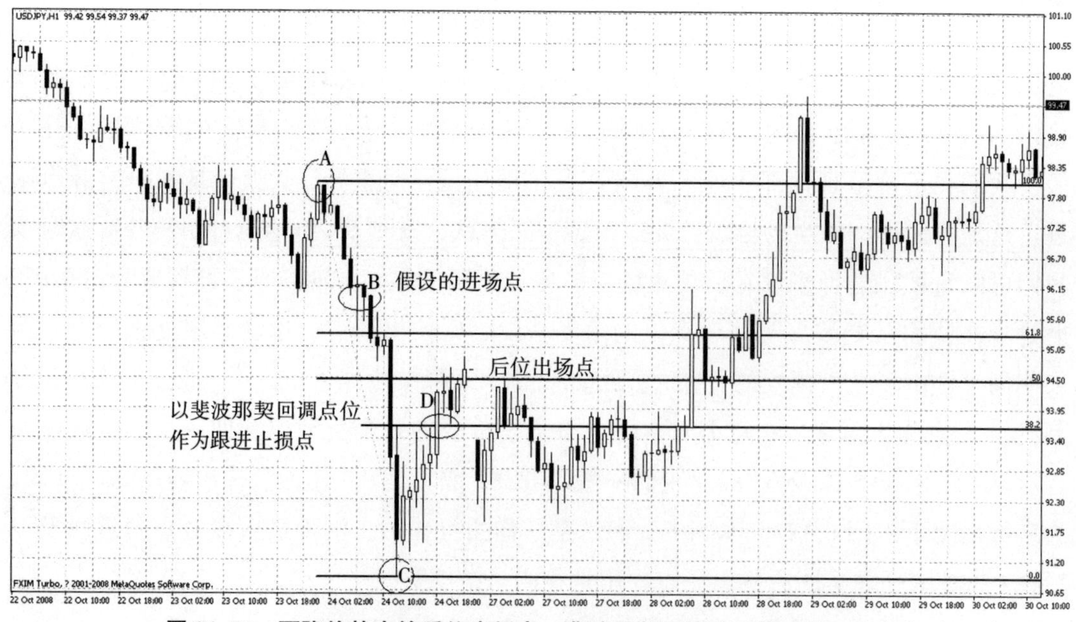

图 24-51　下降趋势中的后位出场点：斐波那契回调点位构成的 R/S（2）

选择前期高点、前期低点或者成交密集区作为后位出场点基准，所以只能以斐波那契回调点位 0.382 作为后位出场点基准。具体而言，交易者将后位出场点设定在 0.382 之上一些。此后汇价反弹，触及 D 点附近的后位出场点，于是交易者应该了结空头。

与做多交易一样，在做空交易中我们也可以采用移动平均线作为后位出场点基准。请看图 24–52，这是美元兑日元 15 分钟交易的走势，这个交易中采用了移动平均线作为后位出场点（跟进止损点），假定交易者在 A 点附近介入做空，则当汇价于 B 点向上突破时，交易者按照规则应该出场。这里介绍的是做空交易中移动平均线作为后位出场点最为简单的一种情况。也就是以价格突破移动均线作为后位出场的依据，当然你也可以增加一些额外条件，比如以收盘价跌破移动平均线作为后位出场的额外条件，在股票交易中你还可以用附带成交量作为后位出场的额外条件。额外条件还有很多，这个属于你去努力的方向，我们就没有必要再开列几倍于本课的篇幅去介绍如此繁多的后位出场额外条件了。同样，在见位进场、破位进场、顶位进场，以及前位出场和同位出场中，除了本书介绍到的操作条件之外，每个交易者都可以设定符合自己和市场双重条件的额外条件，这就是交易个性化的一面。

图 24–52　下降趋势中的后位出场点：移动平均线构成的 R/S

在进入交易界的早年阶段，每每获得一个交易系统，就想着靠这个交易系统赚取丰厚的利润，**但是结果往往都不尽如人意，要知道交易系统存在很多前提和局限性，这些前提和局限性往往是关于交易者特点、资本状况和市场时间框架，以及市**

复制看似能够提供捷径，其实却越来越远离自己的优势。

场阶段的。当你没有内化一个交易策略时，你无法利用它获利。经历了多年的交易实践，我们逐渐体悟到一个早年经常听说但是不能真正体会的道理：**我们应该从别人交易策略中学习的是“为什么”，而不是“怎么样”。**

当你妄图直接套取别人的盈利模式时，你注定无法成功，无论是在商业上，还是在交易上都是一个道理。不少读者拿着我们的书，就想得到现成的东西，其实这非常不现实，第一，市场是在不断变化的，做市商制度、交易量、驱动市场的关键因素在长期都处于结构性变化中，而交易策略往往都在这些方面有着潜在前提。第二，交易者是不同质的，资金起点不一样，思维习惯不一样，耐心程度和抗挫折能力不一样，交易策略都暗含了风险偏好、资金要求、时间框架要求和允许最大连续亏损等前提。第三，有效的策略基于对市场特点的认识，这些特点一旦被广泛知晓就会失去效用，基于的时间框架越短的策略越是如此。第四，交易者有所保留是比较正常的，毕竟人家花费了大量的心血得到某些东西，如果拱手相送，其实没有意义：一是新手的观念根本无法承载这些技巧，他们往往反唇相讥，我们何苦自取其辱呢？二是具体的方法（不是普遍的原理和市场的根本结构）被广泛传播后效率会下降，这样对大家都不利。三是高手并没有得到新手的任何精神和物质上的可观回报，为什么要冒风险去传授自己经过多年摸索和启发才找到的具体策略呢？巴菲特是个聪明人，他对上述四条理由的认识非常清晰，虽然他会谈到一些原理和认识，但是对于具体操作方法的全貌，他避而不谈，也防止家人外传。一个理性的交易者应该学会在既有的普遍原理和公布的策略中探索出背后的“为什么”，长此以往，成功是必然的。我们从来没有见过一个交易者，他能够在照搬的情况下持续获利，从来没有！

做空交易中，我们还可以利用专门的后位出场指标（一般是趋势指标）来操作后位出场，比如抛物线，请看图24-53，这是美元兑日元1小时走势图，实际采用起来比较困难，特

别是像外汇这样颠簸不断的品种（为了有效甄别市场，你往往要从心理分析和驱动分析入手，所谓技术面交易者不看基本面的说法是有前提和局限性的，这种说法不能算错，但是一定是相对低效的，记住帝娜交易者的原则是“有效果比有道理重要”），但是你还是应该从下面这个具体例子中找到背后的“为什么”。我们在图中假设的进场点进场做空，以抛物线作为后位出场点，最终汇价触及此后位出场点，于是交易者了结空头出场。其实，抛物线在理论上与移动平均线类似，都是滞后指标，在趋势市场运行良好，在震荡市场则表现得令人担忧，技术分析本身不能解决这一问题，**技术分析的圣杯只能在技术分析之外去寻找，驱动分析、心理分析、仓位管理是部分解决这一问题的关键，这是本书最大的秘密之一。**当然在《外汇交易三部曲》中我们会有更深入的分析，这些原理你也许永远不会体认，但是这确实是我们见过的不少短线顶尖高手的终极理念，这不是噱头，读者“好自为之”吧！

技术分析具有很强的迷惑性，好似万灵药，却又很难进行检验。

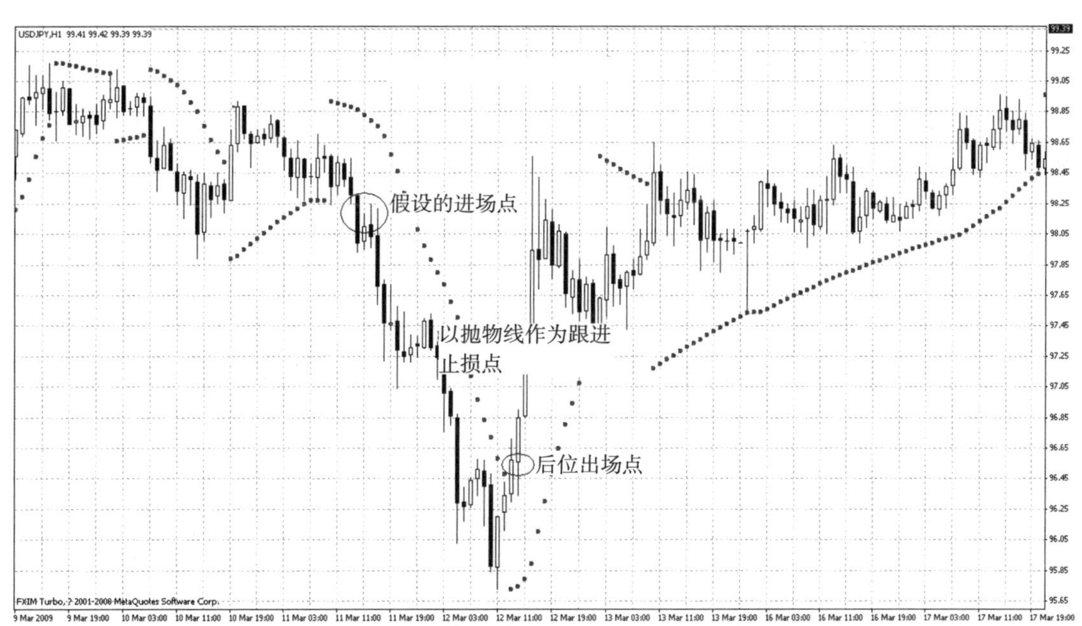

图 24-53　下降趋势中的后位出场点：抛物线指数

在做多交易中，我们已经提到了分形指标作为后位出场点基准的作法，这里我们则结合做空交易来介绍分形指标在

后位出场中的运用。请看图 24–54，这是美元兑加元 1 小时走势图，假定我们在图中的 A 点附近进场做空，以分形指标作为后位出场基准，则做空交易中应该以向上分形作为后位出场基准（你可以将向上分形作为做空交易中的跟进止损点，这个指标较抛物线和移动均线要好很多，当然你可以采用《高级斐波那契交易法》中的出场方法，那种方法采取了自适应参数来出场，具体而言是以前波段的规定比率回撤来出场的）。当汇价出现 B 点处的向上分形之后，我们就可以在此设定后位出场点，不久之后汇价在 C 点处突破此后位出场点，则我们就应该了结空头头寸出场。

图 24–54　下降趋势中的后位出场点：向上分形构成的 R/S

后位出场是一种新手很难适应的方法，因为这种出场法要求交易者寻求“次优”，而不是妄图达到最优。索罗斯一生都在强调人类认知能力的有限性，所以追求相对性、而不是绝对性的结论是索罗斯在社会科学和交易哲学上的原则。采用前位出场法的交易者，基本都假定人的认知能力可以帮助交易者达到最优；采用后位出场法的交易者，基本都假定人的认识能力只能帮助交易者达到次优。后位出场法其实是跟进止损的另一种说法，跟进止损是杰西·利弗摩尔倡导的方法，其要旨非常符合“截短利润，让亏损奔腾”，但是这种符合是有前提的，那就是市场是单边走势，而这个前提技术分析是无法去求证的，只能去技术分析之外追寻。请看图 24–55，这是欧元兑美元 15 分钟走势图，汇价一路从 1.3185 附近上涨，假定我们在 A 点附近进场做多，初始止损设定在近期低点之下，其实初始止损就是一个典型的后位出场点，这个后位出场点在任何交

易中都是必要的，所以后位出场点是任何交易策略都不可或缺的。随着行情的逐步发展，我们会遵循止损点设定的几个要件，逐步跟进止损（但不是见着波段低点就设定止损，还要考虑过滤市场噪声，如果跟进止损过于频繁，则反而违背了让利润奔腾的初衷），在本例中，一共有4个跟进止损点。最终汇价在B点处触及跟进止损点，于是交易者应该了结多头头寸（具体的操作应该尽量遵循帝娜仓位管理模型）。

图24-55　跟进止损与后位出场法

比尔·威廉姆斯是当代交易界几个较为出名的交易系统贩卖大师，他的策略在外汇市场中容易受到经常出现的反复震荡和快速突变影响，所以其效用在日内交易中往往大打折扣，不过他的混沌交易系统背后的设计原理却是值得我们去学习的，**他的策略非常符合杰西·利弗摩尔的顺势金字塔建仓手法**，我们这里仅就其出场进行部分讲解。混沌操作法的出场方法基本上都是后位出场，但是是几种后位出场的综合，利用了两条均线，同时也利用了临近价格最低价等，我们这里主要介绍其中一种普遍使用的出场方法，这就是跌破8期移动平均线出场，如图24-56所示，就是一种典型的利用移动

混沌操作法遇到超长时间的宽幅震荡时就相当于慢性自杀。为什么会这样呢？你可以自己好好想想原因。

平均线作为后位出场点的策略。混沌操作法的做多进场是在多头排列均线出现时的第一次向上分形被突破时，这是一种附加了额外条件的破位进场策略。从这些介绍你可以看出所谓混沌操作法基本上是“破位进场”和“后位出场”的结合，这类策略隐含了一个重要前提——“市场是趋势性为主的”，通过“试探—加仓”策略，交易者可以很好地减少趋势跟踪策略在震荡市场中的损失，同时扩大在单边市场中的盈利，具体的原理很难用文字来描述，大家可以自己去体悟。我们这里给出一个简单的解释：**“试探—加仓”策略在震荡走势中之所以能够控制损失是因为“试探”进场之后，市场很快折返，自然也就没有加仓的机会；“试探—加仓”策略在单边走势中之所以能够扩大利润是因为“试探”之后，市场继续发展，自然就给了足够的价格间隔来进行加仓操作。通过仓位管理来适应市场在震荡市场和趋势市场中的交替，这是一种“次优”的方法。**

海龟交易法后期就连遭重挫，这与它只重视技术点位和仓位管理，忽略市况有关。这是一种守株待兔式的操作方法，如果兔子很少，那就会被耗死。

图 24-56 比尔·威廉姆斯的混沌操作法与后位出场法

海龟交易法与混沌操作法类似，也是趋势跟踪交易策略。这个策略比较符合期货市场的走势特征，这个市场倾向于

“低位箱体震荡—向上突破—持续单边—暴跌—点位箱体震荡”的走势结构。请看图 24-57，这是欧元兑美元的日线走势图，该图标注了 20 日内的最高点和 20 日内的最低点，这就是海龟交易法破位进场的基准线，进场之后的出场则是根据日内 10 的价格高低点决定的，这就是根据 N 期内的高点和低点来设定后位出场点。总体而言，海龟交易法也与混沌操作法一样，采用的是“破位进场”和“后位出场”的结合。

图 24-57　海龟交易法与后位出场法

海龟交易法利用的是 N 期高点和低点来管理进出场，这比混沌操作法的根据移动均线来管理进出场的策略更具有自适应性，如果说海龟交易法着重于同步指标的运用，则混沌操作法着重于滞后指标的运用，在外汇日内走势中，海龟交易法比混沌操作法更能适应变动迅速的市场。我们在《高级斐波那契交易法：外汇交易法波浪理论与实践》一书中介绍的推动调整波浪交易法，也就是 N 字结构交易法也是采用的后位出场法，但是这个方法的优点在于利用了市场的根本运动结构，能够自适应市场波动率的变化。请看图 24-58，这是美元兑加元 5 分钟交易走势（调整推动波浪交易法的时间结构主要有两类，第一类是 4 小时交易，第二类是 5 分钟交易）。假定我们在图中的 A 点进场做空，则当汇价形成 BC 波段时，可以进行斐波那契分割，B 为水平 1，C 为水平 0，得到固定的点位 0.25、0.382、0.618 和 0.75，如果汇价回升到 0.75 点位以上（具体要求是整根价格线在 0.75 点位以上），则继续持有空头头寸。由于市场的波动性是变化的，所以后位出场点的幅度也应该随之调整，采用移动平均线和固定回撤比率，固定回撤

点值进行后位出场的策略则忽略了市场波动性的变化。本例中，汇价没有出现在 0.75 以上，所以继续持有空头头寸即可。这个交易法的出场策略和进场策略基本一样，这也是为了符合“截短亏损，让利润奔腾”的原则，这个策略也试图过滤一些市场噪声，预防震荡走势导致策略暂时失效。

图 24-58　高级斐波那契交易法与后位出场法

后位出场法的具体形式我们基本已经介绍了，也举例说明了后位出场法涉及的交易系统，你可以在此基础上对它进行更加详细的研究和运用，当然你一定不要忘记在任何交易策略中都一定要有后位出场法加入，同时也不要忘记将后位出场法与其他两种有效的出场方法结合起来，当然，在进行出场操作的时候也一定要尽量运用帝娜仓位管理模型，以微调手法来管理自己的仓位，同时在关键位置执行仓位的具体调整。接下来，我们将介绍帝娜出场三式中的最后一个策略，这就是同位出场点，请看图 24-59，这是上升趋势做多交易中的同位出场法模型。假如我们在 A 点介入做多，出场点是由正在趋势方向上发展的价格给出的，这与前位出场点的既定价格出场和后位出场点的反趋势发展价格出场不同。同位出场法在日内刮头皮操作中使用最广泛，毕竟如果你等待市场回撤到一定幅度才出场（后位出场法），则整笔交易往往都是亏损的，而如果你在既定的价格出场（前位出场法），则真正该你赚钱的时候你都错过了，自然也就没有足够利润去应付亏损了。

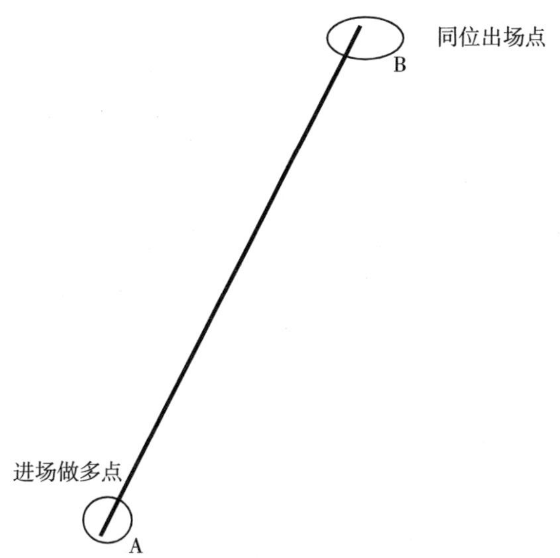

图 24-59 上升趋势中的同位出场法模型

部分同位出场法是在前位出场法的基础上演化而来的，但是两者的基本含义是不同的：同位出场法要求现价确认趋势停顿和反转的可能，而前位出场法则没有这个要求，因为后者往往一开始就认定了可能的最大盈利，然后据此操作。我们就来看看一些具体的同位出场策略，请看图 24-60，这是欧元兑日元 1 小时交易实例。汇价从 125.85 附近下跌，形成了 A 点，跌到 122.45 后开始逆转，假定交易者在 B 点附近进场做多，那么当汇价靠近前期高点 A 水平出现看跌 K 线形态时，同位出场点就在 C 点出

图 24-60 上升趋势中的同位出场点：前期高点结合蜡烛线（1）

现了，这时候按照同位出场法的要求就应该了结多头，这里需要注意的一点是如果在A点附近，价格并没有出现相应的反转K线形态，就没有同位出场点。其实，一部分同位出场点是关键位置和K线的组合，也就是“位”和“态”的组合。而相应的部分前位出场点则仅仅是关键位置所在而已。同位出场点的可靠性比前位出场点高，比后位出场点低；同位出场点的及时性要比后位出场点高，比前位出场点低。同位出场点反映出了“中庸的哲学”，但是仍旧不能作为唯一的出场手段在交易中采用，否则必然被偶然情况打个措手不及。在图24-60这个实例中，同位出场点是由前期高点提供的“位”和蜡烛线提供的反转“态”共同决定的，这个大家以后可以多加琢磨，毕竟反转的K线形态很多，我们在《外汇交易圣经》中归纳成了有限的几种，并进一步在《黄金高胜算交易》一书中二元化为“敛散形态分析理论”，大家可以在这些实战理论的基础上融入自己的创见，成为一个有“见地”的外汇交易者。

我们再来看一例前期高点结合蜡烛线的同位出场点实例，其实同位出场点类似于见位进场的操作，只不过两者分属于出场和进场，但是更为重要的是同位出场点是不管趋势的，这与后位出场点存在区别，同位出场点在乎的是追逐波段，而见位进场则往往需要注重趋势（不过，比起破位进场点而言，见位进场点对于趋势的注重又要稍弱一些）。请看图24-61，这是欧元兑英镑的30分钟交易实例，汇价从0.8730附近的A点下跌，到0.8580附近止跌回升，当汇价形成N字突破时，我们在B点介入做多

图24-61 上升趋势中的同位出场点：前期高点结合蜡烛线（2）

(你可以与破位进场做多联系起来)，此后当汇价升至前期高点 A 附近时出现了流星反转形态，于是我们按照同位出场法则出场，这就是 C 点附近的出场。不过，如果在前期高点 A 水平附近并没有出现反转的 K 线形态，则我们按照同位出场法就应该继续持有多头仓位。

做多交易中的同位出场策略还可以利用前期低点和蜡烛线反转形态的结合，下面我们就来看两个具体的例子。请看图 24-62，这是英镑兑日元 1 小时交易，这个货币对在涉及原油方面的驱动因素有重大变化时是非常好的交易标的。汇价在前期形成了一个阶段性低点 A，汇价在 208.90 附近形成了双顶形态，之后大幅度下跌，有飞流直下三千尺之感，倾泻而下。当汇价在 204.00 附近形成吞没看涨形态且构成 5 分钟图上的 N 字底之后，交易者在 B 点介入做多。当汇价升至前期低点 A 水平时出现了黄昏之星形态（按照形态敛散理论来讲，就是“正向发散—收敛—反向发散”结构），于是同位出场点在 C 点出现，做多交易者立即出场。从这里可以发现同位出场点的“当下性”，而后位出场点和前位出场点都是在触发之前就存在了，这就是三者之间的区别。

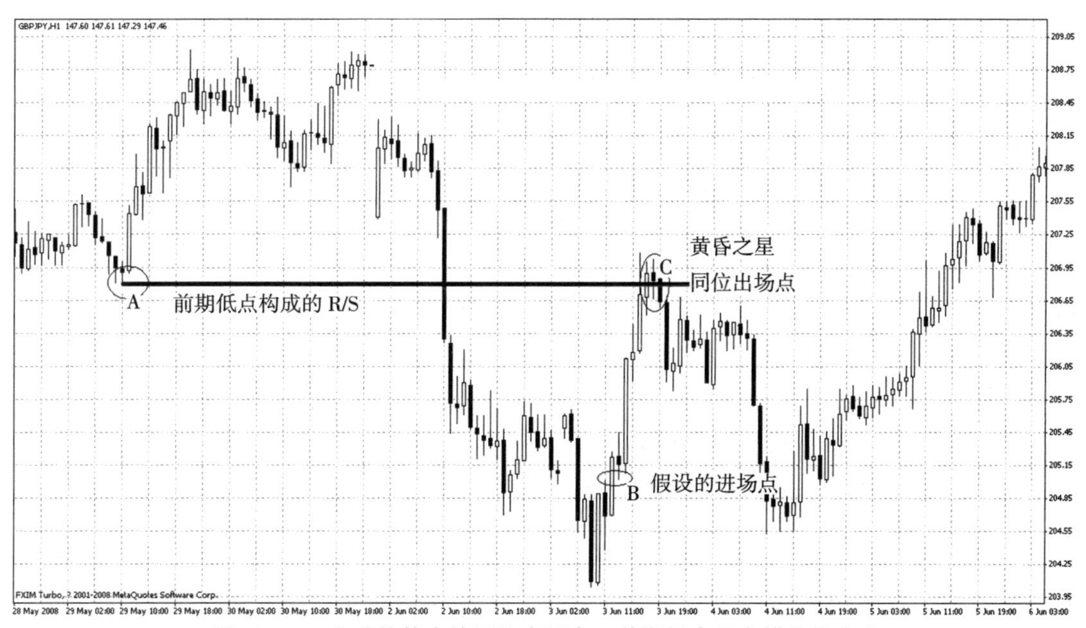

图 24-62 上升趋势中的同位出场点：前期低点结合蜡烛线（1）

我们再来看利用前期低点结合蜡烛线了结做多头寸的第二个实例，请看图 24-63，这是美元兑加元 1 小时走势图，汇价在前期走势中形成了波段低点 A，然后上冲到 1.2230 附近，然后大幅度下跌，形成 N 字底之后，交易者在 B 点介入做多。汇价涨到前期低点 A 附近时出现了纺锤线叠加看跌吞没的 K 线形态，于是在此同位出场点出场。

图 24–63　上升趋势中的同位出场点：前期低点结合蜡烛线（2）

关于蜡烛线反转形态的叠加有读者可能不太理解，说简单一点就是两个以上的同向反转K线形态同时出现在若干相邻的价格线中。关于反转形态的具体类别，不属于本课的叙述范围，大家可以自己多加研究和总结，大可不必因循40年前的一些经典著作的结论。现在不少国内交易者非常迷信约翰·墨菲的技术分析理论体系，殊不知真正起作用的是背后的"为什么"，这些"为什么"涉及心理学和统计学，以及博弈论的相关原理，这些原理才是市场中亘古不变的，其他那些形态随着市场组织结构的变化和交易理论的扩散而改变着。

做多交易中，我们还可以利用前期成交密集区和蜡烛线来确定当下的同位出场点，下面我们就来看两个具体的例子。第一个例子是英镑兑瑞郎的1小时交易，请看图24–64，前期汇价从1.6945附近下跌，并形成了N字顶，在1.6775和1.6730之间形成了成交密集区。汇价跌到1.6190附近形成双底，此后逐步上扬，假定交易者在市场向上破位后的B点附近进场做多。汇价在大幅上扬之后在前期成交密集区A附近出现了三根纺锤线，与前后的大实体阳线和阴线结合起来恰好是变异的黄昏之星形态（从"正向发散—收敛—反向发散"结构去理解就可以避免具体形态标准与否的困扰了），前期成交密集区和看跌K线形态结合就呈现了当下的同位出场点C，于是做多交易者在C点出场了结。

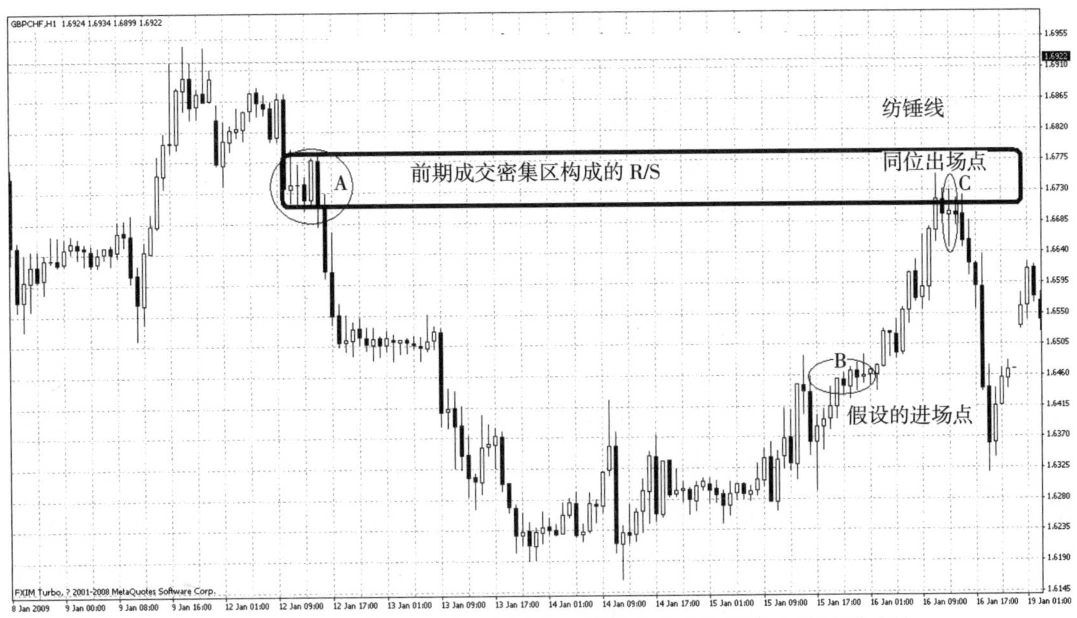

图 24-64　上升趋势中的同位出场点：前期成交密集区结合蜡烛线（1）

第二个实例是英镑兑日元 1 小时交易，见图 24-65，汇价从 109.05 附近下跌，之后在 182.80 和 181.55 之间形成了成交密集区 A，此后汇价继续下跌，到 166.55 附近开始回升，形成 N 字底，于是交易者可以在向上破位的时候进场做多，做多位置在 B 点附近。汇价升到前期成交密集区附近的时候出现了**流星叠加黄昏之星形态**，这就形成

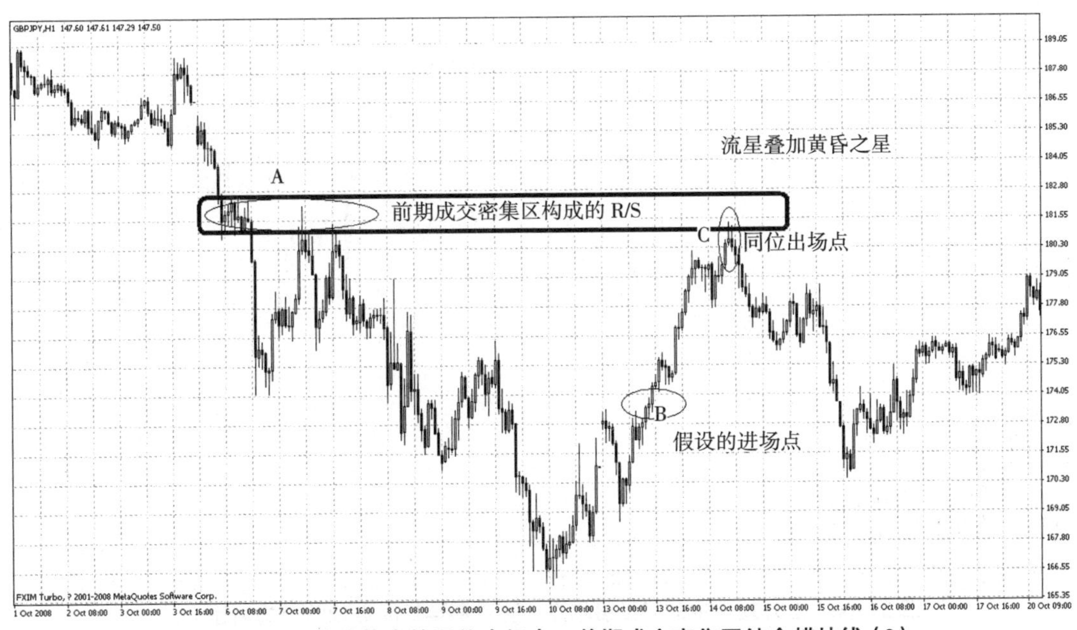

图 24-65　上升趋势中的同位出场点：前期成交密集区结合蜡烛线（2）

如果这个时候出现了利空消息，你对同位出场点的效能如何看？如果这个时候出现了利多消息，你对同位出场点的效能如何看？其实，两者都提高了其效率。前者是利空"出现"，后者是利多"兑现"。

了同位出场点 C，于是交易者应该了结多头头寸。

同位出场点的另外一种普遍形式是斐波那契扩展点位结合蜡烛线反转形态，我们这里来看做多交易中的两个实例，第一个例子是欧元兑日元 1 小时交易，请看图 24-66，汇价从 129.75 附近上扬，此前筑成了双底，A 点就是波段的起涨点，此后汇价从 B 点下落开始调整走势，然后在 C 点完成调整，假定交易者在 F 点附近进场做多，依据的理由可以是破位进场，这里就不详述了，毕竟进场不是本课的主题。我们以 AB 为单位 1，C 为斐波那契扩展起点，作出斐波那契扩展线谱，得到三个关键水平 0.382、0.618 和 0.764，一般 0.382 我们不采用，因为缺乏操作的实际价值。汇价在 0.764 扩展点位形成了反转 K 线形态，D 点是流星形态，但在我们的交易理论中这不是一个反转确认信号，只是提醒信号，汇价在流星出现之后继续上涨的情况很多，这时候理论家们就将其改名为"仙人指路"。E 点看跌吞没是一个可以确认反转的 K 线形态，出现在 0.764 扩展点位处，一个同位出场点就出现了。于是，做多交易者按照同位出场的要求应该在 E 点出场。

图 24-66 上升趋势中的同位出场点：斐波那契扩展点位结合蜡烛线（1）

第二个例子是美元兑加元 1 小时做多交易，请看图 24–67，汇价从 1.1745 开始起涨，然后在 B 点开始调整，在 C 点结束调整，当汇价在 E 点附近再度创出新高的时候，交易者介入做多，这就是典型的破位进场。以 AB 为单位 1，C 为扩展起点，得到斐波那契扩展线谱。进场之后，假定交易者利用同位出场法出场，最终汇价在 1 倍扩展点位 D 处出现了黄昏之星形态，这就是一个显著的同位出场点。这里需要注意的是我们在利用帝娜出场三式操作的时候，一定要寻找显著的低点、高点等，一定要“显著”，并且，采用斐波那契点位的时候，尽量忽略那些在顶位盘整状态中出现的信号，本例中就有这样的例子，你能看出来么？

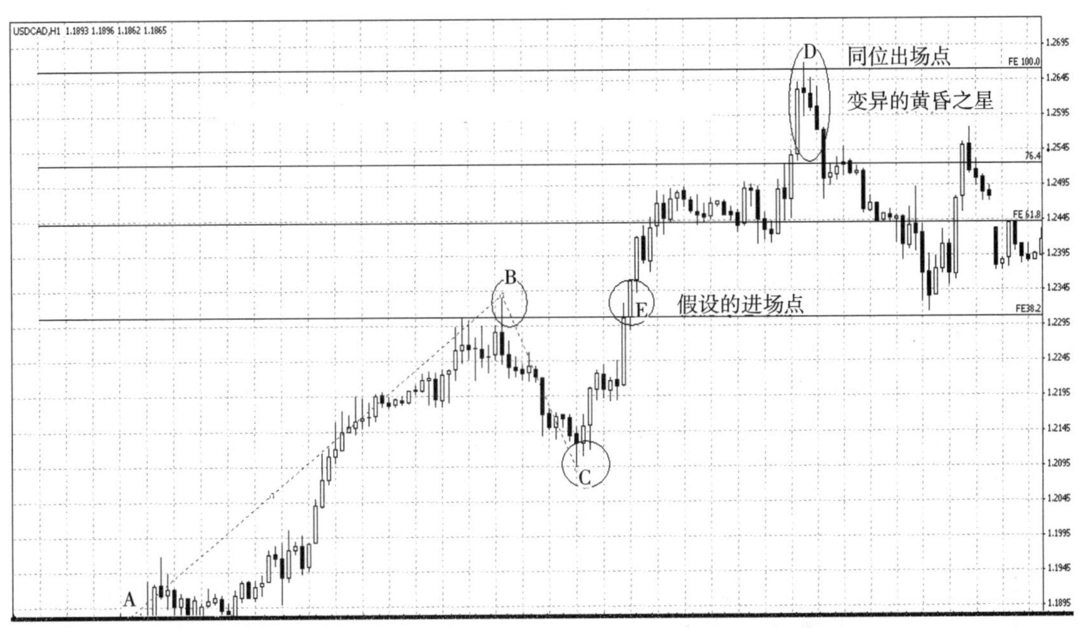

图 24–67　上升趋势中的同位出场点：斐波那契扩展点位结合蜡烛线（2）

做多交易中的同位出场法，除了利用斐波那契扩展点位之外，还可以利用斐波那契回调点位，我们来看两个利用斐波那契回调点位结合蜡烛线进行做多交易了结的实例。第一个例子请看图 24–68，这是英镑兑日元 1 小时交易。汇价从盘整的高位跌落，然后拉升到 A 点，之后再度下跌到 B 点附近。汇价之后从 238.00 附近回升，形成 N 字底之后继续上升，假定交易者在向上突破之后进场做多，大概在 C 点附近。进场之后以 AB 为单位 1，进行斐波那契分割，得到斐波那契分割线谱。汇价升到 0.764 点位附近时出现了看涨吞没，这时就确认了一个同位出场点，于是交易者应该在 D 点附近了结多头头寸。

图 24-68　上升趋势中的同位出场点：斐波那契回调点位结合蜡烛线（1）

第二个例子利用斐波那契回调点位结合蜡烛线出场的是美元兑瑞郎 1 小时交易，请看图 24-69。汇价从 1.9945 附近下跌，跌到 1.9400 附近企稳，然后回升。假设交易中在 C 点附近进场做多，那么在进场之后以 AB 段为单位 1，进行斐波那契分割，得到斐波那契线谱。此后，汇价在 76.4 附近 D 点出现了流星形态（其实是流星叠加黄昏之

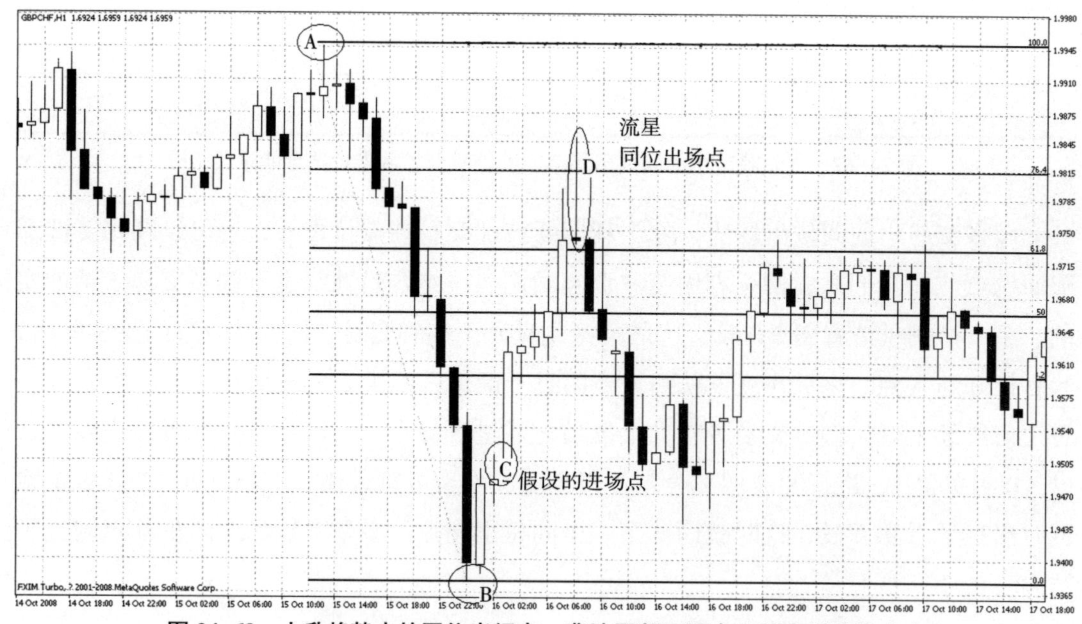

图 24-69　上升趋势中的同位出场点：斐波那契回调点位结合蜡烛线（2）

星)，同位出场点确认，于是交易者了结多头头寸。

上面已经介绍了进场做多的同位出场点设定，主要是结合关键阻力位置和蜡烛线看跌反转形态，当然你也可以利用其他技术指标帮助你决定当下的出场，比如成交量和震荡指标，不过在外汇市场上我们还是推荐 R/S 和蜡烛线形态的组合。下面我们来介绍进场做空的同位出场点设定，这时要利用关键支撑位置和蜡烛线看涨形态。图 24-70 演示了同位出场点的一般模式。交易者在 A 点介入做空，汇价下跌一段时间之后，根据价格当时的表现决定出场，这就是 B 点。**同位出场是一种“当下出场法”，不是回溯既往走势，也不是在进场之初就定下了明确的出场价位。**

同位出场法的问题在于其或然性。

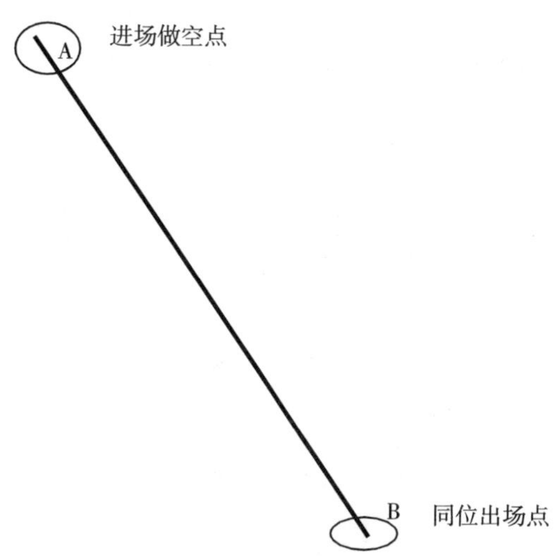

图 24-70　下降趋势中的同位出场法模型

做空交易中的同位出场与做多交易中的同位出场一致，但是对于不少交易者而言却很难理解，为什么可以做空？这是不少新手最爱问的一句话。在本书中，我们没有必要去回答诸如这样的问题，毕竟本书是面向高级交易者的，所以不可能花费篇幅去谈一些基础知识和概念定义，当然这必然会为某些读者所诟病，这并不重要，重要的是你能够从本书中学到什么。下面，我们就向你介绍做空交易中的同位出场。首先，我们介绍前期高点结合蜡烛线为做空交易提供的同

位出场点。第一个例子是英镑兑瑞郎的1小时交易，请看图24-71。汇价跌到1.7505附近后上升。假定交易者在B点附近进场做空，进场后汇价如预期般下跌，接下来我们就需要密切关注平仓（减仓）的信号了。汇价在前期高点A水平附近出现了早晨之星形态，这是一个同位出场信号，于是交易者在C点附近了结空头出场。**早晨之星和看涨吞没是两个效率最高的K线看涨形态，这个是大家需要留意的。**同样，在斐波那契点位中也有少数两三个点位是最有效的。从这些事实中，我们能够得出一个更有价值的结论：一定要化繁为简！**不要把所有的前期高点和低点都当作是可能的R/S，只留下那些显著的点；不要把所有的斐波那契点位都当作是可能的R/S，只留下一个到三个关键点位；不要把所有的蜡烛形态都记住，只使用最有效和常见的那两三种形态……**

缩减信号的好处在于可以提高信号的可操作性和可验证性。

图24-71 下降趋势中的同位出场点：前期高点结合蜡烛线

第二个例子是英镑兑日元的1小时交易，请见图24-72。汇价从200.50的盘整区下挫，跌至197.50附近A点开始回升。然后创出新高201.70后不久再度下跌，图中形成中继三角形，假定在跌破底边时，介入做空，做空位置在B点附近。

进场后，汇价陡直下落，跌到前期低点 A 附近出现了早晨之星，这就构成了一个同位出场点，于是交易者按照同位出场点的要求应该在 C 点附近了结空头。大家可能注意到我们在同位出场时基本用到的 K 线形态是：看涨吞没、看跌吞没、早晨之星和黄昏之星。这四个 K 线形态在外汇市场中的有效性最高，当然在股票市场上有效的 K 线形态有一些不同，比如流星配合巨量放出就是很有效的逃顶信号。

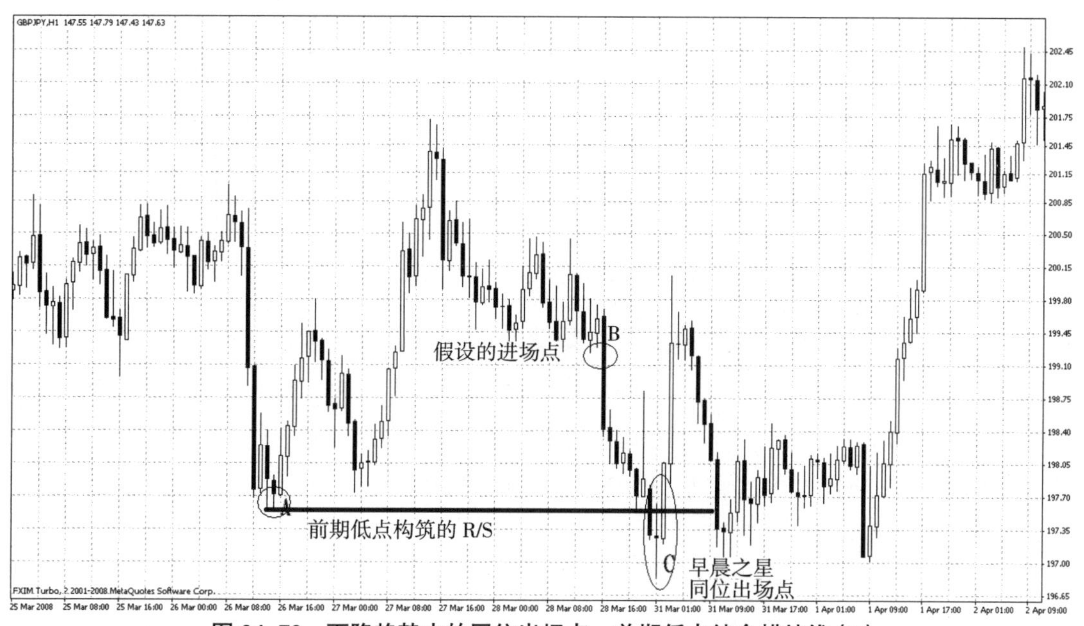

图 24–72　下降趋势中的同位出场点：前期低点结合蜡烛线（1）

做空交易中，前期低点结合蜡烛线也能够提供极好的同位出场点。不过一定要记住，只有那些显著的低点和高点我们才用作甄别出场点。请看图 24–73，这是英镑兑日元 1 小时交易。汇价在前期走势中形成了显著低点 A，位于 203.80 附近。此后汇价大幅度震荡，类似于扩散三角形。假定交易者在 B 点附近进场做空，汇价在进场做空之后大幅度下跌。跌到前期低点 A 水平附近出现了变异的早晨之星，这就构成了一个同位出场点，于是交易者就应该在 C 点附近了结空头头寸。

超级短线交易能够成功的前提在于交易成本近乎于零。

图 24-73　下降趋势中的同位出场点：前期低点结合蜡烛线（2）

做空交易中，前期成交密集区结合蜡烛线也可以成为空头头寸的同位出场点。请看第一个例子，如图 24-74 所示，这是英镑兑日元的 5 分钟交易，属于**超级短线交易**（仅次于 1 分钟交易）。汇价在前期上升过程中，在 143.45 和 143.15 之间形成了成交密集区，然后汇价升到 144.05 之后开始缓慢下跌，构成了一个 N 字顶，假定交易者在汇

图 24-74　下降趋势中的同位出场点：前期成交密集区结合蜡烛线（1）

价跌破前低时进场做空。汇价小幅下跌后不久，在前期成交密集区附近形成了看涨吞没，满足了同位出场点的要求，于是交易者按照相应规则应该在此点出场，这个出场信号要比前位出场信号更晚，比后位出场信号更早。

第二例子是英镑兑美元 1 小时交易，请看图 24–75，汇价在前期上升的过程中形成了成交密集区 A。汇价升至 1.5070 附近后转而下跌。如果交易者在 B 点附近进场做空，当汇价跌到前期成交密集区出现看涨吞没时，按照同位出场法的要求就应该及时出场，也就是说在 C 点附近及时出场。虽然此例中汇价反弹之后继续下跌，但并不能以此推论此前的交易是错误的。

图 24–75　下降趋势中的同位出场点：前期成交密集区结合蜡烛线（2）

在做空交易中，斐波那契扩展点位和蜡烛线结合起来也可以构造同位出场点，我们来看两个实例。第一个实例是英镑兑美元 1 小时交易，请看图 24–76。汇价从 1.4035 附近下跌，跌到 1.3700 附近开始止跌反弹，反弹到 1.3915 附近继续下跌。假设我们在 D 点进场做空，然后汇价继续下跌。我们以 AB 为单位 1，以 C 点作为斐波那契扩展点位。得到斐波那契扩展线谱之后，我们会等待汇价在线谱各个点位的形态表现。此后，汇价跌到 1 倍扩展点位处出现了纺锤线和看涨吞没的叠加形态，于是交易者应该在 E 点了结空头头寸。

利用斐波那契扩展点位结合蜡烛线为做空交易确认出场点的第二个实例也是英镑兑美元 1 小时交易。请看图 24–77，汇价从 1.4370 附近下跌，跌到 1.4180 附近止跌反

图 24-76 下降趋势中的同位出场点：斐波那契扩展点位结合蜡烛线（1）

图 24-77 下降趋势中的同位出场点：斐波那契扩展点位结合蜡烛线（2）

弹（变异的早晨之星标注了该阶段底部），反弹到 1.4300 附近（黄昏之星标注了该阶段顶部）继续下跌。假定交易者在 D 处附近进场做空（也许是破位进场）。进场之后，交易者以 AB 为单位 1，C 点为斐波那契扩展的起点，得到斐波那契扩展线谱。**得到斐波那契扩展线谱之后，交易者应该等待蜡烛线形态来确认某一斐波那契扩展点位支撑的**

有效性（当然，实际交易中，还需要利用后位出场点来预防市场不给出适当的同位出场信号）。当汇价跌到 1.3980 附近时，出现了看涨吞没形态，该处恰好是 1.618 扩展点位。1.618 的斐波那契扩展点位结合看涨吞没形态构造了一个同位出场点。于是，交易者应该在 E 点附近了结空头头寸。

数据公布时点的 K 线最具验证意义。

在做空交易中，我们还可以利用斐波那契回调点位结合蜡烛线来确认同位出场点。请看图 24-78，这是英镑兑美元 1 小时交易。汇价从 1.4110 附近上扬，涨到 1.4950 之后出现了较长时间的横盘震荡，然后开始下跌。假定交易者在汇价跌破横盘震荡区域时进场做空，也就是 C 点进场做空。进场之后，交易者以 AB 为单位 1，以 B 点为斐波那契回调点位的起点。作出斐波那契回调线谱之后，交易者等待汇价和斐波那契回调点位的共振，在本例中，汇价先后在 0.382 附近出现了两次共振，都是以早晨之星确认了此处的支撑有效，进而构成了同位出场点。当然 D 处的信号是同位出场点，而 E 处的信号对于交易者的意义已经不大了。

图 24-78 下降趋势中的同位出场点：斐波那契回调点位结合蜡烛线

同位出场法在外汇市场上的运用主要是利用 R/S 水平和蜡烛线形态的结合，与见位进场类似，但是切不可以为同位出场法仅限于此。除了 R/S 水平和蜡烛线形态的结合构筑同位出场点之外，成交量形态、震荡指标也可以用来构筑同位出场点，下面我们就来看看同位出场点的一些非主流方法。

我们在本教程的前面课程专门介绍了 1 分钟成交量出场法，这种方法就是较少见到的同位出场法，请看图 24–79，这是欧元对美元的 1 分钟交易。我们还是以 40 水平作为成交量出场基准。汇价从 1.3385 附近逐步下跌，当汇价跌到 1.3290 附近出现超标放量时，交易者根据 1 分钟成交量出场法了结空头头寸。

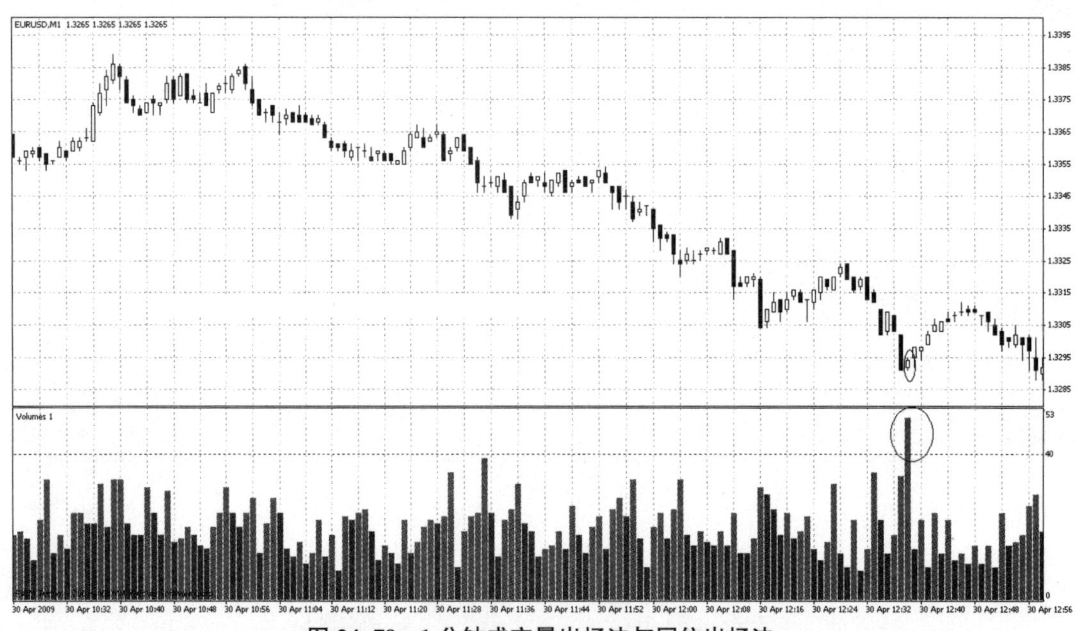

图 24–79　1 分钟成交量出场法与同位出场法

外汇日内交易中一般很少用到成交量来辅助出场，但是在权证日内交易中利用成交量形态出场却是非常重要的方法，请看图 24–80，这是宝钢权证的日内走势。我们在进行日内权证交易的时候，往往会利用成交量显著脉冲量来出场，这就是我们前面提到的同位出场法。权证日内走势中的波段高点往往都是显著脉冲式放量的对应点，如图 24–80 所示。我们在进行权证交易的时候，一般会查看两日分时图走势（包括交易日当天），当价格突破前期高点，同时放量，并且挂单和主动性买单符合标准时，就进场买入，当价格陡直上升，同时放出显著高于第一次放量的脉冲式成交量时就退场（同时，如果价格下跌超过该上涨波段的 50%时也出场，这就是后位出场），初始止损的设定则是近期低点同时考虑其他后位出场点设定的条件。在权证日内交易中，如果

仅仅依靠价格来完成出场则往往会丢失绝大部分利润，利用成交量来及时出场则可以做得更好。

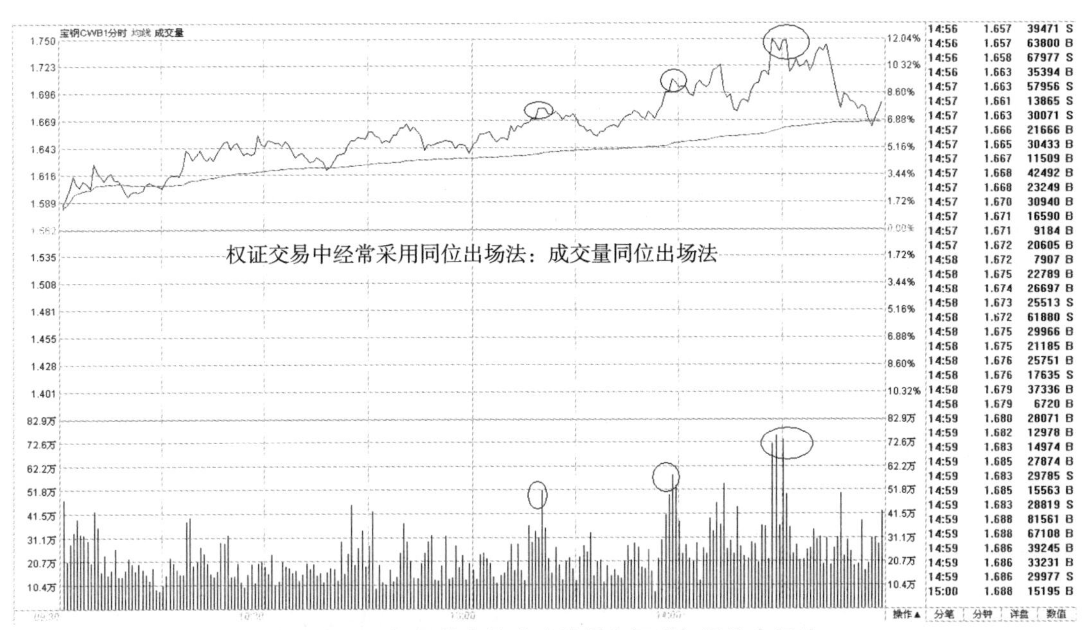

图 24-80　权证的高位脉冲放量出场法与同位出场法

震荡指标往往可以与趋势指标结合起来充当进场时机指示器，这是我们在《外汇交易进阶》中作了演示的观点。比如，当趋势指标指示向上时，交易者就可以等待震荡指标处于超卖区域且要回到正常区域的时机进场做多；当趋势指标指示向下时，交易者就可以等待震荡指标处于超买区域且要回到区域的时机进场做空。当然，我们这里不再去重复这些内容，我们主要是初步介绍震荡指标在出场中的意义。趋势指标往往作为后位出场的手段，震荡指标往往作为同位出场的手段。不少交易者往往倾向于利用震荡指标作为出场指示器，这本身并没有错，错在忘记了震荡指标作为出场指示器的市场状况，同时也忘了震荡指标作为出场工具的恰当用法。从驱动面和心理面出发，我们会对市场状况作出大致有效的判断，然后在以震荡为主的市况中利用震荡指标出场。**同时，利用震荡指标出场时必须等待震荡指标信号线从极端区域刚刚走进中性区域时出场。**比如，信号线从超买区域走进中性

钝化之所以出现往往是因为基本面过于强劲。

区域时，可以作为了结多头头寸的同位出场信号；信号线从超卖区域走进中性区域时，可以作为了结空头头寸的同位出场信号。当汇价刚进入极端区域就了结头寸容易失掉利润最丰厚的行情走势，如图24-81所示，注意其中的指标“钝化”走势。

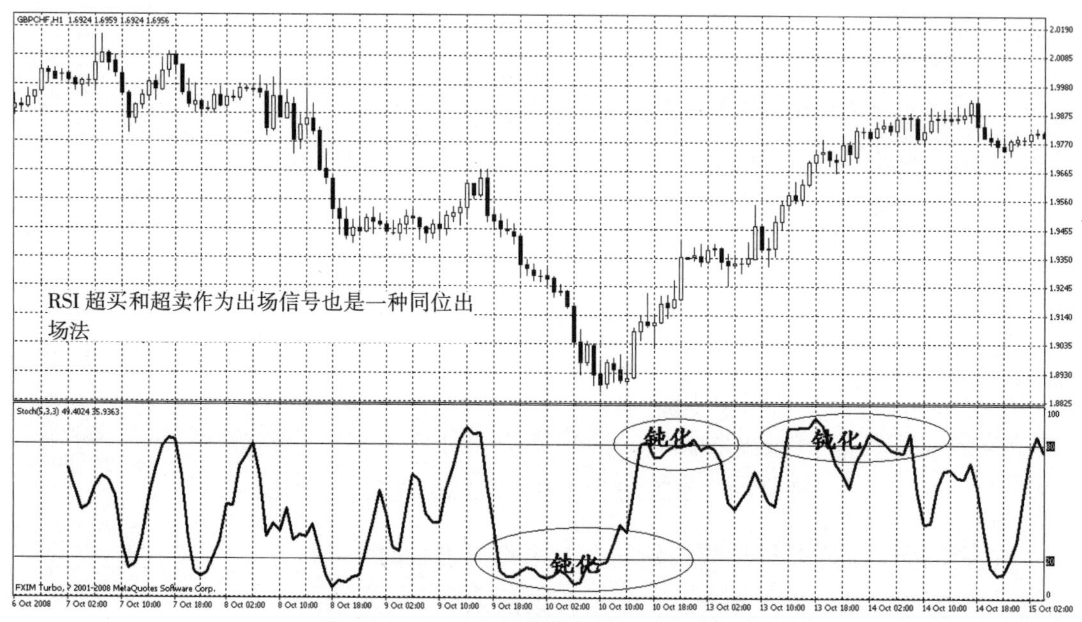

图 24-81 RSI 区间信号出场与同位出场法

帝娜出场三式已经详细介绍完了，最厉害的即日交易者应该将三种方式结合起来使用，成熟的即日交易者必须在任何出场规划中融入后位出场策略，幼稚的即日交易者只采用前位出场策略，失败的交易者往往没有出场策略，或者是采用下面所谓的“进位出场法”。进位出场法是最差的出场策略，因为这种出场策略是由于人类天性驱使得到的，并不是基于概率科学。所谓“进位出场法”就是根据现价和进场点（参照点）的位置关系来决定是否出场。只有当现价与进场点位置关系使得头寸处于盈利状态时才考虑出场，**这就是进位出场法。**

不刹车，往往意味着要出大事。墨菲法则是对侥幸心理的惩罚。

请看图24-82，在做多交易中，当现价低于进场价位时就继续持仓，当现价高于进场价位时就出场，这与前面介绍的

倾向性效应有直接关系。换句话说就是只有当头寸处于盈利状况时才考虑出场，当头寸处于亏损状况时则继续持有头寸。在做空交易中，当现价高于进场价时就继续持仓，当现价低于进场价位时就出场，这也是由于倾向性效应，是每个初入交易行业的新手要去除的习惯。

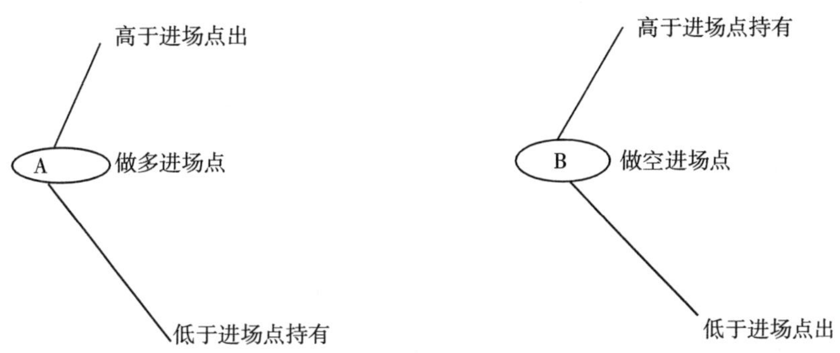

图 24-82　植根于人类天性的进位出场法

下面我们来看进位出场的实例，请看图 24-83。假定交易者在 1.3950 进场做多，当汇价高于此价位时交易者倾向于出场（通常情况下有 20 个点左右的盈利就足以让绝大部分日内交易者出场），当汇价低于此价位时交易者倾向于继续持仓，这种心理倾向几乎在所有“正常”的交易者身上都有所体现，在实际交易出场中也有不少交易者会真的按照这里的条件去执行出场。

图 24-83　做多进位出场法

做空交易的进位出场实例请看图24-84。假定交易者在98.05进场做空，当汇价高于此价位的时候，交易者倾向于继续持有空头头寸；当汇价低于此价位的时候，交易者倾向于了结空头头寸（通常情况下有20个点左右的盈利就足以让绝大部分日内交易者出场）。

图24-84 做空进位出场法

三种有效的出场方法和一种无效的出场方法，我们已经详细、全面地介绍给了大家，接下来大家需要做的就是将这些出场方法融合进自己的交易策略之中。要做到融会贯通，学习者必须首先识别出自己目前所用的出场方法属于四种出场方法中的哪一种，如果是进位出场法，则应该完全戒绝，如果是帝娜出场三式中的一种，则应该继续努力将尚未采用的另外两种出场方法结合进去。**通常而言，帝娜出场三式应该同时出现在单笔交易之中，而最终实际触发出场的只是其中某一出场定式。**

对于新晋交易员，我们的要求是随意进场，然后让他找寻恰当的出场点，经过几个月的训练之后，其交易水平进步速度快于一般交易学习者好几倍。本书读者也可以利用这种方式训练自己的出场意识，你可以拿一枚硬币，正反两面分别代表做多进场和做空进场，然后在当下抛硬币，然后据此进场交易，进场之后根据自己的判断，本着“截短亏损，让利润奔腾”的原则寻找出场点。在国际象棋训练中，绝大多数棋手都是从开局开始的，但是真正的顶尖高手基本都是从残局开始的。从中大家悟到了什么？交易的真谛往往是由领悟出场得到，所以交易新手的学习一定是从出场开始的，

然后才是进场，这就是本书要告诉你的最后秘密。请从出场开始练习，切记这个要领！但是，这里提到的这个交易技能的学习流程和思想一定不要广泛传播，知道的人越多则交易越难做！

24 堂课大家基本都是囫囵吞枣地看完的，这是毫无疑问的，所以有必要回过头去反复看上几十遍，这相当于给你的大脑潜意识“吃药”（催眠疗法），让其逐步接受“赢家的规则”，摆脱“输家的倾向”！

本书指标免费下载指南

本书采用的技术指标全部基于 MT4.0 软件，关于该软件使用说明请登录 www.520fx.com 查询，该软件的下载也请到该网站，该站点为我们提供编程方面的支持。本书使用到的技术指标都可以到该网站下载，具体而言，本书用到的指标有：

第四课
1. 放松 MP3
2. 梦想成真 MP3
3. 全脑大师系列 MP3

第七课
DOLLY 交易系统全套指标

第十一课
1. MACD 双线指标
2. OX 图指标
3. 顾比复合移动平均线指标
4. J 移动平均线（JMA）指标

第十二课
1. 普通轴心点指标
2. 斐波那契混合轴心点指标
3. 整数框架自动标准指标

第十四课
1. Camarilla 指标
2. 市场轮廓 TPO 指标

3. Hansbreaking 指标

第十六课　1. FxOverEasy 交易系统指标
2. 加权日均波幅计算指标

第二十四课　1. 维加斯 1 小时隧道交易法指标

关于 MT4.0 软件指标载入的方法请参考 www.520fx.com 中的相关文章，任何成功的交易方法都是符合交易者本身特点的方法，任何书本知识都不能代替真正的实践。另外需要申明的是：**我们不举办讲座，不接受社会资金，不代客理财，不推荐平台，不提人工交易指令**，所以请不要就以上问题向我们发送电邮，任何提供上述服务的机构与人士都与我们无关，我们也不愿意提供这些服务，我们致力于交易哲学和交易绩效的进步，在使用本书提供的交易技术时，请符合所在地的法律和法规。

本书增值服务
——MQL 智能交易及指标编程授课活动

主办单位： www.520fx.com

背　　景：

520FX 致力于 MT4 交易平台的客户端使用及自助编程服务，应广大投资者的要求，现开始进行 MT4 编程视频系列授课活动。

当前外汇黄金现货交易市场是与国际联动交易的市场，理性的分析以及独特的理念对投资者有着巨大的帮助。同时，不断借鉴前人的分析理论和编程方法，有助于投资者实现全自动或半自动市场分析。针对特定条件下的自动交易也包含在 MT4 编程的范畴中。

随着国际上越来越多的自动分析、自动交易爱好者和实践者的出现，如何推动中国自动分析和自动交易基础，营造互助分享的编程环境变得十分迫切。520FX 在这样的前提下，率先以独立研究单位的身份，公开为广大交易编程爱好者提供入门及中高级交易编程技巧培训，希望能为中国交易编程环境的营造和改善发挥自身的作用！

报名条件：

一、注册并拥有 UC 账号，知道如何加入 UC 聊天室，以及聊天室的基本功能使用；

二、对 MT4 使用熟练；

三、能保证每期准时听课；

四、按时完成每期课后作业，不论难易，并将完成的作业公布在 520FX 论坛上；

五、善于总结，及时将听课感想及学习到的技巧公布在 520FX 论坛上。方便其他人参考。

历史授课录像观看地址：

www.520fx.com　财经多媒体栏目

MQL 交易编程授课安排：

系统认识篇：

1. MT4 编程的技术基础和应注意的细节
2. MT4 编程可达到的目的和方法
3. 自编指标和自编 EA 的误区

金融概念篇：

1. K 线的构成和动态特点
2. 历史测试的特点和误区
3. 点差、滑点、数据公布情况的深刻认识
4. 肉眼和实际的距离有多远

指标认识篇：

1. 未来函数的意义和识别
2. 指标的作用：点和趋势
3. 指标的局限性和误区

EA 认识篇：

1. EA 的执行逻辑
2. EA 的错误提示和处理
3. EA 的条件引用

编程基础篇：

1. MQL 语言从入门到精通

（1）类型。

（2）操作符。

（3）逻辑运算、数学运算、循环。

（4）函数和过程。

（5）日期运算。

（6）指标和 EA 的基本框架逻辑和运行原理。

2. 指标实例讲解
3. EA 实例讲解
4. 逻辑结构的设计和优化

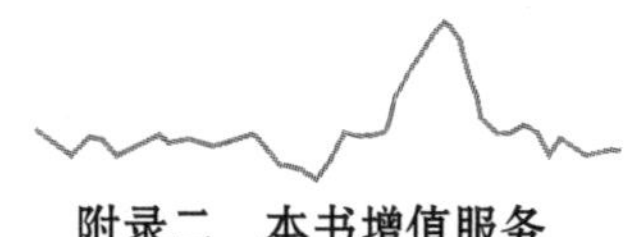

5. 交易细节的程序处理

编程高级篇：

1. 移动止损的程序实现
2. 多仓位持仓的实现和分辨
3. 挂单的实现和分辨
4. 自动平仓
5. 单子唯一性识别
6. 文件的 EA 应用
7. DLL 的 EA 应用
8. 全局变量的应用
9. 历史单的查询和应用技巧

时区突破交易法复盘材料

——汉斯交易系统 2007 年全年交易记录

在本书第十四课中，我们以汉斯 123 交易系统作为一个例子说明了开盘区间对于外汇交易者的重要意义。在该课中，不光要从抽象层面上理解开盘区间对于外汇交易者的价值，同样也要通过汉斯 123 交易系统这样的具体策略来把握开盘交易哲学本身。你要掌握汉斯 123 交易系统，最好是对着本附录的每日交易记录去逐笔复盘琢磨其中的精义，这样才能获得盘感和对该系统的信心，从而也才能更好地使用这一绩效卓越的系统。单是本书中的这个系统就能为你带来不少的真金白银，但是光靠我们语言上的介绍并不能让你信服和体认系统本身，所以一定要依照本附录的数据去认真复盘。下面是汉斯 123 系统在 2007 年的详细交易记录，务必逐笔对着历史走势图进行研究，然后你可以在此基础上展开模拟交易，进而展开真实交易（为了便于复盘，我们是倒序排列所有交易记录的）。

December 28th
9：00 GMT ORDERS
BUY EURUSD @ 14672 closed eod 14710. P/L=+38
filled BUY GBPUSD @ 19992 closed SL 19933. P/L=-59
filled SELL GBPUSD @ 19933 closed at MSL. P/L=0
13：00 GMT ORDERS
filled BUY EURUSD @ 14721 closed eod 14710. P/L=-11
filled SELL GBPUSD @ 19954 closed at MSL. P/L=0
total=-32

December 27th
9：00 GMT ORDERS
filled BUY EURUSD @ 14524 closed at TP. P/L=+80
filled BUY GBPUSD @ 19906 closed at MSL. P/L=0
13：00 GMT ORDERS
filled BUY EURUSD @ 14524 closed at TP. P/L=+80
filled BUY GBPUSD @ 19932 closed eod 19950. P/L=+28
total=+188

December 24th
9：00 GMT ORDERS
filled BUY EURUSD @ 14395 closed eod 14406. P/L=+11
filled SELL GBPUSD @ 19804 closed eod 19770. P/L=+34
13：00 GMT ORDERS
filled SELL GBPUSD @ 19793 closed eod 19770. P/L=+23
total=+68

December 21th
9：00 GMT ORDERS
filled SELL GBPUSD @ 19839 closed eod 19809. P/L=+30
13：00 GMT ORDERS
filled BUY EURUSD @ 14390 closed at SL 14340. P/L=-50
filled SELL EURUSD @ 14349 closed eod 14371. P/L=-22
filled SELL GBPUSD @ 19825 closed eod 19809. P/L=+16
total= -26

December 20th
9：00 GMT ORDERS
filled SELL EURUSD @ 14329 closed eod 14318. P/L=+11
filled SELL GBPUSD @ 19872 closed eod 19840. P/L=+32
13：00 GMT ORDERS
filled SELL GBPUSD @ 19856 closed eod 19840. P/L=+16
total=+59

December 19th
9：00 GMT ORDERS
filled SELL EURUSD @ 14376 closed at MSL. P/L=0
filled BUY GBPUSD @ 20173 closed SL 20103. P/L=-70
filled SELL GBPUSD @ 20086 closed at TP. P/L=+120
13：00 GMT ORDERS
filled SELL EURUSD @ 14366 closed at MSL. P/L=0
filled SELL GBPUSD @ 20027 closed eod 19955. P/L=+72
total=+122

December 18th
9：00 GMT ORDERS
BUY EURUSD @ 14424 closed eod 14408. P/L=-16
filled SELL GBPUSD @ 20159 closed eod 21038. P/L=+21
13：00 GMT ORDERS
BUY EURUSD @ 14424 closed eod 14408. P/L=-16
filled SELL GBPUSD @ 20127 closed eod 20138. P/L=-11
total=-22

December 17th
9：00 GMT ORDERS
filled SELL EURUSD @ 14359 closed SL 14409. P/L=-50
filled BUY GBPUSD @ 20210 closed eod 20211. P/L=+1
filled SELL GBPUSD @ 20108 closed SL 20178. P/L=-70
13：00 GMT ORDERS
filled BUY EURUSD @ 14409 closed eod 14412. P/L=+3
filled BUY GBPUSD @ 20207 closed eod 20211. P/L=+4
total= -112

December 14th
9：00 GMT ORDERS
filled SELL EURUSD @ 14591 closed TP 14511. P/L=+80
SELL GBPUSD @ 20370 closed TP 20250. P/L=+120
13：00 GMT ORDERS
SELL EURUSD @ 14475 closed eod 14426. P/L=+49
SELL GBPUSD @ 20231 closed eod 20160. P/L=+71
total=+320

December 13th
9：00 GMT ORDERS
filled SELL EURUSD @ 14686 closed TP 14606. P/L=+80
SELL GBPUSD @ 20381 closed eod 20402. P/L=-21
13：00 GMT ORDERS
filled SELL EURUSD @ 14664 closed TP 14584. P/L=+80
SELL GBPUSD @ 20392 closed MSL. P/L=0
total= +139

December 12th
9：00 GMT ORDERS
filled BUY EURUSD @ 14732 closed eod 14711. P/L=-21
filled BUY GBPUSD @ 20454 closed SL 20384. P/L=-70
13：00 GMT ORDERS
filled BUY EURUSD @ 14712 closed SL 14663.P/L=-49
filled SELL EURUSD @ 14663 closed SL 14712. P/L=-49
filled BUY GBPUSD @ 20468 closed MSL. P/L=0
filled SELL GBPUSD @ 20388 closed SL 20458. P/L=-70
total = -256

December 11th
9：00 GMT ORDERS
filled SELL EURUSD @ 14695 closed MSL. P/L=0
filled SELL GBPUSD @ 20441 closed TP 20356. P/L=+85
13：00 GMT ORDERS
filled SELL EURUSD @ 14649 closed eod 14656. P/L=-7
filled SELL GBPUSD @ 20448 closed TP 20328. P/L=+120
total= +198

December 10th
9：00 GMT ORDERS
filled BUY EURUSD @ 14666 closed eod 14719. P/L=+53
filled BUY GBPUSD @ 20400 closed eod 20460. P/L=+60
13：00 GMT ORDERS

filled BUY EURUSD @ 14730 closed eod 14719. P/L=-11
filled BUY GBPUSD @ 20468 closed eod 20460. P/L=-8
total=+94

November 7th
9：00 GMT ORDERS
filled BUY EURUSD @ 14627 closed eod 14652. P/L=+25
filled BUY GBPUSD @ 20276 closed at MSL. P/L=0
13：00 GMT ORDERS
BUY EURUSD @ 14658 closed eod 14652. P/L=-6
total=+19

December 6th
9：00 GMT ORDERS
filled BUY EURUSD @ 14624 closed eod 14639. P/L=+15
filled SELL EURUSD @ 14547 closed SL 14697. P/L=-50
SELL GBPUSD @ 20209 closed SL 20279. P/L=-70
13：00 GMT ORDERS
filled BUY EURUSD @ 14588 closed eod 14639. P/L=+51
filled BUY GBPUSD @ 20314 closed eod 20274. P/L=-40
total=-94

December 5th
9：00 GMT ORDERS
filled SELL EURUSD @ 14693 closed at TP. P/L=+80
SELL GBPUSD @ 20396 closed TP. P/L=+120
13：00 GMT ORDERS
filled SELL EURUSD @ 14699 closed at TP. P/L=+80
SELL GBPUSD @ 20345 closed eod 20288. P/L=+57
total= +337

December 4th
9：00 GMT ORDERS
filled BUY EURUSD @ 14704 closed eod 14766. P/L=+62
filled SELL GBPUSD @ 20619 closed eod 20596. P/L=+23
13：00 GMT ORDERS
filled BUY EURUSD @ 14757 closed eod 14766. P/L=+9
filled SELL GBPUSD @ 20580 closed eod 20596. P/L=-16
total=+78

December 3rd
9：00 GMT ORDERS
filled SELL EURUSD @ 14637 closed eod 14668. P/L=-31
BUY GBPUSD @ 20644 closed eod 20633. P/L=-11
filled SELL GBPUSD @ 20535 closed at SL 20605. P/L=-70
13：00 GMT ORDERS
filled BUY EURUSD @ 14672 closed eod 14668. P/L=-4
filled BUY GBPUSD @ 20662 closed eod 20633. P/L=-29
total= -145

December 28th
9：00 GMT ORDERS
BUY EURUSD @ 14672 SL 14622 TP 14722
SELL EURUSD @ 14596 SL 14646 TP 14516
BUY GBPUSD @ 19992 SL 19933 TP 20112
SELL GBPUSD @ 19933 SL 19992 TP 19813
13：00 GMT ORDERS
BUY EURUSD @ 14721 SL 14671 TP 14801
SELL EURUSD @ 14639 SL 14689 TP 14559
BUY GBPUSD @ 20031 SL 19961 TP 20151
SELL GBPUSD @ 19954 SL 20024 TP 19834

December 27th
9：00 GMT ORDERS
BUY EURUSD @ 14524 SL 14474 TP 14604
SELL EURUSD @ 14469 SL 14519 TP 14389
BUY GBPUSD @ 19906 SL 19839 TP 20026
SELL GBPUSD @ 19839 SL 19906 TP 19719
13：00 GMT ORDERS
BUY EURUSD @ 14524 SL 14480 TP 14604
SELL EURUSD @ 14480 SL 14524 TP 14400
BUY GBPUSD @ 19932 SL 19863 TP 20052
SELL GBPUSD @ 19863 SL 19932 TP 19743

December 24th
9：00 GMT ORDERS
BUY EURUSD @ 14395 SL 14345 TP 14475
SELL EURUSD @ 14368 SL 14418 TP 14228
BUY GBPUSD @ 19948 SL 19878 TP 20068
SELL GBPUSD @ 19804 SL 19874 TP 19684
13：00 GMT ORDERS
BUY EURUSD @ 14420 SL 14370 TP 14500
SELL EURUSD @ 14374 SL 14424 TP 14394
BUY GBPUSD @ 19836 SL 19793 TP 19956
SELL GBPUSD @ 19793 SL 19836 TP 19673

December 21th
9：00 GMT ORDERS
BUY EURUSD @ 14417 SL 14367 TP 14497

SELL EURUSD @ 14347 SL 14397 TP 14267
BUY GBPUSD @ 19902 SL 19832 TP 20020
SELL GBPUSD @ 19839 SL 19909 TP 19719
13：00 GMT ORDERS
BUY EURUSD @ 14390 SL 14340 TP 14470
SELL EURUSD @ 14349 SL 14399 TP 14269
BUY GBPUSD @ 19899 SL 19829 TP 20019
SELL GBPUSD @ 19825 SL 19895 TP 19705

December 20th
9：00 GMT ORDERS
BUY EURUSD @ 14384 SL 14334 TP 14464
SELL EURUSD @ 14329 SL 14379 TP 14249
BUY GBPUSD @ 19976 SL 19906 TP 20196
SELL GBPUSD @ 19872 SL 19942 TP 19752
13：00 GMT ORDERS
BUY EURUSD @ 14374 SL 14324 TP 14454
SELL EURUSD @ 14303 SL 14353 TP 14223
BUY GBPUSD @ 19953 SL 19883 TP 20073
SELL GBPUSD @ 19856 SL 19926 TP 19736

December 19th
9：00 GMT ORDERS
BUY EURUSD @ 14430 SL 14380 TP 14510
SELL EURUSD @ 14376 SL 14426 TP 14296
BUY GBPUSD @ 20173 SL 20103 TP 20293
SELL GBPUSD @ 20086 SL 20156 TP 19966
13：00 GMT ORDERS
BUY EURUSD @ 14414 SL 14366 TP 14494
SELL EURUSD @ 14366 SL 14414 TP 14286
BUY GBPUSD @ 20206 SL 20136 TP 20326
SELL GBPUSD @ 20027 SL 20097 TP 19907

December 18th
9：00 GMT ORDERS
BUY EURUSD @ 14424 SL 14376 TP 14504
SELL EURUSD @ 14360 SL 14410 TP 14280
BUY GBPUSD @ 20234 SL 20164 TP 20354
SELL GBPUSD @ 20159 SL 20229 TP 20039
13：00 GMT ORDERS
BUY EURUSD @ 14424 SL 14474 TP 14504
SELL EURUSD @ 14373 SL 14323 TP 14293
BUY GBPUSD @ 20215 SL 20145 TP 20335
SELL GBPUSD @ 20127 SL 20197 TP 20007

December 17th
9：00 GMT ORDERS
BUY EURUSD @ 14460 SL 14410 TP 14740
SELL EURUSD @ 14359 SL 14409 TP 14279
BUY GBPUSD @ 20210 SL 20140 TP 20330
SELL GBPUSD @ 20108 SL 20178 TP 19988
13：00 GMT ORDERS
BUY EURUSD @ 14409 SL 14359 TP 14489
SELL EURUSD @ 14324 SL 14374 TP 14244
BUY GBPUSD @ 20207 SL 20137 TP 20327
SELL GBPUSD @ 20093 SL 20163 TP 19973

December 14th
9：00 GMT ORDERS
BUY EURUSD @ 14663 SL 14613 TP 14743
SELL EURUSD @ 14591 SL 14641 TP 14511
BUY GBPUSD @ 20456 SL 20386 TP 20576
SELL GBPUSD @ 20370 SL 20440 TP 20250
13：00 GMT ORDERS
BUY EURUSD @ 14613 SL 14563 TP 14733
SELL EURUSD @ 14475 SL 14525 TP 14395
BUY GBPUSD @ 20402 SL 20332 TP 20522
SELL GBPUSD @ 20231 SL 20301 TP 20111

December 13th
9：00 GMT ORDERS
BUY EURUSD @ 14742 SL 14692 TP 14822
SELL EURUSD @ 14686 SL 14736 TP 14606
BUY GBPUSD @ 20484 SL 20314 TP 20604
SELL GBPUSD @ 20381 SL 20451 TP 20261
13：00 GMT ORDERS
BUY EURUSD @ 14716 SL 14666 TP 14796
SELL EURUSD @ 14664 SL 14714 TP 14584
BUY GBPUSD @ 20460 SL 20392 TP 20580
SELL GBPUSD @ 20392 SL 20460 TP 20272

December 12th
9：00 GMT ORDERS
BUY EURUSD @ 14732 SL 14682 TP 14812
SELL EURUSD @ 14649 SL 14699 TP 14569
BUY GBPUSD @ 20454 SL 20384 TP 20574
SELL GBPUSD @ 20360 SL 20430 TP 20240
13：00 GMT ORDERS
BUY EURUSD @ 14712 SL 14663 TP 14792
SELL EURUSD @ 14663 SL 14712 TP 14583

BUY GBPUSD @ 20468 SL 20398 TP 20588
SELL GBPUSD @ 20388 SL 20458 TP 20268

December 11th
9：00 GMT ORDERS
BUY EURUSD @ 14757 SL 14707 TP 14837
SELL EURUSD @ 14695 SL 14745 TP 14615
BUY GBPUSD @ 20529 SL 20459 TP 20649
SELL GBPUSD @ 20441 SL 20511 TP 20321
13：00 GMT ORDERS
BUY EURUSD @ 14731 SL 14681 TP 14811
SELL EURUSD @ 14649 SL 14699 TP 14569
BUY GBPUSD @ 20533 SL 20463 TP 20653
SELL GBPUSD @ 20448 SL 20518 TP 20328

December 10th
9：00 GMT ORDERS
BUY EURUSD @ 14666 SL 14634 TP 14746
SELL EURUSD @ 14634 SL 14666 TP 14554
BUY GBPUSD @ 20400 SL 20330 TP 20520
SELL GBPUSD @ 20305 SL 20375 TP 20185
13：00 GMT ORDERS
BUY EURUSD @ 14730 SL 14680 TP 14810
SELL EURUSD @ 14643 SL 14693 TP 14563
BUY GBPUSD @ 20468 SL 20398 TP 20588
SELL GBPUSD @ 20361 SL 20431 TP 20141

December 7th
9：00 GMT ORDERS
BUY EURUSD @ 14627 SL 14593 TP 14707
SELL EURUSD @ 14593 SL 14627 TP 14513
BUY GBPUSD @ 20276 SL 20213 TP 20396
SELL GBPUSD @ 20213 SL 20276 TP 20093
13：00 GMT ORDERS
BUY EURUSD @ 14658 SL 14608 TP 14738
SELL EURUSD @ 14605 SL 14655 TP 14525
BUY GBPUSD @ 20354 SL 20284 TP 20474
SELL GBPUSD @ 20249 SL 20329 TP 20129

December 6th
9：00 GMT ORDERS
BUY EURUSD @ 14624 SL 14574 TP 14702
SELL EURUSD @ 14547 SL 14697 TP 14467
BUY GBPUSD @ 20318 SL 20248 TP 20438
SELL GBPUSD @ 20209 SL 20279 TP 20089
13：00 GMT ORDERS
BUY EURUSD @ 14588 SL 14543 TP 14668
SELL EURUSD @ 14543 SL 14588 TP 14463
BUY GBPUSD @ 20314 SL 20248 TP 20438
SELL GBPUSD @ 20174 SL 20244 TP 20054

December 5th
9：00 GMT ORDERS
BUY EURUSD @ 14766 SL 14716 TP 14846
SELL EURUSD @ 14693 SL 14643 TP 14613
BUY GBPUSD @ 20578 SL 20508 TP 20698
SELL GBPUSD @ 20396 SL 20466 TP 20276
13：00 GMT ORDERS
BUY EURUSD @ 14747 SL 14699 TP 14827
SELL EURUSD @ 14699 SL 14747 TP 14619
BUY GBPUSD @ 20432 SL 20312 TP 20552
SELL GBPUSD @ 20345 SL 20415 TP 20225

December 4th
9：00 GMT ORDERS
BUY EURUSD @ 14704 SL 14654 TP 14784
SELL EURUSD @ 14629 SL 14679 TP 14549
BUY GBPUSD @ 20682 SL 20619 TP 20802
SELL GBPUSD @ 20619 SL 20682 TP 20499
13：00 GMT ORDERS
BUY EURUSD @ 14757 SL 14707 TP 14837
SELL EURUSD @ 14635 SL 14685 TP 14585
BUY GBPUSD @ 20672 SL 20602 TP 20792
SELL GBPUSD @ 20580 SL 20650 TP 20460

December 3rd
9：00 GMT ORDERS
BUY EURUSD @ 14716 SL 14666 TP 14796
SELL EURUSD @ 14637 SL 14687 TP 14557
BUY GBPUSD @ 20644 SL 20574 TP 20764
SELL GBPUSD @ 20535 SL 20605 TP 20415
13：00 GMT ORDERS
BUY EURUSD @ 14672 SL 14622 TP 14752
SELL EURUSD @ 14614 SL 14664 TP 14564
BUY GBPUSD @ 20662 SL 20592 TP 20782
SELL GBPUSD @ 20517 SL 20587 TP 20397

November 30th
9：00 GMT ORDERS
filled BUY EURUSD @ 14770 closed SL 14720. P/L=-50

SELL EURUSD @ 14715 closed at TP. P/L=+80
filled BUY GBPUSD @ 20688 closed SL 20618. P/L=-70
filled SELL GBPUSD @ 20596 closed eod 20568. P/L=+28
13：00 GMT ORDERS
SELL EURUSD @ 14739 closed at TP. P/L=+80
filled SELL GBPUSD @ 20635 closed eod 20568. P/L=+67
total= +135

November 29th
9：00 GMT ORDERS
filled SELL EURUSD @ 14723 closed eod 14747. P/L=-24
filled SELL GBPUSD @ 20631 closed eod 20616. P/L=+15
13：00 GMT ORDERS
filled BUY EURUSD @ 14765 closed eod 14747. P/L=-18
total= -27

November 28th
9：00 GMT ORDERS
filled BUY EURUSD @ 14832 closed eod 14831. P/L=-1
filled SELL EURUSD @ 14717 closed SL 14767. P/L=-50
filled BUY GBPUSD @ 20714 closed eod 20800. P/L=+86
filled SELL GBPUSD @ 20590 closed SL 20660 . P/L=-70
13：00 GMT ORDERS
filled BUY EURUSD @ 14758 closed at TP. P/L=+80
filled BUY GBPUSD @ 20652 closed at TP. P/L=+120
total= +165

November 27th
9：00 GMT ORDERS
filled BUY EURUSD @ 14878 closed msl. P/L=0
filled SELL EURUSD @ 14809 closed eod 14827. P/L=-18
filled SELL GBPUSD @ 20669 closed edo 20665. P/L=+4
13：00 GMT ORDERS
filled BUY EURUSD @ 14866 closed msl. P/L=0
filled SELL EURUSD @ 14816 closed eod 14827. T/P=-11
filled BUY GBPUSD @ 20714 closed SL 20661. P/L=-53
filled SELL GBPUSD @ 20661 closed SL 20714. P/L=-53
total= -149

November 26th
9：00 GMT ORDERS
filled BUY EURUSD @ 14877 closed SL 14827. P/L=-50
filled BUY GBPUSD @ 20694 closed eod 20701. P/L=+7
13：00 GMT ORDERS
filled BUY GBPUSD @ 20730 closed eod 20701. P/L=-29
filled SELL GBPUSD @ 20665 closed SL 20730. P/L=-65
Total= -137
November 23rd：No Trading - Thanksgiving
November 22nd：No Trading - Thanksgiving

November 21st
9：00 GMT ORDERS
filled BUY EURUSD @ 14862 closed eod 14846. P/L=-16
filled SELL EURUSD @ 14779 closed SL 14723. P/L=-44
filled SELL GBPUSD @ 20589 closed MSL. P/L=0
13：00 GMT ORDERS
filled BUY EURUSD @ 14828 closed eod 14846. P/L=+18
filled BUY GBPUSD @ 20652 closed eod 20626. P/L=-26
total=-68

November 20th
9：00 GMT ORDERS
BUY EURUSD @ 14773 closed eod 14837. P/L=+64
filled BUY GBPUSD @ 20664 closed eod 20669. P/L=+5
13：00 GMT ORDERS
filled BUY EURUSD @ 14805 closed eod 14837. P/L+32
filled BUY GBPUSD @ 20670 closed eod 20669. P/L=-1
total= +100

November 19th
9：00 GMT ORDERS
13：00 GMT ORDERS
BUY EURUSD @ 14639 closed eod 14666. P/L=+27
filled BUY GBPUSD @ 20552 closed eod 20596. P/L=-54
total=-27

November 16th
9：00 GMT ORDERS
filled BUY EURUSD @ 14653 closed eod 14661. P/L=+8
filled BUY GBPUSD @ 20490 closed eod 20515. P/L=+25
filled SELL GBPUSD @ 20397 closed MSL. P/L=0
13：00 GMT ORDERS
filled BUY EURUSD @ 14639 closed eod 14661. P/L=+22
filled BUY GBPUSD @ 20456 closed eod 20515. P/L=+59
total= +114

November 15th
9：00 GMT ORDERS
filled SELL EURUSD @ 14641 closed eod 14613. P/L=+28
filled SELL GBPUSD @ 20519 closed eod 20435. P/L=+84

13：00 GMT ORDERS
total=+112

November 14th
9：00 GMT ORDERS
filled BUY EURUSD @ 14678 closed MSL. P/L=0
filled BUY GBPUSD @ 20824 closed SL 20754. P/L=-70
filled SELL GBPUSD @ 20735 closed TP 20615. P/L=+120
13：00 GMT ORDERS
filled BUY EURUSD @ 14720 closed SL 14670. P/L=-50
filled SELL EURUSD @ 14640 closed eod 14648. P/L=-8
filled SELL GBPUSD @ 20637 closed TP 20517. P/L=+120
total=+112

November 13th
9：00 GMT ORDERS
filled BUY GBPUSD @ 20706 closed eod 20736. P/L=+20
13：00 GMT ORDERS
filled BUY EURUSD @ 14622 closed eod 14616. P/L=-6
filled BUY GBPUSD @ 20736 closed eod 20736. P/L=0
total=+14

November 12th
9：00 GMT ORDERS
filled SELL EURUSD @ 14599 closed eod 14530. P/L=+69
filled SELL GBPUSD @ 20768 closed TP 20648. P/L=+120
13：00 GMT ORDERS
filed SELL EURUSD @ 14538 closed eod 14530. P/L=+8
filled SELL GBPUSD @ 20664 closed TP 20544. P/L=+120
total=+317

November 9th
9：00 GMT ORDERS
filled BUY EURUSD @ 14738 closed SL 14688. P/L=-50
filled SELL EURUSD @ 14673 closed eod 14662. P/L=+11
filled BUY GBPUSD @ 21141 closed SL 21071. P/L=-70
SELL GBPUSD @ 21073 closed TP 20953. P/L=+120
13：00 GMT ORDERS
filled SELL EURUSD @ 14659 closed eod 14662. P/L=-3
SELL GBPUSD @ 20948 closed eod 20896. P/L=+52
total= +60

November 8th
9：00 GMT ORDERS
filled BUY EURUSD @ 14681 closed eod 14676. P/L=-5
filled BUY GBPUSD @ 21054 closed eod 21064. P/L=+10
13：00 GMT ORDERS
filled BUY EURUSD @ 14686 closed eod 14676. P/L=-10
filled BUY GBPUSD @ 21096 closed eod 21064. P/L=-30
total=-35

November 7th
9：00 GMT ORDERS
filled BUY EURUSD @ 14662 closed at MSL. P/L=0
filled BUY GBPUSD @ 20974 closed MSL. P/L=0
13：00 GMT ORDERS
filled BUY EURUSD @ 14712 closed at SL 14562. P/L=-50
filled SELL EURUSD @ 14641 closed eod 14627. P/L=+14
filled BUY GBPUSD @ 21061 SL 20991. P/L=-70
total= -106

November 6th
9：00 GMT ORDERS
BUY EURUSD @ 14538 closed eod 14564. P/L=+26
BUY GBPUSD @ 20893 closed eod 20878. P/L=-15
13：00 GMT ORDERS
filled BUY EURUSD @ 14562 closed eod 14564. P/L=+2
filled BUY GBPUSD @ 20891 closed eod 20878. P/L=-13
total= 0

November 5th
9：00 GMT ORDERS
filled SELL EURUSD @ 14449 closed at eod 14474. P/L=-25
filled SELL GBPUSD @ 20821 closed eod 20802. P/L=+19
13：00 GMT ORDERS
filled BUY EURUSD @ 14482 closed at eod 14474. P/L=-8
total= -14

November 2nd
9：00 GMT ORDERS
filled BUY EURUSD @ 14482 closed at MSL. P/L=0
filled BUY GBPUSD @ 20842 closed eod 20886. P/L=+44
13：00 GMT ORDERS
filled BUY EURUSD @ 14496 closed at MSL. P/L=0

filled BUY GBPUSD @ 20872 closed eod 20886. P/L=+14
filled SELL GBPUSD @ 20808 closed SL 20872. P/L=-64
total= -6

November 1st
9：00 GMT ORDERS
filled SELL EURUSD @ 14455 closed at MSL.P/L=0
filled BUY GBPUSD @ 20819 closed at MSL. P/L=0
filled SELL GBPUSD @ 20769 closed at SL 20819 . P/L=-50
13：00 GMT ORDERS
filled BUY EURUSD @ 14472 closed SL 14422. P/L=-50
filled BUY GBPUSD @ 20832 closed at MSL. P/L=0
total =-100

November 30th
9：00 GMT ORDERS
BUY EURUSD @ 14770 SL 14720 TP 14850
SELL EURUSD @ 14715 SL 14765 TP 14635
BUY GBPUSD @ 20688 SL 20618 TP 20808
SELL GBPUSD @ 20596 SL 20666 TP 20476
13：00 GMT ORDERS
BUY EURUSD @ 14791 SL 14741 TP 14871
SELL EURUSD @ 14739 SL 14789 TP 14659
BUY GBPUSD @ 20710 SL 20640 TP 20830
SELL GBPUSD @ 20635 SL 20705 TP 20515

November 29th
9：00 GMT ORDERS
BUY EURUSD @ 14841 SL 14791 TP 14921
SELL EURUSD @ 14723 SL 14773 TP 14643
BUY GBPUSD @ 20784 SL 20714 TP 20904
SELL GBPUSD @ 20631 SL 20701 TP 20511
13：00 GMT ORDERS
BUY EURUSD @ 14765 SL 14717 TP 14845
SELL EURUSD @ 14717 SL 14765 TP 14637
BUY GBPUSD @ 20688 SL 20618 TP 20808
SELL GBPUSD @ 20587 SL 20657 TP 20467

November 28th
9：00 GMT ORDERS
BUY EURUSD @ 14832 SL 14782 TP 14912
SELL EURUSD @ 14717 SL 14767 TP 14637
BUY GBPUSD @ 20714 SL 20644 TP 20834
SELL GBPUSD @ 20590 SL 20660 TP 20470
13：00 GMT ORDERS
BUY EURUSD @ 14758 SL 14708 TP 14838
SELL EURUSD @ 14705 SL 14755 TP 14625
BUY GBPUSD @ 20652 SL 20582 TP 20772
SELL GBPUSD @ 20575 SL 20642 TP 20455

November 27th
9：00 GMT ORDERS
BUY EURUSD @ 14878 SL 14828 TP 14958
SELL EURUSD @ 14809 SL 14859 TP 14729
BUY GBPUSD @ 20746 SL 20676 TP 20866
SELL GBPUSD @ 20669 SL 20739 TP 20549
13：00 GMT ORDERS
BUY EURUSD @ 14866 SL 14816 TP 14946
SELL EURUSD @ 14816 SL 14866 TP 14736
BUY GBPUSD @ 20714 SL 20661 TP 20834
SELL GBPUSD @ 20661 SL 20714 TP 20541

November 26th
9：00 GMT ORDERS
BUY EURUSD @ 14877 SL 14827 TP 14953
SELL EURUSD @ 14799 SL 14749 TP 14719
BUY GBPUSD @ 20694 SL 20624 TP 20814
SELL GBPUSD @ 20617 SL 20687 TP 20497
13：00 GMT ORDERS
BUY EURUSD @ 14893 SL 14843 TP 14973
SELL EURUSD @ 14820 SL 14870 TP 14740
BUY GBPUSD @ 20730 SL 20665 TP 20850
SELL GBPUSD @ 20665 SL 20730 TP 20545

November 23rd
THANKSGIVING

November 22nd
THANKSGIVING

November 21st
9：00 GMT ORDERS
BUY EURUSD @ 14862 SL 14812 TP 14942
SELL EURUSD @ 14779 SL 14723 TP 14699
BUY GBPUSD @ 20706 SL 20776 TP 20826
SELL GBPUSD @ 20589 SL 20519 TP 20469
13：00 GMT ORDERS
BUY EURUSD @ 14828 SL 14778 TP 14908
SELL EURUSD @ 14769 SL 14819 TP 14679

BUY GBPUSD @ 20652 SL 20582 TP 20772
SELL GBPUSD @ 20520 SL 20590 TP 20400

November 20th
9：00 GMT ORDERS
BUY EURUSD @ 14773 SL 14723 TP 14853
SELL EURUSD @ 14653 SL 14703 TP 14573
BUY GBPUSD @ 20664 SL 20594 TP 20784
SELL GBPUSD @ 20473 SL 20543 TP 20353
13：00 GMT ORDERS
BUY EURUSD @ 14805 SL 14755 TP 14885
SELL EURUSD @ 14731 SL 14781 TP 14651
BUY GBPUSD @ 20670 SL 20600 TP 20790
SELL GBPUSD @ 20574 SL 20644 TP 20454

November 19th
9：00 GMT ORDERS
BUY EURUSD @ 14692 SL 14642 TP 14772
SELL EURUSD @ 14615 SL 14765 TP 14535
BUY GBPUSD @ 20564 SL 20494 TP 20684
SELL GBPUSD @ 20444 SL 20514 TP 20324
13：00 GMT ORDERS
BUY EURUSD @ 14639 SL 14619 TP 14719
SELL EURUSD @ 14619 SL 14639 TP 14539
BUY GBPUSD @ 20552 SL 20482 TP 20672
SELL GBPUSD @ 20447 SL 20517 TP 20327

November 16th
9：00 GMT ORDERS
BUY EURUSD @ 14653 SL 14603 TP 14733
SELL EURUSD @ 14575 SL 14625 TP 14505
BUY GBPUSD @ 20490 SL 20420 TP 20610
SELL GBPUSD @ 20397 SL 20467 TP 20277
13：00 GMT ORDERS
BUY EURUSD @ 14639 SL 14589 TP 14719
SELL EURUSD @ 14583 SL 14633 TP 14533
BUY GBPUSD @ 20456 SL 20386 TP 20576
SELL GBPUSD @ 20347 SL 20417 TP 20227

November 15th
9：00 GMT ORDERS
BUY EURUSD @ 14712 SL 14662 TP 14792
SELL EURUSD @ 14641 SL 14691 TP 14561
BUY GBPUSD @ 20626 SL 20556 TP 20746
SELL GBPUSD @ 20519 SL 20579 TP 20399
13：00 GMT ORDERS
BUY EURUSD @ 14666 SL 14639 TP 14766
SELL EURUSD @ 14599 SL 14686 TP 14559
BUY GBPUSD @ 20602 SL 20532 TP 20722
SELL GBPUSD @ 20412 SL 20482 TP 20292

November 14th
9：00 GMT ORDERS
BUY EURUSD @ 14678 SL 14631 TP 14758
SELL EURUSD @ 14631 SL 14678 TP 14481
BUY GBPUSD @ 20824 SL 20754 TP 20944
SELL GBPUSD @ 20735 SL 20805 TP 20615
13：00 GMT ORDERS
BUY EURUSD @ 14720 SL 14670 TP 14640
SELL EURUSD @ 14640 SL 14690 TP 14560
BUY GBPUSD @ 20852 SL 20922 TP 20972
SELL GBPUSD @ 20637 SL 20517 TP 20517

November 13th
9：00 GMT ORDERS
BUY EURUSD @ 14640 SL 14690 TP 14710
SELL EURUSD @ 14561 SL 14511 TP 14481
BUY GBPUSD @ 20706 SL 20636 TP 20826
SELL GBPUSD @ 20596 SL 20666 TP 20476
13：00 GMT ORDERS
BUY EURUSD @ 14622 SL 14572 TP 14702
SELL EURUSD @ 14565 SL 14615 TP 14485
BUY GBPUSD @ 20736 SL 20666 TP 20856
SELL GBPUSD @ 20659 SL 20729 TP 20439

November 12th
9：00 GMT ORDERS
BUY EURUSD @ 14672 SL 14652 TP 14752
SELL EURUSD @ 14599 SL 14649 TP 14519
BUY GBPUSD @ 20874 SL 20804 TP 20994
SELL GBPUSD @ 20768 SL 20838 TP 20648
13：00 GMT ORDERS
BUY EURUSD @ 14616 SL 14566 TP 14696
SELL EURUSD @ 14538 SL 14588 TP 14458
BUY GBPUSD @ 20831 SL 20761 TP 20951
SELL GBPUSD @ 20664 SL 20734 TP 20544

November 9th
9：00 GMT ORDERS
BUY EURUSD @ 14738 SL 14688 TP 14818

SELL EURUSD @ 14673 SL 14723 TP 14593
BUY GBPUSD @ 21141 SL 21071 TP 21261
SELL GBPUSD @ 21073 SL 21143 TP 20953
13：00 GMT ORDERS
BUY EURUSD @ 14759 SL 14709 TP 14839
SELL EURUSD @ 14659 SL 14709 TP 14579
BUY GBPUSD @ 21170 SL 21100 TP 21290
SELL GBPUSD @ 20948 SL 21018 TP 20828

November 8th
9：00 GMT ORDERS
BUY EURUSD @ 14681 SL 14631 TP 14761
SELL EURUSD @ 14619 SL 14669 TP 14539
BUY GBPUSD @ 21054 SL 20984 TP 21074
SELL GBPUSD @ 20976 SL 21046 TP 20856
13：00 GMT ORDERS
BUY EURUSD @ 14686 SL 14639 TP 14766
SELL EURUSD @ 14639 SL 14686 TP 14559
BUY GBPUSD @ 20634 SL 20564 TP 20754
SELL GBPUSD @ 20544 SL 20614 TP 20424

November 7th
9：00 GMT ORDERS
BUY EURUSD @ 14662 SL 14612 TP 14742
SELL EURUSD @ 14609 SL 14659 TP 14529
BUY GBPUSD @ 20974 SL 20904 TP 21094
SELL GBPUSD @ 20923 SL 20993 TP 20803
13：00 GMT ORDERS
BUY EURUSD @ 14712 SL 14562 TP 14792
SELL EURUSD @ 14641 SL 14691 TP 14561
BUY GBPUSD @ 21061 SL 20991 TP 21181
SELL GBPUSD @ 20953 SL 21023 TP 20833

November 6th
9：00 GMT ORDERS
BUY EURUSD @ 14538 SL 14488 TP 14618
SELL EURUSD @ 14475 SL 14525 TP 14395
BUY GBPUSD @ 20893 SL 20823 TP 21013
SELL GBPUSD @ 20814 SL 20884 TP 20694
13：00 GMT ORDERS
BUY EURUSD @ 14562 SL 14512 TP 14642
SELL EURUSD @ 14509 SL 14559 TP 14429
BUY GBPUSD @ 20891 SL 20828 TP 21011
SELL GBPUSD @ 20828 SL 20891 TP 20708

November 5th
9：00 GMT ORDERS
BUY EURUSD @ 14507 SL 14457 TP 14587
SELL EURUSD @ 14449 SL 14499 TP 14369
BUY GBPUSD @ 20902 SL 20832 TP 21022
SELL GBPUSD @ 20821 SL 20891 TP 20701
13：00 GMT ORDERS
BUY EURUSD @ 14482 SL 14437 TP 14562
SELL EURUSD @ 14437 SL 14482 TP 14357
BUY GBPUSD @ 20870 SL 20800 TP 20990
SELL GBPUSD @ 20778 SL 20858 TP 20658

November 2nd
9：00 GMT ORDERS
BUY EURUSD @ 14482 SL 14432 TP 14562
SELL EURUSD @ 14415 SL 14465 TP 14335
BUY GBPUSD @ 20842 SL 20772 TP 20962
SELL GBPUSD @ 20763 SL 20833 TP 20643
13：00 GMT ORDERS
BUY EURUSD @ 14496 SL 14455 TP 14576
SELL EURUSD @ 14455 SL 14496 TP 14375
BUY GBPUSD @ 20872 SL 20808 TP 20992
SELL GBPUSD @ 20808 SL 20872 TP 20688

November 1st
9：00 GMT ORDERS
BUY EURUSD @ 14484 SL 14455 TP 14564
SELL EURUSD @ 14455 SL 14484 TP 14375
BUY GBPUSD @ 20819 SL 20769 TP 20939
SELL GBPUSD @ 20769 SL 20819 TP 20649
13：00 GMT ORDERS
BUY EURUSD @ 14472 SL 14452 TP 14552
SELL EURUSD @ 14401 SL 14451 TP 14321
BUY GBPUSD @ 20832 SL 20767 TP 20952
SELL GBPUSD @ 20747 SL 20817 TP 20627

October 31st
9：00 GMT ORDERS
filled BUY EURUSD @ 14474 closed eod 14478. P/L=+4
filled SELL EURUSD @ 14421 closed SL 14471. P/L=-50
filled BUY GBPUSD @ 20751 closed eod 20809. P/L=+58
13：00 GMT ORDERS
BUY EURUSD @ 14466 closed at MSL. P/L=0
filled SELL EURUSD @ 14419 closed SL 14466. P/L=-47
filled BUY GBPUSD @ 20750 closed eod 20809. P/L=+59

filled SELL GBPUSD @ 20704 closed SL 20750. P/L=-46
total= -22

October 30th
9：00 GMT ORDERS
filled BUY EURUSD @ 14416 closed eod 14440. P/L=+24
filled BUY GBPUSD @ 20637 closed eod 20679. P/L=+42
13：00 GMT ORDERS
filled BUY EURUSD @ 14422 closed eod 14440. P/L=+18
filled BUY GBPUSD @ 20680 closed eod 20679. P/L=-1
total= +85

October 29th
9：00 GMT ORDERS
SELL EURUSD @ 14399 closed eod 14420. P/L=-21
filled BUY GBPUSD @ 20588 closed eod 20627. P/L=+39
13：00 GMT ORDERS
filled SELL EURUSD @ 14399 closed eod 14420. P/L=-21
filled BUY GBPUSD @ 20634 closed eod 20627. P/L=-7
total= -10

October 26th
9：00 GMT ORDERS
filled BUY EURUSD @ 14380 closed eod 14388. P/L=+8
filled BUY GBPUSD @ 20573 closed SL 20503. P/L=-70
filled SELL GBPUSD @ 20503 closed eod 20506. P/L=-3
13：00 GMT ORDERS
filled BUY EURUSD @ 14382 closed eod 14288. P/L=+6
total= -59

October 25th
9：00 GMT ORDERS
filled BUY EURUSD @ 14296 closed eod 14328. P/L=+32
filled BUY GBPUSD @ 20504 closed MSL. P/L=0
13：00 GMT ORDERS
filled BUY EURUSD @ 14323 closed eod 14328. P/L=+5
filled BUY GBPUSD @ 20540 closed eod 20510. P/L=-30
total= +7

October 24th
9：00 GMT ORDERS
filled BUY EURUSD @ 14268 closed eod 14260. P/L=-8
filled BUY GBPUSD @ 20508 closed eod 20493. P/L=-15
13：00 GMT ORDERS
filled BUY EURUSD @ 14245 closed eod 14260. P/L=+15
filled BUY GBPUSD @ 20512 closed SL 20455= P/L=-57
filled SELL GBPUSD @ 20455 closed eod 20493. P/L=-38
total=-103

October 23rd
9：00 GMT ORDERS
BUY EURUSD @ 14225 closed eod 14260. P/L=+35
BUY GBPUSD @ 20396 closed at TP 20516. P/L=+120
13：00 GMT ORDERS
BUY EURUSD @ 14246 closed eod 14260. P/L=+14
filled BUY GBPUSD @ 20476 closed eod 20510. P/L=+36
total= +205

October 22nd
9：00 GMT ORDERS
SELL EURUSD @ 14290 closed TP 14210. P/L=+80
filled SELL GBPUSD @ 20465 closed at T/P. P/L=+120
13：00 GMT ORDERS
filled SELL EURUSD @ 14129 closed eod 14174. P/L=-45
filled SELL GBPUSD @ 20280 closed eod 20306. P/L=-26
total=+129

October 19th
9：00 GMT ORDERS
filled SELL EURUSD @ 14259 closed eod 14264.P/L= -5
13：00 GMT ORDERS
filled SELL EURUSD @ 14261 closed SL 14264. P/L=-3
filled BUY GBPUSD @ 20508. closed eod 20491. P/L=-17
total=-25

October 18th
9：00 GMT ORDERS
filled BUY EURUSD @ 14261 closed eod 14285.P/L=+24
filled BUY GBPUSD @ 20439 closed at MSL. P/L=0
13：00 GMT ORDERS
filled BUY EURUSD @ 14278 closed eod 14285. P/L=+7
filled BUY GBPUSD @ 20482 closed at MSL. P/L=0
total=+31

October 17th
9：00 GMT ORDERS
filled BUY EURUSD @ 14198 closed at MSL. P/L=0
filled BUY GBPUSD @ 20378 closed at MSL. P/L=0
13：00 GMT ORDERS
filled BUY EURUSD @ 14200 closed at MSL. P/L=0

filled BUY GBPUSD @ 20376 closed at MSL. P/L=0
total=0

October 16th
9：00 GMT ORDERS
filled SELL EURUSD @ 14152 closed eod 14172. P/L=-20
filled SELL GBPUSD @ 20335 closed at MSL. P/L=0
13：00 GMT ORDERS
filled BUY EURUSD @ 14194 closed eod 14172. P/L=-22
total=-42

October 15th
9：00 GMT ORDERS
filled BUY EURUSD @ 14230 closed eod 14211. P/L=-19
filled BUY GBPUSD @ 20394 closed at MSL. P/L=0
13：00 GMT ORDERS
filled SELL EURUSD @ 14209 closed eod 14211. P/L=-2
total=-21

October 12th
9：00 GMT ORDERS
filled BUY EURUSD @ 14205 closed SL 14163. P/L=-42
filled SELL EURUSD @ 14163 closed SL 14205. P/L=-42
filled BUY GBPUSD @ 20340 closed eod 20354. P/L=+14
13：00 GMT ORDERS
filled BUY EURUSD @ 14204 closed SL 14155. P/L=-49
filled SELL EURUSD @ 14155 closed SL 14204. P/L=-49
filled BUY GBPUSD @ 20314 closed eod 20354. P/L=+40
total= -128

October 11th
9：00 GMT ORDERS
filled BUY EURUSD @ 14204 closed SL 14154. P/L=-50
filled SELL GBPUSD @ 20337 closed eod 20337. P/L=0
13：00 GMT ORDERS
filled BUY EURUSD @ 14224 closed SL 14187. P/L=-37
filled SELL EURUSD @ 14187 closed at MSL. P/L=0
filled SELL GBPUSD @ 20360 closed eod 20337. P/L=-23
total= -110

October 10th
9：00 GMT ORDERS
filled BUY EURUSD @ 14137 closed eod 14140. P/L=+3
filled BUY GBPUSD @ 20446 closed eod 20415. P/L=-31
13：00 GMT ORDERS
filled BUY EURUSD @ 14155 closed eod 14140. P/L=-15
total= -43

October 9th
9：00 GMT ORDERS
filled BUY EURUSD @ 14056 closed eod 14104. P/L=+48
filled BUY GBPUSD @ 20354 closed eod 20370. P/L=+16
filled SELL GBPUSD @ 20317 closed at MSL. P/L=0
13：00 GMT ORDERS
filled BUY EURUSD @ 14058 closed eod 14104. P/L=+46
filled BUY GBPUSD @ 20362 closed eod 20370. P/L=+8
filled SELL GBPUSD @ 20264 closed SL 20334. P/L=-70
P/L=+48

October 8th
9：00 GMT ORDERS
filled SELL EURUSD @ 14081 closed eod 14046. P/L=+35
filled SELL GBPUSD @ 20360 closed eod 20356. P/L=+4
13：00 GMT ORDERS
filled SELL EURUSD @ 14074 closed eod 14046. P/L=+30
filled SELL GBPUSD @ 20354 closed eod 20356. P/L=-2
Total= +67

October 5th
9：00 GMT ORDERS
BUY EURUSD @ 14146 closed eod 14138. P/L=-8
filled SELL EURUSD @ 14103 closed at MSL. P/L=0
BUY GBPUSD @ 20396 closed eod 20422. P/L=+26
filled SELL GBPUSD @ 20324 closed SL 20394. P/L=-70
13：00 GMT ORDERS
filled BUY EURUSD @ 14147 closed eod 14138. P/L=-9
filled SELL EURUSD @ 13998 closed at TP 13928. P/L=+80
filled BUY GBPUSD @ 20414 closed eod 20422. P/L=+8
filled SELL GBPUSD @ 20333 closed at SL 20403. P/L=-70
Total=-43

October 4th
9：00 GMT ORDERS
filled BUY EURUSD @ 14112 closed at SL 14071. P/L=-41
filled SELL EURUSD @ 14071 closed SL 14112. P/L=-41
filled BUY GBPUSD @ 20325 closed eod 20384. P/L=+59

13：00 GMT ORDERS
filled BUY EURUSD @ 14140 closed at 14134. P/L=-6
filled SELL EURUSD @ 14088 closed at SL 14138. P/L=-50
filled BUY GBPUSD @ 20373 closed eod 20384. P/L=+11
Total= -68

October 3rd
9：00 GMT ORDERS
filled BUY EURUSD @ 14194 closed eod SL 14149. P/L=-45
filled SELL EURUSD @ 14149 closed eod 14090. P/L=+59
filled SELL GBPUSD @ 20380 closed eod 20319. P/L=+61
13：00 GMT ORDERS
filled SELL EURUSD @ 14153 closed eod 14090. P/L=+63
filled SELL GBPUSD @ 20332 closed eod 20319. P/L=+13
P/L= +151

October 2nd
9：00 GMT ORDERS
filled SELL EURUSD @ 14173 closed eod 14148. P/L=+25
filled BUY GBPUSD @ 20432 closed eod 20404. P/L=-28
13：00 GMT ORDERS
filled BUY GBPUSD @ 20445 closed eod 20404. P/L=-41
total= -44

October 1st
9：00 GMT ORDERS
filled SELL EURUSD @ 14213 closed eod 14231. P/L=-18
filled SELL GBPUSD @ 20439 closed at MSL. P/L=0
13：00 GMT ORDERS
Total= -18

October 31st
9：00 GMT ORDERS
BUY EURUSD @ 14474 SL 14424 TP 14554
SELL EURUSD @ 14421 SL 14471 TP 14341
BUY GBPUSD @ 20751 SL 20681 TP 20871
SELL GBPUSD @ 20671 SL 20741 TP 20551
13：00 GMT ORDERS
BUY EURUSD @ 14466 SL 14419 TP 145461
SELL EURUSD @ 14419 SL 14466 TP 14339
BUY GBPUSD @ 20750 SL 20704 TP 20870
SELL GBPUSD @ 20704 SL 20750 TP 20584

October 30th
9：00 GMT ORDERS
BUY EURUSD @ 14416 SL 14368 TP 14496
SELL EURUSD @ 14368 SL 14416 TP 14288
BUY GBPUSD @ 20637 SL 20567 TP 20757
SELL GBPUSD @ 20558 SL 20628 TP 20438
13：00 GMT ORDERS
BUY EURUSD @ 14422 SL 14381 TP 14502
SELL EURUSD @ 14381 SL 14422 TP 14301
BUY GBPUSD @ 20680 SL 20610 TP 20800
SELL GBPUSD @ 20608 SL 20678 TP 20488

October 29th
9：00 GMT ORDERS
BUY EURUSD @ 14443 SL 14399 TP 14523
SELL EURUSD @ 14399 SL 14443 TP 14319
BUY GBPUSD @ 20588 SL 20533 TP 20708
SELL GBPUSD @ 20533 SL 20588 TP 20413
13：00 GMT ORDERS
BUY EURUSD @ 14445 SL 14399 TP 14525
SELL EURUSD @ 14399 SL 14445 TP 14319
BUY GBPUSD @ 20634 SL 20564 TP 20754
SELL GBPUSD @ 20544 SL 20614 TP 20424

October 26th
9：00 GMT ORDERS
BUY EURUSD @ 14380 SL 14330 TP 14460
SELL EURUSD @ 14318 SL 14368 TP 14238
BUY GBPUSD @ 20573 SL 20503 TP 20693
SELL GBPUSD @ 20503 SL 20573 TP 20383
13：00 GMT ORDERS
BUY EURUSD @ 14382 SL 14340 TP 14462
SELL EURUSD @ 14340 SL 14382 TP 14260
BUY GBPUSD @ 20580 SL 20510 TP 20700
SELL GBPUSD @ 20473 SL 20543 TP 20353

October 25th
9：00 GMT ORDERS
BUY EURUSD @ 14296 SL 14242 TP 14376
SELL EURUSD @ 14242 SL 14296 TP 14162
BUY GBPUSD @ 20504 SL 20445 TP 20624
SELL GBPUSD @ 20445 SL 20504 TP 20325
13：00 GMT ORDERS
BUY EURUSD @ 14323 SL 14273TP 14403
SELL EURUSD @ 14242 SL 14292 TP 14162

BUY GBPUSD @ 20540 SL 20470 TP 20660
SELL GBPUSD @ 20465 SL 20535 TP 20345

October 24th
9：00 GMT ORDERS
BUY EURUSD @ 14268 SL 14218 TP 14348
SELL EURUSD @ 14183 SL 14233 TP 14103
BUY GBPUSD @ 20508 SL 20438 TP 20628
SELL GBPUSD @ 20418 SL 20488 TP 20298
13：00 GMT ORDERS
BUY EURUSD @ 14245 SL 14201 TP 14325
SELL EURUSD @ 14201 SL 14245 TP 14121
BUY GBPUSD @ 20512 SL 20455 TP 20632
SELL GBPUSD @ 20455 SL 20512 TP 20335

October 23rd
9：00 GMT ORDERS
BUY EURUSD @ 14225 SL 14009 TP 14136
SELL EURUSD @ 14169 SL 14056 TP 13929
BUY GBPUSD @ 20396 SL 20387 TP 20516
SELL GBPUSD @ 20317 SL 20326 TP 20197
13：00 GMT ORDERS
BUY EURUSD @ 14246 SL 14196 TP 14326
SELL EURUSD @ 14187 SL 14237 TP 14107
BUY GBPUSD @ 20476 SL 20406 TP 20596
SELL GBPUSD @ 20354 SL 20424 TP 20234

October 22nd
9：00 GMT ORDERS
BUY EURUSD @ 14346 SL 14296 TP 14426
SELL EURUSD @ 14290 SL 14340 TP 14210
BUY GBPUSD @ 20544 SL 20474 TP 20664
SELL GBPUSD @ 20465 SL 20535 TP 20145
13：00 GMT ORDERS
BUY EURUSD @ 14321 SL 14271 TP 14401
SELL EURUSD @ 14129 SL 14179 TP 14049
BUY GBPUSD @ 20519 SL 20449 TP 20589
SELL GBPUSD @ 20280 SL 20350 TP 20160

October 19th
9：00 GMT ORDERS
BUY EURUSD @ 14326 SL 14276 TP 14406
SELL EURUSD @ 14259 SL 14309 TP 14179
BUY GBPUSD @ 20504 SL 20434 TP 20624
SELL GBPUSD @ 20401 SL 20471 TP 20281
13：00 GMT ORDERS
BUY EURUSD @ 14298 SL 14261 TP 14378
SELL EURUSD @ 14261 SL 14298 TP 14181
BUY GBPUSD @ 20508 SL 20438 TP 20628
SELL GBPUSD @ 20410 SL 20480 TP 20290

October 18th
9：00 GMT ORDERS
BUY EURUSD @ 14261 SL 14219 TP 14341
SELL EURUSD @ 14219 SL 14261 TP 14139
BUY GBPUSD @ 20439 SL 20377 TP 20459
SELL GBPUSD @ 20377 SL 20439 TP 20257
13：00 GMT ORDERS
BUY EURUSD @ 14278 SL 14233 TP 14358
SELL EURUSD @ 14233 SL 14278 TP 14153
BUY GBPUSD @ 20482 SL 20412 TP 20602
SELL GBPUSD @ 20387 SL 20457 TP 20267

October 17th
9：00 GMT ORDERS
BUY EURUSD @ 14198 SL 14151 TP 14278
SELL EURUSD @ 14151 SL 14198 TP 14081
BUY GBPUSD @ 20378 SL 20308 TP 20498
SELL GBPUSD @ 20279 SL 20349 TP 20159
13：00 GMT ORDERS
BUY EURUSD @ 14200 SL 14161 TP 14280
SELL EURUSD @ 14161 SL 14200 TP 14081
BUY GBPUSD @ 20376 SL 20312 TP 20496
SELL GBPUSD @ 20312 SL 20376 TP 20192

October 16th
9：00 GMT ORDERS
BUY EURUSD @ 14233 SL 14283 TP 14213
SELL EURUSD @ 14152 SL 14202 TP 14082
BUY GBPUSD @ 20436 SL 20366 TP 20556
SELL GBPUSD @ 20335 SL 20405 TP 20215
13：00 GMT ORDERS
BUY EURUSD @ 14194 SL 14144 TP 14274
SELL EURUSD @ 14139 SL 14189 TP 14059
BUY GBPUSD @ 20398 SL 20328 TP 20518
SELL GBPUSD @ 20286 SL 20356 TP 20166

October 15th
9：00 GMT ORDERS
BUY EURUSD @ 14230 SL 14180 TP 14310

SELL EURUSD @ 14159 SL 14239 TP 14079
BUY GBPUSD @ 20394 SL 20325 TP 20514
SELL GBPUSD @ 20325 SL 20394 TP 20205
13：00 GMT ORDERS
BUY EURUSD @ 14250 SL 14200 TP 14330
SELL EURUSD @ 14209 SL 14259 TP 13929
BUY GBPUSD @ 20444 SL 20374 TP 20564
SELL GBPUSD @ 20355 SL 20425 TP 20235

October 12th
9：00 GMT ORDERS
BUY EURUSD @ 14205 SL 14163 TP 14285
SELL EURUSD @ 14163 SL 14205 TP 14083
BUY GBPUSD @ 20340 SL 20270 TP 20460
SELL GBPUSD @ 20242 SL 20312 TP 20122
13：00 GMT ORDERS
BUY EURUSD @ 14204 SL 14155 TP 14284
SELL EURUSD @ 14155 SL 14204 TP 13975
BUY GBPUSD @ 20314 SL 20244 TP 20434
SELL GBPUSD @ 20238 SL 20308 TP 20118

October 11th
9：00 GMT ORDERS
BUY EURUSD @ 14204 SL 14154 TP 14284
SELL EURUSD @ 14147 SL 14197 TP 14067
BUY GBPUSD @ 20430 SL 20360 TP 20550
SELL GBPUSD @ 20337 SL 20407 TP 20217
13：00 GMT ORDERS
BUY EURUSD @ 14224 SL 14187 TP 14304
SELL EURUSD @ 14187 SL 14224 TP 14107
BUY GBPUSD @ 20427 SL 20360 TP 20547
SELL GBPUSD @ 20360 SL 20427 TP 20240

October 10th
9：00 GMT ORDERS
BUY EURUSD @ 14137 SL 14095 TP 14217
SELL EURUSD @ 14095 SL 14137 TP 14015
BUY GBPUSD @ 20446 SL 20391 TP 20566
SELL GBPUSD @ 20391 SL 20446 TP 20271
13：00 GMT ORDERS
BUY EURUSD @ 14155 SL 14113 TP 14235
SELL EURUSD @ 14113 SL 14155 TP 14033
BUY GBPUSD @ 20483 SL 20454 TP 20544
SELL GBPUSD @ 20332 SL 20402 TP 20112

October 9th
9：00 GMT ORDERS
BUY EURUSD @ 14056 SL 14009 TP 14136
SELL EURUSD @ 14009 SL 14056 TP 13929
BUY GBPUSD @ 20354 SL 20317 TP 20474
SELL GBPUSD @ 20317 SL 20354 TP 20197
13：00 GMT ORDERS
BUY EURUSD @ 14058 SL 14015 TP 14138
SELL EURUSD @ 14015 SL 14058 TP 13935
BUY GBPUSD @ 20362 SL 20292 TP 20482
SELL GBPUSD @ 20264 SL 20334 TP 20144

October 8th
9：00 GMT ORDERS
BUY EURUSD @ 14146 SL 14096 TP 14226
SELL EURUSD @ 14081 SL 14131 TP 14001
BUY GBPUSD @ 20432 SL 20362 TP 20552
SELL GBPUSD @ 20360 SL 20470 TP 20140
13：00 GMT ORDERS
BUY EURUSD @ 14121 SL 14074 TP 14201
SELL EURUSD @ 14074 SL 14121 TP 13994
BUY GBPUSD @ 20406 SL 20354 TP 20526
SELL GBPUSD @ 20354 SL 20406 TP 20234

October 5th
9：00 GMT ORDERS
BUY EURUSD @ 14146 SL 14103 TP 14226
SELL EURUSD @ 14103 SL 14146 TP 13923
BUY GBPUSD @ 20396 SL 20326 TP 20516
SELL GBPUSD @ 20324 SL 20394 TP 20204
13：00 GMT ORDERS
BUY EURUSD @ 14147 SL 13998 TP 14227
SELL EURUSD @ 13998 SL 14147 TP 13928
BUY GBPUSD @ 20414 SL 20344 TP 20534
SELL GBPUSD @ 20333 SL 20403 TP 20213

October 4th
9：00 GMT ORDERS
BUY EURUSD @ 14112 SL 14071 TP 14192
SELL EURUSD @ 14071 SL 14112 TP 13991
BUY GBPUSD @ 20325 SL 20270 TP 20445
SELL GBPUSD @ 20270 SL 20325 TP 20150
13：00 GMT ORDERS
BUY EURUSD @ 14140 SL 14090 TP 14220
SELL EURUSD @ 14088 SL 14138 TP 14008

BUY GBPUSD @ 20373 SL 20303 TP 20493
SELL GBPUSD @ 20279 SL 20349 TP 20129

October 3rd
9：00 GMT ORDERS
BUY EURUSD @ 14194 SL 14149 TP 14274
SELL EURUSD @ 14149 SL 14194 TP 14079
BUY GBPUSD @ 20442 SL 20380 TP 20562
SELL GBPUSD @ 20380 SL 20442 TP 20260
13：00 GMT ORDERS
BUY EURUSD @ 14206 SL 14156 TP 14286
SELL EURUSD @ 14153 SL 14203 TP 14073
BUY GBPUSD @ 20424 SL 20454 TP 20544
SELL GBPUSD @ 20332 SL 20402 TP 20112

October 2nd
9：00 GMT ORDERS
BUY EURUSD @ 14232 SL 14182 TP 14312
SELL EURUSD @ 14173 SL 14223 TP 14093
BUY GBPUSD @ 20432 SL 20362 TP 20552
SELL GBPUSD @ 20362 SL 20432 TP 20242
13：00 GMT ORDERS
BUY EURUSD @ 14209 SL 14159 TP 14289
SELL EURUSD @ 14132 SL 14182 TP 14052
BUY GBPUSD @ 20445 SL 20375 TP 20565
SELL GBPUSD @ 20361 SL 20431 TP 20241

October 1st
9：00 GMT ORDERS
BUY EURUSD @ 14281 SL 14231 TP 14361
SELL EURUSD @ 14213 SL 14263 TP 14143
BUY GBPUSD @ 20502 SL 20439 TP 20622
SELL GBPUSD @ 20439 SL 20502 TP 20319
13：00 GMT ORDERS
BUY EURUSD @ 14254 SL 14204 TP 14334
SELL EURUSD @ 14203 SL 14253 TP 14123
BUY GBPUSD @ 20472 SL 20402 TP 20592
SELL GBPUSD @ 20368 SL 20438 TP 20248

September 28th
9：00 GMT ORDERS
filled BUY EURUSD @ 14175 closed at TP 14255. P/L=+80
filled BUY GBPUSD @ 20260 closed at TP. P/L=+120
13：00 GMT ORDERS
filled BUY EURUSD @ 14202 closed eod 14261. P/L=+59
filled BUY GBPUSD @ 20336 closed eod 20438. P/L=+102
total= +361

September 27th
9：00 GMT ORDERS
filled BUY EURUSD @ 14174 closed eod 14145. P/L=-29
filled BUY GBPUSD @ 20256 closed eod 20266. P/L=+10
13：00 GMT ORDERS
filled BUY EURUSD @ 14184 closed eod 14145. P/L= -39
filled BUY GBPUSD @ 20280 closed eod 20266. P/L=-14
total= -72

September 26th
9：00 GMT ORDERS
SELL EURUSD @ 14115 closed eod 14136. P/L= -16
filled SELL GBPUSD @ 20153 closed at MSL. P/L=0
13：00 GMT ORDERS
filled BUY EURUSD @ 14144 closed eod 14131. P/L=-13
filled BUY GBPUSD @ 20182 closed eod 20156. P/L=-26
total= -55

September 25th
9：00 GMT ORDERS
BUY EURUSD @ 14094 closed eod 14146. P/L=+50
filled BUY GBPUSD @ 20151 closed eod 20183. P/L=+32
13：00 GMT ORDERS
BUY EURUSD @ 14110 closed eod 14146. P/L=+36
BUY GBPUSD @ 20152 closed eod 20183. P/L=+31
total= +149

September 24th
9：00 GMT ORDERS
filled SELL EURUSD @ 14089 closed eod 14078. P/L=+11
filled SELL GBPUSD @ 20238 closed eod 20212. P/L=+26
13：00 GMT ORDERS
filled SELL EURUSD @ 14091 closed eod 14078. P/L=+13
filled SELL GBPUSD @ 20232 closed eod 20212. P/L=+20
toal=+70

September 21st
9：00 GMT ORDERS
filled SELL EURUSD @ 14067 closed eod 14074. P/L=-7
BUY GBPUSD @ 20144 closed eod 20204. P/L= +60

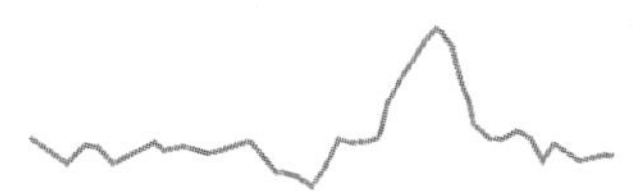

13：00 GMT ORDERS
filled BUY EURUSD @ 14094 closed eod 14074. P/L=-20
filled SELL EURUSD @ 14044 closed at SL 14094. P/L=-50
filled BUY GBPUSD @ 20180 closed eod 20204. P/L=+24
total= +7

September 20th
9：00 GMT ORDERS
filled BUY EURUSD @ 14068 closed at MSL. P/L=0
filled BUY GBPUSD @ 20096 closed at MSL. P/L=0
13：00 GMT ORDERS
filled BUY EURUSD @ 14062 closed at MSL. P/L=0
filled BUY GBPUSD @ 20122 closed eod 20088. P/L=-34
total= -34

September 19th
9：00 GMT ORDERS
filled SELL EURUSD @ 13957 closed eod 13966. P/L=-9
SELL GBPUSD @ 20069 closed TP 19949. P/L=+120
13：00 GMT ORDERS
filled BUY EURUSD @ 13984 closed at SL 13935. P/L=-49
filled SELL EURUSD @ 13935 closed eod 13966. P/L=-31
filled SELL GBPUSD @ 19960 closed eod 19995. P/L= -35
total= -4

September 18th
9：00 GMT ORDERS
filled BUY EURUSD @ 13870 closed TP 13950. P/L=+80
filled BUY GBPUSD @ 19968 closed TP 20088. P/L=+120
13：00 GMT ORDERS
filled BUY EURUSD @ 13884 closed TP 13970. P/L=+80
filled BUY GBPUSD @ 19990 closed TP 20110. P/L=+120
total= +400

September 17th
9：00 GMT ORDERS
filled SELL GBPUSD @ 20017 closed eod 19940. P/L=+77
13：00 GMT ORDERS
filled SELL EURUSD @ 13849 closed eod 13858. P/L=-9
filled SELL GBPUSD @ 19941 closed eod 19940. P/L=+1
total= +69

September 14th
9：00 GMT ORDERS
filled SELL EURUSD @ 13857 closed eod 13856. P/L=+1
filled SELL GBPUSD @ 20147 closed eod 20071. P/L=+76
13：00 GMT ORDERS
filled SELL EURUSD @ 13850 closed eod 13856. P/L=-6
filled SELL GBPUSD @ 20089 closed eod 20071. P/L=+18
total= +89

September 13th
9：00 GMT ORDERS
filled BUY EURUSD @ 13916 closed SL 13875. P/L= -41
filled SELL EURUSD @ 13875 closed eod 13864. P/L=+11
filled BUY GBPUSD @ 20298 closed SL 20243. P/L=-55
filled SELL GBPUSD @ 20243 closed SL 20298. P/L=-55
13：00 GMT ORDERS
filled SELL EURUSD @ 13875 closed eod 13864. P/L=+11
filled BUY GBPUSD @ 20304 closed at MSL. P/L=0
SELL GBPUSD @ 20227 closed eod 20189. P/L=+38
total=-91 pips

September 12th
9：00 GMT ORDERS
filled BUY EURUSD @ 13890 closed eod 13905. P/L=+15
filled BUY GBPUSD @ 20368 closed SL 20298. P/L=-70
filled SELL GBPUSD @ 20293 closed eod 20294. P/L=-1
13：00 GMT ORDERS
filled BUY EURUSD @ 13895 closed eod 13905. P/L=+10
filled SELL GBPUSD @ 20296 closed eod 20294. P/L=+2
total= -44

September 11th
9：00 GMT ORDERS
filled BUY EURUSD @ 13811 closed eod 13838. P/L=+27
filled BUY GBPUSD @ 20290 closed eod 20332. P/L=+42
13：00 GMT ORDERS
filled BUY EURUSD @ 13836 closed eod 13838. P/L=+2
filled BUY GBPUSD @ 20330 closed eod 20332. P/L=+2
total= +73

September 10th
9：00 GMT ORDERS
filled BUY EURUSD @ 13807 closed eod 13804. P/L=-3
filled BUY GBPUSD @ 20311 closed eod 20274. P/L=-37

13：00 GMT ORDERS
filled BUY EURUSD @ 13813 closed eod 13804. P/L=-9
filled SELL GBPUSD @ 20264 closed eod 20274. P/L=-10
total=-59

September 7th
9：00 GMT ORDERS
BUY EURUSD @ 13688 closed TP 13768. P/L=+80
BUY GBPUSD @ 20222 closed eod 20281. P/L=+59
13：00 GMT ORDERS
BUY EURUSD @ 13702 closed TP 13782. P/L=+80
BUY GBPUSD @ 20234 closed eod 20281. P/L=+47
total=+266

September 6th
9：00 GMT ORDERS
filled BUY EURUSD @ 13662 closed eod 13689. P/L=+27
filled BUY GBPUSD @ 20262 closed SL 20192. P/L=-70
filled SELL GBPUSD @ 20179 closed SL 20249. P/L=-70
13：00 GMT ORDERS
filled BUY EURUSD @ 13680 closed eod 13689. P/L=+9
filled BUY GBPUSD @ 20271 closed at eod 20230. P/L=-41
filled SELL GBPUSD @ 20158 closd SL 20228. P/L=-70
total= -215

September 5th
9：00 GMT ORDERS
filled BUY EURUSD @ 13626 closed eod 13650. P/L= +24
filled BUY GBPUSD @ 20153 closed eod 20198. P/L= +45
13：00 GMT ORDERS
filled BUY EURUSD @ 13605 closed eod 13650. P/L=+45
filled BUY GBPUSD @ 20126 closed eod 20198. P/L=+72
total= +186

September 4th
9：00 GMT ORDERS
filled SELL EURUSD @ 13592 closed at MSL. P/L=0
filled SELL GBPUSD @ 20144 closed MSL. P/L=0
13：00 GMT ORDERS
filled BUY EURUSD @ 13614 closed eod 13606. P/L=-8
filled SELL EURUSD @ 13568 closed at SL 13614. P/L=-46
filled SELL GBPUSD @ 20116 closed MSL. P/L=0
total= -54

September 3rd
9：00 GMT ORDERS
filled SELL EURUSD @ 13627 closed eod 13622. P/L=+5
filled SELL GBPUSD @ 20154 closed eod 20178. P/L=-26
13：00 GMT ORDERS
filled SELL EURUSD @ 13617 closed eod 13622. P/L=-5
total= -26

September 28th
9：00 GMT ORDERS
BUY EURUSD @ 14175 SL 14149 TP 14255
SELL EURUSD @ 14149 SL 14175 TP 14069
BUY GBPUSD @ 20260 SL 20190 TP 20380
SELL GBPUSD @ 20189 SL 20259 TP 20069
13：00 GMT ORDERS
BUY EURUSD @ 14202 SL 14164 TP 14282
SELL EURUSD @ 14164 SL 14202 TP 14184
BUY GBPUSD @ 20336 SL 20266 TP 20456
SELL GBPUSD @ 20225 SL 20295 TP 20105

September 27th
9：00 GMT ORDERS
BUY EURUSD @ 14174 SL 14125 TP 14254
SELL EURUSD @ 14125 SL 14174 TP 14045
BUY GBPUSD @ 20256 SL 20186 TP 20376
SELL GBPUSD @ 20152 SL 20222 TP 20032
13：00 GMT ORDERS
BUY EURUSD @ 14184 SL 14134 TP 14264
SELL EURUSD @ 14123 SL 14173 TP 14043
BUY GBPUSD @ 20280 SL 20210 TP 20400
SELL GBPUSD @ 20197 SL 20267 TP 20077

September 26th
9：00 GMT ORDERS
BUY EURUSD @ 14164 SL 14115 TP 14244
SELL EURUSD @ 14115 SL 14164 TP 13935
BUY GBPUSD @ 20196 SL 20153 TP 20316
SELL GBPUSD @ 20153 SL 20196 TP 20033
13：00 GMT ORDERS
BUY EURUSD @ 14144 SL 14105 TP 14224
SELL EURUSD @ 14105 SL 14144 TP 14025
BUY GBPUSD @ 20182 SL 20112 TP 20302
SELL GBPUSD @ 20097 SL 20167 TP 19977

September 25th
9：00 GMT ORDERS
BUY EURUSD @ 14094 SL 14054 TP 14174
SELL EURUSD @ 14054 SL 14094 TP 13974
BUY GBPUSD @ 20151 SL 20081 TP 20271
SELL GBPUSD @ 20077 SL 20147 TP 19957
13：00 GMT ORDERS
BUY EURUSD @ 14110 SL 14060 TP 14190
SELL EURUSD @ 14059 SL 14109 TP 13979
BUY GBPUSD @ 20152 SL 20084 TP 20272
SELL GBPUSD @ 20084 SL 20152 TP 19964

September 24th
9：00 GMT ORDERS
BUY EURUSD @ 14137 SL 14089 TP 14217
SELL EURUSD @ 14089 SL 14137 TP 14009
BUY GBPUSD @ 20326 SL 20256 TP 20446
SELL GBPUSD @ 20238 SL 20308 TP 20118
13：00 GMT ORDERS
BUY EURUSD @ 14130 SL 14089 TP 14210
SELL EURUSD @ 14089 SL 14130 TP 14009
BUY GBPUSD @ 20282 SL 20232 TP 20402
SELL GBPUSD @ 20232 SL 20282 TP 20112

September 21st
9：00 GMT ORDERS
BUY EURUSD @ 14127 SL 14077 TP 14207
SELL EURUSD @ 14067 SL 14117 TP 13987
BUY GBPUSD @ 20144 SL 20074 TP 20264
SELL GBPUSD @ 20072 SL 20142 TP 19952
13：00 GMT ORDERS
BUY EURUSD @ 14094 SL 14044 TP 14174
SELL EURUSD @ 14044 SL 14094 TP 13964
BUY GBPUSD @ 20180 SL 20119 TP 20300
SELL GBPUSD @ 20119 SL 20180 TP 19999

September 20th
9：00 GMT ORDERS
BUY EURUSD @ 14068 SL 14018 TP 14148
SELL EURUSD @ 13965 SL 14015 TP 13885
BUY GBPUSD @ 20096 SL 20026 TP 20216
SELL GBPUSD @ 19965 SL 20035 TP 19845
13：00 GMT ORDERS
BUY EURUSD @ 14062 SL 14021 TP 14142
SELL EURUSD @ 14021 SL 14062 TP 13941
BUY GBPUSD @ 20122 SL 20052 TP 20244
SELL GBPUSD @ 20029 SL 20099 TP 19909

September 19th
9：00 GMT ORDERS
BUY EURUSD @ 13994 SL 13957 TP 14074
SELL EURUSD @ 13957 SL 13994 TP 13877
BUY GBPUSD @ 20182 SL 20112 TP 20302
SELL GBPUSD @ 20069 SL 20139 TP 19949
13：00 GMT ORDERS
BUY EURUSD @ 13984 SL 13935 TP 14074
SELL EURUSD @ 13935 SL 13984 TP 13865
BUY GBPUSD @ 20108 SL 20038 TP 20228
SELL GBPUSD @ 19960 SL 20030 TP 19840

September 18th
9：00 GMT ORDERS
BUY EURUSD @ 13870 SL 13821 TP 13950
SELL EURUSD @ 13821 SL 13870 TP 13741
BUY GBPUSD @ 19968 SL 19898 TP 20088
SELL GBPUSD @ 19873 SL 19943 TP 19753
13：00 GMT ORDERS
BUY EURUSD @ 13884 SL 13851 TP 13974
SELL EURUSD @ 13851 SL 13884 TP 13771
BUY GBPUSD @ 19990 SL 19920 TP 20110
SELL GBPUSD @ 19885 SL 19955 TP 19765

September 17th
9：00 GMT ORDERS
BUY EURUSD @ 13895 SL 13847 TP 13975
SELL EURUSD @ 13847 SL 13895 TP 13767
BUY GBPUSD @ 20094 SL 20024 TP 20214
SELL GBPUSD @ 20017 SL 20087 TP 19897
13：00 GMT ORDERS
BUY EURUSD @ 13890 SL 13849 TP 13970
SELL EURUSD @ 13849 SL 13890 TP 13769
BUY GBPUSD @ 20018 SL 19948 TP 20138
SELL GBPUSD @ 19941 SL 20011 TP 19821

September 14th
9：00 GMT ORDERS
BUY EURUSD @ 13911 SL 13861 TP 13999
SELL EURUSD @ 13857 SL 13907 TP 13777
BUY GBPUSD @ 20234 SL 20164 TP 20354
SELL GBPUSD @ 20147 SL 20217 TP 20027

13：00 GMT ORDERS
BUY EURUSD @ 13892 SL 13850 TP 13972
SELL EURUSD @ 13850 SL 13892 TP 13770
BUY GBPUSD @ 20194 SL 20124 TP 20314
SELL GBPUSD @ 20089 SL 20159 TP 19969

September 13th
9：00 GMT ORDERS
BUY EURUSD @ 13916 SL 13875 TP 13996
SELL EURUSD @ 13875 SL 13916 TP 13795
BUY GBPUSD @ 20298 SL 20243 TP 20418
SELL GBPUSD @ 20243 SL 20298 TP 20123
13：00 GMT ORDERS
BUY EURUSD @ 13935 SL 13885 TP 14015
SELL EURUSD @ 13875 SL 13925 TP 13795
BUY GBPUSD @ 20314 SL 20384 TP 20434
SELL GBPUSD @ 20227 SL 20157 TP 20107

September 12th
9：00 GMT ORDERS
BUY EURUSD @ 13890 SL 13840 TP 13970
SELL EURUSD @ 13829 SL 13879 TP 13749
BUY GBPUSD @ 20368 SL 20298 TP 20488
SELL GBPUSD @ 20293 SL 20363 TP 20173
13：00 GMT ORDERS
BUY EURUSD @ 13895 SL 13845 TP 13975
SELL EURUSD @ 13837 SL 13887 TP 13757
BUY GBPUSD @ 20374 SL 20304 TP 20494
SELL GBPUSD @ 20296 SL 20364 TP 20176

September 11th
9：00 GMT ORDERS
BUY EURUSD @ 13811 SL 13771 TP 13891
SELL EURUSD @ 13771 SL 13811 TP 13691
BUY GBPUSD @ 20290 SL 20226 TP 20410
SELL GBPUSD @ 20226 SL 20290 TP 20106
13：00 GMT ORDERS
BUY EURUSD @ 13836 SL 13786 TP 13916
SELL EURUSD @ 13779 SL 13829 TP 13699
BUY GBPUSD @ 20330 SL 20260 TP 20350
SELL GBPUSD @ 20235 SL 20305 TP 20115

September 10th
9：00 GMT ORDERS
BUY EURUSD @ 13807 SL 13763 TP 13887
SELL EURUSD @ 13763 SL 13807 TP 13673
BUY GBPUSD @ 20311 SL 20255 TP 20431
SELL GBPUSD @ 20255 SL 20311 TP 20135
13：00 GMT ORDERS
BUY EURUSD @ 13813 SL 13769 TP 13893
SELL EURUSD @ 13769 SL 13813 TP 13689
BUY GBPUSD @ 20340 SL 20270 TP 20460
SELL GBPUSD @ 20264 SL 20334 TP 20144

September 7th
9：00 GMT ORDERS
BUY EURUSD @ 13688 SL 13688 TP 13768
SELL EURUSD @ 13657 SL 13657 TP 13577
BUY GBPUSD @ 20222 SL 20153 TP 20342
SELL GBPUSD @ 20153 SL 20222 TP 20133
13：00 GMT ORDERS
BUY EURUSD @ 13702 SL 13667 TP 13782
SELL EURUSD @ 13667 SL 13702 TP 13587
BUY GBPUSD @ 20234 SL 20170 TP 20354
SELL GBPUSD @ 20170 SL 20234 TP 20050

September 6th
9：00 GMT ORDERS
BUY EURUSD @ 13662 SL 13629 TP 13742
SELL EURUSD @ 13629 SL 13662 TP 13549
BUY GBPUSD @ 20262 SL 20192 TP 20382
SELL GBPUSD @ 20179 SL 20249 TP 20059
13：00 GMT ORDERS
BUY EURUSD @ 13680 SL 13640 TP 13760
SELL EURUSD @ 13640 SL 13680 TP 13560
BUY GBPUSD @ 20271 SL 20201 TP 20391
SELL GBPUSD @ 20158 SL 20228 TP 20038

September 5th
9：00 GMT ORDERS
BUY EURUSD @ 13626 SL 13576 TP 13706
SELL EURUSD @ 13563 SL 13603 TP 13483
BUY GBPUSD @ 20153 SL 20083 TP 20273
SELL GBPUSD @ 20035 SL 20105 TP 19915
13：00 GMT ORDERS
BUY EURUSD @ 13605 SL 13567 TP 13685
SELL EURUSD @ 13567 SL 13605 TP 13487
BUY GBPUSD @ 20126 SL 20056 TP 20246
SELL GBPUSD @ 20042 SL 20112 TP 19922

September 4th
9：00 GMT ORDERS
BUY EURUSD @ 13632 SL 13592 TP 13712
SELL EURUSD @ 13592 SL 13632 TP 13512
BUY GBPUSD @ 20200 SL 20144 TP 20320
SELL GBPUSD @ 20144 SL 20200 TP 20024
13：00 GMT ORDERS
BUY EURUSD @ 13614 SL 13668 TP 13794
SELL EURUSD @ 13568 SL 13614 TP 13488
BUY GBPUSD @ 20176 SL 20116 TP 20296
SELL GBPUSD @ 20116 SL 20176 TP 19996

September 3rd
9：00 GMT ORDERS
BUY EURUSD @ 13660 SL 13627 TP 13740
SELL EURUSD @ 13627 SL 13660 TP 13547
BUY GBPUSD @ 20222 SL 20154 TP 20342
SELL GBPUSD @ 20154 SL 20222 TP 20034
13：00 GMT ORDERS
BUY EURUSD @ 13662 SL 13617 TP 13742
SELL EURUSD @ 13617 SL 13662 TP 13537
BUY GBPUSD @ 20216 SL 20148 TP 20336
SELL GBPUSD @ 20148 SL 20216 TP 20128

August 31st
9：00 GMT ORDERS
filled BUY EURUSD @ 13682 closed at MSL. P/L=0
filled SELL EURUSD @ 13645 clsoed eod 13627. P/L=+18
filled BUY GBPUSD @ 20182 closed MSL. P/L=0
filled SELL GBPUSD @ 20119 closed eod 20163. P/L=-44
13：00 GMT ORDERS
filled BUY EURUSD @ 13721 closed SL 13671. P/L=-50
ffilled SELL EURUSD @ 13642 closed eod 13627. P/L=+15
filled BUY GBPUSD @ 20235 closed SL 20165. P/L= -30
filled SELL GBPUSD @ 20119 closed eod 20163. P/L=-44
total= -135

August 30th
9：00 GMT ORDERS
filled SELL EURUSD @ 13623 closed at MSL. P/L=0
filled SELL GBPUSD @ 20104 closed at MSL. P/L=0
13：00 GMT ORDERS
filled BUY EURUSD @ 13652 closed eod 13631. P/L=-21
filled BUY GBPUSD @ 20153 closed eod 20129. P/L= -24
total= -45

August 29th
9：00 GMT ORDERS
filled BUY EURUSD @ 13610 closed edo 13674. P/L= +64
filled BUY GBPUSD @ 20054 closed TP 20174. P/L=+120
13：00 GMT ORDERS
filled BUY EURUSD @ 13640 closed eod 13674. P/L= +34
filled BUY GBPUSD @ 20163 closed eod 20174. P/L= +11
total= +229

August 28th
9：00 GMT ORDERS
filled BUY EURUSD @ 13652 closed SL 13611. P/L= -41
filled SELL EURUSD @ 13611 closed edo 13600. P/L= +11
filled BUY GBPUSD @ 20080 closed at MSL. P/L= 0
filled SELL GBPUSD @ 20018 closed eod 19996. P/L= +24
13：00 GMT ORDERS
filled SELL EURUSD @ 13633 closed eod 13600. P/L=+33
filled SELL GBPUSD @ 20040 closed eod 19996. P/L=+44
total=+71

August 27th
9：00 GMT ORDERS
filled SELL EURUSD @ 13653 closed eod 13638. P/L= +15
filled SELL GBPUSD @ 20134 closed eod 20102. P/L= +32
13：00 GMT ORDERS
filled SELL EURUSD @ 13645 closed eod 13638. P/L= +7
filled SELL GBPUSD @ 20128 closed eod 20102. P/L= +26
total= +80

August 24th
9：00 GMT ORDERS
filled BUY EURUSD @ 13582 closed at TP 13662. P/L=+80
filled BUY GBPUSD @ 20053 closed eod 20131. P/L=+78
13：00 GMT ORDERS

BUY EURUSD @ 13635 closed eod 13672. P/L=+37
filled BUY GBPUSD @ 20067 closed eod 20131. P/L=+64
total=+259

August 23rd
9：00 GMT ORDERS
filled BUY EURUSD @ 13565 closed eod 13557.P/L=-8
filled BUY GBPUSD @ 19987 closed eod 20051. P/L=+74
13：00 GMT ORDERS
total=+66

August 22nd
9：00 GMT ORDERS
filled BUY EURUSD @ 13500 closed eod 13549. P/L=+49
filled BUY GBPUSD @ 19867 closed eod 19933. P/L=+66
13：00 GMT ORDERS
filled BUY EURUSD @ 13512 closed eod 13549. P/L=+37
filled SELL EURUSD @ 13474 closed SL 13512. P/L=-38
filled BUY GBPUSD @ 19913 closed eod 19933. P/L=+20
total=+134

August 21st
9：00 GMT ORDERS
filled BUY EURUSD @ 13489 closed at MSL. P/L=0
filled SELL EURUSD @ 13457 closed SL 13489. P/L=-32
filled SELL GBPUSD @ 19755 closed SL 19825. P/L=-70
13：00 GMT ORDERS
filled SELL EURUSD @ 13450 closed SL 13500. P/L=-50
total=-152

August 20th
9：00 GMT ORDERS
filled SELL EURUSD @ 13475 closed eod 13473. P/L=+2
filled BUY GBPUSD @ 19891 closed SL 19821. P/L=-70
13：00 GMT ORDERS
filled SELL EURUSD @ 13471 closed eod 13473. P/L=-2
filled SELL GBPUSD @ 19837 closed eod 19879. P/L=-42
total=-112

August 17th
9：00 GMT ORDERS
filled BUY EURUSD @ 13436 closed at TP 13516. P/L=+80
filled BUY GBPUSD @ 19807 closed TP 19927. P/L=+120
13：00 GMT ORDERS
filled BUY EURUSD @ 13460 closed at TP 13540. P/L=80
filled BUY GBPUSD @ 19807 closed TP 19927. P/L=+120
total=+400

August 16th
9：00 GMT ORDERS
filled SELL EURUSD @ 13393 closed at MSL. P/L=0
filled SELL GBPUSD @ 19792 closed eod 19842. P/L=-50
13：00 GMT ORDERS
filled BUY GBPUSD @ 19866 closed eod 19842. P/L=-24
total=-74

August 15th
9：00 GMT ORDERS
filled SELL EURUSD @ 13468 closed eod 13422. P/L=+46
filled BUY GBPUSD @ 19942 closed SL 19872. P/L=-70
filled SELL GBPUSD @ 19859 closed SL 19929. P/L=-70
13：00 GMT ORDERS
filled SELL EURUSD @ 13459 closed eod 13422. P/L=+34
filled BUY GBPUSD @ 19926 closd SL 19856. P/L= -70
filled SELL GBPUSD @ 19854 closed SL 19924. P/L=-70
total= -200

August 14th
9：00 GMT ORDERS
filled SELL EURUSD @ 13559 closed eod 13535. P/L=+24
filled SELL GBPUSD @ 20050 closed eod 19963. P/L=+87
13：00 GMT ORDERS
filled SELL EURUSD @ 13556 closed eod 13535. P/L=+24
filled SELL GBPUSD @ 19973 closed eod 19963. P/L=+10
total= +145

August 13th
9：00 GMT ORDERS
filled SELL EURUSD @ 13647 closed eod 13606. P/L=+41
filled SELL GBPUSD @ 20164 closed eod 20111. P/L=+53
13：00 GMT ORDERS
filled SELL EURUSD @ 13635 closed eod 13606. P/L=

+29
total=+123

August 10th
9：00 GMT ORDERS
filled BUY EURUSD @ 13704 closed SL 13654. P/L=-50
filled BUY GBPUSD @ 20243 closed SL 20273. T/P=-70
filled SELL GBPUSD @ 20159 closed SL 20229. T/P=-70
total：-190

August 9th
9：00 GMT ORDERS
SELL EURUSD @ 13747 closed at TP 13667. P/L=+80
filled SELL GBPUSD @ 20305 closed at MSL. P/L=0
13：00 GMT ORDERS
SELL EURUSD @ 13717 closed eod 13678. P/L= +39
SELL GBPUSD @ 20245 closed at SL 20315. P/L=-70
total=+49

August 8th
9：00 GMT ORDERS
filled BUY EURUSD @ 13760 closed at TP 13820. P/L=+80
filled BUY GBPUSD @ 20240 closed at TP 20360. P/L=+120
13：00 GMT ORDERS
filled BUY EURUSD @ 13786 closed eod 13794. P/L=+8
BUY GBPUSD @ 20333 closed eod 20350. P/L=+17
total=+225

August 7th
9：00 GMT ORDERS
filled SELL EURUSD @ 13783 closed eod 13742. P/L=+41
filed SELL GBPUSD @ 20255 closed at MSL. P/L=0
13：00 GMT ORDERS
filled SELL EURUSD @ 13775 closed eod 13742. P/L= +32
filled SELL GBPUSD @ 20273 closed at MSL. P/L=0
Total=+73

August 6th
9：00 GMT ORDERS
filled SELL EURUSD @ 13801 closed eod 13794. P/L= +7
SELL GBPUSD @ 20407 closed at TP 20287. T/P=+120
13：00 GMT ORDERS
filled SELL EURUSD @ 13785 closed eod 13794. P/L=-9
SELL GBPUSD @ 20281 closed eod 20309. P/L= -28
total=+90

August 3rd
9：00 GMT ORDERS
filled BUY EURUSD @ 13717 closed TP 13797. P/L=+80
filled BUY GBPUSD @ 20376 closed eod 20424. P/L= +48
filled SELL GBPUSD @ 20345 closed SL 20376. P/L= -31
13：00 GMT ORDERS
filled BUY EURUSD @ 13709 closed TP 13789. P/L=+80
filled BUY GBPUSD @ 20376 closed eod 20424. P/L= +48
filled SELL GBPUSD @ 20340 SL 20376. P/L= -36
total=+189

August 2nd
9：00 GMT ORDERS
filled BUY EURUSD @ 13684 closed eod 13699. P/L= +15
filled BUY GBPUSD @ 20339 closed eod 20367. P/L= +28
filled SELL GBPUSD @ 20281 closed SL 20339. P/L= -58
13：00 GMT ORDERS
filled BUY EURUSD @ 13681 closed eod 13699. P/L= +18
filled BUY GBPUSD @ 20320 closed eod 20367. P/L= +47
total= +50

August 1st
9：00 GMT ORDERS
fiilled BUY EURUSD @ 13668 closed eod 13675. P/L= +7
filled SELL EURUSD @ 13636 closed SL 13668. P/L= -31
filled BUY GBPUSD @ 20295 closed eod 20318. P/L= +23
13：00 GMT ORDERS
filled BUY EURUSD @ 13678 closed eod 13675. P/L= -3
filled BUY GBPUSD @ 20280 closed eod 20318. P/L= +38
total= +34

August 31st
9：00 GMT ORDERS
BUY EURUSD @ 13682 SL 13645 TP 13762
SELL EURUSD @ 13645 SL 13682 TP 13565
BUY GBPUSD @ 20182 SL 20119 TP 20302
SELL GBPUSD @ 20119 SL 20182 TP 19999
13：00 GMT ORDERS
BUY EURUSD @ 13721 SL 13671 TP 13801

SELL EURUSD @ 13642 SL 13692 TP 13562
BUY GBPUSD @ 20235 SL 20165 TP 20355
SELL GBPUSD @ 20119 SL 20189 TP 19999

August 30th
9：00 GMT ORDERS
BUY EURUSD @ 13679 SL 13529 TP 13759
SELL EURUSD @ 13623 SL 13673 TP 13543
BUY GBPUSD @ 20193 SL 20123 TP 20313
SELL GBPUSD @ 20104 SL 20174 TP 19984
13：00 GMT ORDERS
BUY EURUSD @ 13652 SL 13602 TP 13732
SELL EURUSD @ 13585 SL 13635 TP 13505
BUY GBPUSD @ 20153 SL 20083 TP 20273
SELL GBPUSD @ 20036 SL 20106 TP 19916

August 29th
9：00 GMT ORDERS
BUY EURUSD @ 13610SL 13560 TP 13690
SELL EURUSD @ 13559 SL 13609 TP 13479
BUY GBPUSD @ 20054 SL 19984 TP 20174
SELL GBPUSD @ 19970 SL 20040 TP 19850
13：00 GMT ORDERS
BUY EURUSD @ 13640 SL 13590 TP 13720
SELL EURUSD @ 13581 SL 13631 TP 13501
BUY GBPUSD @ 20163 SL 20093 TP 20283
SELL GBPUSD @ 20021 SL 20091 TP 19901

August 28th
9：00 GMT ORDERS
BUY EURUSD @ 13652 SL 13611 TP 13732
SELL EURUSD @ 13611 SL 13652 TP 13531
BUY GBPUSD @ 20080 SL 20018 TP 20200
SELL GBPUSD @ 20018 SL 20080 TP 19898
13：00 GMT ORDERS
BUY EURUSD @ 13689 SL 13639 TP 13769
SELL EURUSD @ 13633 SL 13683 TP 13553
BUY GBPUSD @ 20150 SL 20080 TP 20170
SELL GBPUSD @ 20040 SL 20110 TP 19920

August 27th
9：00 GMT ORDERS
BUY EURUSD @ 13688 SL 13653 TP 13768
SELL EURUSD @ 13653 SL 13688 TP 13573
BUY GBPUSD @ 20197 SL 20134 TP 20317
SELL GBPUSD @ 20134 SL 20197 TP 20014
13：00 GMT ORDERS
BUY EURUSD @ 13674 SL 13645 TP 13754
SELL EURUSD @ 13645 SL 13674 TP 13565
BUY GBPUSD @ 20182 SL 20182 TP 20302
SELL GBPUSD @ 20128 SL 20182 TP 20008

August 24th
9：00 GMT ORDERS
BUY EURUSD @ 13582 SL 13547 TP 13662
SELL EURUSD @ 13547 SL 13582 TP 13467
BUY GBPUSD @ 20053 SL 19983 TP 20173
SELL GBPUSD @ 19973 SL 20043 TP 19853
13：00 GMT ORDERS
BUY EURUSD @ 13635 SL 13575 TP 13715
SELL EURUSD @ 13564 SL 13614 TP 13484
BUY GBPUSD @ 20067 SL 20000 TP 20187
SELL GBPUSD @ 20000 SL 20067 TP 19880

August 23rd
9：00 GMT ORDERS
BUY EURUSD @ 13565 SL 13528 TP 13645
SELL EURUSD @ 13528 SL 13565 TP 13468
BUY GBPUSD @ 19987 SL 19923 TP 20107
SELL GBPUSD @ 19923 SL 19987 TP 19803
13：00 GMT ORDERS
BUY EURUSD @ 13595 SL 13545 TP 13675
SELL EURUSD @ 13532 SL 13582 TP 13452
BUY GBPUSD @ 20101 SL 20031 TP 20221
SELL GBPUSD @ 19935 SL 20005 TP 19815

August 22nd
9：00 GMT ORDERS
BUY EURUSD @ 13500 SL 13458 TP 13580
SELL EURUSD @ 13458 SL 13500 TP 13378
BUY GBPUSD @ 19867 SL 19807 TP 19987
SELL GBPUSD @ 19807 SL 19867 TP 19687
13：00 GMT ORDERS
BUY EURUSD @ 13512 SL 13474 TP 13592
SELL EURUSD @ 13474 SL 13512 TP 13394
BUY GBPUSD @ 19913 SL 19943 TP 20033
SELL GBPUSD @ 19822 SL 19892 TP 19702

August 21st
9：00 GMT ORDERS

BUY EURUSD @ 13489 SL 13457 TP 13569
SELL EURUSD @ 13457 SL 13489 TP 13377
BUY GBPUSD @ 19889 SL 19819 TP 20009
SELL GBPUSD @ 19755 SL 19825 TP 19635
13：00 GMT ORDERS
BUY EURUSD @ 13527 SL 13477 TP 13607
SELL EURUSD @ 13450 SL 13500 TP 13380
BUY GBPUSD @ 19874 SL 19804 TP 19994
SELL GBPUSD @ 19736 SL 19806 TP 19616

August 20th
9：00 GMT ORDERS
BUY EURUSD @ 13514 SL 13475 TP 13594
SELL EURUSD @ 13475 SL 13514 TP 13395
BUY GBPUSD @ 19891 SL 19821 TP 20011
SELL GBPUSD @ 19779 SL 19849 TP 19659
13：00 GMT ORDERS
BUY EURUSD @ 13514 SL 13471 TP 13594
SELL EURUSD @ 13471 SL 13514 TP 13391
BUY GBPUSD @ 19907 SL 19837 TP 20027
SELL GBPUSD @ 19837 SL 19907 TP 19717

August 17th
9：00 GMT ORDERS
BUY EURUSD @ 13436 SL 13386 TP 13516
SELL EURUSD @ 13362 SL 13416 TP 13282
BUY GBPUSD @ 19807 SL 19737 TP 19927
SELL GBPUSD @ 19645 SL 19715 TP 19525
13：00 GMT ORDERS
BUY EURUSD @ 13460 SL 13410 TP 13540
SELL EURUSD @ 13402 SL 13452 TP 13522
BUY GBPUSD @ 19807 SL 19737 TP 19927
SELL GBPUSD @ 19680 SL 19750 TP 19560

August 16th
9：00 GMT ORDERS
BUY EURUSD @ 13456 SL 13406 TP 13536
SELL EURUSD @ 13393 SL 13443 TP 13313
BUY GBPUSD @ 19898 SL 19828 TP 20018
SELL GBPUSD @ 19792 SL 19862 TP 19672
13：00 GMT ORDERS
BUY EURUSD @ 13446 SL 13396 TP 13526
SELL EURUSD @ 13353 SL 13403 TP 13273
BUY GBPUSD @ 19866 SL 19776 TP 19986
SELL GBPUSD @ 19762 SL 19832 TP 19642

August 15th
9：00 GMT ORDERS
BUY EURUSD @ 13526 SL 13576 TP 13606
SELL EURUSD @ 13468 SL 13518 TP 13388
BUY GBPUSD @ 19942 SL 19872 TP 20162
SELL GBPUSD @ 19859 SL 19929 TP 19739
13：00 GMT ORDERS
BUY EURUSD @ 13507 SL 13459 TP 13587
SELL EURUSD @ 13459 SL 13507 TP 13379
BUY GBPUSD @ 19926 SL 19856 TP 20146
SELL GBPUSD @ 19854 SL 19924 TP 19734

August 14th
9：00 GMT ORDERS
BUY EURUSD @ 13632 SL 13582 TP 13712
SELL EURUSD @ 13559 SL 13609 TP 13479
BUY GBPUSD @ 20141 SL 20071 TP 20261
SELL GBPUSD @ 20050 SL 20120 TP 19930
13：00 GMT ORDERS
BUY EURUSD @ 13602 SL 13556 TP 13682
SELL EURUSD @ 13556 SL 13602 TP 13476
BUY GBPUSD @ 20094 SL 20024 TP 20314
SELL GBPUSD @ 19973 SL 20043 TP 19853

August 13th
9：00 GMT ORDERS
BUY EURUSD @ 13712 SL 13662 TP 13792
SELL EURUSD @ 13647 SL 13697 TP 13567
BUY GBPUSD @ 20252 SL 20382 TP 20372
SELL GBPUSD @ 20164 SL 20234 TP 20094
13：00 GMT ORDERS
BUY EURUSD @ 13678 SL 13635 TP 13758
SELL EURUSD @ 13635 SL 13678 TP 13555
BUY GBPUSD @ 20191 SL 20121 TP 20311
SELL GBPUSD @ 20077 SL 20147 TP 19957

August 10th
9：00 GMT ORDERS
BUY EURUSD @ 13704 SL 13654 TP 13784
SELL EURUSD @ 13643 SL 13793 TP 13563
BUY GBPUSD @ 20243 SL 20273 TP 20363
SELL GBPUSD @ 20159 SL 20229 TP 20039
13：00 GMT ORDERS
BUY EURUSD @ 13781 SL 13731 TP 13861

SELL EURUSD @ 13640 SL 13690 TP 13560
BUY GBPUSD @ 20251 SL 20171 TP 20471
SELL GBPUSD @ 20146 SL 20216 TP 20026

August 9th
9：00 GMT ORDERS
BUY EURUSD @ 13823 SL 13773 TP 13903
SELL EURUSD @ 13747 SL 13797 TP 13667
BUY GBPUSD @ 20404 SL 20334 TP 20524
SELL GBPUSD @ 20305 SL 20375 TP 20185
13：00 GMT ORDERS
BUY EURUSD @ 13791 SL 13741 TP 13881
SELL EURUSD @ 13717 SL 13767 TP 13637
BUY GBPUSD @ 20378 SL 20308 TP 20498
SELL GBPUSD @ 20245 SL 20315 TP 20125

August 8th
9：00 GMT ORDERS
BUY EURUSD @ 13760 SL 13715 TP 13820
SELL EURUSD @ 13715 SL 13760 TP 13635
BUY GBPUSD @ 20240 SL 20170 TP 20360
SELL GBPUSD @ 20150 SL 20220 TP 20030
13：00 GMT ORDERS
BUY EURUSD @ 13786 SL 13737 TP 13866
SELL EURUSD @ 13737 SL 13786 TP 13617
BUY GBPUSD @ 20333 SL 20263 TP 20453
SELL GBPUSD @ 20211 SL 20281 TP 20091

August 7th
9：00 GMT ORDERS
BUY EURUSD @ 13818 SL 13783 TP 13898
SELL EURUSD @ 13783 SL 13818 TP 13703
BUY GBPUSD @ 20344 SL 20274 TP 20464
SELL GBPUSD @ 20255 SL 20325 TP 20135
13：00 GMT ORDERS
BUY EURUSD @ 13814 SL 13775 TP 13894
SELL EURUSD @ 13775 SL 13814 TP 13695
BUY GBPUSD @ 20320 SL 20273 TP 20440
SELL GBPUSD @ 20273 SL 20320 TP 20153

August 6th
9：00 GMT ORDERS
BUY EURUSD @ 13846 SL 13801 TP 13926
SELL EURUSD @ 13801 SL 13846 TP 13721
BUY GBPUSD @ 20470 SL 20407 TP 20590
SELL GBPUSD @ 20407 SL 20470 TP 20287
13：00 GMT ORDERS
BUY EURUSD @ 13838 SL 13785 TP 13918
SELL EURUSD @ 13785 SL 13838 TP 13705
BUY GBPUSD @ 20444SL 20374 TP 20564
SELL GBPUSD @ 20281 SL 20251 TP 20161

August 3rd
9：00 GMT ORDERS
BUY EURUSD @ 13717 SL 13677 TP 13797
SELL EURUSD @ 13677 SL 13717 TP 13597
BUY GBPUSD @ 20376 SL 20345 TP 20496
SELL GBPUSD @ 20345 SL 20376 TP 20225
13：00 GMT ORDERS
BUY EURUSD @ 13709 SL 13679 TP 13748
SELL EURUSD @ 13679 SL 13709 TP 13556
BUY GBPUSD @ 20376 SL 20340 TP 20496
SELL GBPUSD @ 20340 SL 20376 TP 20220

August 2nd
9：00 GMT ORDERS
BUY EURUSD @ 13684 SL 13645 TP 13764
SELL EURUSD @ 13645 SL 13684 TP 13565
BUY GBPUSD @ 20339 SL 20281 TP 20459
SELL GBPUSD @ 20281 SL 20339 TP 20161
13：00 GMT ORDERS
BUY EURUSD @ 13681 SL 13649 TP 13761
SELL EURUSD @ 13649 SL 13681 TP 13569
BUY GBPUSD @ 20320 SL 20273 TP 20440
SELL GBPUSD @ 20273 SL 20320 TP 20153

August 1st
9：00 GMT ORDERS
BUY EURUSD @ 13668 SL 13636 TP 13748
SELL EURUSD @ 13636 SL 13668 TP 13556
BUY GBPUSD @ 20295 SL 20225 TP 20415
SELL GBPUSD @ 20195 SL 20265 TP 20075
13：00 GMT ORDERS
BUY EURUSD @ 13678 SL 13631 TP 13748
SELL EURUSD @ 13631 SL 13678 TP 13551
BUY GBPUSD @ 20280 SL 20210 TP 20400
SELL GBPUSD @ 20198 SL 20268 TP 20078

July 31st，2007
9：00 GMT Orders

filled BUY EUR @ 13723 closed SL 13685 . P/L= -38
filled SELL EUR @ 13685 closed eod 13677. P/L= +8
filled Buy Gbp 20336 closed at MSL. P/L=0
13：00 GMT Orders
filled BUY EUR @ 13717 closed SL 13687. P/L= -40
filled SELL EUR @ 13687 closed eod 13677. P/L=+10
filled Buy GBP 20349 closed eod 20293. P/L=-56
P/L= -116

July 30th，2007
9：00 GMT Orders
filled BUY EUR @ 13678 closed eod 13696. P/L= +18
13：00 GMT Orders
filled BUY EUR @ 13688 closed eod 13696. P/L= +8
P/L= +26

July 27th，2007
9：00 GMT Orders
filled SELL EUR @ 13685 closed eod 13636. P/L= +49
filled Sell Gbp 20345 closed eod 20262. P/L=+83
13：00 GMT Orders
filled Sell GBP 20268 closed eod 20262. P/L=+6
Total=+138

July 26th，2007
9：00 GMT Orders
filled BUY EUR @ 13731 closed eod 13740. P/L=+9
filled SELL EUR @ 13698 closed SL 13731. P/L= -33
Buy Gbp 20530 closed at MSL. P/L=0
filled Sell Gbp 20477 closed SL 20530. P/L=-53
13：00 GMT Orders
filled BUY EUR @ 13737 closed eod 13740. P/L=+3
filled Buy GBP 20522 closed at MSL. P/L=0
P/L=-74

July 25th，2007
9：00 GMT Orders
filled SELL EUR @ 13755 closed eod 13720. P/L=+35
filled Sell Gbp 20539 closed eod 20536. P/L=-3
13：00 GMT Orders
filled SELL EUR @ 13717 closed eod 13720. P/L=-3
filled Sell GBP 20497 closed eod 20536. P/L=-39
P/L=-10

July 24th，2007
9：00 GMT Orders
filled BUY EUR @ 13840 closed eod 13826. P/L=-14
filled Sell Gbp 20615 closed eod 20614. P/L=+1
13：00 GMT Orders
filled BUY EUR @ 13844 closed eod 13826. P/L= -18
total=-31

July 23th，2007
9：00 GMT Orders
filled SELL EUR @ 13813 closed eod 13806. P/L=+7
filled Sell Gbp 20558 closed eod 20582. P/L=-24
13：00 GMT Orders
filled Buy GBP 20594 closed eod 20582. P/L=-12
total= -29

July 20th，2007
9：00 GMT Orders
filled BUY EUR @ 13814 closed eod 13834. P/L= +20
filled Buy Gbp 20521 closed eod 20550. P/L=+29
13：00 GMT Orders
filled BUY EUR @ 13807 closed eod 13834. P/L= +27
filled Buy GBP 20550 closed eod 20550. P/L=+5
total= +81

July 19th，2007
9：00 GMT Orders
filled BUY EUR @ 13820 closed eod 13796. P/L= -24
filled Sell Gbp 20506 closed eod 20491. P/L=+15
13：00 GMT Orders
filled Sell Gbp 20465 closed eod 20491. P/L=-26
total= -35

July 18th，2007
9：00 GMT Orders
filled SELL EUR @ 13775 closed eod 13804. P/L= -29
filled Sell Gbp 20502 closed at MSL. P/L=0
13：00 GMT Orders
filled BUY EUR @ 13802 closed eod 13804. P/L=+2
filled SELL EUR @ 13759 closed SL 13802. P/L=-43
filled Buy Gbp 20532 closed eod 20530. P/L= -2
filled Sell Gbp 20468 closed SL 20532. P/L= -64
total= -136

July 17th，2007
9：00 GMT Orders

filled SELL EUR @ 13772 closed eod 13781.P/L=-9
Buy Gbp 20394 closed eod 20462. P/L=+78
13：00 GMT Orders
Buy Gbp 20468 closed eod 20462. P/L=-6
total=+63

July 16th，2007
9：00 GMT Orders
filled BUY EUR @ 13799 closd eod 13772. P/L=-27
Buy Gbp 20376 closed eod 20360. P/L=-16
13：00 GMT Orders
filled SELL EUR @ 13772 closed eod 13772. P/L= 0
total=-43

July 13th，2007
9：00 GMT Orders
BUY EUR @ 13794 closed eod 13789. P/L=-5
filled Buy Gbp 20316 closed eod 20350. P/L=+34
13：00 GMT Orders
BUY EUR @ 13796 closed eod 13789. P/L=-7
filled Buy GBP 20342 closed eod 20350. P/L=+8
total=+30 pips

July 12th，2007
9：00 GMT Orders
filled BUY EUR @ 13799 closed eod 13787.P/L=-12
filled Sell Gbp 20301 closed eod 20299.P/L=+2
13：00 GMT Orders
filled SELL EUR @ 13769 closed eod 13787.P/L=-18
filled Sell Gbp 20305 closed eod 20299.P/L=+6
total=-22 pips

July 11th，2007
9：00 GMT Orders
filled BUY EUR @ 13769 closed eod 13744. P/L=-25
filed Buy Gbp 20302 closed eod 20316. P/L=+14
13：00 GMT Orders
filled Buy Gbp 20360 closed eod 20316. P/L=-44
total= -55 pips

July 10th，2007
9：00 GMT Orders
filled BUY EUR @ 13640 closed TP 13720. P/L=+80
Buy Gbp 20169 closed eod 20276. P/L=+107
13：00 GMT Orders
filled BUY EUR @ 13670 closed TP 13750. P/L=+80
filled Buy Gbp 20189 closed eod 20276. P/L=+87
total=+334

July 9th，2007
9：00 GMT Orders
filled Buy Gbp 20144 closed eod 20153. P/L=+9
13：00 GMT Orders
filled SELL EUR @ 13614 closed eod 13625. P/L=-9
filled Buy Gbp 20168 closed eod 20153. P/L=-15
total=-15

July 6th，2007
9：00 GMT Orders
filled BUY EUR @ 13607 closed eod 13627. P/L=+20
filled SELL EUR @ 13569 closed SL 13607. P/L= -38 pips
filled Buy Gbp 20120 closed at SL 20075. P/L= -45 pips
filled Sell Gbp 20075 closed at SL 20120. P/L=-45 pips
13：00 GMT Orders
filled BUY EUR @ 13606 closed eod 13627. P/L=+21 pips
filled SELL EUR @ 13577 closed SL 13606. P/L=-29 pips
filled Buy GBP 20136 closed eod 20108. P/L=-28 pips
filled Sell GBP 20075 closed at SL 20136.P/L= -61 pips
total= -205

July 5th，2007
9：00 GMT Orders
filled BUY EUR @ 13652 closed SL 13602. P/L=-50 pips
filled SELL EUR @ 13597 closed eod 13591. P/L=+6 pips
filled Buy Gbp 20176 closed SL 20132. P/L= -44
filled Sell Gbp 20132 closed SL 20176. P/L= -44
13：00 GMT Orders
filled SELL EUR @ 13625 closed eod 13591. P/L=+34 pips
filled Sell Gbp 20115 closed eod 20114. P/L=+1 pip
total= -97 pips

July 4th，2007
9：00 GMT Orders
filled Sell Gbp 20163 closed eod 20166. P/L=-3 pips
13：00 GMT Orders
filed Sell Gbp 20160 closed eod 20166. P/L= -6 pips
total=-9 pips

July 3rd，2007
9：00 GMT Orders

filled SELL EUR @ 13593 closed eod 13608. P/L=-15 pips
filled Sell Gbp 20145 closed eod 20165. P/L=-20 pip
13：00 GMT Orders
filled BUY EUR @ 13620 closed eod 13608. P/L=-12 pips
total= -47 pips

July 2nd，2007
9：00 GMT Orders
filled BUY EUR @ 13578 closed eod 13631. P/L=+53 pip
filled Buy Gbp 20178 closed eod 20173. P/L=-5 pip
13：00 GMT Orders
filled BUY EUR @ 13601 closed eod 13631. P/L=+30 pip
Buy Gbp 20130 closed eod 20173. P/L=+43 pips
total= +121 pips

July 31st，2007
9：00 GMT Orders
BUY EUR @ 13723 SL 13685 TP 13803
SELL EUR @ 13685 SL 13723 TP 13605
Buy Gbp 20336 SL 20266 TP 20456
Sell Gbp 20259 SL 20329 TP 20139
13：00 GMT Orders
BUY EUR @ 13717 SL 13687 TP 13797
SELL EUR @ 13687 SL 13717 TP 13507
Buy GBP 20349 SL 20279 TP 20469
Sell GBP 20275 SL 20345 TP 20155

July 30th，2007
9：00 GMT Orders
BUY EUR @ 13678 SL 13628 TP 13758
SELL EUR @ 13620 SL 13670 TP 13540
Buy Gbp 20298 SL 20228 TP 20418
Sell Gbp 20198 SL 20268 TP 20178
13：00 GMT Orders
BUY EUR @ 13688 SL 13647 TP 13758
SELL EUR @ 13647 SL 13688 TP 13567
Buy GBP 20297 SL 20227 TP 20317
Sell GBP 20219 SL 20289 TP 20099

July 27th，2007
9：00 GMT Orders
BUY EUR @ 13756 SL 13706 TP 13836
SELL EUR @ 13685 SL 13765 TP 13605
Buy Gbp 20496 SL 20426 TP 20616
Sell Gbp 20345 SL 20415 TP 20225
13：00 GMT Orders
BUY EUR @ 13717 SL 13667 TP 13797
SELL EUR @ 13627 SL 13677 TP 13547
Buy GBP 20402 SL 20332 TP 20522
Sell GBP 20268 SL 20348 TP 20148

July 26th，2007
9：00 GMT Orders
BUY EUR @ 13731 SL 13698 TP 13811
SELL EUR @ 13698 SL 13731 TP 13618
Buy Gbp 20530 SL 20477 TP 20650
Sell Gbp 20477 SL 20530 TP 20357
13：00 GMT Orders
BUY EUR @ 13737 SL 13787 TP 13817
SELL EUR @ 13686 SL 13736 TP 13616
Buy GBP 20522 SL 20452 TP 20642
Sell GBP 20418 SL 20538 TP 20298

July 25th，2007
9：00 GMT Orders
BUY EUR @ 13830 SL 13780 TP 13910
SELL EUR @ 13755 SL 13805 TP 13675
Buy Gbp 20626 SL 20556 TP 20746
Sell Gbp 20539 SL 20609 TP 20419
13：00 GMT Orders
BUY EUR @ 13786 SL 13736 TP 13866
SELL EUR @ 13717 SL 13767 TP 13637
Buy GBP 20576 SL 20506 TP 20696
Sell GBP 20497 SL 20567 TP 20377

July 24th，2007
9：00 GMT Orders
BUY EUR @ 13840 SL 13799 TP 13920
SELL EUR @ 13799 SL 13840 TP 13719
Buy Gbp 20662 SL 20615 TP 20782
Sell Gbp 20615 SL 20662 TP 20395
13：00 GMT Orders
BUY EUR @ 13844 SL 13799 TP 13924
SELL EUR @ 13799 SL 13844 TP 13719
Buy GBP 20657 SL 20655 TP 20677
Sell GBP 20585 SL 20587 TP 20465

July 23th，2007
9：00 GMT Orders
BUY EUR @ 13850 SL 13813 TP 13930

SELL EUR @ 13813 SL 13850 TP 13733
Buy Gbp 20612 SL 20558 TP 20732
Sell Gbp 20558 SL 20612 TP 20438
13：00 GMT Orders
BUY EUR @ 13833 SL 13789 TP 13913
SELL EUR @ 13789 SL 13833 TP 13709
Buy GBP 20594 SL 20550 TP 20714
Sell GBP 20550 SL 20594 TP 20430

July 20th，2007
9：00 GMT Orders
BUY EUR @ 13814 SL 13789 TP 13894
SELL EUR @ 13789 SL 13814 TP 13709
Buy Gbp 20521 SL 20474 TP 20641
Sell Gbp 20474 SL 20521 TP 20354
13：00 GMT Orders
BUY EUR @ 13807 SL 13773 TP 13887
SELL EUR @ 13773 SL 13807 TP 13693
Buy GBP 20550 SL 20484 TP 20670
Sell GBP 20484 SL 20550 TP 20464

July 19th，2007
9：00 GMT Orders
BUY EUR @ 13820 SL 13779 TP 13900
SELL EUR @ 13779 SL 13820 TP 13699
Buy Gbp 20547 SL 20506 TP 20567
Sell Gbp 20506 SL 20547 TP 20386
13：00 GMT Orders
BUY EUR @ 13838 SL 13791 TP 13918
SELL EUR @ 13791 SL 13838 TP 13711
Buy Gbp 20546 SL 20476 TP 20666
Sell Gbp 20465 SL 20535 TP 20346

July 18th，2007
9：00 GMT Orders
BUY EUR @ 13840 SL 13790 TP 13920
SELL EUR @ 13775 SL 13825 TP 13695
Buy Gbp 20556 SL 20502 TP 20676
Sell Gbp 20502 SL 20556 TP 20382
13：00 GMT Orders
BUY EUR @ 13802 SL 13459 TP 13882
SELL EUR @ 13759 SL 13802 TP 13679
Buy Gbp 20532 SL 20468 TP 20652
Sell Gbp 20468 SL 20532 TP 20348

July 17th，2007
9：00 GMT Orders
BUY EUR @ 13806 SL 13590 TP 13720
SELL EUR @ 13772 SL 13637 TP 13507
Buy Gbp 20394 SL 20357 TP 20514
Sell Gbp 20357 SL 20394 TP 20237
13：00 GMT Orders
BUY EUR @ 13803 SL 13753 TP 13883
SELL EUR @ 13751 SL 13801 TP 13671
Buy Gbp 20468 SL 20398 TP 20588
Sell Gbp 20363 SL 20433 TP 20243

July 16th，2007
9：00 GMT Orders
BUY EUR @ 13799 SL 13754 TP 13879
SELL EUR @ 13754 SL 13799 TP 13674
Buy Gbp 20376 SL 20332 TP 20496
Sell Gbp 20332 SL 20376 TP 20202
13：00 GMT Orders
BUY EUR @ 13810 SL 13777 TP 13890
SELL EUR @ 13772 SL 13810 TP 13692
Buy Gbp 20412 SL 20350 TP 20432
Sell Gbp 20350 SL 20412 TP 20230

July 13th，2007
9：00 GMT Orders
BUY EUR @ 13794 SL 13759 TP 13874
SELL EUR @ 13759 SL 13794 TP 13679
Buy Gbp 20316 SL 20253 TP 20436
Sell Gbp 20253 SL 20316 TP 20133
13：00 GMT Orders
BUY EUR @ 13796 SL 13758 TP 13876
SELL EUR @ 13758 SL 13796 TP 13478
Buy GBP 20342 SL 20272 TP 20462
Sell GBP 20293 SL 20363 TP 20173

July 12th，2007
9：00 GMT Orders
BUY EUR @ 13799 SL 13749 TP 13879
SELL EUR @ 13743 SL 13793 TP 13663
Buy Gbp 20373 SL 20301 TP 20493
Sell Gbp 20301 SL 20373 TP 20181
13：00 GMT Orders
BUY EUR @ 13805 SL 13769 TP 13885
SELL EUR @ 13769 SL 13805 TP 13689

Buy Gbp 20364 SL 20305 TP 20484
Sell Gbp 20305 SL 20364 TP 20185

July 11th，2007
9：00 GMT Orders
BUY EUR @ 13769 SL 13729 TP 13849
SELL EUR @ 13729 SL 13769 TP 13649
Buy Gbp 20302 SL 20239 TP 20422
Sell Gbp 20239 SL 20302 TP 20119
13：00 GMT Orders
BUY EUR @ 13784 SL 13734 TP 13864
SELL EUR @ 13727 SL 13777 TP 13647
Buy Gbp 20360 SL 20290 TP 20480
Sell Gbp 20266 SL 20236 TP 20146

July 10th，2007
9：00 GMT Orders
BUY EUR @ 13640 SL 13590 TP 13720
SELL EUR @ 13587 SL 13637 TP 13507
Buy Gbp 20169 SL 20114 TP 20289
Sell Gbp 20114 SL 20169 TP 19994
13：00 GMT Orders
BUY EUR @ 13670 SL 13620 TP 13750
SELL EUR @ 13612 SL 13662 TP 13532
Buy Gbp 20189 SL 20137 TP 20309
Sell Gbp 20137 SL 20189 TP 20017

July 9th，2007
9：00 GMT Orders
BUY EUR @ 13645 SL 13604 TP 13725
SELL EUR @ 13604 SL 13645 TP 13524
Buy Gbp 20144 SL 20090 TP 20264
Sell Gbp 20090 SL 20144 TP 19970
13：00 GMT Orders
BUY EUR @ 13644 SL 13614 TP 13724
SELL EUR @ 13614 SL 13644 TP 13534
Buy Gbp 20168 SL 20112 TP 20288
Sell Gbp 20112 SL 20168 TP 19992

July 6th，2007
9：00 GMT Orders
BUY EUR @ 13607 SL 13569 TP 13687
SELL EUR @ 13569 SL 13607 TP 13489
Buy Gbp 20120 SL 20075 TP 20240
Sell Gbp 20075 SL 20120 TP 19955
13：00 GMT Orders
BUY EUR @ 13606 SL 13577 TP 13686
SELL EUR @ 13577 SL 13606 TP 13497
Buy GBP 20136 SL 20075 TP 20256
Sell GBP 20075 SL 20136 TP 19955

July 5th，2007
9：00 GMT Orders
BUY EUR @ 13652 SL 13602 TP 13732
SELL EUR @ 13597 SL 13547 TP 13517
Buy Gbp 20176 SL 20132 TP 20296
Sell Gbp 20132 SL 20176 TP 20012
13：00 GMT Orders
BUY EUR @ 13666 SL 13625 TP 13746
SELL EUR @ 13625 SL 13666 TP 13565
Buy Gbp 20210 SL 20140 TP 20330
Sell Gbp 20115 SL 20185 TP 19995

July 4th，2007
9：00 GMT Orders
BUY EUR @ 13638 SL 13603 TP 13718
SELL EUR @ 13603 SL 13638 TP 13523
Buy Gbp 20215 SL 20163 TP 20335
Sell Gbp 20163 SL 20215 TP 20043
13：00 GMT Orders
BUY EUR @ 13630 SL 13603 TP 13710
SELL EUR @ 13603 SL 13630 TP 13523
Buy Gbp 20193 SL 20160 TP 20313
Sell Gbp 20160 SL 20193 TP 20040

July 3rd，2007
9：00 GMT Orders
BUY EUR @ 13640 SL 13593 TP 13720
SELL EUR @ 13593 SL 13640 TP 13513
Buy Gbp 20204 SL 20154 TP 20324
Sell Gbp 20145 SL 20195 TP 20025
13：00 GMT Orders
BUY EUR @ 13620 SL 13577 TP 13700
SELL EUR @ 13577 SL 13620 TP 13493
Buy Gbp 20184 SL 20125 TP 20304
Sell Gbp 20125 SL 20184 TP 20005

July 2nd，2007
9：00 GMT Orders
BUY EUR @ 13578 SL 13528 TP 13658

SELL EUR @ 13521 SL 13571 TP 13471
Buy Gbp 20178 SL 20108 TP 20298
Sell Gbp 20064 SL 20134 TP 19944
13：00 GMT Orders
BUY EUR @ 13601 SL 13551 TP 13681
SELL EUR @ 13545 SL 13595 TP 13465
Buy Gbp 20130 SL 20074 TP 20250
Sell Gbp 20074 SL 20130 TP 19954

June 29th，2007
9：00 GMT Orders
filled BUY EUR @ 13464 closed eod 13534. P/L=+70
filled Buy Gbp 20054 closed eod 20062. P/L=+8
13：00 GMT Orders
filled BUY EUR @ 13516 closed eod 13534. P/L=+18
filled Buy Gbp 20068 closed eod 20062. P/L=-6 pips
total=+90 pips

June 28th，2007
9：00 GMT Orders
filled SELL EUR @ 13435 closed eod 13446. P/L= -11 pip
13：00 GMT Orders
filled SELL EUR @ 13442 closed eod 13446. P/L= -4 pips
filled Buy Gbp 20036 closed eod 20022. P/L= -14 pips
total=-29 pips

June 27th，2007
9：00 GMT Orders
filled BUY EUR @ 13451 closed eod 13450. P/L= -1 pip
filled Buy Gbp 19990 closed eod 19981. P/L= -9 pip
13：00 GMT Orders
filled BUY EUR @ 13455 closed eod 13450. P/L=-5 pip
filled Buy Gbp 19978 closed eod 19981. P/L=+3 pips
total=-12 pips

June 26th，2007
9：00 GMT Orders
filled BUY EUR @ 13472 closed eod 13456. P/L= -16 pips
filled Buy Gbp 19998 closed eod 19981. P/L=-17 pips
13：00 GMT Orders
filled BUY EUR @ 13474 closed eod 13456. P/L= -18 pips
filled Buy Gbp 20006 closed eod 19981. P/L= -25 pips
total=-76 pips

June 25th，2007
9：00 GMT Orders
filled Buy Gbp 20006 closed SL 19969. P/L=-37 pips
filled Sell Gbp 19969 closed SL 20006. P/L=-37 pips
13：00 GMT Orders
BUY EUR @ 13471 closed eod 13462. P/L=-9 pips
filled Sell Gbp 19963 closed eod 19976. P/L=-13 pips
total=-96 pips

June 22nd，2007
9：00 GMT Orders
filled BUY EUR @ 13431 closed at MSL. P/L=0
filled Buy Gbp 19970 closed eod 19991. P/L=+ 21 pips
13：00 GMT Orders
filled BUY EUR @ 13450 closed eod 13466. P/L=+16 pips
filled Buy Gbp 19980 closed eod 19991. P/L=+11 pips
total=+48 pips

June 21th，2007
9：00 GMT Orders
filled Sell Gbp 19904 closed eod 19920. P/L=-16 pips
13：00 GMT Orders
filled BUY EUR @ 13397 closed eod 13386. P/L=-11 pips
filled Buy Gbp 19940 closed eod 19920. P/L=-20
total=-47 pips

June 20th，2007
9：00 GMT Orders
filled SELL EUR @ 13412 closed eod 13399. P/L=+13 pips
filled Buy Gbp 19906 closed eod 19922. P/L=+16 pips
13：00 GMT Orders
filled SELL EUR @ 13410 closed eod 13399. P/L=+11 pips
filled Buy Gbp 19942 closed eod 19922. P/L=-20 pips
total=+20 pips

June 19th，2007
9：00 GMT Orders
filled SELL EUR @ 13399 closed eod 13422. P/L=-23 pips
filled Buy Gbp 19864 closed eod 19878. P/L=+14 pips
filled Sell Gbp 19829 closed at SL 19864. P/L= -35 pips
13：00 GMT Orders
filled BUY EUR @ 13418 closed eod 13422. P/L=+4 pips
filled Buy Gbp 19882 closed eod 19878. P/L=-4 pips
total= -44 pips

June 18th，2007
9：00 GMT Orders
13：00 GMT Orders
filled BUY EUR @ 13424 closed eod 13413. P/L=-11 pips
filled Sell Gbp 19800 closed eod 19830. P/L=-30 pips
total=-41 pips

June 15th，2007
9：00 GMT Orders
filled BUY EUR @ 13332 closed eod 13378. P/L=+46 pips
filled Buy Gbp 19715 closed eod 19768. P/L= +53 pips
13：00 GMT Orders
filled BUY EUR @ 13326 closed eod 13378. P/L=+52 pips
Buy Gbp 19718 closed eod 19768. P/L=+50 pips
total=+201 pips

June 14th，2007
9：00 GMT Orders
filled BUY EUR @ 13322 closed eod 13308. P/L=-24 pips
filled SELL EUR @ 13283 closed SL 13322. P/L=-39 pips
filled Sell Gbp 19682 closed eod 19689. P/L=-7 pips
13：00 GMT Orders
filled BUY EUR @ 13321 closed eod 13308. P/L=-23 pips
filled SELL EUR @ 13290 closed SL 13321. P/L=-31 pips
filled Sell Gbp 19671 closed eod 19689. P/L= -18 pips
total=-142 pips

June 13th，2007
9：00 GMT Orders
filled SELL EUR @ 13267 closed eod 13309. P/L= -42
filled Sell Gbp 19698 closed eod 19724. P/L=-26 pips
13：00 GMT Orders
filled BUY EUR @ 13296 closed eod 13309. P/L=-13 pips
filled Buy Gbp 19736 closed eod 19724. P/L=+8 pips
total=-73 pips

June 12th，2007
9：00 GMT Orders
filled SELL EUR @ 13359 closed eod 13299. P/L=+60 pips
filled Buy Gbp 19762 closed eod 19738. P/L=-24 pips
filled Sell Gbp 19717 closed at SL 19762. P/L=-55 pips
13：00 GMT Orders
filled SELL EUR @ 13328 closed eod 13299. P/L=+29 pips
filled Buy Gbp 19753 closed eod 19738. P/L=-15 pips
total=-5 pips

June 11th，2007
9：00 GMT Orders
filled BUY EUR @ 13363 closed eod 13356. P/L= -7 pips
filled Buy Gbp 19691 closed eod 19691. P/L=0 pips
13：00 GMT Orders
filled BUY EUR @ 13368 closed eod 13356. P/L=-12 pips
filled Buy Gbp 19692 closed eod 19691. P/L=-1 pips
total=-20 pips

June 8th，2007
9：00 GMT Orders
filled SELL EUR @ 13385 closed eod 13352. T/P=+33 pips
filled Sell Gbp 19675 closed at MSL
13：00 GMT Orders
total=+33 pips

June 7th，2007
9：00 GMT Orders
filled SELL EUR @ 13485 closed eod 13424. T/P=+61 pips
filled Sell Gbp 19909 closed TP 19789. T/P=+120 pips
13：00 GMT Orders
filled SELL EUR @ 13455 closed eod 13424. T/P=+31 pips
Sell Gbp 19835 closed eod 19769. T/P=+66 pips
total=+278 pips

June 6th，2007
9：00 GMT Orders
filled SELL EUR @ 13515 closed eod 13496. T/P=+19 pips
filled Sell Gbp 19922 closed eod 19922. T/P=0 pips
13：00 GMT Orders
filled SELL EUR @ 13505 closed eod 13496. T/P=+9 pips
total=+28 pips

June 5th，2007
9：00 GMT Orders
filled BUY EUR @ 13520 closed at MSL
filled Buy Gbp 19956 closed at SL 19907. T/P=-49 pips
13：00 GMT Orders
filled BUY EUR @ 13531 closed eod 13516. T/P=-15 pips
filled Buy Gbp 19956 closed at SL 19918. T/P=-38 pips
filled Sell Gbp 19918 closed eod 19929. T/P=-11 pips
total=-113 pips

June 4th，2007
9：00 GMT Orders
filled BUY EUR @ 13463 closed eod 13492. T/P=+29 pips
filled Buy Gbp 19853 closed eod 19913. T/P=+60 pips
13：00 GMT Orders
filled BUY EUR @ 13484 closed eod 13492. T/P=+8 pips
filled Buy Gbp 19890 closed eod 19913. T/P=+23 pips
total=+120 pips

June 1st，2007
9：00 GMT Orders
filled BUY EUR @ 13461 closed SL 13427. T/P= -34 pips
filled SELL EUR @ 13427 closed SL 13461. T/P= -34 pips
filled Buy Gbp 19808 closed eod 19819. T/P= +11 pips
13：00 GMT Orders
filled BUY EUR @ 13451 closed SL 13423. T/P=-28 pips
filled SELL EUR @ 13423 closed SL 13451. T/P=-28 pips
filled Buy Gbp 19804 closed SL 19766 . T/P= -38 pips
filled Sell Gbp 19766 closed SL 19804. T/P= -38 pips
Total= -189 pips

June 29th，2007
9：00 GMT Orders
BUY EUR @ 13464 SL 13427 TP 13544
SELL EUR @ 13427 SL 13464 TP 13347
Buy Gbp 20054 SL 20003 TP 20174
Sell Gbp 20003 SL 20054 TP 19883
13：00 GMT Orders
BUY EUR @ 13516 SL 13466 TP 13596
SELL EUR @ 13440 SL 13490 TP 13360
Buy Gbp 20068 SL 20004 TP 20188
Sell Gbp 20004 SL 20068 TP 19894

June 28th，2007
9：00 GMT Orders
BUY EUR @ 13488 SL 13438 TP 13538
SELL EUR @ 13435 SL 13485 TP 13355
Buy Gbp 20051 SL 19981 TP 20171
Sell Gbp 19933 SL 20003 TP 19813
13：00 GMT Orders
BUY EUR @ 13478 SL 13442 TP 13558
SELL EUR @ 13442 SL 13478 TP 13362
Buy Gbp 20036 SL 19991 TP 20156
Sell Gbp 19991 SL 20036 TP 19871

June 27th，2007
9：00 GMT Orders
BUY EUR @ 13451 SL 13423 TP 13531
SELL EUR @ 13423 SL 13451 TP 13343
Buy Gbp 19990 SL 19922 TP 20110
Sell Gbp 19922 SL 19990 TP 19800
13：00 GMT Orders
BUY EUR @ 13455 SL 13419 TP 13535
SELL EUR @ 13419 SL 13455 TP 13299
Buy Gbp 19978 SL 19925 TP 20098
Sell Gbp 19925 SL 19978 TP 19805

June 26th，2007
9：00 GMT Orders
BUY EUR @ 13472 SL 13426 TP 13552
SELL EUR @ 13426 SL 13472 TP 13346
Buy Gbp 19998 SL 19951 TP 20118
Sell Gbp 19951 SL 19998 TP 19831
13：00 GMT Orders
BUY EUR @ 13474 SL 13437 TP 13554
SELL EUR @ 13437 SL 13474 TP 13357
Buy Gbp 20006 SL 19961 TP 20126
Sell Gbp 19961 SL 20006 TP 19841

June 25th，2007
9：00 GMT Orders
BUY EUR @ 13477 SL 13433 TP 13557
SELL EUR @ 13433 SL 13477 TP 13353
Buy Gbp 20006 SL 19969 TP 20126
Sell Gbp 19969 SL 20006 TP 19849
13：00 GMT Orders
BUY EUR @ 13471 SL 13437 TP 13551
SELL EUR @ 13437 SL 13471 TP 13357
Buy Gbp 20014 SL 19963 TP 20134
Sell Gbp 19963 SL 20014 TP 19843

June 15th，2007
9：00 GMT Orders
BUY EUR @ 13332 SL 13299 TP 13412
SELL EUR @ 13299 SL 13332 TP 13219
Buy Gbp 19715 SL 19683 TP 19825
Sell Gbp 19683 SL 19715 TP 19563
13：00 GMT Orders
BUY EUR @ 13326 SL 13301 TP 13406

SELL EUR @ 13301 SL 13326 TP 13221
Buy Gbp 19718 SL 19685 TP 19838
Sell Gbp 19685 SL 19718 TP 19565

June 14th，2007
9：00 GMT Orders
BUY EUR @ 13322 SL 13283 TP 13402
SELL EUR @ 13283 SL 13322 TP 13203
Buy Gbp 19736 SL 19682 TP 19856
Sell Gbp 19682 SL 19736 TP 19562
13：00 GMT Orders
BUY EUR @ 13321 SL 13290 TP 13401
SELL EUR @ 13290 SL 13321 TP 13210
Buy Gbp 19722 SL 19671 TP 19842
Sell Gbp 19671 SL 19722 TP 19551

June 13th，2007
9：00 GMT Orders
BUY EUR @ 13322 SL 13267 TP 13402
SELL EUR @ 13267 SL 13322 TP 13387
Buy Gbp 19758 SL 19698 TP 19878
Sell Gbp 19698 SL 19758 TP 19578
13：00 GMT Orders
BUY EUR @ 13296 SL 13257 TP 13376
SELL EUR @ 13257 SL 13296 TP 13177
Buy Gbp 19736 SL 19670 TP 19856
Sell Gbp 19670 SL 19736 TP 19550

June 12th，2007
9：00 GMT Orders
BUY EUR @ 13376 SL 13359 TP 13456
SELL EUR @ 13359 SL 13376 TP 13279
Buy Gbp 19762 SL 19717 TP 19882
Sell Gbp 19717 SL 19762 TP 19597
13：00 GMT Orders
BUY EUR @ 13560 SL 13328 TP 13640
SELL EUR @ 13328 SL 13560 TP 13258
Buy Gbp 19753 SL 19687 TP 19873
Sell Gbp 19687 SL 19753 TP 19567

June 11th，2007
9：00 GMT Orders
BUY EUR @ 13363 SL 13327 TP 13443
SELL EUR @ 13327 SL 13363 TP 13267
Buy Gbp 19691 SL 19646 TP 19811
Sell Gbp 19646 SL 19691 TP 19526
13：00 GMT Orders
BUY EUR @ 13368 SL 13335 TP 13448
SELL EUR @ 13335 SL 13368 TP 13255
Buy Gbp 19692 SL 19649 TP 19712
Sell Gbp 19649 SL 19692 TP 19529

June 8th，2007
9：00 GMT Orders
BUY EUR @ 13435 SL 13385 TP 13515
SELL EUR @ 13385 SL 13435 TP 13305
Buy Gbp 19800 SL 19730 TP 19920
Sell Gbp 19675 SL 19745 TP 19555
13：00 GMT Orders
BUY EUR @ 13406 SL 13356 TP 13486
SELL EUR @ 13314 SL 13364 TP 13234
Buy Gbp 19724 SL 19654 TP 19844
Sell Gbp 19615 SL 19685 TP 19495

June 7th，2007
9：00 GMT Orders
BUY EUR @ 13519 SL 13485 TP 13639
SELL EUR @ 13485 SL 13519 TP 13365
Buy Gbp 19950 SL 19909 TP 20070
Sell Gbp 19909 SL 19950 TP 19789
13：00 GMT Orders
BUY EUR @ 13512 SL 13505 TP 13592
SELL EUR @ 13455 SL 13462 TP 13375
Buy Gbp 19936 SL 19866 TP 20056
Sell Gbp 19835 SL 19905 TP 19715

June 6th，2007
9：00 GMT Orders
BUY EUR @ 13546 SL 13515 TP 13626
SELL EUR @ 13515 SL 13546 TP 13435
Buy Gbp 19966 SL 19922 TP 20086
Sell Gbp 19922 SL 19966 TP 19802
13：00 GMT Orders
BUY EUR @ 13536 SL 13505 TP 13615
SELL EUR @ 13505 SL 13536 TP 13425
Buy Gbp 19948 SL 19899 TP 20068
Sell Gbp 19899 SL 19948 TP 19779

June 5th，2007
9：00 GMT Orders

BUY EUR @ 13520 SL 13470 TP 13600
SELL EUR @ 13483 SL 13533 TP 13403
Buy Gbp 19956 SL 19907 TP 20076
Sell Gbp 19907 SL 19956 TP 19787
13：00 GMT Orders
BUY EUR @ 13531 SL 13494 TP 13611
SELL EUR @ 13494 SL 13531 TP 13414
Buy Gbp 19956 SL 19918 TP 20076
Sell Gbp 19918 SL 19956 TP 19798

June 4th，2007
9：00 GMT Orders
BUY EUR @ 13463 SL 13426 TP 13543
SELL EUR @ 13426 SL 13463 TP 13346
Buy Gbp 19853 SL 19819 TP 19973
Sell Gbp 19819 SL 19853 TP 19699
13：00 GMT Orders
BUY EUR @ 13484 SL 13438 TP 13564
SELL EUR @ 13438 SL 13484 TP 13358
Buy Gbp 19890 SL 19841 TP 20010
Sell Gbp 19841 SL 19890 TP 19721

June 1st，2007
9：00 GMT Orders
BUY EUR @ 13461 SL 13427 TP 13541
SELL EUR @ 13427 SL 13461 TP 13347
Buy Gbp 19886 SL 19839 TP 20006
Sell Gbp 19839 SL 19886 TP 19719
13：00 GMT Orders
BUY EUR @ 13451 SL 13423 TP 13531
SELL EUR @ 13423 SL 13451 TP 13343
Buy Gbp 19804 SL 19766 TP 19924
Sell Gbp 19766 SL 19804 TP 19646

May 31st，2007
9：00 GMT Orders
filled BUY EUR @ 13454 closed eod 13451. T/P=-3 pips
filled Buy Gbp 19780 closed eod 19801. T/P=+21 pips
13：00 GMT Orders
filled BUY EUR @ 13458 closed eod 13451. T/P=-7 pips
filled Buy Gbp 19788 closed eod 19801. T/P=+13 pips
total= +24 pips

May 30th，2007
9：00 GMT Orders
filled SELL EUR @ 13421 closed eod 13428. T/P=-7 pips
filled Sell Gbp 19755 closed eod 19757. T/P=-2 pips
13：00 GMT Orders
filled SELL EUR @ 13400 closed eod 13428. T/P=-28 pips
T/P=-37 pips

May 29th，2007
9：00 GMT Orders
filled BUY EUR @ 13464 closed at MSL. T/P=0
filled Buy Gbp 19878 closed at SL 19823. T/P= -45 pips
filled Sell Gbp 19823 closed eod 19811. T/P= +12 pips
13：00 GMT Orders
filled BUY EUR @ 13510 closed SL 13460 . T/P=-50 pips
filled SELL EUR @ 13447 closed eod 13447. T/P=0
filled Sell Gbp 19836 closed eod 19811. T/P=+25 pips
total= -58 pips

May 28th，2007
Holiday

May 25th，2007
9：00 GMT Orders
filled BUY EUR @ 13446 closed eod 13453. T/P=+7pips
filled Sell Gbp 19839 closed eod 19844. T/P=-5 pips
13：00 GMT Orders
filled BUY EUR @ 13451 closed eod 13453. T/P=+2 pips
total= +4 pips

May 24th，2007
9：00 GMT Orders
filled SELL EUR @ 13423 closed eod 13429. T/P= -6 pips
filled Buy Gbp 19890 closed SL 19840. T/P=-50 pips
filled Sell Gbp 19840 closed SL 19890. T/P=-50 pips
13：00 GMT Orders
filled BUY EUR @ 13451 closed SL 13418. T/P=-33 pips
filled SELL EUR @ 13418 closed eod 13429. T/P=-33 pips
filled Buy Gbp 19884 closed SL 19830. T/P= -54 pips
filled Sell Gbp 19830 closed eod 19845. T/P=-15 pips
total= -241 pips

May 23rd，2007
9：00 GMT Orders
filled BUY EUR @ 13469 closed at MSL. T/P=0
filled Buy Gbp 19765 closed TP 19885. T/P= +120 pips
filled Sell Gbp 19717 closed SL 19765. T/P= -48 pips

13：00 GMT Orders
filled BUY EUR @ 13501 closed SL 13451. T/P=-50 pips
filled Buy Gbp 19876 closed eod 19858. T/P=-18 pips
total= +4 pips

May 22nd，2007
9：00 GMT Orders
filled SELL EUR @ 13447 closed eod 14336. T/P=+11 pips
filled Buy Gbp 19740 closed eod 19746. T/P= +6 pips
13：00 GMT Orders
filled Buy Gbp 19740 closed eod 19746. T/P=+6 pips
total= +23 pips

May 21th，2007
9：00 GMT Orders
filled SELL EUR @ 13493 closed eod 13462. T/P= +30 pips
filled Sell Gbp 19708 closed eod 19704. T/P= +4 pips
Total= +34 pips

May 18th，2007
9：00 GMT Orders
filled BUY EUR @ 13508 closed SL 13475. T/P=-33 pips
filled SELL EUR @ 13475 closed SL 13508. T/P=-33 pips
filled Buy Gbp 19779 closed SL 19729. T/P= -50 pips
filled Sell Gbp 19729 closed SL 19779. T/P= -50 pips
13：00 GMT Orders
filled BUY EUR @ 13519 closed eod 13511. T/P= -8 pips
total= -174 pips

May 17th，2007
9：00 GMT Orders
filled SELL EUR @ 13515 closed eod 13496. T/P=+19 pips
filled Buy Gbp 19791 closed SL 19753. T/P= -38
filled Sell Gbp 19753 closed eod 19748. T/P=+5
13：00 GMT Orders
filled SELL EUR @ 13498 closed eod 13496. T/P=+2
filled Sell Gbp 19733 closed eod 19748. T/P=-15
total= -27 pips

May 16th，2007
9：00 GMT Orders
filled SELL EUR @ 13585 eod 13513. T/P=+72
filled Sell Gbp 19840 closed eod 19769. T/P=+71
13：00 GMT Orders
filled SELL EUR @ 13572 closed eod 13513. T/P=+59
filled Sell Gbp 19805 closed eod 19769. T/P=+36
total=+238 pips

May 15th，2007
9：00 GMT Orders
filled BUY EUR @ 13568 closed eod 13591. T/P=+23
filled SELL EUR @ 13527 closed SL 13568 . T/P=-41
filled Buy Gbp 19835 closed eod 19856. T/P=+21
filled Sell Gbp 19783 closed at SL 19835. T/P= -52 pips
13：00 GMT Orders
filled BUY EUR @ 13551 closed eod 13591. T/P=+40 pips
filled Buy Gbp 19823 closed eod 19856. T/P=+33 pips
total=+24 pips

May 14th，2007
9：00 GMT Orders
filled BUY EUR @ 13556 closed eod 13540. T/P=+16 pips
filled Sell Gbp 19813 closed eod 19789. T/P=+24 pips
13：00 GMT Orders
filled Sell Gbp 19792 closed eod 19789. T/P=+3 pips
total=+43 pips

May 11th，2007
filled BUY EUR @ 13492 closed eod 13520.T/P=+28 pips
filled Buy Gbp 19820 closed eod 19822. T/P= +2 pips
filled BUY EUR @ 13492 closed eod 13520. T/P=+28 pips
filled Buy Gbp 19812 closed eod 19822. T/P=+10 pips
total=+68 pips

May 10th，2007
9：00 GMT Orders
filled SELL EUR @ 13526 closed eod 13476. T/P=+50 pips
filled Sell Gbp 19925 closed at TP 19805. T/P=+120 pips
13：00 GMT Orders
filled SELL EUR @ 13511 closed eod 13476. T/P=+35 pips
filled Sell Gbp 19843 closed eod 19776. T/P=+67 pips
total=+272 pips

May 9th，2007
9：00 GMT Orders
filled BUY EUR @ 13560 closed SL 13528. T/P= -32 pips
filled SELL EUR @ 13528 closed SL 13560. T/P= -32 pips
filled Buy Gbp 19928 closed at MSL
13：00 GMT Orders

filled BUY EUR @ 13552 closed SL 13525 . T/P=-27 pips
filled SELL EUR @ 13525 closed eod 13526. T/P=-27 pips
filled Buy Gbp 19942 closed at MSL.
Total=-118 pips

May 8th，2007
9：00 GMT Orders
filled SELL EUR @ 13589 closed eod 13543. T/P=+46 pips
filled Sell Gbp 19916 closed eod 19887. T/P=+29 pips
13：00 GMT Orders
filled SELL EUR @ 13544 closed eod 13543. T/P=+1 pip
filled Sell Gbp 19908 closed eod 19887. T/P=+21 pips
Total=+97 pips

May 7th，2007
9：00 GMT Orders
filled BUY EUR @ 13618 closed eod 13595. T/P=-23 pips
filled Sell Gbp 19943 closed eod 19927. T/P=+16 pips
13：00 GMT Orders
filled BUY EUR @ 13624 closed SL 13595 . T/P=-29 pips
filled SELL EUR @ 13595 closed eod 13598. T/P=-3 pips
filled Sell Gbp 19947 closed eod 19927. T/P=+20 pips
Total=-19 pips

May 4th，2007
9：00 GMT Orders
filled BUY EUR @ 13582 closed eod 13598. T/P=+16 pips
filled Buy Gbp 19896 closed eod 19936. T/P=+40 pips
13：00 GMT Orders
filled BUY EUR @ 13580 closed eod 13598. T/P=+18 pips
filled Buy Gbp 19880 closed eod 19936. T/P= +56 pips
total= +130 pips

May 3rd，2007
9：00 GMT Orders
filled SELL EUR @ 13585 closed eod 13550. T/P=+35 pips
filled Buy Gbp 19937 closed SL 19884. T/P= -53 pips
filled Sell Gbp 19884 closed eod 19869. T/P=+15 pips
filled BUY EUR @ 13620 closed SL 13596. T/P= -24 pips
filled SELL EUR @ 13596 closed eod 13550. T/P=+46 pips
filled Sell Gbp 19908 closed eod 19869. T/P=+39 pips
total=+58 pips

May 2nd，2007
9：00 GMT Orders
filled BUY EUR @ 13605 closed eod 13582. T/P=+23 pips
filled Sell Gbp 19905 closed eod 19884. T/P=+21 pips
13：00 GMT Orders
filled BUY EUR @ 13592 closed eod 13582. T/P=+10 pips
filed Sell Gbp 19881 closed eod 19884. T/P=-3 pips
total=+54 pips

May 1st，2007
9：00 GMT Orders
filled BUY EUR @ 13668 closed SL 13618. T/P=-50 pips
filled SELL EUR @ 13618 closed eod 13604. T/P=+14 pips
filled Buy Gbp 20045 closed SL 19981. T/P=-64 pips
Sell Gbp 19981 closed eod 19984. T/P=-3 pips
13：00 GMT Orders
filled BUY EUR @ 13660 closed SL 13625. T/P= -35 pips
filled SELL EUR @ 13625 closed eod 13604. T/P= +21 pips
filled Buy Gbp 20062 closed SL 19994. T/P=-68 pips
Sell Gbp 19994 closed eod 19984. T/P=+10 pips
total=-175 pips

May 31st，2007
9：00 GMT Orders
BUY EUR @ 13454 SL 13423 TP 13534
SELL EUR @ 13423 SL 13454 TP 13343
Buy Gbp 19780 SL 19731 TP 19900
Sell Gbp 19731 SL 19780 TP 19601
13：00 GMT Orders
BUY EUR @ 13458 SL 13427 TP 13538
SELL EUR @ 13427 SL 13458 TP 13347
Buy Gbp 19788 SL 19733 TP 19908
Sell Gbp 19733 SL 19788 TP 19613

May 30th，2007
9：00 GMT Orders
BUY EUR @ 13458 SL 13421 TP 13538
SELL EUR @ 13421 SL 13458 TP 13361
Buy Gbp 19830 SL 19760 TP 19950
Sell Gbp 19755 SL 19825 TP 19635
13：00 GMT Orders
BUY EUR @ 13458 SL 13408 TP 13538
SELL EUR @ 13400 SL 13450 TP 13330
Buy Gbp 19802 SL 19732 TP 19922
Sell Gbp 19726 SL 19796 TP 19606

May 29th，2007

9：00 GMT Orders
BUY EUR @ 13464 SL 13425 TP 13544
SELL EUR @ 13425 SL 13464 TP 13365
Buy Gbp 19878 SL 19823 TP 19998
Sell Gbp 19823SL 19878 TP 19703
13：00 GMT Orders
BUY EUR @ 13510 SL 13460 TP 13590
SELL EUR @ 13447 SL 13497 TP 13367
Buy Gbp 19907 SL 19837 TP 20027
Sell Gbp 19836 SL 19906 TP 19716

May 28th，2007
Holiday

May 25th，2007
9：00 GMT Orders
BUY EUR @ 13446 SL 13407 TP 13526
SELL EUR @ 13407 SL 13446 TP 13327
Buy Gbp 19886 SL 19839 TP 20006
Sell Gbp 19839 SL 19886 TP 19719
13：00 GMT Orders
BUY EUR @ 13451 SL 13419 TP 13531
SELL EUR @ 13419 SL 13451 TP 13339
Buy Gbp 19872 SL 19833 TP 19992
Sell Gbp 19833 SL 19872 TP 19713

May 24th，2007
9：00 GMT Orders
BUY EUR @ 13468 SL 13423 TP 13548
SELL EUR @ 13423 SL 13468 TP 13343
Buy Gbp 19890 SL 19840 TP 20010
Sell Gbp 19840 SL 19890 TP 19720
13：00 GMT Orders
BUY EUR @ 13451 SL 13418 TP 13531
SELL EUR @ 13418 SL 13451 TP 13338
Buy Gbp 19884 SL 19830 TP 20004
Sell Gbp 19830 SL 19884 TP 19710

May 23rd，2007
9：00 GMT Orders
BUY EUR @ 13469 SL 13422 TP 13549
SELL EUR @ 13412 SL 13469 TP 13342
Buy Gbp 19765 SL 19717 TP 19885
Sell Gbp 19717 SL 19765 TP 19597
13：00 GMT Orders
BUY EUR @ 13501 SL 13451 TP 13581
SELL EUR @ 13410 SL 13460 TP 13330
Buy Gbp 19876 SL 19826 TP 19996
Sell Gbp 19708 SL 19758 TP 19588

May 22nd，2007
9：00 GMT Orders
BUY EUR @ 13483 SL 13447 TP 13563
SELL EUR @ 13447 SL 13483 TP 13367
Buy Gbp 19740 SL 19699 TP 19860
Sell Gbp 19699 SL 19740 TP 19579
13：00 GMT Orders
BUY EUR @ 13478 SL 13432 TP 13568
SELL EUR @ 13432 SL 13478 TP 13512
Buy Gbp 19740 SL 19698 TP 19860
Sell Gbp 19698 SL 19740 TP 19578

May 21st，2007
9：00 GMT Orders
BUY EUR @ 13526 SL 13493 TP 13606
SELL EUR @ 13493 SL 13526 TP 13413
Buy Gbp 19756 SL 19708 TP 19876
Sell Gbp 19708 SL 197562 TP 19588
13：00 GMT Orders
BUY EUR @ 13517 SL 13467 TP 13597
SELL EUR @ 13431 SL 13481 TP 13351
Buy Gbp 19745 SL 19675 TP 19865
Sell Gbp 19672 SL 19742 TP 19552

May 18th，2007
9：00 GMT Orders
BUY EUR @ 13508 SL 13475 TP 13588
SELL EUR @ 13475 SL 13508 TP 13395
Buy Gbp 19779 SL 19729 TP 19899
Sell Gbp 19729 SL 19779 TP 19609
13：00 GMT Orders
BUY EUR @ 13519 SL 13459 TP 13599
SELL EUR @ 13459 SL 13519 TP 13379
Buy Gbp 19787 SL 19717 TP 19907
Sell Gbp 19693 SL 19763 TP 19573

May 17th，2007
9：00 GMT Orders
BUY EUR @ 13551 SL 13515 TP 13631
SELL EUR @ 13515 SL 13551 TP 13435

Buy Gbp 19791 SL 19753 TP 19911
Sell Gbp 19753 SL 19791 TP 19633
13：00 GMT Orders
BUY EUR @ 13546 SL 13498 TP 13666
SELL EUR @ 13498 SL 13546 TP 13478
Buy Gbp 19800 SL 19733 TP 19920
Sell Gbp 19733 SL 19800 TP 19713

May 16th，2007
9：00 GMT Orders
BUY EUR @ 13616 SL 13585 TP 13696
SELL EUR @ 13585 SL 13616 TP 13505
Buy Gbp 19882 SL 19840 TP 20002
Sell Gbp 19840 SL 19882 TP 19720
13：00 GMT Orders
BUY EUR @ 13608 SL 13572 TP 13688
SELL EUR @ 13572 SL 13608 TP 13492
Buy Gbp 19875 SL 19875 TP 19995
Sell Gbp 19805 SL 19805 TP 19685

May 15th，2007
9：00 GMT Orders
BUY EUR @ 13568 SL 13527 TP 13648
SELL EUR @ 13527 SL 13568 TP 13447
Buy Gbp 19835 SL 19783 TP 19955
Sell Gbp 19783 SL 19835 TP 19663
13：00 GMT Orders
BUY EUR @ 13551 SL 13521 TP 13631
SELL EUR @ 13521 SL 13551 TP 13441
Buy Gbp 19823 SL 19753 TP 19943
Sell Gbp 19739SL 19809 TP 19619

May 14th，2007
9：00 GMT Orders
BUY EUR @ 13556 SL 13519 TP 13636
SELL EUR @ 13519 SL 13556 TP 13429
Buy Gbp 19852 SL 19813 TP 19972
Sell Gbp 19813 SL 19852 TP 19693
13：00 GMT Orders
BUY EUR @ 13564 SL 13530 TP 13644
SELL EUR @ 13530 SL 13564 TP 13450
Buy Gbp 19847 SL 19792 TP 19967
Sell Gbp 19792 SL 19847 TP 19672

May 11th，2007
9：00 GMT Orders
BUY EUR @ 13492 SL 13460 TP 13572
SELL EUR @ 13460 SL 13492 TP 13380
Buy Gbp 19820 SL 19764 TP 19940
Sell Gbp 19764 SL 19820 TP 19644
13：00 GMT Orders
BUY EUR @ 13492 SL 13469 TP 13572
SELL EUR @ 13469 SL 13492 TP 13389
Buy Gbp 19812 SL 19812 TP 19932
Sell Gbp 19763 SL 19763 TP 19643

May 10th，2007
9：00 GMT Orders
BUY EUR @ 13570 SL 13526 TP 13650
SELL EUR @ 13526 SL 13570 TP 13446
Buy Gbp 19970 SL 19925 TP 20090
Sell Gbp 19925 SL 19970 TP 19805
13：00 GMT Orders
BUY EUR @ 13562 SL 13512 TP 13642
SELL EUR @ 13511 SL 13561 TP 13431
Buy Gbp 19952 SL 19882 TP 20072
Sell Gbp 19843 SL 19913 TP 19723

May 9th，2007
9：00 GMT Orders
BUY EUR @ 13560 SL 13528 TP 13640
SELL EUR @ 13528 SL 13560 TP 13468
Buy Gbp 19928 SL 19876 TP 20048
Sell Gbp 19876 SL 19928 TP 19756
13：00 GMT Orders
BUY EUR @ 13552 SL 13525 TP 13632
SELL EUR @ 13525 SL 13552 TP 13465
Buy Gbp 19942 SL 19875 TP 20062
Sell Gbp 19875 SL 19942 TP 19755

May 8th，2007
9：00 GMT Orders
BUY EUR @ 13628 SL 13589 TP 13708
SELL EUR @ 13589 SL 13628 TP 13509
Buy Gbp 19970 SL 19916 TP 20090
Sell Gbp 19916 SL 19970 TP 19796
13：00 GMT Orders
BUY EUR @ 13608 SL 13558 TP 13688
SELL EUR @ 13544 SL 13594 TP 13464
Buy Gbp 19946 SL 19908 TP 20066

Sell Gbp 19908 SL 19946 TP 19788

May 7th，2007
9：00 GMT Orders
BUY EUR @ 13618 SL 13590 TP 13698
SELL EUR @ 13590 SL 13618 TP 13510
Buy Gbp 19984 SL 19943 TP 20104
Sell Gbp 19943 SL 19984 TP 19823
13：00 GMT Orders
BUY EUR @ 13624 SL 13595 TP 13704
SELL EUR @ 13595 SL 13624 TP 13515
Buy Gbp 19982 SL 19947 TP 20102
Sell Gbp 19947 SL 19982 TP 19827

May 4th，2007
9：00 GMT Orders
BUY EUR @ 13582 SL 13533 TP 13662
SELL EUR @ 13533 SL 13582 TP 13453
Buy Gbp 19896 SL 19913 TP 20096
Sell Gbp 19836 SL 19976 TP 19793
13：00 GMT Orders
BUY EUR @ 13580 SL 13539 TP 13660
SELL EUR @ 13539 SL 13580 TP 13459
Buy Gbp 19880 SL 19837 TP 20000
Sell Gbp 19837 SL 19880 TP 19717

May 3rd，2007
9：00 GMT Orders
BUY EUR @ 13627 SL 13585 TP 13707
SELL EUR @ 13585 SL 13627 TP 13505
Buy Gbp 19937 SL 19884 TP 20057
Sell Gbp 19884 SL 19937 TP 19764
13：00 GMT Orders
BUY EUR @ 13620 SL 13596 TP 13700
SELL EUR @ 13596 SL 13620 TP 13516
Buy Gbp 19947 SL 19908 TP 20067
Sell Gbp 19908 SL 19947 TP 19788

May 2nd，2007
9：00 GMT Orders
BUY EUR @ 13605 SL 13555 TP 13685
SELL EUR @ 13554 SL 13604 TP 13474
Buy Gbp 19978 SL 19908 TP 20098
Sell Gbp 19905 SL 19975 TP 19785
13：00 GMT Orders
BUY EUR @ 13592 SL 13557 TP 13672
SELL EUR @ 13557 SL 13592 TP 13477
Buy Gbp 19970 SL 19900 TP 20090
Sell Gbp 19881 SL 19951 TP 19761

May 1st，2007
9：00 GMT Orders
BUY EUR @ 13668 SL 13618 TP 13776
SELL EUR @ 13618 SL 13668 TP 13538
Buy Gbp 20045 SL 19981 TP 20165
Sell Gbp 19981 SL 20045 TP 19861
13：00 GMT Orders
BUY EUR @ 13660 SL 13625 TP 13740
SELL EUR @ 13625 SL 13660 TP 13565
Buy Gbp 20062 SL 19994 TP 20182
Sell Gbp 19994 SL 20062 TP 19874

April 30th，2007
9：00 GMT Orders
filled BUY EUR @ 13651 closed eod 13640. T/P= -9 pips
filled Buy Gbp 19976 closed eod 19995. T/P=+19 pips
filled Sell Gbp 19913 closed sl 19976. T/P=-63 pips
13：00 GMT Orders
filled BUY EUR @ 13624 closed eod 13640. T/P=+16 pips
filled Buy Gbp 19956 closed eod eod 19995. T/P=+39 pips
total= + 2 pips

April 27th，2007
9：00 GMT Orders
filled BUY EUR @ 13612 closed at MSL
filled Buy Gbp 19931 closed eod 19968. T/P=+37 pip
13：00 GMT Orders
filled BUY EUR @ 13652 closed at MSL
filled Buy Gbp 20008 closed eod 19968. T/P=-40 pips
total：-3 pips

April 26th，2007
9：00 GMT Orders
filled SELL EUR @ 13626 closed at eod 13590. T/P=+36 pips
filled Sell Gbp 20019 closed at TP
13：00 GMT Orders
filled SELL EUR @ 13585 closed at eod 13590. T/P=-5 pips
filled Sell Gbp 19911 closed eod 19906. T/P=+5 pips
total=+36 pips

April 25th，2007
9：00 GMT Orders
filled BUY EUR @ 13659 closed at SL 13621. T/P=-38 pips
filled SELL EUR @ 13621 closed at SL 13659. T/P=-38 pips
filled Sell Gbp 20014 closed eod 20017. T/P=-3 pips
13：00 GMT Orders
filled BUY EUR @ 13666 closed at 13642. T/P=-24 pips
filled SELL EUR @ 13642 closed at SL 13666. T/P=-24 pips
filled Sell Gbp 20016 closed eod 20017. T/P=-1 pip
total=-128 pips

April 24th，2007
9：00 GMT Orders
filledBUY EUR @ 13582 closed eod 13638. T/P=+56 pips
Buy Gbp 19992 closed at MSL
13：00 GMT Orders
buy BUY EUR @ 13595 closed eod 13638. T/P=+43 pips
Buy Gbp 20030 closed eod 20018. T/P=-12 pips
total=+87 pips

April 23th，2007
9：00 GMT Orders
filled SELL EUR @ 13564 closed eod 13575. T/P=-11 pips
13：00 GMT Orders
filled BUY EUR @ 13583 closed eod 13575. T/P=-8 pips
filled SELL EUR @ 13541 closed at SL 13583. T/P=-42 pips
filled Buy Gbp 20022 closed eod 20002. T/P=-20 pips
total=-81 pips

April 20th，2007
filled SELL EUR @ 13599 closed eod 13598. T/P= +1 pips
filled SELL EUR @ 13595 closed eod 13598. T/P= -3 pips
total= -2 pips

April 19th，2007
filled BUY EUR @ 13611 closed eod 13617. T/P=+6 pips
filled BUY EUR @ 13610 closed eod 13617. T/P=+7 pips
total=+13 pips

April 18th，2007
filled BUY EUR @ 13610 closed SL 13576. T/P=-34 pips
filled SELL EUR @ 13576 closed at SL 13610. T/P= -34 pips
filled Buy Gbp 20112 closed SL 20072. T/P= -40 pips
filled Sell Gbp 20072 closed at MSL. T/P=0 pips
filled SELL EUR @ 13581 closed eod 13611. T/P=-30 pips
filled Sell Gbp 20072 closed at MSL. T/P=0
total= -138 pips

April 17th，2007
filled BUY EUR @ 13554 closed eod 13573. T/P=+19 pips
filled Buy Gbp 19936 closed at TP 20056. T/P=+120 pips
filled BUY EUR @ 13560 closed eod 13573. T/P=+13 pips
filled Buy Gbp 20056 closed eod 20075. T/P=+19 pips
total= +171 pips

April 16th，2007
filled SELL EUR @ 13534 closed eod 13528. T/P=+6 pips
Buy Gbp 19902 closed eod 19887. T/P=-15 pips
filled SELL EUR @ 13542 closed eod 13528. T/P=+14 pips
total：+5 pips

April 13th，2007
9：00 GMT Orders
filled BUY EUR @ 13540 closed SL 13495. T/P=-45 pips
filled SELL EUR @ 13495 closed eod 13513. T/P=-18 pips
filled Buy Gbp 19876 closed SL 19806. T/P=-70 pips
filled Sell Gbp 19803 closed eod 19828. T/P=-25 pips
13：00 GMT Orders
filled BUY EUR @ 13555 closed SL 13510. T/P=-45 pips
filled SELL EUR @ 13510 closed eod 13513. T/P=-3 pips
filled Sell Gbp 19841 closed eod 19828. T/P=+13 pips
total= -193

April 12th，2007
9：00 GMT Orders
filled BUY EUR @ 13484 closed eod 13486. T/P=+2 pips
filled Buy Gbp 19798 closed eod 19791. T/P=-7 pips
13：00 GMT Orders
filled BUY EUR @ 13476 closed eod 13486. T/P=+10 pips
filled Buy Gbp 19789 closed eod 19791. T/P=-2 pips
. T/P=+3 pips

April 11th，2007
9：00 GMT Orders
filled BUY EUR @ 13442 closed SL 13409 . T/P=-33 pips
SELL EUR @ 13409 closed SL 13442. T/P=-33 pips
filled Sell Gbp 19734 closed eod 19752. T/P=-18 pips

13：00 GMT Orders
filled BUY EUR @ 13442 closed SL 13409. T/P=-33 pips
filled SELL EUR @ 13409 closed SL 13442. T/P=-33 pips
filled Sell Gbp 19752 closed eod 19752. T/P=0 pips
total= -150 pips

April 10th，2007
9：00 GMT Orders
filled BUY EUR @ 13434 closed eod 13430. T/P=-4 pips
filled Buy Gbp 19718 closed eod 19714. T/P=-4 pips
13：00 GMT Orders
filled BUY EUR @ 13433 closed eod 13430. T/P=-3 pips
filled Buy Gbp 19750 closed eod 19714. T/P=-36 pips
total=-47 pips

April 9th，2007
9：00 GMT Orders
filled SELL EUR @ 13348 close eod 13355. T/P=+13 pips
filled Sell Gbp 19638 closd eod 19622. T/P=+16 pips
13：00 GMT Orders
filled SELL EUR @ 13358 closed eod 13355. T/P=+3 pips
filled Sell Gbp 19617 closed eod 19622. T/P=-5 pips
total= +27 pips

APRIL 06
filled SELL EUR @ 13405 closed eod 13371. T/P=+34 pips
filled Sell Gbp 19683 closed EOD 19642. T/P=+41 pips
filled SELL EUR @ 13409 closed eod 13371. T/P=+38 pips
filled Sell Gbp 19689 closed EOD 19642. T/P=+47 pips
total= +160 pips

APRIL 05
filled BUY EUR @ 13379 closed eod 13429. T/P=+50 pips
filled Sell Gbp 19727 closed at MSL. T/P=0
filled BUY EUR @ 13390 closed eod 13429. T/P=+30 pips
total=+80 pips

APRIL 04
filled BUY EUR @ 13366 closed eod 13368. T/P=+2 pips
filed Buy Gbp 19776 closed EOD 19761. T/P= -5 pips
filled Sell Gbp 19720 closed SL 19776. T/P=-56 pips
filled BUY EUR @ 13381 closed eod 13368. T/P= -13 pips
filled Buy Gbp 19780 closed EOD 19761. T/P= -19 pips
filled Sell Gbp 19716 closed SL 19780. T/P= -64 pips
Total=-155 pips

APRIL 03
filled SELL EUR @ 13347 closed EOD 13328. T/P= +19 pips
filled Sell Gbp 19765 closed eod 19742. T/P=+23 pips
filled BUY EUR @ 13376 closed at SL 13342. T/P= -34 pips
filled SELL EUR @ 13342 closed EOD 13328. T/P=+14 pips
filled Sell Gbp 19736 closed eod 19742. T/P=-6 pips
total=+16 pips

APRIL 02
Filled BUY EUR @ 13368 closed EOD 13366. T/P=-2 pips
filled Buy Gbp 19748 closed eod 19773. T/P=+30 pips
Filled BUY EUR @ 13376 closed EOD 13366. T/P=-10 pips
filled Buy Gbp 19782 closed eod 19773. T/P=-9 pips
total=+9 pips

April 30th，2007
9：00 GMT Orders
BUY EUR @ 13651 SL 13601 TP 13731
SELL EUR @ 13585 SL 13635 TP 13505
Buy Gbp 19976 SL 19913 TP 20096
Sell Gbp 19913 SL 19976 TP 19793
13：00 GMT Orders
BUY EUR @ 13624 SL 13583 TP 13704
SELL EUR @ 13583 SL 13624 TP 13503
Buy Gbp 19956 SL 19886 TP 20076
Sell Gbp 19883 SL 19953 TP 19763

April 27th，2007
9：00 GMT Orders
BUY EUR @ 13612 SL 13581 TP 13792
SELL EUR @ 13581 SL 13612 TP 13501
Buy Gbp 19931 SL 19861 TP 20051
Sell Gbp 19858 SL 19928 TP 19738
13：00 GMT Orders
BUY EUR @ 13652 SL 13602 TP 13732
SELL EUR @ 13592 SL 13642 TP 13512
Buy Gbp 20008 SL 19963 TP 20128
Sell Gbp 19893 SL 19938 TP 19773

April 26th，2007

9：00 GMT Orders
BUY EUR @ 13661 SL 13626 TP 13741
SELL EUR @ 13626 SL 13661 TP 13546
Buy Gbp 20068 SL 20019 TP 20188
Sell Gbp 20019 SL 20068 TP 19899
13：00 GMT Orders
BUY EUR @ 13656 SL 13606 TP 13736
SELL EUR @ 13585 SL 13635 TP 13505
Buy Gbp 20050 SL 19980 TP 20170
Sell Gbp 19911 SL 19981 TP 19791

April 25th，2007
9：00 GMT Orders
BUY EUR @ 13659 SL 13621 TP 13739
SELL EUR @ 13621 SL 13659 TP 13541
Buy Gbp 20071 SL 20014 TP 20191
Sell Gbp 20014 SL 20071 TP 19894
13：00 GMT Orders
BUY EUR @ 13666 SL 13632 TP 13746
SELL EUR @ 13632 SL 13666 TP 13552
Buy Gbp 20067 SL 20016 TP 20187
Sell Gbp 20016 SL 20067 TP 19896

April 24th，2007
9：00 GMT Orders
BUY EUR @ 13582 SL 13545 TP 13662
SELL EUR @ 13545 SL 13582 TP 13465
Buy Gbp 19992 SL 19948 TP 20112
Sell Gbp 19948 SL 19992 TP 19828
13：00 GMT Orders
BUY EUR @ 13595 SL 13553 TP 13675
SELL EUR @ 13553 SL 13595 TP 13473
Buy Gbp 20030 SL 19960 TP 20150
Sell Gbp 19953 SL 20023 TP 19833

April 23th，2007
9：00 GMT Orders
BUY EUR @ 13602 SL 13564 TP 13682
SELL EUR @ 13564 SL 13602 TP 13484
Buy Gbp 20047 SL 19977 TP 20167
Sell Gbp 19967 SL 20037 TP 19847
13：00 GMT Orders
BUY EUR @ 13583 SL 13541 TP 13663
SELL EUR @ 13541 SL 13583 TP 13461
Buy Gbp 20022 SL 19974 TP 20142
Sell Gbp 19974 SL 20022 TP 19854

April 20th，2007
9：00 GMT Orders
BUY EUR @ 13644 SL 13599 TP 13724
SELL EUR @ 13599 SL 13644 TP 13519
Buy Gbp 20078 SL 20011 TP 20198
Sell Gbp 20011 SL 20078 TP 19891
13：00 GMT Orders
BUY EUR @ 13622 SL 13595 TP 13702
SELL EUR @ 13595 SL 13622 TP 13515
Buy Gbp 20056 SL 19986 TP 20176
Sell Gbp 19981 SL 20051 TP 19861

April 19th，2007
9：00 GMT Orders
BUY EUR @ 13611 SL 13561 TP 13691
SELL EUR @ 13555 SL 13605 TP 13475
Buy Gbp 20056 SL 19986 TP 20176
Sell Gbp 19977 SL 20047 TP 19857
13：00 GMT Orders
BUY EUR @ 13610 SL 13568 TP 13690
SELL EUR @ 13568 SL 13610 TP 13498
Buy Gbp 20052 SL 19982 TP 20172
Sell Gbp 19982 SL 20052 TP 19862

April 18th，2007
9：00 GMT Orders
BUY EUR @ 13610 SL 13576 TP 13690
SELL EUR @ 13576 SL 13610 TP 13496
Buy Gbp 20112 SL 20072 TP 20232
Sell Gbp 20072 SL 20112 TP 19952
13：00 GMT Orders
BUY EUR @ 13623 SL 13581 TP 13703
SELL EUR @ 13581 SL 13623 TP 13501
Buy Gbp 20141 SL 20072 TP 20261
Sell Gbp 20072 SL 20141 TP 19952

April 17th，2007
9：00 GMT Orders
BUY EUR @ 13554 SL 13523 TP 13634
SELL EUR @ 13523 SL 13554 TP 13443
Buy Gbp 19936 SL 19886 TP 20056
Sell Gbp 19886 SL 19936 TP 19766
13：00 GMT Orders

BUY EUR @ 13560 SL 13518 TP 13640
SELL EUR @ 13518 SL 13560 TP 13438
Buy Gbp 20056 SL 19912 TP 20176
Sell Gbp 19912 SL 20056 TP 19792

April 16th，2007
9：00 GMT Orders
BUY EUR @ 13569 SL 13534 TP 13649
SELL EUR @ 13534 SL 13569 TP 13454
Buy Gbp 19902 SL 19856 TP 20022
Sell Gbp 19856 SL 19902 TP 19736
13：00 GMT Orders
BUY EUR @ 13570 SL 13542 TP 13690
SELL EUR @ 13542 SL 13570 TP 13422
Buy Gbp 19948 SL 19878 TP 20068
Sell Gbp 19863 SL 19933 TP 19743

April 13th，2007
9：00 GMT Orders
BUY EUR @ 13540 SL 13495 TP 13620
SELL EUR @ 13495 SL 13540 TP 13415
Buy Gbp 19876 SL 19806 TP 19996
Sell Gbp 19803 SL 19873 TP 19683
13：00 GMT Orders
BUY EUR @ 13555 SL 13510 TP 13635
SELL EUR @ 13510 SL 13555 TP 13430
Buy Gbp 19895 SL 19841 TP 20015
Sell Gbp 19841 SL 19895 TP 19721

April 12th，2007
9：00 GMT Orders
BUY EUR @ 13484 SL 13447 TP 13564
SELL EUR @ 13447 SL 13484 TP 13367
Buy Gbp 19798 SL 19735 TP 19850
Sell Gbp 19735 SL 19798 TP 19563
13：00 GMT Orders
BUY EUR @ 13476 SL 13435 TP 13556
SELL EUR @ 13435 SL 13476 TP 13355
Buy Gbp 19789 SL 19731 TP 19909
Sell Gbp 19731 SL 19789 TP 19611

April 11th，2007
9：00 GMT Orders
BUY EUR @ 13442 SL 13409 TP 13522
SELL EUR @ 13409 SL 13442 TP 13329
Buy Gbp 19824 SL 19754 TP 19944
Sell Gbp 19734 SL 19814 TP 19614
13：00 GMT Orders
BUY EUR @ 13442 SL 13409 TP 13522
SELL EUR @ 13409 SL 13442 TP 13329
Buy Gbp 19800 SL 19752 TP 19920
Sell Gbp 19752 SL 19800 TP 19632

April 10th，2007
9：00 GMT Orders
BUY EUR @ 13434 SL 13401 TP 13514
SELL EUR @ 13401 SL 13434 TP 13321
Buy Gbp 19718 SL 19667 TP 19838
Sell Gbp 19667 SL 19718 TP 19547
13：00 GMT Orders
BUY EUR @ 13433 SL 13396 TP 13513
SELL EUR @ 13396 SL 13433 TP 13316
Buy Gbp 19750 SL 19680 TP 19870
Sell Gbp 19667 SL 19737 TP 19547

April 9th，2007
9：00 GMT Orders
BUY EUR @ 13373 SL 13348 TP 13453
SELL EUR @ 13348 SL 13373 TP 13268
Buy Gbp 19659 SL 19638 TP 19779
Sell Gbp 19638 SL 19659 TP 19418
13：00 GMT Orders
BUY EUR @ 13386 SL 13358 TP 13466
SELL EUR @ 13358 SL 13386 TP 13278
Buy Gbp 19656 SL 19617 TP 19776
Sell Gbp 19617 SL 19656 TP 19497

April 6th，2007
9：00 GMT Orders
BUY EUR @ 13429 SL 13405 TP 13509
SELL EUR @ 13405 SL 13429 TP 13325
Buy Gbp 19730 SL 19683 TP 19850
Sell Gbp 19683 SL 19730 TP 19563
13：00 GMT Orders
BUY EUR @ 13429 SL 13409 TP 13509
SELL EUR @ 13409 SL 13429 TP 13329
Buy Gbp 19724 SL 19689 TP 19844
Sell Gbp 19689 SL 19724 TP 19579

April 5th，2007

9：00 GMT Orders
BUY EUR @ 13379 SL 13347 TP 13459
SELL EUR @ 13347 SL 13379 TP 13267
Buy Gbp 19777 SL 19727 TP 19897
Sell Gbp 19727 SL 19777 TP 19607
13：00 GMT Orders
BUY EUR @ 13390 SL 13353 TP 13470
SELL EUR @ 13353 SL 13390 TP 13273
Buy Gbp 19777 SL 19707 TP 19897
Sell Gbp 19665 SL 19735 TP 19545

April 4th，2007
9：00 GMT Orders
BUY EUR @ 13366 SL 13322 TP 13446
SELL EUR @ 13322 SL 13366 TP 13262
Buy Gbp 19776 SL 19720 TP 19896
Sell Gbp 19720 SL 19776 TP 19600
13：00 GMT Orders
BUY EUR @ 13381 SL 13331 TP 13461
SELL EUR @ 13331 SL 13381 TP 13251
Buy Gbp 19780 SL 19716 TP 19900
Sell Gbp 19716 SL 19780 TP 19596

April 3rd，2007
9：00 GMT Orders
BUY EUR @ 13388 SL 13347 TP 13468
SELL EUR @ 13347 SL 13388 TP 13267
Buy Gbp 19831 SL 19765 TP 19851
Sell Gbp 19765 SL 19831 TP 19645
13：00 GMT Orders
BUY EUR @ 13376 SL 13342 TP 13456
SELL EUR @ 13342 SL 13376 TP 13262
Buy Gbp 19804SL 19736 TP 19924
Sell Gbp 19736 SL 19804 TP 19716

April 2nd，2007
9：00 GMT Orders
BUY EUR @ 13368 SL 13337 TP 13448
SELL EUR @ 13337 SL 13368 TP 13257
Buy Gbp 19748 SL 19678 TP 19868
Sell Gbp 19666 SL 19731 TP 19546
13：00 GMT Orders
BUY EUR @ 13376 SL 13339 TP 13456
SELL EUR @ 13339 SL 13376 TP 13259
Buy Gbp 19782 SL 19712 TP 19902
Sell Gbp 19709 SL 19779 TP 19589

March 30th，2007
9：00 GMT Orders
filled Buy Eur 13355 closed at 13372. T/P=+17
filled Sell Eur 13307 closed at SL 13355. T/P=-48
filled Buy Gbp 19651 closed at eod 19686. T/P=+35
filled Buy Eur 13333 closed at 13372. T/P=+39
filled Sell Eur 13293 closed at SL 13333. T/P=-41
filled Buy Gbp 19600 closed at eod 19686. T/P=+86
total=+88 pips

March 29th，2007
9：00 GMT Orders
filled Buy Eur 13334 closed eod 13330. T/P=-4
filled Sell Gbp 19624 closed at 19628. T/P=+4
filled Sell Eur 13313 closed eod 13333. T/P=-20
filled Sell Gbp 19629 closed at eod 19628. T/P=-1
total=-21 pips

March 28th，2007
9：00 GMT Orders
filled Buy Eur 13368 closed SL 13321. T/P=-47
filled Sell Eur 13321 closed 13311. T/P=+10
filled Buy Gbp 19669 closed SL 19619. T/P=-50
filled Sell Gbp 19619 closed SL 19669 . T/P=-50
13：00 GMT Orders
filled Buy Eur 13361 closed SL 13317. T/P= -44
filled Sell Eur 13317 closed 13311. T/P=+6
filled Buy Gbp 19660 closed at eod 19615. T/P=-45
total=-220 pips

March 27th，2007
9：00 GMT Orders
filled Buy Eur 13345 closed 13358. T/P=+13
Filled Sell Gbp 19659 closed at eod 19652. T/P=+7
filled Buy Eur 13361 closed 13358. T/P=-3
Sell Eur 13324 SL 13361 TP 13244. T/P=+20
total=+37 pips

March 26th，2007
filled Buy Eur 13288 closed eod 13328. T/P=+40 pips
filled Buy Gbp 19650 closed eod 19691. T/P=+41 pips
filled Buy Eur 13283 closed eod 13328. T/P=+45 pips
filled Buy Gbp 19635 closed eod 19691. T/P=+56 pips

total：+182 pips

March 23th，2007
9：00 GMT Orders
filled Buy Eur 13345 closed at SL 13312. T/P=-33 pips
filled Sell Eur 13312 closed at SL 13345. T/P=-33 pips
filled Buy Gbp 19669 closed at SL 19619. T/P=-50 pips
filled Sell Gbp 19619 closed at SL 19669. T/P=-50 pips
13：00 GMT Orders
filled Buy Eur 13342 closed SL 13296. T/P=-46 pips
filled Sell Eur 13296 closed eod 13291. T/P=+5 pips
filled Sell Gbp 19595 eod 19625. T/P=-30 pips
total：-237 pips

March 22th，2007
filled Sell Eur 13360 closed eod 13332. T/P=+28 pips
filled Buy Gbp 19698 closed at SL 19653. T/P=-45 pips
filled Sell Gbp 19653 closed eod 19647. T/P=+6 pips
filled Sell Eur 13341 closed eod 13332. T/P=+9 pips
filled Sell Gbp 19656 closed eod 19647. T/P=+9 pips
total= +7 pips

March 21th，2007
9：00 GMT Orders
filled Buy Eur 13326 closed eod 13386. T/P=+60 pips
filled Sell Eur 13297 closed at SL 13326. T/P=-29 pips
filled Buy Gbp 19660 closed eod 19684. T/P=+24 pips
filled Sell Gbp 19607 closed at MVSL. T/P=0 pips
filled Buy Eur 13328 closed eod 13386. T/P=+58 pips
filled Buy Gbp 19656 closed eod 19684. T/P=+28 pips
total= +141

March 20th，2007
9：00 GMT Orders
filled Buy Eur 13314 closed at eod 13321. T/P=+7 pips
filled Sell Eur 13277 closed at SL 13314. T/P= -37 pips
filled Buy Gbp 19499 closed at TP 19619. T/P= +120 pips
filled Sell Gbp 19436 closed at SL 19499. T/P=-63 pips
filled Buy Eur 13312 closed eod 13321. T/P=+9 pips
filled Buy Gbp 19585 closed at eod 19615. T/P=+30 pips
total= +66 pips

March 19th，2007
filled Buy Eur 13319 closed SL 13279. T/P= -40 pips
filled Sell Eur 13279 closed at eod 13300. T/P=-21 pips
filed Buy Gbp 19439 closed eod 19449. T/P= +10 pips
filled Buy Gbp 19468 closed eod 19449. T/P= -19 pips
total= -70 pips

March 16th，2007
filled Buy Eur 13318 closed at MSL. T/P=0
filled Buy Gbp 19440 closed at MSL.T/P=0
filled Buy Gbp 19506 closed at SL 19436. T/P=-70 pips
total=-70

March 15th，2007
9：00 GMT Orders
filled Buy Eur 13236 closed eod 13236. T/P=0 pips
filled Sell Eur 13203 closed at SL 13236 . T/P=-33 pips
filled Buy Gbp 19376 closed at eod 19362. T/P=-14
filled Sell Gbp 19313 closed at SL 19376 . T/P=-63 pips
filled Buy Eur 13229 closed eod 13236. T/P=+7 pips
filled Buy Gbp 19378 closed at eod 19362. T/P=-16 pips
total：-119 pips

March 14th，2007
filled Buy Eur 13216 closed eod 13216. T/P=0 pips
filled Buy Gbp 19314 closed at eod 19339. T/P=+25 pips
filled Sell Gbp 19212 closed at SL 19282. T/P=-70 pips
filled Buy Eur 13218 closed eod 13216. T/P=-2 pips
filled Buy Gbp 19257 closed at eod 19339. T/P=+82 pips
filled Sell Gbp 19212 closed at SL 19257. T/P=-45 pips
total pips：-10 pips

March 13th，2007
filled Buy Eur 13194 closed eod 13195. T/P=+1 pip
filled Sell Eur 13156 closed at SL 13194. T/P=-38 pips
filled Buy Gbp 19335 closed eod 19279. T/P=-56 pips
filled Buy Eur 13198 closed eod 13195. T/P=-3 pips
filled Buy Gbp 19327 closed eod 19279. T/P=-48 pips
total= -144 pips

March 12th，2007
filled Buy Eur 13140 closed eod 13192. T/P=+52 pips
filled Buy Gbp 19406 closed at SL 19336. T/P=-70 pips
Sell Gbp 19327 closed at MSL. P/L=0
filled Buy Eur 13189 closed eod 13192. T/P=+3 pips
filled Sell Gbp 19360 closed at eod 19332. T/P=+28 pips
total：+13 pips

March 9th，2007
filled Sell Eur 13133 closed eod 13111. T/P=+22 pips
Filled Buy Gbp 19344 closed 19328 eod. T/P=-16 pips
filled Sell Gbp 19267 closed SL 19337 . T/P=-70 pips
filled Sell Eur 13135 closed eod 13111. T/P=+24 pips
Filled Buy Gbp 19332 closed 19328 eod. T/P=-4 pips
total for march 9th=-44 pips

March 8th，2007
filled Sell Eur 13139 closed at eod 13136. T/P=+3 pips
Filled Sell Gbp 19305 closed eod 19295. T/P=+10 pips
filled Buy Eur 13178 closed at SL 13136. T/P=-42 pips
filled Sell Eur 13136 closed at eod 13136. T/P=0 pips
Filled Sell Gbp 19273 closed eod 19295. T/P=-22 pips
total for march 8th=-51 pips

March 7th，2007
9：00 GMT Orders
filled Buy Eur 13138 closed eod 13178. T/P=+40 pips
filled Buy Gbp 19332 closed 19305 eod. T/P=-27 pips
filled Buy Eur 13134 closed eod 13178.T/P=+44 pips
filled Buy Gbp 19314 closed 19305 eod. T/P=-9 pips
total= +48 pips

March 6th，2007
filled Sell Eur 13087 closed eod 13131. T/P=-44 pips
filled Buy Gbp 19314 closed 19333 eod. t/p=+19 pips
filled Sell Gbp 19231 closed at SL 19301 . t/p=-70 pips
filled Sell Eur 13092 closed eod 13131. t/p=-39 pipd
filled Buy Gbp 19310 closed 19333 eod. t/p=+23 pips
filled Sell Gbp 19245 closed at SL 19310. t/p=-65 pips
total march 6th= -176 pips

March 5th，2007
filled Sell Eur 13119 closed eod 13084. T/P=+35 pips
filled Sell Gbp 19211 closed at SL 19281. T/P=-70 pips
filled Sell Eur 13076 closed eod 13084. T/P=-8 pips
filled buy GBP 19266 closed SL 19196. T/P=-70 pips
filled Sell Gbp 19194 closed at SL 19264. T/P=-70 pips
total for March 5th= -183 pips

March 2nd，2007
9：00 GMT Orders
filled Buy Eur 13190 closed eod 13197. T/P=+7 pips
filled Sell Eur 13153 closed at SL 13190. T/P=-37 pips

March detailed orders entered into system

March 30th，2007
9：00 GMT Orders
Buy Eur 13355 SL 13307 TP 13435
Sell Eur 13307 SL 13355 TP 13227
Buy Gbp 19651 SL 19581 TP 19771
Sell Gbp 19543 SL 19613 TP 19423
13：00 GMT Orders
Buy Eur 13333 SL 13293 TP 13413
Sell Eur 13293 SL 13333 TP 13213
Buy Gbp 19600 SL 19539 TP 19720
Sell Gbp 19539 SL 19600 TP 19419

March 29th，2007
9：00 GMT Orders
Buy Eur 13334 SL 13306 TP 13414
Sell Eur 13306 SL 13334 TP 13226
Buy Gbp 19666 SL 19624 TP 19786
Sell Gbp 19624 SL 19666 TP 19504
13：00 GMT Orders
Buy Eur 13358 SL 13313 TP 13438
Sell Eur 13313 SL 13358 TP 13233
Buy Gbp 19664 SL 19629 TP 19784
Sell Gbp 19629 SL 19664 TP 19509

March 28th，2007
9：00 GMT Orders
Buy Eur 13368 SL 13321 TP 13448
Sell Eur 13321 SL 13368 TP 13241
Buy Gbp 19669 SL 19619 TP 19789
Sell Gbp 19619 SL 19669 TP 19499
13：00 GMT Orders
Buy Eur 13361 SL 13317 TP 13441
Sell Eur 13317 SL 13361 TP 13237
Buy Gbp 19660 SL 19591 TP 19780
Sell Gbp 19591 SL 19660 TP 19471

March 27th，2007
9：00 GMT Orders
Buy Eur 13345 SL 13317 TP 13425
Sell Eur 13317 SL 13345 TP 13237
Buy Gbp 19706 SL 19659 TP 19826
Sell Gbp 19659 SL 19706 TP 19539
13：00 GMT Orders

Buy Eur 13361 SL 13324 TP 13441
Sell Eur 13324 SL 13361 TP 13244
Buy Gbp 19700 SL 19630 TP 19820
Sell Gbp 19613 SL 19683 TP 19493

March 26th, 2007
9: 00 GMT Orders
Buy Eur 13288 SL 13248 TP 13368
Sell Eur 13248 SL 13288 TP 13168
Buy Gbp 19650 SL 19580 TP 19770
Sell Gbp 19575 SL 19645 TP 19455
13: 00 GMT Orders
Buy Eur 13283 SL 13251 TP 13363
Sell Eur 13251 SL 13283 TP 13171
Buy Gbp 19635 SL 19581 TP 19755
Sell Gbp 19581 SL 19635 TP 19461

March 23th, 2007
9: 00 GMT Orders
Buy Eur 13345 SL 13312 TP 13445
Sell Eur 13312 SL 13345 TP 13232
Buy Gbp 19669 SL 19619 TP 19789
Sell Gbp 19619 SL 19669 TP 19499
13: 00 GMT Orders
Buy Eur 13342 SL 13296 TP 13422
Sell Eur 13296 SL 13342 TP 13226
Buy Gbp 19699 SL 19629 TP 19819
Sell Gbp 19595 SL 19565 TP 19475

March 22th, 2007
9: 00 GMT Orders
Buy Eur 13398 SL 13360 TP 13478
Sell Eur 13360 SL 13398 TP 13280
Buy Gbp 19698 SL 19653 TP 19812
Sell Gbp 19653 SL 19698 TP 19533
13: 00 GMT Orders
Buy Eur 13386 SL 13341 TP 13466
Sell Eur 13341 SL 13386 TP 13261
Buy Gbp 19735 SL 19665 TP 19855
Sell Gbp 19656 SL 19726 TP 19536

March 21th, 2007
9: 00 GMT Orders
Buy Eur 13326 SL 13297 TP 13406
Sell Eur 13297 SL 13326 TP 13217
Buy Gbp 19660 SL 19607 TP 19780
Sell Gbp 19607 SL 19660 TP 19487
13: 00 GMT Orders
Buy Eur 13328 SL 13286 TP 13408
Sell Eur 13286 SL 13328 TP 13217
Buy Gbp 19656 SL 19586 TP 19776
Sell Gbp 19548 SL 19618 TP 19428

March 20th, 2007
9: 00 GMT Orders
Buy Eur 13314 SL 13277 TP 13394
Sell Eur 13277 SL 13314 TP 13197
Buy Gbp 19499 SL 19436 TP 19619
Sell Gbp 19436 SL 19499 TP 19316
13: 00 GMT Orders
Buy Eur 13312 SL 13265 TP 13392
Sell Eur 13265 SL 13312 TP 13345
Buy Gbp 19585 SL 195157 TP 19605
Sell Gbp 19424 SL 19494 TP 19304

March 19th, 2007
9: 00 GMT Orders
Buy Eur 13319 SL 13279 TP 13389
Sell Eur 13279 SL 13319 TP 13199
Buy Gbp 19439 SL 19397 TP 19559
Sell Gbp 19397 SL 19439 TP 19277
13: 00 GMT Orders
Buy Eur 13325 SL 13275 TP 13405
Sell Eur 13274 SL 13324 TP 13194
Buy Gbp 19468 SL 19409 TP 19588
Sell Gbp 19409 SL 19468 TP 19389

March 16th, 2007
9: 00 GMT Orders
Buy Eur 13318 SL 13275 TP 13398
Sell Eur 13275 SL 13318 TP 13195
Buy Gbp 19440 SL 19470 TP 19560
Sell Gbp 19364 SL 19434 TP 19244
13: 00 GMT Orders
Buy Eur 13346 SL 13296 TP 13426
Sell Eur 13289 SL 13339 TP 13209
Buy Gbp 19506 SL 19436 TP 19626
Sell Gbp 19393 SL 19463 TP 19273

March 15th, 2007

9：00 GMT Orders
Buy Eur 13236 SL 13203 TP 13316
Sell Eur 13203 SL 13236 TP 13123
Buy Gbp 19376 SL 19313 TP 19496
Sell Gbp 19313 SL 19376 TP 19193
13：00 GMT Orders
Buy Eur 13229 SL 13188 TP 13309
Sell Eur 13188 SL 13229 TP 13108
Buy Gbp 19378 SL 19308 TP 19498
Sell Gbp 19300 SL 19370 TP 19180

March 14th，2007
9：00 GMT Orders
Buy Eur 13216 SL 13175 TP 13296
Sell Eur 13175 SL 13216 TP 13095
Buy Gbp 19314 SL 192446 TP 19434
Sell Gbp 19212 SL 19282 TP 19092
13：00 GMT Orders
Buy Eur 13218 SL 13171 TP 13298
Sell Eur 13171 SL 13218 TP 13091
Buy Gbp 19257 SL 19212 TP 19377
Sell Gbp 19212 SL 19257 TP 19092

March 13th，2007
9：00 GMT Orders
Buy Eur 13194 SL 13156 TP 13274
Sell Eur 13156 SL 13194 TP 13076
Buy Gbp 19335 SL 19265 TP 19455
Sell Gbp 19265 SL 19335 TP 19145
13：00 GMT Orders
Buy Eur 13198 SL 13150 TP 13278
Sell Eur 13150 SL 13198 TP 13070
Buy Gbp 19327 SL 19267 TP 19447
Sell Gbp 19267 SL 19327 TP 19147

March 12th，2007
9：00 GMT Orders
Buy Eur 13140 SL 13103 TP 13220
Seli Eur 13103 SL 13140 TP 13023
Buy Gbp 19406 SL 19336 TP 19526
Sell Gbp 19327 SL 19397 TP 19207
13：00 GMT Orders
Buy Eur 13189 SL 13139 TP 13269
Sell Eur 13120 SL 13170 TP 13060
Buy Gbp 19442 SL 19372 TP 19462
Sell Gbp 19360 SL 19430 TP 19240

March 9th，2007
9：00 GMT Orders
Buy Eur 13164 SL 13133 TP 13244
Sell Eur 13133 SL 13164 TP 13053
Buy Gbp 19344 SL 19274 TP 19464
Sell Gbp 19267 SL 19337 TP 19147
13：00 GMT Orders
Buy Eur 13164 SL 13135 TP 13244
Sell Eur 13135 SL 13164 TP 13055
Buy Gbp 19332 SL 19262 TP 19452
Sell Gbp 19259 SL 19329 TP 19139

March 8th，2007
9：00 GMT Orders
Buy Eur 13189 SL 13139 TP 13269
Sell Eur 13139 SL 13189 TP 13059
Buy Gbp 19352 SL 19305 TP 19472
Sell Gbp 19305 SL 19352 TP 19185
13：00 GMT Orders
Buy Eur 13178 SL 13136 TP 13258
Sell Eur 13136 SL 13178 TP 13056
Buy Gbp 19362 SL 19292 TP 19482
Sell Gbp 19273 SL 19343 TP 19153

March 7th，2007
9：00 GMT Orders
Buy Eur 13138 SL 13088 TP 13218
Sell Eur 13087 SL 13138 TP 13007
Buy Gbp 19332 SL 19262 TP 19452
Sell Gbp 19261 SL 19331 TP 19141
13：00 GMT Orders
Buy Eur 13134 SL 13092 TP 13114
Sell Eur 13092 SL 13134 TP 13012
Buy Gbp 19314 SL 19261 TP 19434
Sell Gbp 19261 SL 19314 TP 19141

March 6th，2007
9：00 GMT Orders
Buy Eur 13138 SL 13088 TP 13218
Sell Eur 13087 SL 13138 TP 13007
Buy Gbp 19314 SL 19244 TP 19434
Sell Gbp 19231 SL 19301 TP 19111
13：00 GMT Orders

Buy Eur 13134 SL 13092 TP 13114
Sell Eur 13092 SL 13134 TP 13012
Buy Gbp 19310 SL 19245 TP 19430
Sell Gbp 19245 SL 19310 TP 19125

March 5th，2007
9：00 GMT Orders
Buy Eur 13182 SL 13132 TP 13262
Sell Eur 13119 SL 13169 TP 13039
Buy Gbp 19333 SL 19263 TP 19453
Sell Gbp 19211 SL 19281 TP 19091
13：00 GMT Orders
Buy Eur 13148SL 13098 TP 13228
Sell Eur 13076 SL 13136 TP 12996
Buy Gbp 19266 SL 19196 TP 19386
Sell Gbp 19194 SL 19264 TP 19074

March 2nd，2007
9：00 GMT Orders
Buy Eur 13190 SL 13153 TP 13270
Sell Eur 13153 SL 13190 TP 13073
Buy Gbp 19592 SL 19522 TP 19712
Sell Gbp 19518 SL 19588 TP 19398
13：00 GMT Orders
Buy Eur 13181SL 13136 TP 13261
Sell Eur 13136 SL 13181 TP 13056
Buy Gbp 19567 SL 19423 TP 19687
Sell Gbp 19423 SL 19567 TP 19303

March 1st，2007
9：00 GMT Orders
Buy Eur 13247 SL 13198 TP 13327
Sell Eur 13198 SL 13247 TP 13118
Buy Gbp 19638 SL 19568 TP 19758
Sell Gbp 19561 SL 19631 TP 19441
13：00 GMT Orders
Buy Eur 13241 SL 13207 TP 13321
Sell Eur 13207 SL 13241 TP 13127
Buy Gbp 19654 SL 19584 TP 19774
Sell Gbp 19581 SL 19651 TP 19461

February 28th，2007
filled Buy Eur 13234 closed eod 13224. T/P：-10 pips
filled Sell Gbp 19525 closed at SL 19595. T/P：-70 pips
filled Buy Eur 13215 closed eod 13224. T/P：+9 pips
filled Buy Gbp 19604 closed at eod 19528：T/P：+24 pips
total for February 28th，2007：-41 pips

February 27th，2007
filled Buy Eur 13237 closed eod 13238，T/P=+1 pip
filled Buy Eur 13215 closed eod 13238，T/P= +23 pips
filled Buy Gbp 19668 closed at SL 19619 . T/P= -49 pips
filled Sell Gbp 19619 closed et eod 19645. T/P= -26 pips
total Feb 27th= -51 pips

February 26th，2007
filled Buy Eur 13194 closed at eod 13188.P/L=-6 pips
filled Sell Eur 13154 closed at sl 13194 .P/L= -40 pips
filled Sell Gbp 19611 closed at eod 19637. p/L=-26
filled Buy Eur 13180 closed at eod 13188. p/L=+8
filled Buy Gbp 19648 closed at eod 19632. p/L=-16
total for feb 26th：-80 pips.

February 23th，2007
9：00 GMT Orders
filled Buy Eur 13137 closed at eod 13172. P/L=+35 pips
filled Sell Eur 13104 closed at SL 13137 .P/L=-33 pips
filed Buy Gbp 19608 closed at eod 19641. P/L= +33 pips
filled sell Gbp at 19542 closed at SL 19608. P/L=-66 pips
filled Buy Eur 13137 closed at eod 13172. P/L=+35 pips
filled Buy Gbp 19618 closed at eod 19641. P/L=+23 pips
total for feb 23th：+27 pips

February 22th
filled Buy Eur 13142 closed at eod 13126. P/L=-16 pips
filled Sell Eur 13080 closed at SL 13130. P/L=-50 pips
filled Buy Gbp 19544 closed at eod 19564.P/L= +20 pips
filled Buy Eur 13112 closed at eod 13126. P/L=+14 pips
filled Buy Gbp 19527 closed eod 19564. P/L= + 37 pips
total February 22：+5 pips

February 21th，2007
9：00 GMT Orders
filled Sell Eur 13129 closed eod 13142. P/L=-13 pips
filled Sell Gbp 19519 closed eod 19540.P/L=-21 pips
filled Sell Eur 13113 closed eod 13142.P/L=-29 pips
total feb 21st：-63 pips

February 20th，2007

filled Buy Gbp 19558 closed eod. 19536 T/P：-22 pips
filled Buy Gbp 19525 closed EOD 19536 T/P=+11 pips
total Feb 20th：-11 pips

February 19th，2007
Filled Sell Eur 13130 closed at 13150 EOD. P/L=-20 pips
filled Sell Gbp 19494 closed at MSL. P/L=0
Filled Buy Eur 13156 closed at 13150. EOD. P/L=-6 pips
filled Buy Gbp 19536 closed at 19506. EOD. P/L=-30 pips
total for today：-56 pips

February 16th，2007
Filled Buy Eur 13137 closed at SL 13108. P/L= -29 pips
Filled Sell Eur 13108 closed at SL 13137. P/L=-29 pips
Filled Sell Gbp 19465 closed at EOD 19505. P/L= -40 pips
filled Buy Eur 13144 closed at EOD 13136. P/L= -8 pips
Filled Sell Eur 13102 closed at SL 13144. P/L= -42 pips.
filled Buy Gbp 19510 closed at EOD SL 19500. P/L= -10 pips
Filled Sell Gbp 19468 closed at SL 19510 . P/L= -42 pips
total February 16th：-200 pips

February 15th，2007
Filled Buy Eur 13160 closed at EOD 13136. P/L=-24 pips
Sell Gbp 19618 closed at MSL. P/L=0 pips
Filled Buy Eur 13148 closed at EOD 13136. P/L=-12 pips
Filled Sell Gbp 19539 closed at EOD 19511. P/L=+28 pips
total for February 15th= -8 pips.

February 14th，2007
Filled Buy Eur 13103 closed at EOD 13132，P/L=+29 pips
Filled Buy Gbp 19546 closed at EOD 19629，P/L=+83 pips
Filled Buy Eur 13107 closed at EOD 13132，P/L=+25 pips
Filed Buy Gbp 19574 closed at EOD 19629，P/L=+55 pips
total for February 14th：+192 pips

February 13th，2007
Buy Eur 13012 closed at msl. p/l=0
Sell Gbp 19471 closed at msl. p/l=0
Buy Eur 13026 closed at eod 13035. p/l=+9 pips

February 12th，2007
9：00 GMT Orders
filled Sell Eur 12993 closed at EOD 12963. T/P=+30 pips
Filled Sell Gbp 19481 closed at MSL. P/L=0
Sell Eur 12937 SL 12987 TP 12857
total Feb 12th：+30 pips

February 9th，2007
9：00 GMT Orders
Filled Sell Eur 12992 closed at EOD 13008. P/L=-16 pips
filled Sell Gbp 19479 closed at EOD 19506. P/L=-27 pips
filled Buy Gbp 19515 closed at EOD 19501. P/L=-14 pips
total for February 9th.= -57 pips

February 8th，2007
9：00 GMT Orders
filled Buy Eur 13031 closed at eod 13038. P/L=+7 pips
Sell Eur 12975 closed at SL 13025 TP P/L=-50 pips
Filled Sell Gbp 19651 closed at EOD 19691. P/L=+60 pips
Filled Buy Eur 13004 closed at EOD 13038.P/L=+34 pips
Filled Sell Gbp 19579 closed at EOD 19791. P/L=-12 pips
total for february 8th= +39 pips

February 7th，2007
9：00 GMT Orders
Filled Buy Eur 13000 closed at EOD 13015. P/L：=+15 pips
filled Buy Gbp 19733 closed at SL 19683. P/L=-50 pips
filled Sell Gbp 19683 closed at SL 19733. P/L=-50 pips
filled Buy Eur 13006 closed at EOD 13015. P/L=+9 pips
filled Buy GBP 19726 closed at EOD 19700. P/L=-26 pips
total for February 7th：-102 pips.

February 6th，2007
filled Buy Eur 12943 closed at EOD 12984 P/L=+41 pips
filled Buy Gbp 19652 closed at EOD 19710 P/L=+58 pips
filled Buy Eur 12968 closed at EOD 12984 P/L=+16 pips
filled Buy GBP 19704 closed at EOD 19710. P/L=+6 pips
total for February 6th 2007：+121 pips

February 5th，2007
Filled Sell Eur 12925 closed @ 13132，P/L=-7 pips
Filled Sell Gbp 19620 closed @ 19602，P/L=+18 pips
Filled Sell Eur 12914 closed @ 13132，P/L=-18 pips
Filled Sell GBP 19548 closed @ 19602. P/L=-54 pips
total for February 5th，2007：-61 pips

February 2nd，2007
Filled Buy Eur 13032 closed at MSL. P/L=0

Filled Sell Eur 13005 closed at 12958. P/L= +47 pips
Filled Buy Gbp 19694 closed at MSL. P/L=0
Filled Sell Gbp 19636 closed at SL 19694. P/L= -58 pips
13：00 GMT orders
Filled Buy Eur 13034 closed at MSL. P/L=0
Filled Sell Eur 13008 closed at 12958 EOD. P/L=+50 pips
Filled Buy Gbp 19700 closed at MSL. P/L=0
Filled Sell Gbp 19659 closed at 19667 EOD P/L=-8 pips
I traded this sell @ 19636 instead @ 19659（my mistake when I entered the order on my trading platform. The real order is 19659 sell）I corrected it here to show real hans trading.
total for today，February 2nd：+31 pips

February 1st，2007
9：00 GMT Orders
filled Buy Eur 13038 closed at EOD 13022，P/L= -16 pips
filled Sell Eur 13008 closed at SL 13038，P/L=-30 pips
filled Buy Gbp 19668 closed at MSL，P/L=0
filled Buy Eur 13038 closed at EOD 13022，P/L=-16 pips
(order was 13036，filled at 13038（2 pip slippage)）
filled Buy Gbp 19695 closed at MSL，P/L=0
total for February 1st，2007= -62 pips

February 28th，2007
9：00 GMT Orders
Buy Eur 13234 SL 13184 TP 13314
Sell Eur 13179 SL 13229 TP 13099
Buy Gbp 19646 SL 19576 TP 19766
Sell Gbp 19525 SL 19595 TP 19405
13：00 GMT Orders
Buy Eur 13215 SL 13175 TP 13295
Sell Eur 13175 SL 13215 TP 13095
Buy Gbp 19604 SL 19534 TP 19724
Sell Gbp 19510 SL 19580 TP 19390

February 27th，2007
9：00 GMT Orders
Buy Eur 13237 SL 13187 TP 13317
Sell Eur 13155 SL 13205 TP 13075
Buy Gbp 19682 SL 19612 TP 19802
Sell Gbp 19586 SL 19656 TP 19466
13：00 GMT Orders
Buy Eur 13215 SL 13195 TP 13295
Sell Eur 13195 SL 13215 TP 13115
Buy Gbp 19668 SL 19619 TP 19788
Sell Gbp 19619 SL 19668 TP 19499

February 26th，2007
9：00 GMT Orders
Buy Eur 13194 SL 13154 TP 13274
Sell Eur 13154 SL 13194 TP 13074
Buy Gbp 19667 SL 19611 TP 19787
Sell Gbp 19611 SL 19667 TP 19391
13：00 GMT Orders
Buy Eur 13180 SL 13045 TP 13260
Sell Eur 13045 SL 13180 TP 13065
Buy Gbp 19648 SL 19600 TP 19768
Sell Gbp 19600 SL 19648 TP 19480

February 23th，2007
9：00 GMT Orders
Buy Eur 13137 SL 13104 TP 13217
Sell Eur 13104 SL 13137 TP 13024
Buy Gbp 19608 SL 19542 TP 19728
Sell Gbp 19542 SL 19608 TP 19422
13：00 GMT Orders
Buy Eur 13137 SL 13096 TP 13217
Sell Eur 13096 SL 13137 TP 13026
Buy Gbp 19618 SL 19548 TP 19738
Sell Gbp 19529 SL 19599 TP 19409

February 22th
9：00 GMT Orders
Buy Eur 13142 SL 13092 TP 13222
Sell Eur 13080 SL 13130 TP 13000
Buy Gbp 19544 SL 19474 TP 19664
Sell Gbp 19455 SL 19525 TP 19335
13：00 GMT Orders
Buy Eur 13112 SL 13075 TP 13192
Sell Eur 13075 SL 13112 TP 12995
Buy Gbp 19527 SL 19473 TP 19647
Sell Gbp 19473 SL 19527 TP 19353

February 21th，2007
9：00 GMT Orders
Buy Eur 13173 SL 13129 TP 13253
Sell Eur 13129 SL 13173 TP 13049
Buy Gbp 19600 SL 19530 TP 19720
Sell Gbp 19519 SL 19589 TP 19399

13：00 GMT Orders
Buy Eur 13160 SL 13113 TP 13240
Sell Eur 13113 SL 13160 TP 13033
Buy Gbp 19580 SL 19510 TP 19700
Sell Gbp 19480 SL 19550 TP 19360

February 20th，2007
9：00 GMT Orders
Buy Eur 13196 SL 13146 TP 13276
Sell Eur 13125 SL 13175 TP 13045
Buy Gbp 19558 SL 19488 TP 19678
Sell Gbp 19475 SL 19545 TP 19355
13：00 GMT Orders
Buy Eur 13164 SL 13125 TP 13244
Sell Eur 13125 SL 13164 TP 13045
Buy Gbp 19525 SL 19471 TP 19645
Sell Gbp 19471 SL 19525 TP 19351

February 19th
9：00 GMT Orders
Buy Eur 13169 SL 13130 TP 13249
Sell Eur 13130 SL 13169 TP 13050
Buy Gbp 19566 SL 19496 TP 19686
Sell Gbp 19494 SL 19564 TP 19374
13：00 GMT Orders
Buy Eur 13156 SL 13117 TP 13236
Sell Eur 13117 SL 13156 TP 13037
Buy Gbp 19536 SL 19466 TP 19656
Sell Gbp 19423 SL 19493 TP 19303

February 16th，2007
9：00 GMT Orders
Buy Eur 13137 SL 13108 TP 13217
Sell Eur 13108 SL 13137 TP 13028
Buy Gbp 19548 SL 19478 TP 19668
Sell Gbp 19465 SL 19535 TP 19345
13：00 GMT Orders
Buy Eur 13144 SL 13102 TP 13224
Sell Eur 13102 SL 13144 TP 13022
Buy Gbp 19510 SL 19468 TP 19630
Sell Gbp 19468 SL 19510 TP 19348

February 15th，2007
9：00 GMT Orders
Buy Eur 13160 SL 13114 TP 13240
Sell Eur 13114 SL 13160 TP 13034
Buy Gbp 19686 SL 19618 TP 19806
Sell Gbp 19618 SL 19686 TP 19498
13：00 GMT Orders
Buy Eur 13148 SL 13113 TP 13228
Sell Eur 13113 SL 13148 TP 13033
Buy Gbp 19673 SL 19603 TP 19793
Sell Gbp 19539 SL 19609 TP 19419

February 14th，2007
9：00 GMT Orders
Buy Eur 13103 SL 13053 TP 13183
Sell Eur 13018 SL 13068 TP 12938
Buy Gbp 19546 SL 19476 TP 19666
Sell Gbp 19451 SL 19521 TP 19331
13：00 GMT Orders
Buy Eur 13107 SL 13069 TP 13187
Sell Eur 13069 SL 13107 TP 12989
Buy Gbp 19574 SL 19504 TP 19694
Sell Gbp 19481 SL 19551 TP 19361

February 13th，2007
9：00 GMT Orders
Buy Eur 13012 SL 12962 TP 13092
Sell Eur 12953 SL 13003 TP 12873
Buy Gbp 19532 SL 19471 TP 19652
Sell Gbp 19471 SL 19532 TP 19351
13：00 GMT Orders
Buy Eur 13026 SL 12980 TP 13106
Sell Eur 12980SL 13026 TP 12900
Buy Gbp 19517 SL 19447 TP 19637
Sell Gbp 19395 SL 19465 TP 19275

February 12th，2007
9：00 GMT Orders
Sell Eur 12993 SL 13041 TP 12913
Buy Eur 13041 SL 12993 TP 13121
Buy Gbp 19574 SL 19504 TP 19694
Sell Gbp 19481 SL 19551 TP 19361
13：00 GMT Orders
Buy Eur 13013 SL 12963 TP 13093
Sell Eur 12937 SL 12987 TP 12857
Buy Gbp 19514 SL 19449 TP 19635
Sell Gbp 19431 SL 19515 TP 19329

February 9th，2007
9：00 GMT Orders
Buy Eur 13051 SL 13001 TP 13131
Sell Eur 12992 SL 13042 TP 12912
Buy Gbp 19608 SL 19538 TP 19728
Sell Gbp 19479 SL 19549 TP 19359
13：00 GMT Orders
Buy Eur 13022 SL 12982 TP 13102
Sell Eur 12982 SL 13022 TP 12902
Buy Gbp 19515 SL 19449 TP 19635
Sell Gbp 19449 SL 19515 TP 19329

February 8th，2007
9：00 GMT Orders
Buy Eur 13031 SL 12981 TP 13111
Sell Eur 12975 SL 13025 TP 12895
Buy Gbp 19729 SL 19659 TP 19824
Sell Gbp 19651 SL 19721 TP 19531
13：00 GMT Orders
Buy Eur 13004 SL 12969 TP 13084
Sell Eur 12969 SL 13004 TP 12889
Buy Gbp 19711 SL 19641 TP 19831
Sell Gbp 19579 SL 19649 TP 19459

February 7th，2007
9：00 GMT Orders
Buy Eur 13000 SL 12967 TP 13080
Sell Eur 12967 SL 13000 TP 12887
Buy Gbp 19733 SL 19683 TP 19853
Sell Gbp 19683 SL 19733 TP 19563
13：00 GMT Orders
Buy Eur 13006 SL 12972 TP 13086
Sell Eur 12972 SL 13006 TP 12892
Buy GBP 19726 SL 19666 TP 19846
Sell GBP 19666 SL 19726 TP 19546

February 6th，2007
9：00 GMT Orders
Buy Eur 12943 SL 12907 TP 13023
Sell Eur 12907 SL 12943 TP 12827
Buy Gbp 19652 SL 19582 TP 19772
Sell Gbp 19582 SL 19652 TP 19462
13：00 GMT Orders
Buy Eur 12968 SL 12925 TP 13048
Sell Eur 12925 SL 12968 TP 12845
Buy GBP 19704 SL 19634 TP 19824
Sell GBP 19607 SL 19677 TP 19487

February 5th，2007
9：00 GMT Orders
Buy Eur 12973 SL 12925 TP 13053
Sell Eur 12925 SL 12973 TP 12845
Buy Gbp 19676 SL 19620 TP 19796
Sell Gbp 19620 SL 19676 TP 19500
13：00 GMT Orders
Buy Eur 12964 SL 12914 TP 13044
Sell Eur 12914 SL 12964 TP 12834
Buy GBP 19656 SL 19586 TP 19776
Sell GBP 19548 SL 19618 TP 19428

February 2nd，2007
9：00 GMT Orders
Buy Eur 13032 SL 13005 TP 13112
Sell Eur 13005 SL 13032 TP 12925
Buy Gbp 19694 SL 19636 TP 19814
Sell Gbp 19636 SL 19694 TP 19516
13：00 GMT orders
Buy Eur 13034 SL 13008 TP 13114
Sell Eur 13008 SL 13034 TP 12920
Buy Gbp 19700 SL 19659 TP 19820
Sell Gbp 19659 SL 19700 TP 19539

February 1st，2007
9：00 GMT Orders
Buy Eur 13038 SL 13008 TP 13118
Sell Eur 13008 SL 13038 TP 12928
Buy Gbp 19668 SL 19614 TP 19788
Sell Gbp 19614 SL 19668 TP 19494
13：00 GMT orders
Buy Eur 13036 SL 12997 TP 13116
Sell Eur 12997 SL 13038 TP 12917
Buy Gbp 19695 SL 19625 TP 19815
Sell Gbp 19625 SL 19695 TP 19505

January 31 st，2007
Buy Eur 12972 closed @ EOD 13022，P/L= +50 pips
Sell Eur 12926 closed @ SL 12972，P/L=-46 pips
Buy Gbp 19642 closed @ EOD 19641，P/L=-1 pips
Sell Gbp 19519 closed @ SL 19589 ，P/L=-70 pips
Buy Eur 12967 closed @ EOD 13022，P/L= +55 pips

Buy Gbp 19563 closed @ EOD 19641，P/L= +78 pips
Sell Gbp 19504 closed @ SL 19563，P/L= -59 pips
total for January 31st，= +7 pips.

January 30，2007
Filled Buy Eur 12977 closed at SL 12945，T/P=-32 pips
filled Sell Eur 12945 closed @ EOD 12967，T/P= -22 pips
filled Sell Gbp 19607 closed @ EOD 19631，T/P=-24 pips
filled Sell Eur 12945 closed @ EOD 12967，T/P=-22 pips
filled Sell Gbp 19628 closed @ EOD 19631，TP=-3 pips
total for January 30th：-103 pips

January 29，2007
Filled Buy Eur 12930 closed at EOD 12958. P/L= +28 pips
Buy Gbp 19610 closed at EOD 19604. P/L=-6 pips
Sell Gbp 19557 closed at SL 19610，P/L= -53 pips
Buy Eur 12935 closed at EOD 12958. P/L=+23 pips
Buy Gbp 19602 closed at EOD 19604. P/L=+2 pips
total January 29th，2007：-6 pips

January 26，2007
Filled Sell Eur 12901 closed at EOD 12911. P/L= -10 pips
Filled Sell Gbp 19607 closed at MSL. P/L=0 pips
Filled Sell Eur 12885 closed at EOD 12911. P/L=-26 pips
Filled Sell Gbp 19577 closed at EOD 19593. P/L=-16
total for today January 26th：-52 pips

January 25，2007
filled Sell Eur 12949 closed @ EOD 12929. P/L= +20 pips
filled Sell Gbp 19643 closed at EOD 19638.P/L=+5 pips
filled Sell Eur 12959 closed @ EOD 12929. P/L=+30 pips
filled Buy Gbp 19725 closed @ SL 19667，p/L=-58 pips
filled Sell Gbp 19667 Closed at EOD 19638. P/L= +29 pips
total for January 25：+26 pips

January 24，2007
Sell Eur 12969 closed @ EOD 12965，P/L=+4 pips
Sell Gbp 19708 closed at 19687，P/L= +21 pips
Sell Eur 12969 closed @ EOD 12965，P/L=+4 pips
Sell Gbp 19690 closed at MSL，P/L=0 pips
total January 24th，2007：+29 pips

January 23，2007
Filled Buy Eur 12993 closed at EOD 13020. P/L= +27 pips
Filled Gbp 19844 closed at MSL. P/L=0 pips
Filled Sell Gbp 19805 at EOD 19819. P/L=-14 pips
total January 23，2007：+13 pips

January 22，2007
filled Sell Eur 12957 closed at MSL P/L=0 pips
filled Buy Gbp 19764 closed @ 19752，P/L= -12
filled Sell Gbp 19730 closed @ SL 19764 . P/L=-34
filled Buy Gbp 19772 closed @ EOD 19752，P/L= -20
total for January 22：-66 pips

January 19，2007
Filled Sell Eur 12968 closed @ MSL. P/L=0
Buy Gbp 19773 closed @ SL 19734 P/L= -39
Sell Gbp 19734 closd @ SL 19773 P/L=-39
Filled Sell Eur 12948 closed @ MSL. P/L=0
Sell Gbp 19700 closed @ EOD 19740. P/L =-40
total for January 19：-118 pips

January 18，2007
9：00 GMT Orders
Filled Sell Eur 12947 closed at MSL. P/L =0
Filled Sell Gbp 19708 closed at MSL. P/L=0
Buy Eur 12966 closed at EOD 12960. P/L =-6 pips
Filled Sell Eur 12909 closed at SL 12959 . P/L= -50 pips
Filled Sell Gbp 19670 closd at SL. P/L=-70 pips
total January 18th：-126 pips

January 17，2007
Filled Buy Eur 12943 closed @ EOD 12939，P/L：-4 pips
Filled Sell Eur 12912 closed @ SL 12943 P/L：-31 pips
Filled Buy Gbp 19675 closed @ EOD 19698，P/L：+23 pips
Filled Buy Eur 12937 closed @ EOD 12939，P/L：+2 pips
Filled Sell Eur 12907 closed @ SL 12937，P/L：-30 pips
Filled Buy Gbp 19686 closed @ EOD 19698，P/L：+12 pips
total for today：-32 pips

January 16，2007
9：00 GMT Orders
Filled Buy Eur 12980 closed @ SL 12932. P/L=-48 pips
Filled Sell Eur 12932 closed @ EOD 12913. P/L=+19 pips
filled Buy Gbp 19696 closed at SL 19637，P/L= -59 pips
Sell Gbp 19637 closed @ MSL. P/L=0 pips
Sell Eur 12947 closed @ EOD 12913. P/L=+34 pips

Sell Gbp 19623 closed @ EOD 19611, P/L=+12 pips
total for Januray 16th: -42 pips

January 15, 2007
Filled Buy Gbp 19649 Closed at 19640 EOD, P/L=-9 pips
Filled Sell Eur 12929 closed @ 12934 EOD, P/L=-5 pips
Filled Sell Gbp 19626 closed at 19645 EOD, P/L= -19 pips
total January: -33 pips

January 12, 2007
9: 00 GMT Orders
Buy Eur 12924 closed @ 12914 EOD, P/L= -10 pips
Filled Sell Eur 12888 closed at SL 12924 P/L= -36 pips
Filled Buy Gbp 19494 closed EOD @ 18579, P/L= +85
Buy Eur 12922 closed at EOD 12914. P/L=-8 pips
Filled Sell Eur 12881 closed at SL 12922, P/L=-41 pips
Filled Buy Gbp 19519 closed EOD @ 19579, P/L=+60 pips
total for January 12: +50 pips

January 11, 2007
9: 00 GMT Orders
Filled, Buy Eur 12978 closed 12978 moved SL. p/l=0
Sell Eur 12935SL closed @ 12897 Eod p/l=38 pips
Buy Gbp 19358 closed @ TP 19478 p/l=120 pips
Sell Eur 12954 closed @ 12897 Eod p/l=57 pips
total January 11: +215 pips

January 10, 2007
Buy Eur 13005 SL 12962 TP 13085 (MISSED BY ONE PIP-NOT FILLED) /Other brokers may have this filled
Filled Sell Eur 12962 closed @ 129341 EOD: P/L= +21
Filled Sell Gbp 19352 close @ 19331 EOD: P/L=+21 pips
Filled Sell Eur 12972 closed @ 12941 EOD: P/L= +31
Filled Sell Gbp 19357 close @ 19331 EOD P/L=+26 pips
total for January 10: +99 pips

January 9, 2007
Filled Sell Eur 13020 Closed @ EOD 12996, P/L=+24 pips
Filled Sell Gbp 19405 closed @ EOD 19393, P/L=+12 pips
Filled Sell Eur 13001 Closed @ EOD 12996, P/L=+5 pips
Filled Sell Gbp 19400 closed @ EOD 19393, P/L=+7 pips
total January 9: +48 pips

January 8, 2007
Filled Buy Eur 13034 closed at 13030 EOD. P/L=-4 pips
Filled Sell Eur 12990 closed at SL 13034 Profit/Loss=-44 pips
Filled Buy Gbp 19355 closed @ 19390. P/L=+35 pips
Filled Buy Eur 13030 closed at 13030 EOD. P/L=0 pips
Filled Sell Eur 12997 Closed at SL 13030 Profit/Loss=-33 pips
Filled Buy Gbp 19354 closed at 19390. P/L=+36
Filled Sell Gbp 19304 closed at SL 19354 profit/loss=-50 pips
total for January 8: -60 pips

January 5, 2007
Filled, Sell Eur 13063 Closed EOD @ 13012 Profit/Loss: + 51
Filled, Sell Gbp 19356 closed EOD @ 19305 Profit/Loss: +51
Filled, Sell Eur 13083 Closed at TP 13003 Profit/Loss: +80
Filled, Sell Gbp 19377 closed @ 19305 Profit/Loss: + 72
total for January 5: +254 pips

January 4, 2007
Filled, Buy GBP @ 19470. Closed 19441. Reason EOD. Profit/Loss -29 pips
Filled, Sell EUR @ 13109. Closed 13093. Reason EOD. Profit/Loss +16 pips.
Filled, Sell EUR @ 13082. Closed 13093. Reason EOD. Profit/Loss -11 pips.
total January 4: -24 pips.

January 3, 2007
Filled, Sell GBP @ 19698. Closed 19578. Reason TP. Profit/Loss +120 pips.
Filled, Sell EUR @ 13260. Closed 13260. Reason MSL. Profit/Loss 0.
Filled, Sell EUR @ 13213. Closed 13167. Reason EOD. Profit/Loss +46 pips.

Filled，Sell GBP @ 19587. Closed 19511. Reason EOD. Profit/Loss +76 pips.

total January 3：+242 pips.

January 2，2007

Filled，Buy GBP @ 19736. Closed at 19731. Reason EOD. Profit/Loss -5 pips

Filled，Buy EUR @ 13290. Closed at 13276. Reason EOD. Profit/Loss -14 pips

Filled，Buy EUR @ 13296. Closed at 13276. Reason EOD. Profit/Loss -20 pips

Filled，Buy GBP @ 19745. Closed at 19731. Reason EOD. Profit/Loss -14 pips

total for January 2：-53 pips

January 31，2007

9：00 GMT Orders

Buy Eur 12972 SL 12926 TP 13052

Sell Eur 12926 SL 12972 TP 12846

Buy Gbp 19642 SL 19572 TP 19762

Sell Gbp 19519 SL 19589 TP 19399

13：00 GMT Orders

Buy Eur 12967 SL 12919 TP 13047

Sell Eur 12919 SL 12967 TP 12839

Buy Gbp 19563 SL 19504 TP 19683

Sell Gbp 19504 SL 19563 TP 19384

January 30，2007

9：00 GMT Orders

Buy Eur 12977 SL 12945 TP 13057

Sell Eur 12945 SL 12977 TP 12865

Buy Gbp 19704 SL 19634 TP 19824

Sell Gbp 19607 SL 19677 TP 19487

13：00 GMT Orders

Buy Eur 12988 SL 12945 TP 13068

Sell Eur 12945 SL 12988 TP 12865

Buy Gbp 19677 SL 19628 TP 19797

Sell Gbp 19628 SL 19677 TP 19508

January 29，2007

9：00 GMT Orders

Buy Eur 12930 SL 12895 TP 13010

Sell Eur 12895 SL 12930 TP 12815

Buy Gbp 19610 SL 19557 TP 19730

Sell Gbp 19557 SL 19610 TP 19437

13：00 GMT Orders

Buy Eur 12935 SL 12901 TP 13015

Sell Eur 12901 SL 12935 TP 12821

Buy Gbp 19602 SL 19546 TP 19722

Sell Gbp 19546 SL 19602 TP 19426

January 26，2007

9：00 GMT Orders

Buy Eur 12944 SL 12901 TP 13024

Sell Eur 12901 SL 12944 TP 12821

Buy Gbp 19679 SL 19609 TP 19799

Sell Gbp 19607 SL 19677 TP 19487

13：00 GMT Orders

Buy Eur 12936 SL 12886 TP 13016

Sell Eur 12885 SL 12935 TP 12805

Buy Gbp 19657 SL 19587 TP 19777

Sell Gbp 19577 SL 19647 TP 19457

January 25，2007

9：00 GMT Orders

Buy Eur 13009 SL 12959TP 13089

Sell Eur 12949 SL 12999 TP 12869

Buy Gbp 19737 SL 19667 TP 19857

Sell Gbp 19643 SL 19713 TP 19523

13：00 GMT Orders

Buy Eur 13006 SL 12959 TP 13086

Sell Eur 12959 SL 13006 TP 12879

Buy Gbp 19725 SL 19667 TP 19845

Sell Gbp 19667 SL 19725 TP 19547

January 24，2007

9：00 GMT Orders

Buy Eur 13042 SL 12992 TP 13122

Sell Eur 12969 SL 13019 TP 12889

Buy Gbp 19836 SL 19766 TP 19956

Sell Gbp 19708 SL 19778 TP 19588

13：00 GMT Orders

Buy Eur 13021 SL 12971 TP 13101

Sell Eur 12969 SL 13019 TP 12889

Buy Gbp 19779 SL 19709 TP 19899

Sell Gbp 19690 SL 19760 TP 19570

January 23，2007

9：00 GMT Orders

Buy Eur 12993 SL 12943 TP 13073

Sell Eur 12929 SL 12979 TP 12849
Buy Gbp 19844 SL 19774 TP 19964
Sell Gbp 19766 SL 19836 TP 19646
13：00 GMT Orders
Buy Eur 13048 SL 12998 TP 13128
Sell Eur 12966 SL 13016 TP 12886
Buy Gbp 19924 SL 19854 TP 20044
Sell Gbp 19805 SL 19875 TP 19685

January 22，2007
9：00 GMT Orders
Buy Eur 12984 SL 12957 TP 13064
Sell Eur 12957 SL 12984 TP 12877
Buy Gbp 19764 SL 19730 TP 19884
Sell Gbp 19730 SL 19764 TP 19610
13：00 GMT Orders
Buy Eur 12981 SL 12931 TP 13061
Sell Eur 12917 SL 12967 TP 12837
Buy Gbp 19772 SL 19710 TP 19892
Sell Gbp 19710 SL 19772 TP 19590

January 19，2007
9：00 GMT Orders
Buy Eur 13008 SL 12968 TP 13088
Sell Eur 12968 SL 13008 TP 12888
Buy Gbp 19773 SL 19734 TP 19893
Sell Gbp 19734 SL 19773 TP 19614
13：00 GMT Orders
Buy Eur 12991 SL 12948 TP 13071
Sell Eur 12948 SL 12991 TP 12868
Buy Gbp 19781 SL 19711 TP 19901
Sell Gbp 19700 SL 19770 TP 19580

January 18，2007
9：00 GMT Orders
Buy Eur 12978 SL 12947 TP 13058
Sell Eur 12947 SL 12978 TP 12867
Buy Gbp 19787 SL 19717 TP 19907
Sell Gbp 19708 SL 19778 TP 19588
13：00 GMT Orders
Buy Eur 12966 SL 12916 TP 13046
Sell Eur 12909 SL 12959 TP 12829
Buy Gbp 19771 SL 19701 TP 19891
Sell Gbp 19670 SL 19740 TP 19550

January 17，2007
9：00 GMT Orders
Buy Eur 12943 SL 12912 TP 13023
Sell Eur 12912 SL 12943 TP 12832
Buy Gbp 19675 SL 19605 TP 19795
Sell Gbp 19603 SL 19673 TP 19483
13：00 GMT Orders
Buy Eur 12937 SL 12907 TP 13017
Sell Eur 12907 SL 12937 TP 12827
Buy Gbp 19686 SL 19631 TP 19806
Sell Gbp 19631 SL 19686 TP 19511

January 16，2007
9：00 GMT Orders
Buy Eur 12980 SL 12932 TP 13060
Sell Eur 12932 SL 12980 TP 12752
Buy Gbp 19696 SL 19637 TP 19816
Sell Gbp 19637 SL 19696 TP 19517
13：00 GMT Orders
Buy Eur 12996 SL 12947 TP 13076
Sell Eur 12947 SL 12996 TP 12867
Buy Gbp 19715 SL 19645 TP 19835
Sell Gbp 19623 SL 19693 TP 19503

January 15，2007
9：00 GMT Orders
Buy Eur 12963 SL 12923 TP 13043
Sell Eur 12923 SL 12963 TP 12843
Buy Gbp 19649 SL 19583 TP 19769
Sell Gbp 19583 SL 19649 TP 19463
13：00 GMT Orders
Buy Eur 12960 SL 12929 TP 13040
Sell Eur 12929 SL 12960 TP 12849
Buy Gbp 19677 SL 19626 TP 19797
Sell Gbp 19626 SL 19677 TP 19506

January 12，2007
9：00 GMT Orders
Buy Eur 12924 SL 12888 TP 13004
Sell Eur 12888 SL 12924 TP 12808
Buy Gbp 19494 SL 19436 TP 19614
Sell Gbp 19436 SL 19494 TP 19316
13：00 GMT Orders
Buy Eur 12922 SL 12881 TP 13002
Sell Eur 12881 SL 12922 TP 12801

Buy Gbp 19519 SL 19449 TP 19639
Sell Gbp 19441 SL 19511 TP 19321

January 11，2007
9：00 GMT Orders
Buy Eur 12978 SL 12935 TP 13058
Sell Eur 12935SL 12978 TP 12855
Buy Gbp 19358 SL 19315 TP 19478
Sell Gbp 19315 SL 19358 TP 19195
13：00 GMT Orders
Buy Eur 13022 SL 12972 TP 13102
Sell Eur 12954SL 13004 TP 12874
Buy Gbp 19545 SL 19475 TP 19665
Sell Gbp 19342 SL 19412 TP 19222

January 10，2007
9：00 GMT Orders
Buy Eur 13005 SL 12962 TP 13085
Sell Eur 12962 SL 13005 TP 12882
Buy Gbp 19430 SL 19360 TP 19550
Sell Gbp 19352 SL 19422 TP 19232
13：00 GMT Orders
Buy Eur 13009 SL 12972 TP 13089
Sell Eur 12972 SL 13009 TP 12892
Buy Gbp 19408 SL 19357 TP 19528
Sell Gbp 19357 SL 19408 TP 19237

January 9，2007
9：00 GMT Orders
Buy Eur 13060 SL 13020 TP 13140
Sell Eur 13020 SL 13060 TP 12940
Buy Gbp 19464 SL 19405 TP 19584
Sell Gbp 19405 SL 19464 TP 19285
13：00 GMT Orders
Buy Eur 13044 SL 13001 TP 13124
Sell Eur 13001 SL 13044 TP 12921
Buy Gbp 19445 SL 19400 TP 19565
Sell Gbp 19400 SL 19445 TP 19280

January 8，2007
9：00 GMT Orders
Buy Eur 13034 SL 12990 TP 13114
Sell Eur 12990 SL 13034 TP 12910
Buy Gbp 19355 SL 19285 TP 19475
Sell Gbp 19279 SL 19349 TP 19159
13：00 GMT Orders
Buy Eur 13030 SL 12997 TP 13110
Sell Eur 12997 SL 13030 TP 12917
Buy Gbp 19354 SL 19304 TP 19474
Sell Gbp 19304 SL 19354 TP 19184

January 5，2007
9：00 GMT Orders
Buy Eur 13111 SL 13063 TP 13191
Sell Eur 13063 SL 13111 TP 12983
Buy Gbp 19442 SL 19372 TP 19562
Sell Gbp 19356 SL 19428 TP 19236
13：00 GMT Orders
Buy Eur 13112 SL 13083 TP 13192
Sell Eur 13083 SL 13112 TP 13003
Buy Gbp 19428 SL 19377 TP 19548
Sell Gbp 19377 SL 19428 TP 19257

January 4，2007
9：00 GMT Orders
Buy Eur 13183 SL 13233 TP 13263
Sell Eur 13109 SL 13159 TP 13029
Buy Gbp 19527 SL 19457 TP 19647
Sell Gbp 19395 SL 19465 TP 19275
13：00 GMT Orders
Buy Eur 13133 SL 13083 TP 13213
Sell Eur 13082 SL 13132 TP 13002
Buy Gbp 19470 SL 19400 TP 19590
Sell Gbp 19391 SL 19461 TP 19271

January 3，2007
9：00 GMT Orders
Buy Eur 13294 SL 13260 TP 13374
Sell Eur 13260 SL 13294 TP 13180
Buy Gbp 19752 SL 19698 TP 19872
Sell Gbp 19698 SL 19752 TP 19578
13：00 GMT Orders
Buy Eur 13278 SL 13228 TP 13358
Sell Eur 13213 SL 13263 TP 13133
Buy Gbp 19723 SL 19653 TP 19843
Sell Gbp 19587 SL 19657 TP 19467

January 2，2007
9：00 GMT Orders
Buy Eur 13290 SL 13240 TP 13370

Sell Eur 13225 SL 13275 TP 13145

Buy Gbp 19736 SL 19666 TP 19856

Sell Gbp 19632 SL 19702 TP 19512

13：00 GMT Orders

Buy Eur 13296 SL 13259 TP 13376

Sell Eur 13259 SL 13296 TP 13179

Buy Gbp 19745 SL 19679 TP 19865

Sell Gbp 19679 SL 19745 TP 19559

部分精彩读后感和读书笔记

一、四个方面看待外汇交易的压力（读者：杰克逊）

就从我自己的亲身实践来说起吧！总结一下可以分四个方面去看待外汇交易的压力。

1. 从模拟交易和实盘交易的轻仓交易说起（很重要的阶段）

开始的时候我没怎么认真做过模拟交易，感觉那个太小儿科，即使赚钱了也没有劲（从这里可以看出我的“目标确定”是非常强的）。所以就开个真仓开始交易，刚开始交易，不懂控制仓位，一下就下很大的单，记得第一次交易浮动亏损就达到了50%。那个时候就懵了，稀里糊涂地把第一个仓爆了。

做模拟交易是否认真？从这件小事上就反映出交易者在外汇交易中的压力是不是比较大。一个有错误目标的人，而且是目标感特别强的人，是不容易克服外汇交易的压力的。记得那时候吃饭都没有胃口。

所以劝诫各位后来者，不论是做模拟交易还是1000美元的小仓交易，先把目标明确好：不是为了赚大钱，而是为了更好地得到经验。用一种非常认真的态度去对待模拟交易和小规模的真仓交易。这样，你才能真正体会到交易的困惑、交易的压力。

2. 交易过程中，在亏损的情况下，怎么去对待交易压力？（很重要的阶段）

通过一段时间的学习，我慢慢地学会把仓位规模变到和自己资金量匹配的程度。但是亏损老是发生，刚开始坚决止损，没有一点问题。但是次数多了，偶尔就会要点小聪明，止损设置得很宽，尝到甜头，慢慢地习惯就变了，有点乱，有时候小幅度止损，有时候大幅度止损。一段时间下来，照亏不误。

解决的办法个人觉得有两个：你必须认真做好交易计划，哪怕简单得像《5分钟动量交易系统》那样的交易计划（其实个人觉得5分钟动量交易系统是外汇交易狂人里面最好的一个交易系统，它的简单让我着迷）。然后，就是强调止损，设置止损不要撤销它。

3. 交易过程中，在盈利的情况下，怎么去对待交易压力？（很重要的阶段）

第一种情况，刚开始入场就有盈利。比如说你刚出场做空，然后行情按照你的预期走。很快你就浮动利润赚了15个点，但是随后5分钟的随机指标又向上走，价格准备向上反弹，你该怎么办呢？以前我的方法是浮动盈利15个点就把止损调到盈亏平衡点（截短亏损嘛），可是很多次，价格打掉我调整以后的止损点就又往下走。后来我改变策略：盈利15个点以后就把初始止损往下调整，到止损只有10点的位置（如果加上浮动盈利就是25个点），等待随机指标第二次往下调整，然后又盈利了15个点，这时就把止损调整到盈亏平衡点来。这个方法屡试不爽。这是我个人的仓位管理小技巧。

第二种情况，入场以后行情走得特顺溜，赚好几十个点。这时候，你心里就纠结了：是赚个百八十个点就前位出场呢？还是做中长线放久一点（让利润奔腾）？这个时候，你必须稳住，不要急于兑现利润。其实只要慢慢地在小时图上道氏点跟进止损就好。如果你选择第一种，也许你能够单笔盈利。但是从中长期来看收益的话，赚钱的交易总是只有那么关键的几笔。

4. 从交易以后的总结来看待交易的压力

真正的总结，是用理性的眼光去看待交易的纪律执行情况，而不是看自己账户的收益情况。每个人都有“行为弹性”，而你是不是做到“君子戒慎乎其所不睹，恐惧乎其所不闻”？是不是自己每一笔交易都是按照自己原来的计划进行的？你只有这样去看待交易结果，才能够更加认真负责地对待每一笔交易，做交易才能做得踏实。其实，做交易的人，都能够感觉到自己到了什么境界，离成功的终点还有多远。

其实我觉得外汇交易的压力来自交易者对仓位管理的知之甚少。如果能够用心去体会仓位管理在交易中的作用，外汇交易的压力就会减少很多。恐惧和贪婪这两种情绪每个人都有，看你怎么去驾驭它们。不要一味地执着，赚钱了就总是不出场，让赚到的钱白白回吐给市场或者赚一小部分就离场。亏钱了也总不出场，希望幸运之神的降临。改变思路很重要，但是改变得恰到好处也很重要（这也是人们所说的分寸，看懂一件事情是一回事，但是看透一件事情才能把握好分寸）。而在仓位管理中有个重要的前提是你判断市场行情在什么区域？是震荡行情还是趋势行情？怎么去判断，请参考《外汇交易三部曲》最后那一章节的内容。

随便写的感想，我知道我写得不好，希望各位提意见！

二、人类行为学与交易——为什么恐惧会搞砸我们的交易（读者：葫芦兄弟）

帝娜系列的书，字里行间都流露出老师们对于行为金融学的深刻感悟。或许这就是理解市场的正确着眼点吧。

简单谈谈我的一点肤浅的理解，算是抛砖，希望高手们多多指点。

为什么恐惧会搞砸我们的交易？

我们先看例子，然后引入人类行为学进行解释。

一个小孩子被狗咬了之后，他对所有的狗都会产生恐惧，再见了狗会躲着走。但实际情况是，并非所有的狗都会去咬他。如果他因为恐惧而选择远离所有的狗，那么他这一生都无法体验和狗一起玩耍的快乐。

同样，一个人吃苹果的时候吃到了一条虫子，感觉很恶心，从此再也不吃苹果（一致强化），那么他就无法获取苹果中的营养。其实并不是所有的苹果都有虫子（随机强化）。

在交易中，我们不能因为一次或者少数几次的亏损就否定我们的决策系统，从而恐惧下单，不敢出手。道理很简单——没有进场就没有获利。

问题到这里还没有结束，我们在交易中常常遇到的情况是，亏损后不敢下单，然后大行情来了，错失机会，后来忍受不住利益的诱惑，在行情的尾声进了场，行情反转，交易再次亏损，进入一个周而复始的恶性循环，最终导致交易生涯的失败。

如何理解这件事情呢？

原来，我们人类原始的大脑系统，为了保护人的安全，繁衍人的族群，为了能够对环境变化快速反应，经过千百万年的进化，形成了一套自我保护的自决策系统（内分泌和边缘系统）。其所采取的学习的过程比较简单，一般是在取得经验教训后，在激素刺激的作用下，前额叶皮质神经元细胞会增生，这些系统形成一个决策路径，以后再遇到同种情况下，无须经过思考就可以快速由这些部位发出决策指令，从而趋利避害，这就是狭义上的本能或者潜意识。

并且，潜意识决定比认知决定具有优先性，执行速度更快，就像吃饭、呼吸一样想都不用想。

更有甚者，只要有风吹草动，我们就会产生紧张情绪，大脑控制下的各种器官分泌大量激素，比如睾丸素、抗利尿素等。这些激素会放大潜意识发出的指令，从而使我们更快速地行动，逃离危险。

这套自决策系统对于逃离野兽的攻击，逃离自然灾害，当然是有利的。问题是，我们在交易中再使用这套系统，就会进入前面所说的恶性循环，账面就会一而再地亏损——交易是随机强化而不是一致强化。

所以我们不能按潜意识行事，不能单纯依赖本能，因为本能驱使我们追涨杀跌，本能驱使我们恐惧和贪婪，本能迫使我们一错再错。我们必须理智地作出决断。

还有，我们还要控制心态，不能压力太大。因为一紧张，激素就会过剩，潜意识决定就更容易战胜认知决定。那样的话，在本能自决策系统所指挥下的交易决策，受潜意识与压力双重影响，交易的结果肯定是经常性、不受控制地冲动交易、草率交易及计划外交易，不该入场时开重仓，该进场时反因害怕亏损而纠结，就会和市场中的普通大众一样，沦为金融大鳄们的俎上肉。

对于这个问题的解决方法，我大致有三点建议：

（1）轻仓上阵，减轻心理压力。放松，可以让我们更理智地决策，可以提高我们的胜率和交易绩效。

（2）长期交易，多交易。亏损次数多了，习惯了，就不害怕了（打皮了）；获利多了，也就有了自信。

（3）采用呼吸法、情景想象法、暗示法等心理调节手段，与潜意识沟通，了解潜意识，争取建立适应金融市场规律的自决策系统。

三、《外汇短线交易的24堂精品课》第十课笔记（读者：武当白无涯）

金融市场第一定律：驱动因素经过心理因素过滤导致行为因素变动，驱动因素和心理因素决定了市场的二元性质（单边还是震荡）。

杨永兴的投机思路是什么样的？

（1）杨永兴如何练习投机？通过不断地参加交易比赛，以赛代练。

（2）交易计划和执行计划分开进行，交易时不去计划，避免情绪影响。

（3）交易强调概率和统计思维，确定性放在交易第二位。

（4）第一天收盘后做足功课，做驱动分析和心理分析，这是非常重要的前技术分析。以此寻找第二天的交易目标。

（5）如何做“心理分析”？最看重各大券商的报告，“如果结果都一样，一般错不了”。看研究报告时想到其他人看研究报告的心理，而不是研究报告本身。

（6）要看“资金流向”，杨永兴会直接拿深交所和上交所的数据进行统计。

（7）在第二天会选择交易风险最小、利润最大（或者是他较为擅长）的时间段进行交易，“其他时间段的上涨和我没有关系”。

（8）杨永兴如何决定买入时机？首先看大盘，大市决定了仓位，其次看当前热点。

(9) 当技术形态处于方向选择的时候（不确定的时候），想象哪些板块能带动大盘上涨，如果没有，则大盘向下概率就很大。

(10) 杨永兴认为他们团队最大的优势是“风险控制能力”和“把握短期趋势的能力（心理分析上的优势）”。

(11) 杨永兴如何规避风险？首先看准大市，其次控制仓位，最后操盘技巧。大市好，很难亏到哪去（但书中又说“大市由板块构成，板块由龙头股构成，是各板块龙头股引导大市”，有点鸡生蛋，蛋生鸡的意味）。

(12) 杨永兴如何看待基本面和技术面？粗糙地说是“基本面选股，技术面炒股”，但基本面和技术面要相互印证，任何利好若不转化为市场需求，股价就不会上涨，反之亦然。

遗留问题：

(1) 如何理解市场的“焦点”、“热点”和“盲点”？为什么“盲点”是超额利润的源泉？

(2) 如何深入理解“单边”和“震荡”这两个概念？

(3) 无法深入理解金融第二定律到第四定律，基础知识不足。

四、大众的盲点是成功者的焦点（读者：静）

任何秘密技巧都基于普遍的交易哲学，你的交易哲学水平越高，发展出来的交易技巧水准也越高。交易哲学不直接产生利润，也不代表交易实力，它代表你的交易潜力，交易哲学水准直接决定了你的潜在高度，潜在高度制约了你的实际高度。

交易水准的提高涉及三个问题：

(1) 究竟什么是大部分交易者的盲点（盲利公式）？

(2) 究竟什么是市场运动不变的根本结构（复利公式）？

(3) 究竟什么是交易策率的根本不变因素（凯利公式）？

学会在既有的普遍原理和公布的策略中探索出背后的为什么。

恰当地将基本面、心理面和技术面因素结合起来。

传统方法是交易系统形成的基础，既不能受限于这个基础，也不能忽视这个基础，同时要超越这个基础。

懂的技术分析工具要多，采用的技术分析工具要少。

对交易的不确定性有充分的认识，坚持以概率的思维和原则把握交易。与时间为友，与概率为友。

将各个层面和领域的技术分析理论汇总，寻找共同点，超越技术分析的形式本身。

必须从市场制造的幻境中独立出来，交易是最好的修炼，交易就是学习如何脱离幻境，最终觉悟！

从自己的观念和天性出发去发掘技巧，融贯一体，自成一家。

目标明确、感官敏锐、行为富有弹性（接受回馈）、与市场建立一致性（亲和力）。上善若水。

持续不断地练习。

不唯书，不唯上，只唯实。

以无法为有法，以无限为有限。

有效果比有道理更重要。

化繁为简。

从残局开始。

改进要点：

（1）系统性思维，对整体走势得有一种大视角和整体意识，非精细化的聪明。

- 交易的 3+1 步；
- 完整的交易流程；
- 帝娜外汇分析三部曲；
- 帝娜金融市场运行四定律；
- 帝娜仓位管理模型；
- 进场策略；
- 出场策略；
- 止损的设置需要考虑。

（2）机会的甄别，聚焦属于自己的少数交易，不因为怕错失大行情而进行能力范围之外的交易。

（3）使交易处于受控的状态，对交易进行恰当的可操作的管理，重视交易管理的组织性。

（4）交易当下，认知转换：记忆→当下，避免交易心理和市场走势的错配。

（5）观念（认知）和技巧（行为）的同步改进，加强潜意识支持。

- 交易者认知行为疗法专用表；
- 倾向效应；
- 纯价格分析只跟随而作，而不是预测的认知；

- 形态指针有限预测能力的唯一性认知；
- 规避技术分析对市场二元性带来的困境；
- 交易可证伪的掌握；
- 正确使用艾略特波浪理论；
- 正确对待形态的预测价值和管理价值，将形态与进场（位置）联系起来，而不是与预测（方向）联系起来；
- 动用资金的份额应该随着当下交易的胜率和报酬率而相应变化；
- 从整体上看待亏损。

保持最大程度的理性，要做到：

交易前制定计划、交易中执行计划，交易后反省计划。但是制定计划并不能保证成功，只有严格执行既定的交易计划才能带来正确的交易行为，从而得到一个良好的交易结果。

不要做：

- 情绪化交易：要以利润最大化为交易目的，而不是其他什么的最大化；
- 仓位过重的交易：单笔交易的亏损不超过5%，以凯利公式考虑仓位；
- 过度频繁的交易；
- 疲劳状态下的交易；
- 没有止损设置的交易；
- 抱着侥幸心理的交易；
- 没有计划的交易。

正确的交易进阶之路：

- 理解“仓位管理”的客观规律；
- 树立正确的“交易观念”；
- 建立正确的“交易心态”；
- 塑造正确的“交易行为”。

进一步了解：

- PTSD症状；
- EMDR治疗机理；
- Maximum Adverse Excursion；
- 凯利公式；
- 情景规划（Scenario Planning）；

- 博弈树；
- 噪音过滤工具；
- K 线反转的“正向发散—反向发散”或“正向发散—收敛—反向发散”；
- Fibonacci 回档介入法；
- 汉斯交易法；
- 卡尔波普哲学；
- 日内波动统计。

日内交易中采用前位出场法的一个重要原因是市场走势的反复性，著名策略有：

1）Camarilla 交易法：见位进场、前位出场（固定水准）。

2）汉斯交易法：破位进场，前位出场（关键水准）。

3）维加斯隧道交易法。

The Tunnel Method-1HR；

Vegas Tunnel4HR；

Vegas Wealth Builder；

Vegas Wealth Builder PART II；

Tunnel Modified；

海龟交易法——日均波幅、周规则；

模糊数学思维；

敛散对称性原理；

认知疗法 CBT；

理查德·丹尼斯采用的周规则突破交易系统；

《5 分钟动量交易系统》盈亏平衡后位出场点、N 字法则；

《外汇交易进阶》、《外汇交易圣经》、“资料行情”；

《高级 Fibonacci 交易法》、“N 字结构交易法”；

《黄金高胜算交易》、“敛散形态分析理论”、节点捕捉、Fibonacci 混合轴心点系统、形态敛散分散理论；

《解套绝招》Fibonacci；

《斐波那契高级交易法》；

《外汇交易进阶》；

《外汇交易圣经》、“帝娜外汇基本分析矩阵”结构性和非结构性、鞍马式交易策略；

《成功投资要问的三个问题》；

《期货交易者的资金管理策略》破产动力学；

《Trading Rules that Work》；

《外汇交易的三部曲》。

五、营养丰富，香甜可口的乱炖（读者：掐出新鲜）

经过前两本书的洗礼，我本有些失望，再看到他出的这么多书，不免让我怀疑他发现了——卖牛仔裤比挖金子划算。翻开这本，才眼前一亮。虽然有点结构上的小瑕疵（可能是因为多人所写导致的），到关键处也遮遮掩掩的，有些观点还值得商榷，同样，有些地方很简单，他又要当个宝来说（哈哈），但是绝对值得一看。

此外，我不免手痒得想做点补充，补充一点他没有谈到，或者有谈到，但是谈得不够细致的地方。

（1）系统是否失效的判断。

我看到有些人说，经常在一个系统大亏以后，才发现这个系统原来不能用，甚至不乏有高手也这么说。有这样观念的人，常是因为系统不是他设计的，他也没搞明白这个系统是怎么运作的。

在使用一个系统之前，要先明白设计这个系统的理念是什么。先有理念，再有系统。如果是趋势跟踪的系统，在单边市里亏钱，或没赚啥钱，那就有问题了。而在震荡市里亏钱，那就不用太紧张（当然，实际上对于震荡时候的亏钱情况分析要复杂得多）——当然，理念不仅限于此。我对于那些说震荡市我不参与，专门做趋势的人，持怀疑态度——未发生之前，你怎么知道接下来是要震荡还是单边？

另外，我觉得系统一定要自己设计，自己做测试。一个系统是包含了进出加减位、风险报酬率、破产概率、头寸规模及周转率等方方面面的问题，绝对不是拿来一套指标确定出入点就用上去的。而且自己没测试过的系统，用起来心里怎么会有底。费恩对海龟系统的极大信心，除了因为对理查德·丹尼斯极其崇拜外，他喜欢做测试的爱好，也必然有深刻的影响。

（2）预测的可能性。

对书上所说的预测方式我持保留态度。不是说它完全没道理。宏观基本面的确可以当作是基础（比如说商品的价格总不可能跌到零吧），但是依然非常难以确定目标。如果是一个真正有预测能力的人，那他必然可以做到抄底抄顶。这样成功的人，有几个？

书上所说的预测方法，最重要的地方却没好好说——预测错了怎么办？当然是止损，但其实这事并没看上去的那么简单。不预测是为了不幻想，一旦预测，就很难不

幻想。

好像还有一些要讨论的，但是想不起来了。就到这吧。对了，我找这本书的时候，看到有人说，书的前面和后面都在扯淡，只有中间那些才真正有用。我的看法相反，真正精华的地方在前面和后面。除了资金管理讲得不够细致以外，一个系统的方方面面全都讲到了。

六、精彩，独到，国内首家深入分析交易精髓和心态心法的典范之作（读者：明彰）

虽然刚拿到书，看了一部分。但发现这本书如同为现在的我量身定做一样，即使仅仅把目录部分浏览一遍，所面临的困境和疑惑都从里面发掘出了可以解决的办法。目前来说，迈向高级境界距离并不远，但要能完全达到却似乎又隔有万水千山，在乎心也。心智的成熟和磨炼需要全身心地投入并适时地对身心进行深层次的放松，而通过潜意识来改变自己的意识和行为是非常不可或缺的。观念藏于潜意识当中，彰显于意识中，但意识通常并不自知。潜意识的力量是非常强大但又让人难以明确感知，它力图让信念为主的各种观念外化（自我实现）。

投机市场包括股票、外汇、黄金、商品期货、股指期货、利率期货及期权等众多品种，这些品种背后的实质就是人心的情绪控制的资金流动。

前言部分就是点睛之笔，伟大交易者的某些共同心理特征是其彰显伟大的最突出的地方，任何技巧都建立在特定的观念上，而观念的外化就是心态。如果缺乏某些态度，则绝对不可能正确运用某些技巧，更为常见的情况是根本无法接受这些技巧。

成功的交易者必须有负责的态度，掌控自己的命运，并对自己的行为负责，而不是让他人或者环境负责。

我们都是有情众生，唯一的现实做法就是坚守戒律，“戒定慧”的修炼之道在投机市场上也不无适合，甚至远比在日常宏观生活中感悟更加直接。

成功的外汇交易者都不会盲从大众和顺从自己的本性，不会去做那些令自己本能感到舒服的决策。管理好自己的情绪是第一位的。

市场行为的本质就是让绝大多数人成为输家，市场的一切行为都是围绕这个原理展开的，市场要造成绝大多数交易者的亏损，就必须利用绝大多数交易者的普遍特性，也就是人的天性。成功的交易者，其实如同社会各行各界的成功者一样，都是“异常心理者”，想他人未想、行他人未行是成功之源，而这来源于对人性的高度认知和操纵。如果心理和众人一样，注定就会是输家，这是金融游戏的终极规律。金融交易的心法精髓在于：重要的是你的行为，而非你的感觉。

贪嗔痴，或者恐惧是人活在世界上的根本所在，无法全然去除，关键看如何运用它们，其实这些情绪都是中性的，无好坏对错之分，你能控制它，为己所用，就能带来正面的效果。

记得杨百万曾经在一次访谈节目中面对主持人叶蓉的发问，让他回答自己纵横股市数十载的成功秘密以及近期大盘何时见底。他曾经如是回答，让主持人面目尴尬，赶快转移话题。真相总是让人无法接受和直接面对，更何况有多少人敢于面对自己的内心，时时拂尘埃呢？

人的天性倾向于活在过去，或者是活在未来，很少活在当下，要改变这种人的天性，或许最好的方式就是不断通过重复来强化，或者通过想象和放松。

人通常追求局部和眼前的最优，同时对于未来的看法都是直线的，往往根据现在推断未来，要么过于乐观，要么过于悲观，如此才往往很难去做到“截短亏损，让利润奔腾”。在人生中，也往往让自己限于比较悲惨或者被动的局面内，如同温水青蛙一般，而不能放手追求自己内心真正需要的，以至于以后抑郁终生。厌恶风险胜于追求盈利，是人类进化中发展出来的风险防范意识，在受教育过程中，或者受群体性行为影响，“宁可不做大事，也不做错事”的传统实在害人不浅。这种消极保守的观念过于深入人心，让人人明哲保身，最终承担时间成本和机会成本。

今天要成为一个赢家很难，因为周围的环境不允许你成为赢家，合起来催眠你并让你固守本性，也就是固守失败，因为社会绝大多数人都是失败者（这个失败姑且定义为无法全然获得精神的自由和富足，而实现这个必须有财务自由的前提并让心灵不受羁绊），如果不“觉悟”，将导致永远都是南辕北辙。

什么在阻挠绝大部分交易者的成功呢？是内在的信念结构，虽然看似花了很多力气，但是为学越深，距道越远。

如何深层次地了解自己的问题所在，以及如何通过一些途径来消除潜意识的根源，并有效地调整自己的情绪和状态，是这本书所能提供的最好的东西，当然一切都需要自己的实证。

道理，都是各有各的道理，效果只有自己才明了。

感受很深，难以言表。信手涂鸦一番，知者自知。

又及：不适合新手看，也不适合没经验的人来看。只有有过充分的经验和心路历程者才能有所共鸣。

最后的故事

前几年与一个国内顶尖期货交易高手闲谈时，他说了这样一个故事，我们留作结语与大家一起回味：

一只火鸡和一只公牛在聊天

“我非常想到那棵树顶上去，”火鸡叹气道，“但是我没有那份力气。”

“这样啊，你为什么不吃点我的粪便呢?”公牛答道，“那里面充满了营养。火鸡吃了一团牛粪，发现它真的使自己有力气达到树的第一个分叉处。

第二天，在吃了更多的牛粪后，火鸡达到了树的第二个分叉处。

最终，两星期后，火鸡非常骄傲地达到树的顶端。

但不幸的是，没多久，它就被一个农夫盯上了，并且农夫非常利索地就把火鸡射下来了。

这个故事告诉我们：牛粪（狗屎运）也许能使你达到顶峰，但它不能使你永远待在那儿。